Am - MC - I -59
RC - IV

Geographisches Institut
der Universität Kiel
ausgesonderte Dublette

Inv.-Nr. 96/A36475

Geographisches Institut
der Universität Kiel

Gerhard N. Bartsch

Fischerei in der Karibik

Wirtschafts- und sozialgeographische Strukturen
und Entwicklungsprozesse in der Fischereiwirtschaft
der Dominikanischen Republik

HÄNSEL-HOHENHAUSEN
Egelsbach · Frankfurt · Washington

DEUTSCHE HOCHSCHULSCHRIFTEN

515

Als Dissertation genehmigt von den
Naturwissenschaftlichen Fakultäten der
Friedrich-Alexander-Universität Erlangen-Nürnberg
1993

D 29

Die Deutsche Bibliothek - CIP-Einheitsaufnahme

Bartsch, Gerhard N.:
Fischerei in der Karibik : wirtschafts- und sozialgeographische
Strukturen und Entwicklungsprozesse in der Fischereiwirtschaft
der Dominikanischen Republik / Gerhard N. Bartsch. -
Egelsbach ; Frankfurt (Main) ; Washington : Hänsel-
Hohenhausen, 1994
(Deutsche Hochschulschriften ; 515)
294 S.
Zugl.: Erlangen-Nürnberg, Univ., Diss., 1993
ISBN 3-89349-515-0
NE: GT

ISBN 3-89349-515-0

VERLAG DR. MARKUS HÄNSEL-HOHENHAUSEN
Postanschrift: D - 63324 Egelsbach

1994

Dieses Werk und alle seine Teile sind urheberrechtlich
geschützt.
Nachdruck, Vervielfältigung in jeder Form, Sendung oder
Übertragung des Werks ganz oder teilweise auf
Papier, Film, Daten- oder Tonträger usw.
sind ohne Zustimmung des Verlags
unzulässig und strafbar

Printed in Germany

Vorwort

Die vorliegende Studie basiert auf Untersuchungen, die ich im Rahmen von zwei Forschungsaufenthalten in der Dominikanischen Republik zwischen Februar 1989 und Mai 1990 durchführen konnte.

Nach Abschluß des Studiums der Geographie und meiner Magisterarbeit über den informellen Sektor der nicaraguensischen Kleinstadt San Carlos wurde während eines Aufenthalts in der Dominikanischen Republik durch Herrn Uwe Beck, Leiter des deutsch - dominikanischen Fischereiprojekts "Propescar-Sur", mein Interesse an der dominikanischen Kleinfischerei geweckt. Mein Lehrer Prof. Dr. Günter Meyer regte mich an, über "Wirtschafts- und sozialgeographische Strukturen und Entwicklungsprozesse in der dominikanischen Fischereiwirtschaft" zu arbeiten.

- Ich danke an erster Stelle Herrn Prof. Dr. Meyer für seine vorbildliche Betreuung, für sein Verständnis in schwierigen Arbeitsphasen, für alle seine Anregungen und Hilfestellungen.
- Herrn Uwe Beck, Herrn Peter Ringholz und den Mitarbeitern des deutsch - dominikanischen Fischereiprojekts "Propescar-Sur" sei besonders gedankt für ihre Auskunfts- und Diskussionsbereitschaft sowie deren freundliche Aufnahme bei meinen zahlreichen Besuchen in Barahona. Darüberhinaus gebührt ihnen Dank für die Unterstützung bei der Beschaffung der Forschungsgenehmigung.
- Herrn Dr. Martin Bilio (GTZ, Eschborn) danke ich für seine Gesprächsbereitschaft und konstruktive Kritik bei der Erstellung des Forschungskonzepts.

Darüberhinaus wurde mir uneigennützige Unterstützung von einer großen Zahl an Institutionen und Einzelpersonen zuteil, denen ich sehr herzlich für ihre Hilfe danke, mit der sie zur Entstehung dieser Arbeit beitrugen:

- den Mitarbeitern der dominikanischen Fischereibehörde "Recursos Pesqueros" in Santo Domingo, Puerto Plata, Luperón, Sánchez, Sabana de la Mar und Higuey;
- Herrn Olivo Pena (Villa Riva) und Herrn Francisco Lara (Sabana Grande de Palenque) sowie deren Familien für ihre warmherzige Gastfreundschaft, mit der sie mich monatelang in ihren Häusern aufnahmen;
- den Mitarbeitern der Bibliotheken "Biblioteca Nacional", "Museo del Hombre Dominicano", "INDOTEC" und "Oficina Nacional de Estadística" in Santo Domingo;

- den Mitarbeitern des Instituts für Geographie der Universität Erlangen-Nürnberg, insbesondere Herrn Prof. Dr. Michael Richter, für die kritische Durchsicht des Manuskriptes sowie vielfältige Anregungen und Hinweise;
- meinen Spanischlehrern, Frau Dagmar Dietz-Hertrich und Prof. Dr. Schütz, die mir mit ihrem Unterricht jene Sprachkenntnisse vermittelten, die eine unabdingbare Voraussetzung für die Durchführung der Befragungen in der Dominikanischen Republik waren;
- der Universität Erlangen-Nürnberg für die Gewährung eines Promotionsstipendiums;
- dem Deutschen Akademischen Austauschdienst (DAAD) für einen großzügigen Reisekostenzuschuß;

Schließlich danke ich allen Freunden und Bekannten in der Dominikanischen Republik, die mich bei den Befragungen unterstützten und wichtige kulturspezifische Landes- und Menschenkenntnis vermittelten. Der größte Dank gilt allen dominikanischen Kleinfischern, die geduldig meine Fragen beantworteten und mich in ihre Fischergemeinschaften integrierten.

Nicht nur bedanken, sondern entschuldigen muß ich mich bei meiner Frau Yris und meinem Sohn Diego, denen ich während ihres ersten Jahres in Deutschland aufgrund der Ausarbeitung der vorliegenden Studie weniger Aufmerksamkeit gewidmet habe als den Kleinfischern auf Hispaniola.

Inhaltsverzeichnis

Vorwort		1
Inhaltsverzeichnis		3
Verzeichnis der Abbildungen		7
Verzeichnis der Fotos		8
Verzeichnis der Karten		9
Verzeichnis der Tabellen		9
1	**Einführung**	11
2	**Konzeptioneller Rahmen**	15
2.1	Methodik, Datenbasis und Durchführung der Untersuchung	17
2.2	Sozialwissenschaftlich orientierte Forschungen zur tropischen Fischerei	20
2.3	Fischereiwirtschaftlich bezogene Forschung in der Dominikanischen Republik	23
2.4	Bisherige entwicklungspolitische Planung im Fischereisektor	25
3	**Allgemeine landeskundliche Rahmenbedingungen der Dominikanischen Republik**	30
3.1	Physisch-geographische Rahmenbedingungen	30
3.2	Demographische Rahmenbedingungen	33
3.3	Wirtschaftliche Rahmenbedingungen	34
3.4	Sozio-ökonomische Rahmenbedingungen	38
3.5	Gesundheits- und Bildungswesen	39
3.6	Politische Rahmenbedingungen	41
4	**Grundlagen der dominikanischen Fischereiwirtschaft**	42
4.1	Fischerei in der Karibik	42
4.2	Ozeanographische Grundlagen	46
4.3	Klimatische Risiken	50
4.4	Marine Ressourcen	50
4.5	Fischereitechnik	52
4.5.1	Fischereifahrzeuge und deren Einsatzbereich	52
4.5.2	Antrieb der Fischereifahrzeuge	57
4.5.3	Fischereigeräte und Fangmethoden	58
4.5.4	Entwicklung der Fischereitechnik	67
4.6	Anlandungen und Fangraten	68

4.7	Infrastruktur	74
4.7.1	Fischereiwirtschaftliche Infrastruktureinrichtungen	74
4.7.2	Wartung, Instandhaltung und Fertigung der Fischereifahrzeuge	76
4.7.3	Versorgungseinrichtungen und öffentliche Dienstleistungen	79
4.7.4	Straßen und Zugangswege zu den Fischereistandorten	80
4.7.5	Transport- und Verkehrswesen	80
5	**Wirtschaftsgeographische Analyse ausgewählter Fischereistandorte**	82
5.1	Küstenzone I: Monte Cristi	86
5.1.1	Monte Cristi	86
5.1.2	Los Conucos	95
5.2	Küstenzone II: Puerto Plata	96
5.2.1	Puerto Plata	96
5.2.2	Puerto del Castillo	100
5.2.3	Sosúa	102
5.2.4	Cabarete	109
5.2.5	Río San Juan	110
5.2.6	Las Matancitas	115
5.3	Küstenzone III: Samaná	118
5.3.1	Sánchez	118
5.3.2	Sabana de la Mar	124
5.3.3	Miches	128
5.3.4	Laguna Redonda	132
5.4	Küstenzone IV: La Mona	133
5.4.1	Cabeza de Toro	133
5.4.2	Juanillo	137
5.5	Küstenzone V: Saona	138
5.5.1	Boca de Yuma	139
5.5.2	Bayahibe	142
5.5.3	La Romana	144
5.6	Küstenzone VI: Santo Domingo	146
5.6.1	San Pedro de Macorís	147
5.6.2	Guayacanes	148
5.6.3	Andrés	149
5.6.4	Boca Chica	151
5.6.5	Playa Palenque	151
5.7	Küstenzone VII: Ocoa	156
5.7.1	Palmar de Ocoa	156
5.8	Küstenzone VIII: Beata	159
5.8.1	Barahona	159
5.8.2	La Cueva / Cabo Rojo	165

6	Wirtschafts- und sozialgeographische Analyse des Fischereisektors	168

6.1	**Der Produktionsbereich**	168
6.1.1	Besitzstruktur der Produktionsmittel	168
6.1.2	Organisationsstruktur der Produktion	171
6.1.2.1	Zusammensetzung und Stabilität der Bootsbesatzungen	171
6.1.2.2	Aufteilung der Fangerträge	173
6.1.2.3	Arbeitsteilung: Produktion - Vermarktung - Haushaltsführung	176
6.1.2.4	Kollektive Produktionsformen	177
6.1.2.5	Zugang zu Krediten	187

6.2	**Die Vermarktung von Fisch**	194
6.2.1	Nationaler Fischkonsum	194
6.2.2	Vermarktung im Inland	195
6.2.3	Kapitaleinsatz im Fischhandel	198
6.2.4	Der Weg zum Endverbraucher	202
6.2.5	Export von Fischerei-Produkten	213

6.3	**Lebensbedingungen der Fischerbevölkerung**	214
6.3.1	Sozio-kulturelle Grundlagen	214
6.3.2	Sozio-kulturelle Verwurzelung der Fischerbevölkerung	217
6.3.3	Sozialstruktur der Fischergemeinden	218
6.3.4	Grundbedürfnisbefriedigung der Fischerbevölkerung	220
6.3.4.1	Allgemeiner Lebensstandard	220
6.3.4.2	Ernährung und Kleidung	221
6.3.4.3	Bildung	222
6.3.4.4	Unterkunft	222
6.3.4.5	Hygiene	224
6.3.4.6	Prestige und Luxus	225
6.3.4.7	Subjektive Bedürfnisstruktur	226
6.3.5	Sozio-ökonomische Handlungsstrategien zur Sicherung der Überlebens	231
6.3.5.1	Einkommen aus der Fischerei	231
6.3.5.2	Nebenerwerb	234
6.3.5.3	Subsistenzwirtschaft	236
6.3.5.4	Sozio-ökonomische Absicherungsstrategien	238
6.3.5.5	Mobilität als Strategie zum Überleben	241

7	**Typisierung der Fischereistandorte nach sozio-ökonomischen Merkmalen**	246

7.1	Fischereistrukturtypen	251
7.1.1	Subsistenz- und Nebenerwerbsfischerei	251
7.1.2	Selbständige handwerkliche Küstenfischerei	253
7.1.3	Semi-selbständige handwerkliche Küstenfischerei	255

7.1.4	Patron-zentrierte handwerkliche Küstenfischerei	256
7.1.5	Patron-zentrierte küstenferne Kleinfischerei	257
7.1.6	Kleinindustrielle Fischerei	259
7.2	Gegenüberstellung der Fischereistrukturtypen unter sozialgeographischen Kriterien	260
7.3	Fischereistrukturtypen als Stadien eines Entwicklungsprozesses	266

8	**Entwicklungspolitische Folgerungen aus den Ergebnissen der Untersuchung**	**270**
8.1	Subsistenz-Fischerei	272
8.2	Selbständige handwerkliche Küstenfischerei	273
8.3	Semi-selbständige handwerkliche Küstenfischerei	274
8.4	Patron-zentrierte Kleinfischerei	275
8.5	Kleinindustrielle Fischerei	277

Zusammenfassung 278
Literaturverzeichnis 281

Verzeichnis der Abbildungen

Abb. 1: Schematischer Aufbau der Untersuchung 14
Abb. 2: Nutzung von Fischereifahrzeugtypen 57
Abb. 3: Antriebsart der Fischereifahrzeuge 58
Abb. 4: Anzahl "Cordeles" pro Fischer 59
Abb. 5: Einsatz von Fanggeräten der befragten Fischer 66
Abb. 6: Eigentümer der Fischereifahrzeuge 169
Abb. 7: Fischereifahrzeuge im Eigentum von Fischern 169
Abb. 8: Fanggeräte im Eigentum von Fischern 170
Abb. 9: Soziale Beziehung zwischen Besatzungsmitgliedern der Fischereifahrzeuge . 171
Abb.10: Stabilität der Crewzusammensetzung Vergleich:
    kleine Fischereifahrzeuge - Mutterschiffe 172
Abb.11: Kreditgeber der selbständigen Kleinfischer bei der Anschaffung von
    Fischereifahrzeugen und Außenbordmotoren 189
Abb.12: Vorstellungen der Kleinfischer über Finanzierungsmöglichkeiten für
    zukünftige fischereiliche Neuanschaffungen 191
Abb.13: Potentielle Kreditgeber der Fischer im Notfall (Krankheit, Unfall) 191
Abb.14: Inanspruchnahme von Vorschußzahlungen für Treibstoff und Verpflegung . 194
Abb.15: Vermarktung von Frischfisch auf lokaler Ebene 203
Abb.16: Vermarktung von Frischfisch auf regionaler Ebene 204
Abb.17: Vermarktung von Frischfisch auf nationaler Ebene 205
Abb.18: Vermarktung der Anlandungen großer Fangeinheiten (Mutterschiffe) 206
Abb.19: Vermarktung von Frischfisch: der Sonderfall Sosúa 208
Abb.20: Vermarktung von Frischfisch zwischen Playa Palenque und Juan Dolio an
    der dominikanischen Südküste 208
Abb.21: Aufkäufer frisch angelandeten Fischs (erstes Glied der Vermarktungskette) . 209
Abb.22: Kühleinrichtungen der Aufkäufer von Frischfisch 210
Abb.23: Transportmittel der Aufkäufer angelandeten Fischs 210
Abb.24: Erster Weitervermarktungsort angelandeten Fischs 211
Abb.25: Zweiter Weitervermarktungsort der Anlandungen 212
Abb.26: Wohngebäude der Fischer: Baumaterial 223
Abb.27: Ausstattung von Fischerhaushalten mit Luxus- und Prestigeobjekten 226
Abb.28: Von dominikanischen Fischern angegebene Verwendungsmöglichkeiten für
    einen potentiellen Lotteriegewinn in Höhe von $ 3000 R.D. 228
Abb.29: Zusammensetzung des Haushaltseinkommens dominik. Fischerfamilien ... 238
Abb.30: Migrationsursachen 242
Abb.31: Einheimische - Migranten: Standortvergleich 243
Abb.32: Ehemalige Beschäftigung von Fischern. Vergleich: Einheimische-Migranten 244
Abb.33: Strukturmerkmale dominikanischer Fischereistandorte (Auflistung nach
    Küstenzonen) 248
Abb.34: Strukturmerkmale dominikanischer Fischereistandorte 250
Abb.35: Fischereistrukturtypen: differenziert nach sozialgeographischen Kriterien .. 263
Abb.36: Fischereistrukturtypen: differenziert nach überlebensökonomischen
    Handlungsstrategien von Kleinfischern 264
Abb.37: Positionen einiger ausgewählter Fischereistandorte im fischereiwirtschaftlichen Entwicklungsprozeß 269

Verzeichnis der Fotos

Foto 1: Yolas am Strand von Boca de Yuma 52
Foto 2: Cayucos und Canoas in der Bucht von Samaná bei Sánchez 53
Foto 3: Segelboot in der Bucht von Bayahibe 54
Foto 4: Kielboot am Strand von Cabeza de Toro 55
Foto 5: Mutterschiffe im Hafen von Puerto Plata 56
Foto 6: Langleine ("Palangre") mit ca. 500 Haken, Playa Palenque 60
Foto 7: Fischer mit Wurfnetz ("Atarraya") in der Bucht von Barahona beim Fang von Köderfischen 62
Foto 8: Fischer bei der Strandwadenfischerei ("Chinchorro de Arrastre") am Strand von Palenque 62
Foto 9: Fischer beim Reparieren eines Kiemennetzes ("Red de Ahorque") am Strand von Monte Cristi 63
Foto 10: Fischer beim Entleeren einer Falle aus Bambus ("Corral") in den Mangroven bei Los Conucos, Prov. Monte Cristi 64
Foto 11: "Nasas" vom Typ "Corazón" (Herz) in Bayahibe................ 64
Foto 12: Taucher mit Hand-Harpune in Matancitas bei Nagua 65
Foto 13: Lagerhalle eines Fischhandelunternehmens in Río San Juan 74
Foto 14: Informeller Fischhändler vor seiner "Pescadería", Río San Juan 75
Foto 15: Mutterschiff im Bau am Strand von Río San Juan 77
Foto 16: Mutterschiff aus Stahl im Hafen von Puerto Plata 78
Foto 17: Das Hüttenviertel "Río Mar" in der Bucht von "Playa Chiquita", Sosúa .. 103
Foto 18: Das "Hotel Playa Chiquita" in Sosúa 104
Foto 19: Wohnungsbauprojekt der Regierung Balaguer zur Umsiedlung der Bewohner des "Barrio Río Mar", Sosúa 106
Foto 20: Beladung einer Camioneta (Kleinlastwagen) mit den Anlandungen eines Mutterschiffs in Río San Juan 114
Foto 21: Beladung eines Mutterschiffs mit Eis, Río San Juan 115
Foto 22: Garnelenfischerei mit "Atarrayas" (Wurfnetze) in der Bucht von Samaná bei 121
Foto 23: Filetierung von Fisch in einer Pescadería in Sabana de la Mar 126
Foto 24: "Filete minuta", panierte Fischfilets in Kunststoffhalbschalen eingeschweißt - die Spezialität einer Pescadería aus Sabana de la Mar 127
Foto 25: 20 Zentner Muschelfleisch (Lambi) im Kühlraum einer Pescadería 128
Foto 26: Hauptstraße von Boca de Yuma 139
Foto 27: Einziger Anlandungsplatz in Boca de Yuma 141
Foto 28: Kleinfischer mit dem Fangertrag eines Tages, Andrés 150
Foto 29: Fischer-Campamento La Cueva, Pedernales 166
Foto 30: Die Mitglieder der Selbsthilfegruppe "Asociación Evolucionaria de Boca de Yuma" 185
Foto 31: Fischverkauf in Río San Juan bei der Anlandung der Fänge eines Mutterschiffs nach mehrtägiger Fangfahrt 207

Verzeichnis der Karten

Karte 1:	Topographische Karte der Dominikanischen Republik mit Berücksichtigung der Küstenformen	31
Karte 2:	Bevölkerungsdichte nach Provinzen	33
Karte 3:	Wirtschaftsstruktur der Dominikanischen Republik	36
Karte 4:	Fangerträge in Mittelamerika und dem nördlichen Südamerika 1982 nach Fischereiregionen	43
Karte 5:	Seerechtsgrenzen der Dominikanischen Republik	47
Karte 6:	Meeresströmungen im Karibischen Meer	48
Karte 7:	Einteilung der dominikanischen Fischereiregionen nach ARVELO	83
Karte 8:	Zonierung des dominikanischen Küstenverlaufs nach PRODESPE	85
Karte 9:	Fischereistandorte und deren Zuordnung zu Fischereistrukturtypen	252

Verzeichnis der Tabellen

Tab. 1:	Monatliche Ausfahrten, Anlandungen und Einkünfte von sieben Kleinfischern der Fischergemeinschaft "Manatí" in Barahona im Jahr 1989	70
Tab. 2:	Fisch-Anlandungen an ausgewählten Standorten	71
Tab. 3:	Schuldenaufstellung zweier Fischer aus Monte Cristi zwischen 14.4. und 22.4.1989	192
Tab. 4:	Schuldenaufstellung einer Pescadería aus Monte Cristi für acht ihrer Fischer (Stand 22.4.1989)	193
Tab. 5:	Ausgaben einer Pescadería für den Ankauf von Fisch zweier Bootscrews zwischen dem 1. und 22. April 1989	199
Tab. 6:	Ausgaben einer Pescadería für den Ankauf von Fisch, Langusten und Lambi von acht Tauchfischern zwischen dem 1. und 7. April 1989	200
Tab. 7:	Aufstellung der Zusatzausgaben einer Pescadería für den Zeitraum 20.1. bis 26.2.1989	201
Tab. 8:	Durchschnittliche Kosten eines handwerklichen Küstenfischers pro Jahr	232

1 Einführung

"Fishing is one of the neglected areas of economic geography". Mit diesen Worten weist SAGAWE (1987, S.71) daraufhin, daß der Fischereisektor von wirtschaftsgeographischer Seite stark vernachlässigt wird. Dies ist deshalb verwunderlich, da gerade der Fischerei für die Regionalentwicklung in Küstenräumen erhebliche Bedeutung zukommt. Insbesondere für die Inselstaaten der Dritten Welt mit ausgedehntem Küstenverlauf stellt die *Fischerei* ein nicht zu unterschätzendes *regionales Entwicklungspotential* dar. Obwohl der Fischereisektor in der Regel nur wenig zum gesamtwirtschaftlichen Wachstum beiträgt, ist er ein bedeutsamer Faktor für die *Überlebenssicherung der Küstenbevölkerung*.

Seit Mitte der 80er Jahre kommt insbesondere der *handwerklichen Fischerei* von seiten der FAO und anderer Entwicklungshilfeorganisationen verstärkt Aufmerksamkeit zu. Handwerkliche Fischerei wird im Gegensatz zur industriellen Fischerei in kleinem Maßstab betrieben. Durch den Einsatz einfacher, selektiv arbeitender Fangtechniken ist sie an das labile Ökosystem tropischer Meere sehr gut angepaßt. Sie stellt einen arbeitsintensiven Wirtschaftszweig dar, der sich der lokal vorhandenen Kenntnisse und Fähigkeiten der Küstenbewohner bedient. Anschaffungs- und Betriebskosten (Treibstoff, Kühlung) für handwerkliche Fischereifahrzeuge sind weniger kapitalintensiv als die industrieller Fangschiffe. Die *handwerkliche Fischerei* kommt somit der Ressourcenausstattung der Entwicklungsländer entgegen, die in der Regel unter akutem Kapitalmangel und einem Überangebot an Arbeitskräften leiden.

Handwerkliche Fischerei leistet aber darüberhinaus auch einen erheblichen Beitrag zur *Befriedigung der Grundbedürfnisse* in den Küstenprovinzen der Dritten Welt. Sie ist mit den Zielen des grundbedürfnisorientierten Entwicklungsansatzes vereinbar. Dieser darf zwar nicht als der Weisheit letzter Schluß verstanden werden. Doch thematisiert er zumindest die Überlebensprobleme der marginalen Bevölkerungsgruppen in der Dritten Welt und zeigt einen Ausweg aus der entwicklungspolitischen Sackgasse, in der 500-800 Millionen Menschen in absoluter Armut dahinvegetieren (NUSCHELER 1982, S.356).

Auch für die *weltweite Ernährungslage* ist die Bedeutung der handwerklichen Fischerei nicht zu unterschätzen. So dürften Anfang der 90er Jahre weit mehr als 10 Millionen Erwerbstätige im Bereich der handwerklichen Fischerei tätig sein, die pro Jahr mehr als 20 Millionen Tonnen Fisch anlanden. Dies entspricht knapp der Hälfte der für den direkten menschlichen

Konsum bestimmten Fänge. Die handwerkliche Fischerei leistet somit einen entscheidenden Beitrag zur Welternährung. Darüberhinaus kommt ihr in zahlreichen Ländern der Dritten Welt in bezug auf *regionale und nationale Nahrungsmittelversorgung* größere Bedeutung zu als der industriellen Fischerei, die häufig für den internationalen Markt produziert.

Die *Ursachen für das mangelnde Interesse* von seiten der Geographie an der Fischerei und insbesondere an der handwerklichen Fischerei dürfte zum einen auf unzureichendes und unzuverlässiges Datenmaterial der Fischereibehörden, zum anderen auf die in der Regel gesamtwirtschaftlich geringe Bedeutung der Fischerei zurückzuführen sein. Um einen Beitrag zum Abbau des offensichtlich vorhandenen Forschungsdefizits zu leisten, beschäftigt sich der Autor im folgenden mit der Fischerei *am Beispiel der Dominikanischen Republik.*

Bei dem karibischen Inselstaat handelt es sich um ein Land der Dritten Welt, in dem die kommerzielle Fischerei keinerlei Tradition aufweist. Erst während der vergangenen Jahrzehnte setzte ein *Wandlungssprozess* ein, der zu vielfältigen Umstrukturierungen der ehemals subsistenzorientierten Fischerei führte. Die Veränderungen im Fischereisektor begannen nicht an allen Standorten zeitgleich, noch verliefen sie mit gleichbleibender Geschwindigkeit. So können in der Dominikanischen Republik Anlandungsplätze angetroffen werden, an denen mit einfachsten Fangmethoden Fischerei für den Eigenbedarf betrieben wird, während einige Kilometer davon entfernt hochseetüchtige Mutterschiffe mit bis zu 80 Mann Besatzung für mehrtägige Fangfahrten in See stechen.

Vor diesem Hintergrund sollen im folgenden anhand ausgewählter Fallstudien die *aktuellen Strukturen und Wandlungsprozesse im Fischereisektor der Dominikanischen Republik* aufgezeigt werden. Die folgenden Fragestellungen thematisieren die wichtigsten Umstrukturierungen und aktuellen Problembereiche der dominikanischen Fischereiwirtschaft:

- Wie sind die *Besitzverhältnisse im Fischereisektor* strukturiert?
(Problembereich: Abhängigkeit zwischen Fischer und Fischhändler)
- Wie erfolgt die *Organisation der fischereiwirtschaftlichen Produktion?*
(Problembereich: Soziales Gefüge der Bootsbesatzungen, Fangaufteilungs- und Arbeitsteilungsmechanismen)
- Welche *Produktionsformen* sind an dominikanischen Fischereistandorten anzutreffen? Welche *kollektiven Produktionsformen* werden von der Fischerbevölkerung angenommen?
- Welche *Vermarktungsmechanismen und -kanäle* sind auf lokaler, regionaler, nationaler und internationaler Ebene anzutreffen?

- Kann durch fischereiwirtschaftliche Tätigkeit die *Befriedigung der Grundbedürfnisse* der Fischerbevölkerung sichergestellt werden?
- Welche *Handlungsstrategien* verfolgt die Fischerbevölkerung zur Sicherung des Überlebens? Welche überlebensökonomischen Strategien werden miteinander kombiniert?
- Treten *Nutzungskonflikte* zwischen Fischerei und anderen Wirtschaftsbereichen um Küstenzonen und Fanggebiete auf ?

(Problembereich: Flächennutzungskonflikte zwischen Fischerei, Tourismus und Naturschutz).

Bei der vorliegenden Arbeit handelt es sich um die *erste geographisch ausgerichtete empirische Studie zur Fischereiwirtschaft in der Dominikanischen Republik*. Da mit Ausnahme des nur wenige Seiten umfassenden Beitrags von SAGAWE (1988) auf keinerlei geographische Vorarbeiten in der Literatur zurückgegriffen werden kann, erscheint es dem Autor unerläßlich, in einem einführenden Kapitel die *Grundlagen zum Verständnis fischereiwirtschaftlicher Problemstellungen* in der Dominikanischen Republik aufzuzeigen. Hierzu zählen insbesondere Ozeanographie und Fischereitechnik. Daneben ist zumindest im Überblick auf marine Ressourcen, Fangraten und Infrastruktur in der Dominikanischen Republik einzugehen.

Da in der Dominikanischen Republik Fischerei auf kommerzieller Basis erst seit wenigen Jahrzehnten betrieben wird, kann sie nicht als in sich geschlossener traditioneller Wirtschaftssektor betrachtet werden. Aktuelle fischereiwirtschaftliche Strukturen und Wandlungsprozesse stehen vielmehr in engem Zusammenhang zu gesellschaftlichen und gesamtwirtschaftlichen Entwicklungen. *Demographische, wirtschaftliche, sozio-ökonomische und politische Rahmenbedingungen* bilden deshalb die Voraussetzung zur Analyse aktueller Probleme im Fischereisektor (Abb.1).

Die vom Autor ausgewählten *empirischen Fallstudien* umfassen das gesamte Spektrum fischereiwirtschaftlicher Phänomene, das in der Dominikanischen Republik anzutreffen ist. So werden Küstenorte beschrieben, an denen fast ausschließlich Subsistenzfischerei betrieben wird, aber auch Anlandungsplätze, an denen die Kommerzialisierung bereits ein fortgeschrittenes Stadium erreicht hat. Sowohl ländlich als auch städtisch geprägte Fischereistandorte werden ebenso thematisiert wie Fischerei-Campamentos, die ausschließlich fischereiwirtschaftlichen Zwecken dienen.

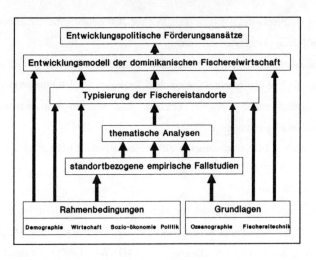

Abb. 1: Schematischer Aufbau der Untersuchung

Trotz fischereiwirtschaftlicher Ausrichtung der vorliegenden Arbeit soll auch auf *nichtfischereibezogene Wirtschafts- und Lebensbereiche* der Küstenbevölkerung eingegangen werden, um die lokale Bedeutung der Fischerei für den entsprechenden Standort einschätzen zu können und um auch diejenigen Strukturen und Entwicklungen aufzuzeigen, die in erster Linie auf sektorfremde Faktoren zurückzuführen sind. Besonderes Gewicht wird auf die Verflechtungen zwischen Fischerei und anderen Wirtschaftsbereichen gelegt.

Im Anschluß an die standortbezogenen empirischen Fallstudien werden standortübergreifende thematische Schwerpunkte gesetzt. Hierbei stehen einerseits der *Produktions- und Vermarktungsbereich* und andererseits der *sozio-kulturelle und sozio-ökonomische Bereich* im Vordergrund der Betrachtungen. Die Ergebnisse der standortbezogenen und thematischen Analysen führen zu einer *Typisierung der Fischereistandorte* nach wirtschafts- und sozialgeographischen Kriterien. Die vom Autor definierten *"Fischereistrukturtypen"* werden als *Stadien eines Wandlungsprozesses* aufgefaßt und in ein *Entwicklungsmodell* eingeordnet, das die Veränderungen im dominikanischen Fischereisektor verdeutlicht (Abb.1). Den Abschluß der Arbeit bildet eine Zusammenstellung *entwicklungspolitischer Förderungsansätze*, die auf den Ergebnissen der Untersuchung beruhen und als Basis für entwicklungspolitische Entscheidungen nicht nur für die Fischereiwirtschaft in der Dominikanischen Republik, sondern auch für zahlreiche Länder Lateinamerikas herangezogen werden können.

2 Konzeptioneller Rahmen

Die für Fischereifragen zuständigen Behörden und Einrichtungen in Ländern der Dritten Welt werden fast täglich mit neuen *Problemen* konfrontiert. Verschlechterung der nationalen Ernährungslage, Gefährdung der marinen Ressourcen, regionale Disparitäten, gewaltsame Auseinandersetzungen unterschiedlicher Interessengruppen um marine Ressourcen, Flächennutzungskonflikte auf Standortebene sowie individuelle Probleme der Fischer und deren Familien stellen staatliche Einrichtungen und NGOs (non-governmental organizations) vor weitreichende Entscheidungen. Die Probleme beschränken sich weder auf die nationale oder regionale noch auf die lokale Ebene. In der Regel handelt es sich also nicht um Einzelphänomene, sondern um miteinander *verflochtene Problemfelder*, die mehrere Ebenen umfassen. *Problemlösungskonzepte*, die sich auf einer Ebene konzentrieren, sind weder in der Lage, komplexe Zusammenhänge zu erfassen, noch dauerhaft zu lösen. Wirtschafts- und sozialgeographische Forschung zur Problematik der Fischereiwirtschaft in einem Land der Dritten Welt darf sich deshalb nicht auf eine Ebene beschränken. *Grundlegende Analysen auf nationalem Niveau* verwischen in der Regel regionale Unterschiede. Sie eignen sind jedoch dafür, allgemeine landesspezifische Aussagen über Gesamtanlandungen, nationalen Fischkonsum und Handelsverflechtungen zu machen. *Untersuchungen auf regionaler Ebene* sind dagegen in der Lage, Disparitäten zwischen den Regionen eines Landes aufzuzeigen. Strukturunterschiede zwischen einzelnen Fischereistandorten werden hiermit jedoch nicht erfaßt. Die Beschränkung auf regionale Analysen könnte insbesondere im Fall der dominikanischen Fischereiwirtschaft zu extremen Fehleinschätzungen führen. In ihrer Struktur stark unterschiedliche Standorte befinden sich nämlich gerade hier häufig in räumlicher Nähe, meist sogar in einer Provinz. Dagegen sind strukturell sich gleichende Anlandungsplätze auf nahezu alle Küstenregionen verteilt. *Standortbezogene Forschungen* vermögen die interne Struktur und Organisation eines Anlandungsplatzes zu analysieren, können aber übergeordnete Entwicklungen nicht erfassen. *Untersuchungen auf der Ebene von Individuen* abstrahieren von gesamtgesellschaftlichen Faktoren und langfristig ablaufenden Prozessen und überschätzen die Bedeutung individueller Entscheidungen für Veränderungen gesamtwirtschaftlicher und -gesellschaftlicher Art. Sie sind jedoch für die auf neuere entwicklungspolitische Ansätze ausgerichteten Forschungen prädestiniert, die sich mit der Befriedigung von Grundbedürfnissen marginaler Bevölkerungsgruppen in der Dritten Welt beschäftigen. So steht in der *handlungstheoretischen Forschungsperspektive* der nach Befriedigung seiner Bedürfnisse strebende Mensch im Mittelpunkt der Forschungen zur Erklärung raumbezogenen Verhaltens. Diese Forschungsperspektive ist somit für die *Untersuchung überlebensökonomischer Handlungsstrategien zur Befriedigung der Grundbedürfnisse* besonders geeignet. Hierbei werden neben wirtschaftlichen auch soziokulturelle Motive, Ziele und Wertemuster berücksichtigt, die dem Individuum als Handlungsgrundlage dienen. Entscheidungsprozesse zur Erhaltung und Sicherung der Grundlagen der menschlichen Existenz und Arbeitskraft sind wesentlich komplexer, als daß sie aus rein ökonomischer Sicht erklärt werden könnten. So hat nach ELWERT, EVERS und WILKENS (1983) in den untersten Bevölkerungsschichten der Dritten Welt die *Suche nach Sicherheit* absolute Priorität vor wirtschaftlich orientierter Einkommensmaximierung. Neuere, dem handlungstheoretischen Ansatz folgende Forschungen, betrachten individuelles raumbezogenes Verhalten zunehmend unter dem Aspekt der *Beschränkungen (constraints)*, denen handelnde Personen unterliegen (HÄGERSTRAND 1970). Der *Handlungsspielraum* räumlich agierender Individuen wird demnach durch eine Vielzahl ökologischer, soziokultureller, sozio-ökonomischer und individueller Rahmenbedingungen begrenzt. Innerhalb dieses mehr oder weniger beschränkten Handlungsrahmens bleibt dem handelnden Individuum die Möglichkeit, eine seinen individuellen Bedürfnissen möglichst nahe kommende Entscheidung zu treffen, die als *Handlungsstrategie* bezeichnet wird.

Nach Meinung des Autors kann jedoch raumbezogenes Handeln nicht ausschließlich durch strategisches Verhalten individueller Entscheidungsträger erklärt werden, da gesamtgesellschaftliche Strukturen den Handlungsrahmen des Einzelnen so weit einschränken, daß dem handelnden Individuum häufig nur geringer Entscheidungsspielraum verbleibt. Darüberhinaus geht die handlungstheoretische Perspektive von bewußtem, zielorientiertem Handeln des Einzelnen aus. Dies ist jedoch bei der Zielgruppe der vorliegenden Untersuchung - den Kleinfischern in der Dominikanischen Republik - nicht einfach vorauszusetzen.

In der vorliegenden Untersuchung wird deshalb neben der handlungstheoretischen auch die *strukturalistische Forschungsperspektive als Erklärungsgrundlage herangezogen*, in der gesamtgesellschaftlichen und wirtschaftlichen Strukturen und Prozessen größere Bedeutung beigemessen wird. Gesamtgesellschaftliche Prozesse wie beispielsweise das Eindringen von Kapital in die Fischergemeinschaften oder die Ausbreitung standortbezogener Arbeitsteilungsmechanismen bestimmen das Handeln einzelner Fischer in beträchtlichem Maße, so daß diese strukturverändernden Vorgänge nicht als bloße Randerscheinungen oder Rahmenbedingungen abgehandelt werden dürfen. Darüberhinaus ist die handlungstheoretische Forschungsperspektive, die individuelles Handeln in einem zeitlich relativ kurzen Rahmen betrachtet, nicht in der Lage, längerfristig verlaufende globale Strukturveränderungen und Entwicklungsprozesse ausreichend zu erklären. Im Rahmen der vorliegenden Untersuchung soll deshalb der Versuch unternommen werden, sowohl mehrere *Untersuchungsebenen* als auch *Forschungsperspektiven* miteinander zu verknüpfen, um raumbezogenes Handeln von Individuen und raumbezogene Prozesse auf Makroebene erfassen und erklären zu können.

2.1 Methodik, Datenbasis und Durchführung der Untersuchung

Die vorangegangenen Ausführungen zum konzeptionellen Rahmen der vorliegenden Untersuchung haben gezeigt, daß ein komplexes Thema, wie das der Fischereiwirtschaft in einem Land der Dritten Welt auf einer einzigen Untersuchungsebene nicht angemessen analysiert werden kann. Bei der Durchführung der Erhebungen wurden deshalb mehrere Untersuchungsebenen berücksichtigt. Das *methodische Vorgehen* richtete sich jeweils nach der untersuchten Ebene.

Auf der *Ebene der Entscheidungseinheit "Individuum"* wurden im Rahmen der Untersuchung mit 300 Fischern standardisierte Interviews an zehn Fischereistandorten durchgeführt (pro Anlandungsplatz 30 Fischer). Die Befragungen erfolgten sowohl an den Anlandungsplätzen als auch in den Häusern der Fischer. Es wurden Fischer befragt, die eigene Boote einsetzen, mit Fischereifahrzeugen der Händler zum Fang ausfuhren oder sich einer Fischereikooperative angeschlossen hatten. Bei der *Auswahl der Interviewpartner* wurde darauf geachtet, daß die Zusammensetzung der Stichprobe dem Verhältnis der erwähnten Untergruppierungen am jeweiligen Fischereistandort weitgehend entsprach[1]. Der Anspruch auf Repräsentativität wurde hierbei vom Autor nicht erhoben. Qualitative Aussagen der Fischer standen im Vordergrund der Erhebungen. Die Dauer der Interviews betrug in der Regel 30 Minuten, dehnte sich aber bei bereitwilligen Informanten auf bis zu 3 Stunden aus. Die Informationsbereitschaft der Interviewpartner war, von wenigen Ausnahmen abgesehen, zufriedenstellend.

---

[1] Dies konnte durch vorangestellte Befragungen von Schlüsselpersonen auf standortbezogener Ebene sichergestellt werden.

Die Fragen bezogen sich auf folgende *Themenkomplexe*:
- Fischgründe (Lage und Entfernung vom Anlandungsplatz),
- angewandte Fischereitechnik (Bootstyp, Antrieb, Fangmethode),
- Produktionsmittel (Fischereigeräte, Eigentumsverhältnisse, Finanzierung),
- Arbeitsorganisation (Zusammensetzung und Stabilität der Bootsbesatzung, Fangaufteilung, Fischverarbeitung),
- Vermarktung (Verkaufsort, Preisbildung, Käufer, Vorschußzahlungen, Weiterverkauf, Absatzwege, Transport, Kühlung, Stabilität geschäftlicher Beziehungen und deren Ursachen, Strategien zur Sicherung des Vorkaufsrechts),
- Familie und Haushalt (Familienstand, Haushaltsangehörige, Anzahl der Kinder, Einkünfte Familienangehöriger, Patenkinder),
- Befriedigung der Grundbedürfnisse (Ernährung, Trinkwasserversorgung, Wohnen, Gesundheit, Hygiene, Bildung),
- Befriedigung weiterführender Bedürfnisse (Stromversorgung, Luxusgüter),
- Kombination von Produktionsformen (Subsistenz, marktorientierte landwirtschaftliche Produktion, Tauschhandel, Lohnarbeit, ambulanter Handel, unbezahlte Reproduktion),
- soziale Absicherung (Nachbarschaftshilfe, Kreditgeber im Notfall),
- Bildung und berufliche Fähigkeiten (Schreib- und Lesefähigkeit, Schulbildung, Beschäftigung vor Aufnahme der Fischerei, Erwerb praktischer fischereilicher Fähigkeiten),
- persönliche Einstellung zur Fischerei (Bereitschaft zum Beitritt von Fischervereinigungen, Investitionsbereitschaft, Zukunftsperspektive, Berufswunsch für Söhne),
- Migrationsverhalten (Geburtsort, Migrationsursache, Migrationsmuster),
- biographische Aspekte (Beruf des Vaters und Großvaters, Aufnahme fischereilicher Tätigkeiten, Alter)

Die *Feldforschungen* des Autors waren in zwei Arbeitsetappen unterteilt. In einer *ersten Etappe* von Februar bis Juni 1989 wurden vom Autor an den Fischereistandorten Monte Cristi, Bayahibe, und Playa Palenque Erhebungen durchgeführt, die anschließend in einer Zwischenauswertungsphase der Analyse unterzogen wurden. In einer *zweiten Arbeitsetappe* von November 1989 bis Mai 1990 erfolgten Untersuchungen an den Standorten Río San Juan, Sánchez, Sabana de la Mar, Miches, Cabeza de Toro und Boca de Yuma mit einem aufgrund der Zwischenergebnisse erweiterten Fragebogen.

Parallel zu den Erhebungen auf der Ebene der Entscheidungseinheit Individuum wurden mit Hilfe eines zweiten Fragenkatalogs auf *standortbezogener Ebene standardisierte Interviews mit Schlüsselpersonen* (kompetente Fischer, Beschäftigte der Fischereibehörde, Vorstände von Fischerei-Kooperativen, Bürgermeister) sowie ortsansässigen und auswärtigen Fischhändlern durchgeführt, die sich sowohl auf die naturräumlichen, ökonomischen und infrastrukurellen Rahmenbedingungen des jeweiligen Ortes als auch auf dessen fischereiwirtschaftliche Struktur und Entwicklung bezogen. Zur Ermittlung regionaler und nationaler Handelsverflechtungen wurden die Interviewpartner - unter besonderer Berücksichtigung der Fischhändler - über lokale Aspekte hinaus zu Vermarktungsstrategien und Absatzmärkten befragt. Die *standortbezogenen Interviews* dienten darüberhinaus zur Ermittlung der Zusammensetzung der Stichproben an den Standorten, an denen *individuelle Fischerbefragungen* durchgeführt werden sollten. Dieser standardisierte auf Struktur, Entwicklung und Verflechtungen ausgerichtete Fragenkatalog wurde nach Abschluß der individuellen Fischerbefragungen in einer *dritten Arbeitsetappe* an 20 weiteren Fischereistandorten eingesetzt, um Vergleiche zwischen den einzelnen Anlandungsplätzen auf regionaler und nationaler Ebene ziehen zu können.

In bezug auf *allgemeines Datenmaterial zur nationalen Fischereiwirtschaft* (Gesamtanlandungen, nationaler Fischkonsum, Fischimporte und -exporte) wurde von Seiten des Verfassers auf Erhebungen der dominikanischen Fischereibehörde "Recursos Pesqueros" und des PRODESPE-Forschungsprojekts (FDL 1980) zur Entwicklung der Fischerei zurückgegriffen.

Die *Auswahl der Erhebungsorte* erfolgte unter räumlichen und raumwirtschaftlichen Kriterien. So wurden an den dominikanischen Küsten im Norden (vgl. Karte 3, S.36: Zone I und II), Osten (Zone III bis V) und Süden (Zone VI und VII) jeweils 10 Fischereistandorte in die Untersuchung aufgenommen. Im Südwesten des Landes in den Provinzen Barahona und Pedernales wurden vom Autor selbst keine Daten erhoben, da von Mitarbeitern des deutsch - dominikanischen Fischereiprojekts "PROPESCAR-SUR" bereits detaillierte Erhebungen durchgeführt und dem Verfasser zur Verfügung gestellt worden waren. Bei der Auswahl der Fischereistandorte im Norden, Osten und Süden des Landes wurden die Lage der Anlandungsplätze zu den Verbraucherzentren und die Bedeutung der Fischerei für die wirtschaftliche Situation des jeweiligen Ortes berücksichtigt. Hierbei wurden Standorte ausgewählt, die sich sowohl in der Peripherie als auch in Zentrumsnähe befinden.

Anlandungsorte, an denen die Fischerei eine untergeordnete Stellung einnimmt, wurden ebenso in die Untersuchung einbezogen wie Standorte, an denen die Fischerei die Haupteinkommensquelle der Bevölkerung darstellt. Standorte, an denen Erhebungen auf Ebene der Entscheidungseinheit Individuum durchgeführt wurden, konzentrieren sich auf Anlandungsplätze, an denen die Fischerei eine bedeutende Stellung für die Überlebenssicherung der lokalen Bevölkerung einnimmt.

Die Binnenfischerei wurde in der vorliegenden Untersuchung nicht berücksichtigt. Sie wird lediglich punktuell in den großen Flüssen, Seen und Stauseen des Landes betrieben und dient in erster Linie der Subsistenz ländlich geprägter Bevölkerungsschichten. Für die nationale Ökonomie ist sie von sehr geringer Bedeutung.

2.2 Sozialwissenschaftlich orientierte Forschung zur tropischen Fischerei

Bis Anfang dieses Jahrhunderts wurde der Fischerbevölkerung in der Dritten Welt von seiten der sozialwissenschaftlich orientierten Forschung kaum Bedeutung beigemessen (BRETON / LOPEZ ESTRADA, 1987, S.32). Die an den tropischen Küsten weit verstreut lebende, von politischen Entscheidungszentren isolierte und verhältnismäßig kleine Bevölkerungsgruppe der Fischer zog das Interesse nur weniger Wissenschaftler auf sich. Von seiten der Geographie wurde die Fischerei stark vernachlässigt.

"Fishing is one of the neglected areas of economic geography. Despite their obvious relevance for coastal regional development, fishing and fishing industries have attracted scant attention from geographers. This lack of attention is difficult to understand when one considers the actual and potential economic importance of fisheries in Third World coastal and island states" (SAGAWE 1987, S.71).

SAGAWE (1987) gibt zwei Gründe für das geringe Interesse von Geographen an der Fischerei an: "One is the poor statistical material, which inhabits a thorough geographical investigation of the phenomenon. The other is the failure of Third World states to promote fishing as a development strategy."

Aufgrund des geringen Interesses der Geographie an der Fischerei muß deshalb an dieser Stelle auch auf anthropologische und soziologische Arbeiten verwiesen werden. Frühe Forschungen, die sich zumindest in Teilaspekten mit der Fischerei in den Tropen beschäftigten, wurden von Anthropologen durchgeführt (KROEBER 1925, WISSLER 1917, 1926, BOAS 1888, 1897, 1920, MALINOWSKI 1922). Sie erwähnen Fischerei meist als zur Reproduktion tropischer Völker beitragendes Element ohne auf spezielle fischereiliche Aspekte einzugehen.

In den 40er Jahren befaßte sich der englische Wirtschaftswissenschaftler und Anthropologe R. FIRTH erstmals intensiv mit der Zielgruppe Fischer. Gegenstand seiner Untersuchungen war die Organisation der fischereilichen Produktion einer Gruppe malaiischer Fischer. Damit legte er den Grundstein zur Einbeziehung der Fischerei in die sozialwissenschaftliche Forschung.

In den 60er Jahre wurden am Beispiel von Fischergemeinschaften in Thailand (FRASER 1960, 1966), Sri Lanka (ALEXANDER 1973), Jamaica (DAVENPORT 1956, COMITAS 1962), Venezuela (BRETON 1973) und Brasilien (KOTTACK 1961, FORMAN 1967, 1970) zahlreiche sozialwissenschaftliche und ethnologische Studien durchgeführt, die jedoch nicht auf den Forschungsansatz von FIRTH aufbauten oder ihn kritisch hinterfragten (BRETON / LOPEZ ESTRADA, 1989, S.46).

Folgende konzeptionelle Ansätze haben die sozialwissenschaftliche Forschung im Bereich der Fischerei weitgehend bestimmt:

Der *ökologisch ausgerichtete Ansatz* stellt die Beziehung zwischen marinen Ressourcen und fischereilicher Produktion in den Vordergrund. Er basiert auf der von GORDON (1954) entwickelten und von HARDIN (1968) modifizierten "Economic Theory of a Commom Property Resource", nach der die Ausbeutung mariner Ressourcen nur bis zu einem bestimmten Intensitätsgrad betrieben werden kann, ohne deren Reproduktionspotential zu gefährden. Wird dagegen ein bestimmtes Limit überschritten, muß langfristig mit einem Rückgang der Produktivität gerechnet werden. Aufgrund unbegrenzter Zugangsmöglichkeiten zu den im Allgemeinbesitz befindlichen marinen Ressourcen, werden staatliche Autoritäten immer wieder dazu aufgefordert, geeignete Schritte zur Erhaltung der Produktivität der Fischgründe zu ergreifen. Meist gab jedoch die Einführung von Schutzzonen, Fangquoten oder selektiver Mechanismen der Subventionierung und Gewährung von Krediten Anlaß zu zahlreichen Konflikten zwischen den Produzenten und Repräsentanten des Staates.

Der *historisch orientierte Ansatz* ist auf Bedingungen sozio-ökonomischer Entwicklung und Folgen der Industrialisierung im Fischereisektor ausgerichtet. Die vorwiegend auf der Makro-Ebene durchgeführten Studien thematisieren das Eindringen von Kapital in die Fischerdörfer und die Reaktionen der Fischer auf die veränderten wirtschaftlichen Ausgangsbedingungen. Die Analyse sozialer Beziehungsgeflechte und die durch Arbeitsteilung hervorgerufene Proletarisierung der Fischerbevölkerung stehen hierbei im Vordergrund (BARITEAU 1981, BERNIER 1981, BRETON/LABRECQUE 1981, GIASSON 1981, LOPEZ ESTRADA 1982, KEARNEY 1983, BONNEVILLE 1984, DAVIS 1984, DE LA CRUZ 1986). Diese Studien haben einen entscheidenden Beitrag zur Richtigstellung der bis heute auch unter Fischereifachleuten weit verbreiteten Ansicht geleistet, daß es sich bei Fischergemeinschaften um marginale, wirtschaftlich rückständige Bevölkerungsgruppen handelt, die die Vorteile des technischen Fortschritts noch nicht erkannt haben.

Ein weiterer Ansatz bezieht sich auf die *Funktion staatlicher Einrichtungen zur Förderung der fischereiwirtschaftlichen Entwicklung* (HANDELMANN/LEYTON 1978, MILLER/-MAANNEN 1983, BRITAIN 1984, PINKERTON 1987). Diese Studien analysieren die im Rahmen von Modernisierungsbestrebungen in vielen Ländern zahlreich entstandenen staatlichen Behörden und deren Einfluß auf die nationale Fischereiwirtschaft.

Unter den *entwicklungssoziologischen Ansätzen* zur Fischereiproblematik muß insbesondere auf die Untersuchung von KITSCHELT (1987) verwiesen werden, der Struktur und Organisation der Arbeit von Fischern in einem kleinen Hafen auf Jamaica analysiert.

Die bisherigen *theoretischen Konzeptionen* haben zweifellos einen bedeutenden Beitrag zum Verständnis spezieller fischereiwirtschaftlicher Probleme geleistet. Sie klammern jedoch jeweils entscheidende Aspekte aus, die für ein Gesamtverständnis der Fischereiproblematik unerläßlich sind. BRETON und LOPEZ ESTRADA (1989) weisen darauf hin, daß die Verbesserung theoretischer Forschungskonzepte stärker in den Vordergrund gerückt werden sollte. Insbesondere historische Aspekte der sozialen Reproduktion und des Eindringens von Kapital in die Fischergemeinden, die Kombination verschiedener Produktionsformen zur Sicherung des Überlebens und Strategien zur Vermarktung von Fisch sollten in neuere Forschungskonzeptionen einbezogen werden.

2.3 Fischereiwirtschaftlich bezogene Forschung in der Dominikanischen Republik

In der Dominikanischen Republik waren bis Ende der 70er Jahre nur wenige Arbeiten im Bereich der Fischerei durchgeführt worden. Sie beschränken sich auf Berichte von ARVELO, FARINA und BONNELLY DE CALVENTI, die sich in *allgemeiner Form mit der Problematik der Fischerei* in der Dominikanischen Republik auseinandersetzen. *Fischereitechnische, meeresbiologische und ökonomische Aspekte* stehen hierbei im Vordergrund. Der Bericht von ARVELO (o. J.) befaßt sich mit den marinen Ressourcen des Landes und deren Nutzung, mit Fischereifahrzeugtypen und Fangtechniken sowie mit Methoden zur Konservierung der Anlandungen. Er beschreibt sechs wirtschaftlich ertragreiche Fischereizonen unter fischereitechnischen Gesichtspunkten. FARINA (1971) stellt den Entwicklungsstand der dominikanischen Fischerei dar und gibt Empfehlungen zur Verbesserung von Fischereifahrzeugen und Fangtechniken. BONNELLY DE CALVENTI (1975) fordert u.a. in ihrem "Bericht über die Fischerei in der Dominikanischen Republik" die Schaffung einer zentralen Verwaltungseinheit für den Fischereisektor und die Gründung eines Zentrums zur Forschung und Entwicklung der Fischerei in der Dominikanischen Republik. Darüberhinaus macht sie Vorschläge zur Überarbeitung der Fischereigesetzgebung. Sie faßt den Zustand der dominikanischen Fischerei auf dem ersten nationalen Seminar über Fischereiressourcen (Primer Seminario Nacional sobre Recursos Pesqueros, 1-3 Agosto de 1974, Villas del Mar) in acht Punkten zusammen:

1. Es sind bisher nur wenige fragmentarische Informationen über die Fischereiressourcen des Landes vorhanden.
2. Die Fischerei basiert auf der Nutzung einfacher Fangtechniken.
3. Die Produktivität der Fischerei weist ein niedriges Niveau auf.
4. Die Zahl ausgebildeter Fischerei-Spezialisten ist äußerst gering.
5. Es fehlen die notwendigen technischen Instrumente zur Bewertung der marinen Produktivität.
6. Die Fischerei-Statistik spiegelt nicht die wirkliche Situation wider, was die entwicklungspolitische Planung erschwert.

7. Die staatlichen Organisationen, die sich mit der Fischerei beschäftigen, sind stark zersplittert.
8. Jegliche entwicklungspolitische Fischereikonzeption fehlt.

Mit ersten Versuchen zur *systematischen Erforschung der marinen Ressourcen* des Landes begann das der "Universidad Autónoma de Santo Domingo" angeschlossene Forschungszentrum für Meeresbiologie (Centro de Investigaciones de Biología Marina, CIBIMA). Im Vordergrund der Arbeiten standen Forschungen zu Meeresflora und -fauna. Darüberhinaus wurden Bemühungen staatlicher Einrichtungen zur Lösung nationaler Probleme unterstützt. Dazu zählen Forschungen zur wirtschaftlichen Nutzung mariner Ressourcen, Studien über neue marine Nahrungsquellen, Untersuchungen über Proteinmangel in der Ernährung der dominikanischen Bevölkerung und den hygienischen Zustand von Fisch und Meeresfrüchten in den Verbraucherzentren (BONNELLY DE CALVENTI, 1974).

Zur Ausarbeitung eines realitätsbezogenen Fischerei-Entwicklungsprogramms gab 1977 die Zentralbank der Dominikanischen Republik in Zusammenarbeit mit der "Banco Interamericano de Desarrollo" (BID) eine *Studie über die Entwicklung der Fischerei in der Dominikanischen Republik* in Auftrag (PRODESPE - Programa para Estudio sobre el Desarrollo Pesquero de la República)[1]. Das Institut für Industrie-Technologie (Instituto Dominicano de Tecnología Industrial - INDOTEC), das mit der Durchführung betraut wurde, begann 1979 in Zusammenarbeit mit Experten der britischen Consulting "Fisheries Development Limited" (FDL) mit den Forschungsarbeiten. Im Vordergrund der Erhebungen standen *technisch-wirtschaftliche Gesichtspunkte*:

- Fischereifahrzeugtypen und Fangmethoden,
- Anlandungen und Fangzusammensetzung,
- Fischbestand (Küsten, Hochseebänke, Binnengewässer),
- Wasseranalysen (Temperatur, Plankton- und Salzgehalt),
- Konservierung und Weiterverarbeitung der Anlandungen,
- Vermarktung,

---

[1] Abkommen zur Technischen Zusammenarbeit ATN/1582-DR.

- Bau und Überholung von Fischereifahrzeugen,
- Institutionelle Infrastruktur und Fischereigesetzgebung,
- Aquakultur.

Den Interessen und Belangen der Fischerbevölkerung wurde jedoch wenig Aufmerksamkeit gewidmet.

KRUTE-GEORGE (1978) stellt im Gegensatz dazu erstmals *sozio-ökonomische Aspekte* der Fischerei in den Mittelpunkt ihrer Betrachtungen. Ihre Ausführungen beschränken sich jedoch auf Fischer und Fischereikooperativen im Südwesten des Landes.

In dem ersten nationalen Seminar zur Subsistenzfischerei[1] und dem ersten Kongreß über Aquakultur und Fischerei in der Dominikanischen Republik[2] beziehen sich zumindest einzelne Beiträge auf die sozio-ökonomischen und sozio-kulturellen Bedingungen der dominikanischen Fischerbevölkerung.

Von geographischer Seite widmet sich erstmals SAGAWE (1988, S.85 - 97) der Fischereiwirtschaft in der Dominikanischen Republik. Seine Ausführungen basieren jedoch weitgehend auf den bereits oben erwähnten Studien.

Doch nicht nur im Bereich der Forschung wird erst seit kurzem der dominikanischen Fischerei stärkere Beachtung beigemessen, sondern auch in der entwicklungspolitischen Planung.

2.4 Bisherige entwicklungspolitische Planung im Fischereisektor

Ende der 70er Jahre wurde erstmals ein umfangreiches *Förderungsprogramm zur Entwicklung der dominikanischen Fischereiwirtschaft* vorgelegt, das auf den Ergebnissen des von der Zentralbank der Dominikanischen Republik und der "Banco Interamericano de Desarrollo" (BID) in Auftrag gegebenen PRODESPE-Forschungsprogramms aufbaut. Dieses von INDOTEC (Instituto Dominicano de Tecnología Industrial) in Zusammenarbeit mit der britischen Consulting "Fisheries Development Limited" (FDL) ausgearbeitete Programm zur

---

[1] 1er Seminario Nacional sobre Pesca de Subsistencia. Santo Domingo 1978.

[2] 1er Congreso de Acuacultura y Pesca en la República Dominicana. Universidad Central del Este. San Pedro de Macorís, 5-6 Agosto 1987.

Förderung der Entwicklung der Fischerei sollte zur Verbesserung der nationalen Fischerei-Produktion und zur Schaffung einer leistungsfähigeren und technisch kompetenteren Fischerei-Industrie beitragen (FDL 1980, S.1). Es umfaßte Modellprojekte zur Entwicklung der Binnen-, Küsten- und Hochseefischerei sowie der Fisch- und Garnelenzucht. Darüberhinaus wurden Projektvorschläge zur Verbesserung der Vermarktung und zur Schaffung einer Institution zur Förderung der Fischerei-Entwicklung erarbeitet.

Im Vordergrund der Planungsgrundlage stand die *Steigerung der nationalen Fischproduktion* sowohl durch intensivere Nutzung der dominikanischen Hochseebänke und Küstenbereiche als auch durch Ausweitung der Aquakultur.

Ertragssteigerungen sollten im Bereich der Küsten- und Hochseefischerei durch den Einsatz moderner Fischereifahrzeuge erreicht werden. So war geplant, 15 hochseetüchtige, mit fortschrittlicher Technologie ausgestattete *Mutterschiffe* von 17 m Länge und für 19 Besatzungsmitglieder anzuschaffen, die von einem in Puerto Plata ansässigen Unternehmen für einwöchige Fangfahrten zu den Hochseebänken im Norden der Dominikanischen Republik eingesetzt werden sollten. Für die Küstenfischerei sah die Planungsgrundlage ebenfalls den Einsatz *moderner Mehrzweckboote* vor[1].

FDL ging davon aus, daß die geplante Intensivierung der Fischereiproduktion ökologisch zu vertreten sei, da zum Zeitpunkt der Ausarbeitung der Planungsgrundlage (1979/80) nach eigenen Schätzungen nur 45 % des Schelfgebiets vor der dominikanischen Küste genutzt wurden. Durch den Einsatz der Mutterschiffe im Bereich der Hochseebänke sollte die *jährliche Fischereiproduktion* um 2 400 t, durch Mehrzweckboote in Küstennähe um 931 t und durch Aquakultur-Projekte um 750 t gesteigert werden. Die Einführung moderner Fischereifahrzeuge sollte für 375 Fischer im Hochseebereich und für 678 im Küstenbereich Arbeitsplätze schaffen. Keiner der Projektvorschläge wurde jedoch in die Realität umgesetzt.

Noch vor Aufnahme der Forschungsarbeiten zur Erstellung des Fischereiförderungsprogramms nahm 1978 das *Institut für kooperative Entwicklung und Kreditvergabe*, IDECOOP (Instituto de Desarrollo y Crédito Cooperativo) (ZEINC 1978, S.107ff) die Unterstützung von Fischerei-Kooperativen (Programa Pesquero Cooperativo) mit folgenden, sehr hoch gesteckten *Zielen* auf:

---

[1] Mehrzweckboote aus Glasfiber von 7m Länge mit Innenbordmotor.

- Erhöhung der nationalen Fischproduktion,
- Verbesserung der Qualität der angebotenen Fischprodukte,
- Reduzierung des Proteindefizits in der Ernährung der dominikanischen Bevölkerung,
- Reduzierung der Fischimporte,
- Erhöhung der Beschäftigtenzahlen in der Fischerei,
- Anhebung der Einkünfte der in der Fischerei tätigen Personen.

Die Basis des IDECOOP-Projekts bildeten Fischerei-Kooperativen in San Pedro de Macorís, Miches, Manzanillo, Puerto Plata, Azua (Puerto Viejo) und La Cienaga[1]. Sie wurden mit dem Fischfang, zwei Kooperativen (FENACOOPES) in Santo Domingo und Santiago dagegen mit der Vermarktung betraut. Die Fischerei-Kooperativen erhielten 64 *moderne Fischereifahrzeuge*[2] von knapp 8 m Länge aus Glasfiber und zwei *Mutterschiffe* von 22 m Länge. Darüberhinaus wurden den Kooperativen Räumlichkeiten zur Lagerung der Fischereigeräte und Kühlung der Anlandungen zur Verfügung gestellt. 50 % der Anlandungen sollten direkt an lokale Endverbraucher verkauft werden.

Die Projektplanung ging davon aus, daß ca. 500 Familien zu den Nutznießern des IDECOOP-Fischerei-Förderungsprogramms zählen würden, da in Fischverarbeitung, Zulieferung, Transportwesen und Verwaltung mit der Schaffung zusätzlicher Arbeitskräfte gerechnet wurde. Subsistenz- und Gelegenheitsfischern sollte außerdem die Möglichkeit gegeben werden, eine feste Beschäftigung auf den ehemaligen Booten der Fischer anzunehmen, die zu den IDECOOP-Kooperativen übergewechselt waren. Um die Mitglieder der Kooperativen auf ihre Aufgabe vorzubereiten, wurden von IDECOOP Kurse in Navigations-Technik, Fangmethodik, Motorüberholung, Buchführung und Verwaltung angeboten.

Doch bereits in der Anfangsphase des Projekts wurde *Kritik* gegen diesen Entwicklungsansatz laut, der in erster Linie auf die Steigerung der nationalen Fischproduktion abzielte und sozio-ökonomische Aspekte kaum berücksichtigte. Auf dem ersten in Santo Domingo 1978

---

[1] Die Fischereikooperativen "La Buena Fé" (La Ciénaga, Prov. Barahona), "El Dorado" (Puerto Viejo, Prov. Azua), "La Buenaventura" (San Pedro de Macorís), "Lorenzo de la Rosa" (Miches), "La Unión" (Puerto Plata) und "Manzanillo" (Pepillo Salcedo, Prov. Monte Cristi) waren bereits 1972 gegründet und 1973/74 offiziell anerkannt worden (PASTOR 1983).

[2] In Pepillo Salcedo, San Pedro de Macorís, Puerto Viejo und La Ciénaga je zehn, in Puerto Plata und Miches je zwölf Fischereifahrzeuge.

abgehaltenen Seminar zur Subsistenzfischerei (Primer Seminario Nacional sobre Pesca de Subsistencia) wies die Leiterin des Zentrums für meeresbiologische Forschung (CIBIMA), Bonnelly de Calventi darauf hin, daß unter den dominikanischen Fischern kein kollektives Bewußtsein für den Gebrauch und die Erhaltung gemeinsamer Fanggeräte vorhanden sei und daß dominikanische Kleinfischer in der Regel über keinerlei theoretische Kenntnisse und Fähigkeiten verfügen, um die Erfordernisse einer modernen Fischerei verstehen zu können. "Trotz moderner Ausrüstungsgegenstände und Fischereifahrzeuge dürfte der Ablauf des Entwicklungsprogramms sicherlich langsamer als geplant verlaufen, da weder die notwendigen Grundinformationen noch das einheimische Fachpersonal zur Verfügung stehen, um das Projekt zu leiten" (BONNELLY DE CALVENTI 1978, S.31).

Die vorsichtige Einschätzung der Erfolgschancen des IDECOOP - Projekts durch BONNELLY DE CALVENTI sollte sich jedoch nicht erfüllen. Bereits wenige Monate nach der Auslieferung der Ausrüstungsgegenstände und Fischereifahrzeuge begannen die Mitglieder der teilweise lediglich zum Zweck der Erfüllung der IDECOOP/BID - Richtlinien gegründeten Fischerei-Kooperativen die Fanggerätschaften zu "*individualisieren*". Da ein Teil der "Fischer" über keinerlei Fischerei-Kenntnisse verfügte (was sich erst später herausstellte) und die übrigen mit der Handhabung der modernen Ausrüstung völlig überfordert waren, wurde ein Teil der Fanggerätschaften aus Unkenntnis zerstört bzw. ging verloren. Einige Fischereifahrzeuge lagen bereits wenige Monate nach der Übergabe an die Kooperativen in unbrauchbarem Zustand an den Stränden von Estero Hondo, Samaná, Buen Hombre und Miches (RODRIGUEZ 1978, S.72). Die funktionsfähigen Einzelteile der Ausrüstung wurden schließlich veräußert. 1983 waren die IDECOOP-Kooperativen von San Pedro de Macorís, Puerto Viejo und Puerto Plata bereits aufgelöst, in Manzanillo wurden von den ausgelieferten Fischereifahrzeugen noch drei, in La Ciénaga und Miches noch je ein Boot angetroffen (PASTOR 1983, Annexo 1). Das Scheitern des IDECOOP-Fischereiprojekts bildet jedoch keine Ausnahme. So berichtet MÜLLER (1983) vom Niedergang des Fischereiprogramms des "Fideicomiso Bahia de Banderas" im mexikanischen Bundesstaat Nayarit. Für 12 Mio. mex. Pesos waren Mitte der 70er Jahre an mehreren Fischereistandorten der Pazifikküste (Penita de Jaltemba, Sayulita, Juanacastle und Bucerias) 120 Fischerboote angeschafft worden. 1977 waren von den bereitgestellten Fischereifahrzeugen nur noch 30 im Einsatz. Das Scheitern des Fischereiprogramms wird u. a. auf Umstellungsschwierigkeiten der beteiligten Fischer zurückgeführt, die vor der Übernahme der Boote in der Landwirtschaft gearbeitet hatten. Da die geplante Fischereifachschule in Bucerias erst 1980 eingeweiht wurde, dürfte auch die ungenügende Vorbereitung der mit der Fischerei nur wenig vertrauten "Campesinos" auf ihre neuen Tätigkeiten zum Niedergang des Entwicklungsprogramms beigetragen haben.

In der Dominikanischen Republik geriet darüberhinaus die *Idee von Fischerei-Kooperativen* landesweit in Mißkredit. Vor diesem Hintergrund verwundert es nicht, daß die von FDL ausgearbeiteten Planungsvorhaben, die zumindest in bezug auf die Küstenfischerei den von IDECOOP verfolgten Zielen stark ähnelten, nicht in die Realität umgesetzt werden konnten.

Bis in die zweite Hälfte der 80er Jahre wurde der Fischerei von staatlicher Seite wenig Interesse entgegengebracht.

1984 führte die Deutsche Gesellschaft für Technische Zusammenarbeit (GTZ) GmbH eine Evaluierungs-Studie zur *Förderung der handwerklichen Küstenfischerei* in La Cueva / Cabo Rojo, Pedernales durch[1]. Die *Nutzung der reichen Fischgründe* im Südwesten der Dominikanischen Republik stand im Vordergrund des daraus hervorgegangenen Projektentwurfs. 1987 begann die Orientierungsphase des deutsch - dominikanischen Fischerei-Projekts "*Propescar-Sur*" (Proyecto de Desarrollo de la Pesca Artesanal en las Provincias de Barahona y Pedernales, República Dominicana), jedoch mit einer im Vergleich zu dem vorangegangenen Projektentwurf völlig überarbeiteten *Zielsetzung*, in der sozio-ökonomische Aspekte stärker in den Vordergrund gerückt wurden.

Die während der zweijährigen Orientierungsphase durchgeführten *Aktivitäten des Projekts* waren einerseits sozio-ökonomischer, andererseits technisch- wirtschaftlicher Art. Zum Zeitpunkt der Erhebungen des Autors waren von Mitarbeitern von "Propescar-Sur" in den Provinzen Barahona und Pedernales bereits einige Fischergruppen ausfindig gemacht worden, denen Assistenz und Unterstützung in bezug auf soziale, organisatorische, administrative, unternehmerische und fischereiliche Ziele und Aktivitäten gewährt wurden.

Auf fischerei-technischem Gebiet wurden sowohl Abschätzungen der Fischpopulationen qualitativer und quantitativer Art und des Fischerei-Potentials innerhalb des Projektareals als auch Experimente mit in der Region bisher nicht eingesetzten Fanggeräten durchgeführt. Leistungsfähigkeit und Wirtschaftlichkeit von Fangmethoden und Ausrüstungsgegenständen wurden analysiert. Zu weiteren Aktivitäten des Projekts zählte die Durchführung von

---

[1] GTZ (Gesellschaft für Technische Zusammenarbeit GmbH): Fomento de la Pesca artesanal en La Cueva / Cabo Rojo, Pedernales. Proyecto No. 84.2037.4. Eschborn 1984.

Trainingsprogrammen für Fischer, die sich auf Fangtechnik, Unterhalt der Boote und Motoren, Lagerung und Transport der Fänge bezogen.

Die *Erfahrungen und Ergebnisse der Orientierungsphase* und die *Vorstellungen* der an der Projektplanung[1] *beteiligten Fischergruppen* sollten die weitere Entwicklung des Fischereiprojekts während der Implementierungsphase bestimmen.

Das gesamte mit hohem finanziellem und personellem Aufwand betriebene Projekt gilt als Modell-Projekt und soll als *Vorbild für die weitere Entwicklung der dominikanischen Fischereiwirtschaft* in den übrigen Küstenregionen des Landes dienen.

3 Allgemeine landeskundliche Rahmenbedingungen der Dominikanischen Republik

Die dominikanische Fischereiwirtschaft ist in eine Vielzahl *nationaler Rahmenbedingungen und Einflußfaktoren* eingebunden. Demographische Entwicklung, wirtschaftliche Lage, soziale und politische Situation des Landes wirken sich sowohl auf fischereiwirtschaftliche Strukturen und Entwicklungen aus als auch auf die Lebensbedingungen der Fischerbevölkerung. Zur Einordnung der fischereiwirtschaftlichen Problematik in den nationalen Kontext erscheint es dem Autor daher notwendig, die physisch-geographischen, demographischen, wirtschaftlichen, sozio-ökonomischen und politischen Rahmenbedingungen darzustellen.

3.1 Physisch-geographische Rahmenbedingungen

Die *Insel Hispaniola* gehört zum karibischen Inselbogen der Antillen, der von Kuba bis zur Nordküste Südamerikas reicht. Die Dominikanische Republik nimmt mit 48 442 km² etwa zwei Drittel des östlichen Teils der Insel ein. Die West-Ost-Erstreckung des Landes von der haitianischen Grenze bis Cabo Engano beträgt ca. 390 km. Hispaniola erreicht an ihrer breitesten Stelle zwischen Cabo Beata im Süden und Cabo Isabela eine Ausdehnung von ca. 285 km. Fünf Gebirgszüge durchziehen in SO-NW-Richtung die Inselrepublik (Karte 1).

---

[1] Zielorientierte Projektplanung (ZOPP).

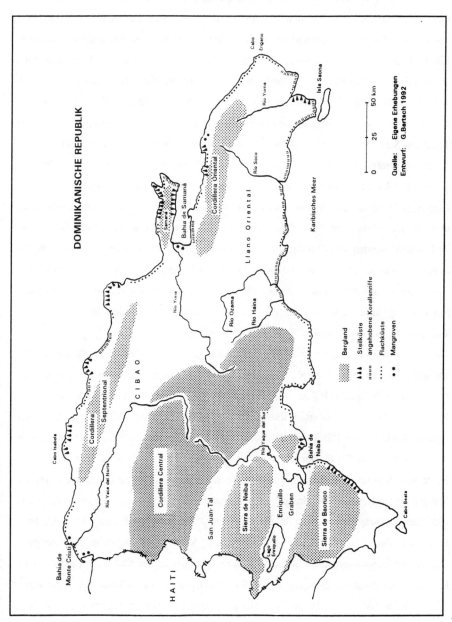

Karte 1: Topographische Karte der Dominikanischen Republik mit Berücksichtigung der Küstenformen

Entlang der Nordküste verläuft die "Cordillera Septentrional" mit ihrem östlichen Fortsatz der "Cordillera de Samaná". Den Hauptgebirgszug des Landes bildet die "Cordillera Central", die Höhen über 3000m ü.M. ("Pico Duarte", 3175m; "La Pelona", 3168m; "Pico del Yaque", 3045m) erreicht und damit die höchste Erhebung aller Antilleninseln darstellt. Ein Ausläufer der Zentralkordillere, der sich südlich der Bucht von Samaná bis in den Osten der Dominikanischen Republik erstreckt, wird als "Cordillera Oriental" bezeichnet. Südlich der "Cordillera Central" befinden sich die "Sierra de Neiba" und die "Sierra de Baoruco", die Höhen von über 2000m ü.M. aufweisen. Zwischen den Gebirgszügen liegen ausgedehnte Täler und Senken, von denen die weite *Cibao-Senke* zwischen Cordillera Septentrional und Cordillera Central das fruchtbarste Gebiet darstellt. Der westliche Teil des Cibao bildet das Tal des Río Yaque del Norte, in dem vorwiegend Bewässerungsfeldbau betrieben wird. Im feuchteren Osten der Cibao-Senke, im weiten Tal des Río Yuna, ist hingegen Regenfeldbau möglich. Die Senken zwischen "Cordillera Central", "Cordillera de Neiba" und "Cordillera de Baoruco" werden von dem San Juan-Tal und dem Enriquillo-Graben eingenommen. Sie liegen im Windschatten der großen Gebirgszüge und bilden zusammen mit dem westlichen Cibao die trockensten Gebiete des Landes, in denen die Landwirtschaft auf künstliche Bewässerung angewiesen ist. In den Küstentiefländern im Norden und Süden steht Zuckerrohranbau und extensive Viehzucht im Vordergrund.

Die größten Seen der Dominikanischen Republik sind im Südwesten anzutreffen. Der Lago Enriquillo, der ca. 40 m unter dem Meeresspiegel liegt, und der Lago Rincón befinden sich beide in dem Enriquillo-Graben zwischen der "Sierra de Neiba" und "Sierra de Baoruco". Die wasserreichsten und längsten Flüsse der Dominikanischen Republik entspringen in der Zentralkordillere. Der Río Yaque del Norte durchfließt das westliche Cibao und mündet in die Bahia de Monte Cristi. Der Río Yuna, zweitlängster Fluß des Landes, entwässert in die Bucht von Samaná. Die Mündungsgebiete beider Flüsse zählen zu den ausgedehntesten Mangrovengebieten der Dominikanischen Republik. Der Río Yaque del Sur verläuft in südlicher Richtung und mündet in die Bahia de Neiba. Die Flüsse im Osten der Insel Hispaniola (Río Macorís, Soco, La Romana und Yuma) entspringen in der Cordillera Oriental und entwässern nach Süden. Sie haben sich tief in das Kalkgestein angehobener Korallenbänke eingeschnitten. Die Flüsse der dominikanischen Nordküste (Río Bajabónico, Yasica, Boba und Nagua) haben ihren Ursprung in der Cordillera Septentrional. In ihren Mündungsbereichen haben sich kleinere Mangrovensümpfe gebildet.

Die 1252 km lange Küstenlinie weist einen sehr unregelmäßigen Verlauf auf. Sowohl an der Nord- als auch an der Süd- und Ostküste sind langgestreckte Saumriffe der Küste vorgelagert. Steilküsten mit kleinen Buchten, Flachküsten mit weiten Sandstränden oder Mangrovensümpfen und Korallenkalkterrassen bilden einen abwechslungsreichen Küstenverlauf (Karte 1).

3.2 Demographische Rahmenbedingungen

In der Dominikanischen Republik leben ca. 7,2 Millionen Menschen (1990)[1]. Den größten Anteil der Bevölkerung bilden mit 73% die Mulatten, Nachkommen schwarzafrikanischer Sklaven und weißer spanischer Kolonisten. 16% sind Weiße und 11% Schwarze. Unvermischte indianische Urbevölkerung ist nicht mehr anzutreffen.

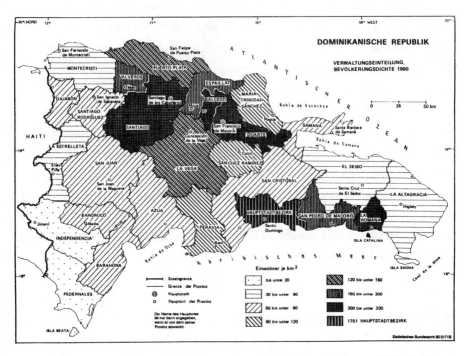

Karte 2: Bevölkerungsdichte nach Provinzen (aus: Statistisches Bundesamt 1990, S.11)

---

[1] Statistische Daten aus: Statistisches Bundesamt 1990.

Die Altersstruktur in der Dominikanischen Republik weist einen hohen Anteil junger Bevölkerung auf. Knapp 40% der Gesamtbevölkerung entfallen auf die Altersgruppe unter 15 Jahre. Nur 5% der Bevölkerung sind älter als 60 Jahre. Die Alterspyramide zeigt somit einen für Länder der Dritten Welt typisch breiten Unterbau, der sich nach oben stark verjüngt. Der jährliche Bevölkerungszuwachs ist seit den 60er Jahren von ca. 3% nur geringfügig auf 2,5% zurückgegangen. Die Bevölkerungsdichte hat sich seit 1960 von 63 Einwohnern pro km² auf 148 Einw./km² (1990) erhöht. Die Bevölkerung ist jedoch regional sehr ungleichmäßig verteilt (Karte 2). Eine Bevölkerungsdichte von mehr als 150 Einw./km² wird in der fruchtbaren Cibao-Senke (Provinzen Valverde, Santiago, Espaillat, Salcedo und Duarte), im Hauptstadtbezirk und in den Provinzen San Pedro de Macorís und La Romana erreicht. In diesen Regionen befinden sich mit Ausnahme La Vegas (192 000 Einw.) die größten Städte des Landes: Santo Domingo mit knapp 2,4 Mio. Einwohnern, gefolgt von Santiago de los Caballeros (ca. 490 000 Einw.), San Francisco de Macorís (165 000 Einw.) und La Romana (148 000 Einw.). Aus Karte 2 geht hervor, daß mit Ausnahme des Hauptstadtbezirks und der Provinzen La Romana, San Pedro de Macorís und Espaillat die übrigen Küstenprovinzen eine relativ niedrige Bevölkerungsdichte aufweisen. Aber auch in den Provinzen mit hoher Bevölkerungsdichte sind abgesehen von den städtischen Agglomerationen die Küstenzonen relativ dünn besiedelt. In den Provinzen La Romana und San Pedro de Macorís konzentrieren sich 88% bzw. 73% der Bevölkerung auf die jeweilige Provinzhauptstadt. Die Verstädterung hat in den vergangenen Jahrzehnten insbesondere in den genannten Städten stark zugenommen. Der Urbanisierungsgrad stieg seit den 20er Jahren dieses Jahrhunderts von 16% auf 60,4%. Die städtische Bevölkerung wuchs im Zeitraum von 1970 bis 1990 jährlich um durchschnittlich 5%, während bei der ländlichen Bevölkerung nur eine Steigerung von 0,8% zu verzeichnen war.

3.3 Wirtschaftliche Rahmenbedingungen

Die *Wirtschaftsstruktur* der Dominikanischen Republik ist heute vorwiegend auf den Anbau von Zuckerrohr, die Gewinnung mineralischer Ressourcen und den Tourismus ausgerichtet. Der *Agrarsektor* bildet die Grundlage der dominikanischen Wirtschaft. Zwei Drittel der Gesamtfläche des Landes werden land- und viehwirtschaftlich genutzt. Die Landwirtschaft beschäftigt knapp ein Viertel der Erwerbstätigen des Landes und trägt 18% (1989) zum Brutto-Inlandsprodukt (BIP) bei[1]. Landwirtschaftliche Produkte erbringen 60% der Ausfuhrerlöse. Neben Zuckerrohr stellen Kaffee, Kakao, Tabak und tropische Früchte die wichtigsten landwirtschaftlichen Exportprodukte dar.

Zuckerrohr wird vorwiegend in den Küstenebenen im Süden (von La Romana bis Barahona) und im Norden (bei Puerto Plata) in Monokultur angebaut (Karte 3). Die Produktion von Kaffee, dem zweitwichtigsten landwirtschaftlichen Exportgut, konzentriert sich auf die Hänge der Cordillera Central, Sierra de Baoruco und Cordillera Septentrional. Sie wird von kleinen und mittelgroßen bäuerlichen Betrieben getragen. Kakao wird vorwiegend in der Vega Real und Tabak im mittleren Cibao angebaut. Reis, Gemüse und Zitrusfrüchte werden für den lokalen Markt produziert.

Die *Besitzstruktur in der Landwirtschaft* zeigt, daß 1% der Agrarbetriebe (Großbetriebe über 100 ha) knapp die Hälfte (45%) der landwirtschaftlichen Nutzfläche des Landes einnehmen, dagegen vier Fünftel aller landwirtschaftlichen Betriebe weniger als 5 Hektar Land zur Verfügung haben. Landwirtschaftliche Kleinstbetriebe gehen in erster Linie der Subsistenzwirtschaft nach. Die marktorientierte Produktion von Grundnahrungsmitteln (Reis, Mais, Bohnen, Yuca, Gemüse) wird von mittelgroßen Betrieben getragen. Großbetriebe haben dagegen ihre Erzeugung auf den Export ausgerichtet. Seit Anfang der 80er Jahre nimmt die agrarische Produktion über die üblichen witterungsbedingten Ertragsschwankungen hinaus Wachstumseinbußen hin, für die klimatische Ereignisse (Wirbelstürme) und der Verfall der Weltmarktpreise verantwortlich gemacht werden.

Die unter der Regierung Balaguer (1966 - 1978) nur schleppend vorangetriebene *Agrarreform* begünstigte etwa 28 000 Kleinbauern und Landarbeiter, betraf jedoch weniger als 6 % des Agrar- und Weidelandes (HILDENBRAND/STURM 1982, S.290). Ende der 80er Jahre kam die nicht im vorgesehenen Umfang verwirklichte Agrarreform fast zum Stillstand.

Der *Fischereisektor* ist aus gesamtwirtschaftlicher Sicht unbedeutend. Er trägt weniger als 0,5% zum Bruttosozialprodukt der Dominikanischen Republik bei. Regional ist er jedoch in den stark unterentwickelten Küstengebieten, in denen geringe Beschäftigungsmöglichkeiten vorhanden sind, für die lokale Bevölkerung von nicht zu unterschätzender Bedeutung (SAGAWE 1988, S.89).

---

[1] Statistische Daten aus: Statistisches Bundesamt 1990.

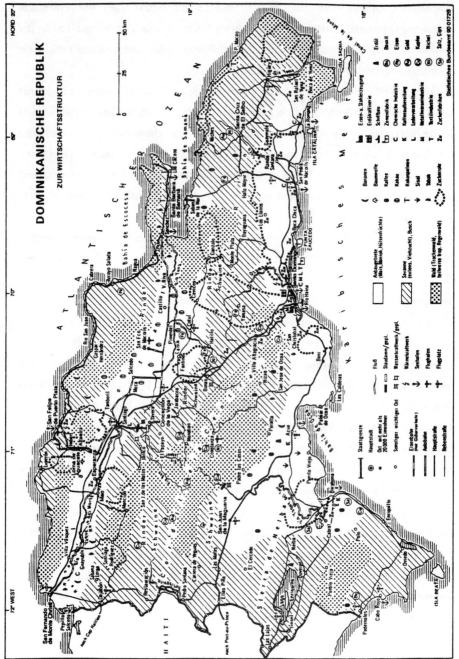

Karte 3: Wirtschaftsstruktur der Dominikanischen Republik (aus: Statistisches Bundesamt 1990, S.12)

Im *Bergbausektor* steht der Abbau von Gold-, Silber-, Eisen- und Nickelerzen im Mittelpunkt. Daneben werden Bauxit, Steinsalz, Gips und Kalk abgebaut. Die Lagerstätten metallischer Rohstoffe konzentrieren sich auf die Cordillera Central bei Bonao und Cotui.

Im *verarbeitenden Gewerbe* dominiert die Nahrungs- und Genußmittelindustrie. 1000 Betriebe mit etwa 100 000 Beschäftigten sind im Ernährungsgewerbe tätig. Es folgen das Bekleidungsgewerbe, Holzverarbeitung und Chemische Industrie mit jeweils knapp über 100 Betrieben. Wichtigster Industriestandort ist Santo Domingo. Die planmäßige Ansiedlung von knapp 200 ausländischen Betrieben in bisher neun sogenannten "*Zonas Francas*"[1] an unterschiedlichen Standorten geschah in erster Linie unter beschäftigungspolitischen Gesichtspunkten.

Der *Tertiärsektor*, der mehr als 50% zum BIP beiträgt (HILDENBRAND/STURM 1982, S.292), geht zum einen auf eine stark aufgeblähte Bürokratie in Verwaltung, Handel und Banken, zum anderen auf das Aufblühen des internationalen Tourismus zurück, der die Dominikanische Republik zu einem der am stärksten frequentierten Fremdenverkehrsgebiete des karibischen Raumes hat werden lassen[2]. Durch Vergünstigungen für ausländische Investoren und umfangreiche Infrastrukturmaßnahmen (Hotel-, Flughafen- und Straßenbau) wird die Entwicklung des Tourismus-Sektors vorangetrieben. Während die Dominikanische Republik 1987 hinter Kuba, den Bahamas und Jamaica in bezug auf das Zimmerangebot an vierter Stelle im karibischen Raum rangierte, rückte sie 1989 mit 18 500 Zimmern an erste Stelle. 10 000 weitere Hotelzimmer sollen in den nächsten Jahren hinzukommen. Die derzeit bedeutendsten Tourismuszentren befinden sich an der dominikanischen Südküste zwischen Santo Domingo und La Romana sowie an der Nordküste zwischen Puerto Plata und Sosúa. Während diese Anlagen größtenteils in der Nähe bereits vorhandener Siedlungen entstanden, wurden an der Ostküste Tourismus-Enklaven weitab jeglicher Besiedlung geschaffen. Die Effekte des weitgehend von amerikanischen und kanadischen, seit Mitte der 80er Jahre auch von europäischen Investoren getragenen Tourismus auf die Finanz- und Wirtschaftslage des Landes blieben bisher hinter den Erwartungen zurück.

---

[1] Freie Produktionszonen für ausländische Unternehmen, denen als Produktionsanreiz Zoll- und Steuerfreiheit zugesichert werden. Neben den neun bereits bestehenden "Zonas Francas" sind fünfzehn weitere geplant.

[2] 1984: 675 700 Besucher, Deviseneinnahmen $ 277 Mill.US
1987: 780 000 Besucher, Deviseneinnahmen $ 364 Mill.US
1989: 1 200 000 Besucher, Deviseneinnahmen $ 700 Mill.US
(Quelle: Statistisches Bundesamt 1988 und 1990)

Die *Wirtschaftspolitik* der Regierung Balaguer (PRSC - Partido Reformista Social-Cristiano)[1] trug entscheidend zu einer Verfestigung der Außenhandelsabhängigkeit von den USA bei. Der Preisverfall der Exportprodukte auf dem Weltmarkt, gekoppelt mit einem Anstieg der Preise für Importgüter führte zu einer defizitären Handelsbilanz[2] und einem Anstieg der Auslandsschulden.

3.4 Sozio-ökonomische Rahmenbedingungen

Nach einer Schätzung auf der Basis der letzten Volkszählung von 1981[3] betrug der Anteil der ökonomisch aktiven Personen an der Gesamtbevölkerung 1990 41% (ca. 3 Mill. Erwerbspersonen). Beschäftigte im informellen Sektor, die selbständig einem Kleingewerbe nachgehen, und mithelfende Familienangehörige sind hierbei bereits berücksichtigt. Die Arbeitslosenquote wird auf 30% (1990), der Grad an Unterbeschäftigung auf 25% geschätzt. Sozialversichert ist nur ein kleiner nicht näher bestimmbarer Teil der staatlich Beschäftigten und der höheren Angestellten im privaten Wirtschaftssektor. Landarbeiter, Bedienstete in Privathaushalten und Familienbetrieben sind von Krankenversicherung und Altersversorgung ausgeschlossen. Eine Arbeitslosenversicherung ist nicht vorhanden.

Somit ist die Masse der Arbeitslosen und Unterbeschäftigten darauf angewiesen, sich im informellen Sektor selbst eine Beschäftigung zu suchen. Insbesondere in Städten und zentralen Orten nimmt die Anzahl der ambulanten Händler, Obst-, Gemüse-, Essen- und Losverkäufer, Schuhputzer, Flaschen- und Papiersammler von Jahr zu Jahr zu. Häufig sind auch Kinder und Jugendliche gezwungen durch kleine Dienstleistungen zum Familieneinkommen beizutragen. Das Einkommen eines Arbeiters oder Angestellten ist in der Regel nicht ausreichend, um das Existenzminimum einer nur dreiköpfigen Familie zu sichern. Auch gehobene Angestellte und Akademiker sind kaum mehr in der Lage ihren gewohnten Lebensstandard zu halten. Die gesetzlichen Mindestlöhne hielten ab Mitte der 80er Jahre mit

---

[1] 1966 bis 1978 und erneut seit 1986.

[2] Einfuhrüberschuß 1988: 949 Mill. US-$. Wert der Ausfuhren 1988: 892 Mill. US-$. 1987 war der Einfuhrüberschuß erstmals höher als der Wert der Ausfuhren (Quelle: Statistisches Bundesamt 1990, S.99)

[3] Statistisches Bundesamt 1990, S.35 - 36.

der Preissteigerungsrate nicht Schritt. Die Inflationsrate, die 1986 noch bei 9,8% lag, kletterte bis 1988 auf 57%. Das Niveau des im Februar 1988 auf 400 Pesos angehobenen gesetzlichen Mindestlohns hatte sich bis März 1991 zwar verdoppelt, die Einzelhandelspreise für Grundnahrungsmittel waren jedoch im gleichen Zeitraum um das Drei- bis Vierfache angestiegen. Lohn- und Gehaltsempfänger mußten somit eine Verschlechterung ihres Lebensstandards hinnehmen oder zusätzliche Beschäftigungen annehmen.

Die Gewerkschaften riefen seit 1987 mehrfach zur Durchsetzung ihrer Lohnforderungen zunächst ein-, ab 1989 mehrtägige Generalstreiks aus, die das Wirtschaftsleben lahm legten. 1990 führte die zeitweilige Einstellung von Öl- bzw. Benzinlieferungen zu extremer Benzinknappheit, die insbesondere den Handel zum Erliegen brachte und zu erheblichen Preissteigerungen beitrug. Der Zusammenbruch des privaten Transportwesens, Stromabschaltungen, Nahrungsmittelknappheit und politisch motivierte Unruhen führten zu Einkommenseinbußen und starker Verunsicherung in allen Bevölkerungsschichten.

3.5 Gesundheits- und Bildungswesen

Die Einrichtungen des staatlichen Gesundheitswesens in der Dominikanischen Republik sind sowohl in den Städten als auch auf dem Land als völlig unzureichend einzustufen. Trotzdem dürfte der Ausbau eines Basisgesundheitsdienstes in den ländlichen Gebieten dazu beigetragen haben, daß sich die Säuglingssterblichkeit verringerte und die Lebenserwartung für Männer von 53 (1965) auf 63 Jahre (1990) und für Frauen von 56 (1965) auf 66 Jahre (1990)[1] anstieg. Etwa ein Drittel der Bevölkerung hat jedoch noch immer keinen oder erschwerten Zugang zu den Leistungen des staatlichen Gesundheitswesens. Die medizinische Ausstattung staatlicher Krankenhäuser und Gesundheitsposten ist mangelhaft. Mit Ausnahme von Santo Domingo sind z.B. weder an einem der Fischereistandorte noch in einer der Provinzhauptstädte Dekompressionskammern für Taucherunfälle vorhanden.

Aufgrund unbefriedigender hygienischer Zustände und mangelhafter Ausstattung an den staatlichen Krankenhäusern nehmen nach Schätzungen 15 - 20% der finanziell besser gestellten Bevölkerung Leistungen von privaten Gesundheitseinrichtungen in Anspruch.

---

[1] Statistische Daten aus: Statistisches Bundesamt 1990.

Landesweit tragen mangelnde sanitäre Einrichtungen zur Verbreitung parasitärer Krankheiten bei. Nach groben Schätzungen verfügen 60% der städtischen, aber nur 10% der ländlichen Haushalte über Anschluß an die Trinkwasserversorgung. Für Abwasser- und Abfallbeseitigung wird von staatlicher Seite lediglich in den Zentren der größeren Städte gesorgt.

Das dominikanische Schulsystem besteht aus einer sechsjährigen Grundschulausbildung ("Primaria") und einer vierjährigen Sekundarstufe ("Secundaria"). Darauf baut anschließend entweder eine praxisbezogene Ausbildung an berufsbildenden Schulen oder ein Studium an einer Universität oder Technischen Hochschule auf. Der Besuch öffentlicher Schulen ist gebührenfrei. Das niedrige Niveau staatlicher Bildungseinrichtungen wird jedoch allgemein stark kritisiert. Kinder finanziell besser gestellter Familien (ca. 15%) erhalten ihre schulische Ausbildung häufig in kostenpflichtigen privaten bzw. kirchlichen Bildungseinrichtungen. Schulpflichtig sind alle Kinder zwischen sieben und vierzehn Jahren. Trotzdem besuchen besonders in ländlichen Gebieten nach Schätzungen etwa ein Drittel der Schulpflichtigen nicht oder nur kurzfristig eine Schule. Kaum die Hälfte der Eingeschulten absolviert das dritte Schuljahr, weniger als 10% die sechsjährige Grundschulausbildung. In städtischen Bereichen beträgt der Prozentsatz der Schulabgänger, die vor Abschluß der "Primaria" die Schule verlassen, 60%. Trotz Vervierfachung der Schülerzahlen in den Sekundarschulen im Zeitraum von 1970 bis 1987[1] ist das Bildungsniveau unter der jungen Bevölkerung generell sehr niedrig. Beruflich verwertbare Fertigkeiten bzw. Grundvoraussetzungen zum Erlernen von Berufen sind meist nicht vorhanden. Die des Lesens und Schreibens unkundige Bevölkerung über 15 Jahren betrug 1985 offiziell 23%. Für die Mißstände im öffentlichen Bildungswesen wird der Mangel an Lehrkräften[2] und Lehrmitteln verantwortlich gemacht. Unzureichende Ausbildung und wochen- bzw. monatelange Streiks des Lehrpersonals tragen darüberhinaus zu dem niedrigen Ausbildungsniveau bei.

---

[1] Anzahl der Schüler in Mittel- und höheren Schulen:
1970/71: 113 600
1986/87: 427 000
(Quelle: Statistisches Bundesamt 1990, S.34)

[2] Das Lohnniveau eines Lehrer liegt nur knapp über dem gesetzlichen Mindestlohn eines ungelernten Arbeiters. Die Attraktivität des Lehrerberufs ist somit äußerst gering.

3.6 Politische Rahmenbedingungen

Nach der Verfassung von 1966 ist die seit 1844 unabhängige "República Dominicana" eine Präsidialdemokratie. Präsident und Nationalkongreß, bestehend aus Senat (30 Senatoren) und Abgeordnetenhaus (120 Abgeordnete der Wahlkreise), werden alle vier Jahre gewählt. Seit 1986 amtiert Staatspräsident Dr. Joaquín Balaguer, Vorsitzender der konservativen "Partido Reformista Social-Cristiano" (PRSC). Bei seiner Wiederwahl 1990 konnte er sich nur mit knapper Mehrheit gegen seinen Kontrahenten der links-liberalen "Partido de Liberación Dominicana" (PLD), Juan Bosch, durchsetzen. Balaguer gilt landesweit auch bei seinen politischen Gegnern als unbestechlich und integer. Er stützt seine Macht auf eine sehr enge Bindung an die USA und innenpolitisch auf die Land-Oligarchie sowie eine Regierungsbeteiligung von Repräsentanten der Oberschicht. Obwohl die gesetzgebende Gewalt offiziell beim Nationalkongreß liegt, läuft die politische Entscheidungsfindung vorwiegend über informelle Beziehungen von einflußreichen Kräften (Militär, Kirche, Arbeitgeberverband, kapitalkräftige Familien) zu Mitgliedern des Kabinetts und den Beratungsgremien des Präsidenten. Steigende Inflationsrate, Verknappung von Grundnahrungsmitteln, rasanter Preisanstieg, eingefrorene Löhne und Gehälter sowie Engpässe in der Energie- und Wasserversorgung führten zur spürbaren Verschlechterung der Lebensbedingungen der unteren und mittleren Bevölkerungsschichten. Landesweite Streiks und Unruhen erschüttern in unregelmäßigen Abständen die Wirtschaft des Landes. Die Maßnahmen der Regierung Balaguer beschränken sich jedoch weitgehend auf kurzfristige Projekte im Wohnungs- und Straßenbau und auf die Sanierung des kolonialzeitlichen Stadtkerns von Santo Domingo zur 500-Jahr-Feier der "Entdeckung Amerikas".

4 Grundlagen der dominikanischen Fischereiwirtschaft

Nachdem mit den Ausführungen zu Geographie, Demographie, Wirtschaft und Politik der Dominikanischen Republik der allgemeine landeskundliche Rahmen abgesteckt wurde, in den die Fischereiwirtschaft des Inselstaates eingebunden ist, scheint es dem Autor notwendig, einige zum Verständnis der karibischen Fischerei unerläßliche *Hintergrundinformationen* zu den folgenden Themenbereichen zu geben:

- Fischerei in der Karibik,
- Ozeanographie der dominikanischen Hoheitsgewässer,
- klimatische Beeinträchtigungen,
- marine Ressourcen,
- Fischereitechnik,
- Anlandungen und Fangraten,
- Infrastruktur.

4.1 Fischerei in der Karibik

Die Karibik oder die nach FAO-Terminologie "*West Central Atlantic Region*" umfaßt die Fischereiräume der US-amerikanischen Südostküste einschließlich der Inselgruppe der Bahamas, den Golf von Mexico, das karibische Meer und die der Nordküste Südamerikas und der Antilleninseln vorgelagerten Fischereiräume.

Das *Fischereipotential der Karibik* ist im Vergleich zu anderen Meeresteilen relativ niedrig. *Ausnahmen* bilden sowohl die Schelfgebiete des Golfs von Mexico, der Bahamas und der Region zwischen Trinidad und Guayana als auch die Vorkommen von aufdringendem Tiefenwasser im nordwestlichen Teil des Golfs von Venezuela. *Hohe Wassertemperaturen an der Oberfläche* bzw. der daran gekoppelte *geringe Kohlendioxidgehalt an der Oberfläche*, eine überaus *stabile Schichtung der Wassermassen* und eine *geringe Ausdehnung der Schelfgebiete* sind die Ursachen für eine reduzierte Primärproduktion an Phytoplankton. Der Fischreichtum der karibischen Region insgesamt ist deshalb im Kontrast zur Artenvielfalt als gering einzustufen. Dies spiegelt sich auch in den *Fangergebnissen* der karibischen Inselstaaten wider (Karte 4). Mit Ausnahme Kubas übersteigen auf keiner der Antilleninseln die jährlichen Anlandungen 15 000 t Fisch. *Kuba* weist mit Abstand die höchsten Fangerträge

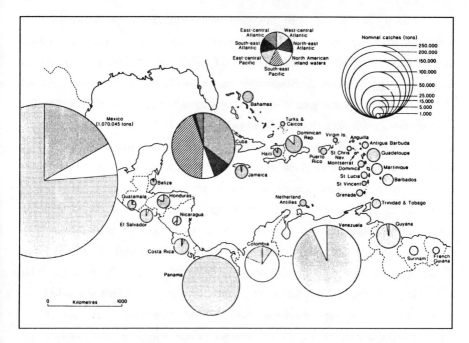

Karte 4: Fangerträge in Mittelamerika und dem nördlichen Südamerika 1982 nach Fischereiregionen (aus: SAGAWE 1988, S.87).

auf. Aus Karte 4 geht hervor, daß etwa zwei Drittel der Anlandungen Kubas nicht aus dem karibischen Raum stammen. Ein Großteil der Fangerträge wird von einer seit Beginn der 60er Jahre mit sowjetischer Hilfe aufgebauten Hochseeflotte angelandet, die etwa 280 Schiffe umfaßt. Kuba zählt zusammen mit Panama, Peru und Argentinien zu den führenden Fischereinationen Lateinamerikas. Von 1958 bis 1985 konnte es seine Fangergebnisse von 21 900 t auf 220 000 t um knapp das Zehnfache erhöhen, während Jamaica, Barbados und die Dominikanische Republik ihre Anlandungen nicht einmal verdoppeln konnten (SAGAWE 1988, S.88, Tab.2). Mit Ausnahme Kubas wird auf allen *Inseln der Großen und Kleinen Antillen* vorwiegend *handwerkliche Küstenfischerei* betrieben. Die Fischerei in der Karibik hat somit bisher keine über lokale Ausmaße hinausgehende Bedeutung erlangen können. Karibische Küstenfischerei ist in erster Linie auf den jeweiligen nationalen Konsum ausgerichtet. Nur an wenigen Standorten haben sich Lebensformen der Küstenbevölkerung entwickelt, bei denen die Fischerei eine Hauptrolle einnimmt.

Die *karibische Bevölkerung*, eine Mischung aus Nachkommen europäischer Siedler, westafrikanischer Negersklaven und Ureinwohnern, hat sich erst spät dem Meer zugewandt. Die Einfuhr von Trocken- und Salzfisch ("Bacalao") aus Europa und Nordamerika während der kolonialen Epoche prägte die Konsumgewohnheiten der karibischen Bevölkerung, so daß noch heute diese Produkte in ganz Westindien bevorzugt werden (BARTZ 1974, S.346). Die Antillen stellen somit *Einfuhrgebiete für Fischwaren* dar. Traditionelle Fangtechniken und Bootstypen, die seit Jahrhunderten zur Subsistenz-Fischerei der Küstenbewohner eingesetzt wurden, haben sich auf den meisten Inseln kaum oder nur wenig verändert.

Die große Bevölkerungszunahme auf den karibischen Inseln führte in den vergangenen Jahrzehnten zu einem steigenden Bedarf an Nahrungsmitteln. Die steigende Nachfrage an Fischprodukten konnte nur durch verstärkte Importe von Trockenfisch und Fischkonserven befriedigt werden. Zahlreiche Regierungen karibischer Inselstaaten versuchten durch Förderung der Fischerei die nationale Fischproduktion zu erhöhen, um Devisenausgaben für den Import von Fisch zu reduzieren. Trotz aller Bemühungen zeichnet sich jedoch der karibische Raum noch immer durch ein *niedriges fischereitechnisches Niveau* aus. Die am häufigsten auf den karibischen Inseln anzutreffenden Fischereifahrzeuge sind Einbäume und einfache Ruderboote ohne Aufbauten, die in küstennahen Bereichen eingesetzt werden. Von Jahr zu Jahr nimmt jedoch die Zahl an Fischereifahrzeugen zu, die mit Außenbordmotoren angetrieben werden.

Einfache *Fanggeräte und Fangmethoden* richten sich nach den natürlichen Bedingungen der Fanggründe und den Fischarten, auf die abgezielt wird. Auf Koralleninseln werden deshlb überwiegend Fischfallen und Handleinen bevorzugt, oder man betreibt Tauchfischerei. An sandigen Stränden und Lagunen kommen häufig Uferwaden und Wurfnetze[1] zum Einsatz. Auf einigen wirtschaftlich weiter entwickelten Inseln der Kleinen Antillen, so auf Barbados, Curaçao und Trinidad wird Trawl-Fischerei mit Schleppnetzbooten und Schleppleinenfischerei auf Thune und verwandte Arten ausgeübt.

Die starke Nachfrage anspruchsvoller nordamerikanischer Verbraucher und Touristen führte im Vergleich zur Küstenfischerei für die lokalen Märkte zu einer raschen Entwicklung in der gewinnträchtigen *Garnelen- und Langustenfischerei*.

---

[1] Vgl. Kapitel 4.5: Fischereitechnik.

Auf den relativ dicht besiedelten *französischen Antilleninseln* Martinique und Guadeloupe lebt die Fischerbevölkerung größtenteils nicht ausschließlich von der Fischerei, sondern widmet sich zusätzlich dem landwirtschaftlichen Anbau. Die Fischgründe liegen meist in den Wasserstraßen zwischen den benachbarten Inseln. Schattenfischerei, Strandwaden-, Stellnetz-, Leinen- und Tauchfischerei sind die gebräuchlichsten Fangtechniken.

Auf den *Inseln der Großen Antillen* spielt die Fischerei eine untergeordnete Rolle im Wirtschaftsleben. Die kommerzielle Nutzung der marinen Ressourcen wurde erst in diesem Jahrhundert aufgenommen. Die beiden Staaten der Insel Hispaniola, Haiti und die Dominikanische Republik, bilden die Schlußlichter in der wirtschaftlichen Entwicklung der Großen Antillen. Dies trifft auch für den Fischereisektor zu.

Auf Jamaica und Puerto Rico wird wie auch auf den übrigen karibischen Inseln vorwiegend handwerkliche Küstenfischerei mit kleinen Fischereifahrzeugen betrieben. Auf *Jamaica* beträgt der Anteil des Fischereisektors am Bruttoinlandsprodukt ca. 0,5 % (KITSCHELT 1987, S.81). In den 50er Jahren lag der Importanteil am Gesamtverbrauch an Fischprodukten bei über 80 %. Trotz steigender Fangerträge[1] stieg bis Ende der 70er Jahre die Einfuhr an Fischprodukten auf über 16 000 t pro Jahr. Die gesamtwirtschaftliche Bedeutung des Fischereisektors ist somit auf Jamaica wie auch auf den übrigen Antilleninseln äußerst gering. Trotzdem bildet die Fischerei für viele Küstenbewohner eine wesentliche Einkommensquelle, deren mikroökonomische Bedeutung von der gesamtwirtschaftlichen Statistik geradezu verschleiert wird. KITSCHELT (1983) weist daraufhin, daß neben monetären Einkommen den Subsistenzproduktionsanteilen und den sozialen Beziehungen der Fischer untereinander erhebliche überlebensökonomische Bedeutung zukommt.

Puerto Rico nimmt neben Kuba einen Sonderstatus in der Karibik ein. Als Teil des US-amerikanischen Commonwealth und des vereinsstaatlichen Zollgebiets ist es gewissermaßen zum Aushängeschild US-amerikanischer Hilfeleistungen geworden. Puerto Rico weist einen relativ hohen Grad an Industrialisierung auf und verfügt über einen vergleichsweise hohen Lebensstandard. Der Konsum an Fischprodukten pro Kopf liegt mit über 30 kg im Jahr ebenfalls sehr hoch. Trotz aller Bemühungen ist die Eigenfischerei Puerto Ricos relativ gering. Die Einfuhrquoten an Fischprodukten sind aufgrund des überdurchschnittlich hohen Fischkonsums extrem hoch.

---

[1] 1981: ca. 8 000 t.

Ein im karibischen Raum an Bedeutung gewinnendes Phänomen ist die *Sportfischerei* auf pelagische Raubfische. Sie wird vorwiegend von reichen US-amerikanischen und kanadischen Sportfischern betrieben, die ihre Yachten auf den Bahamas, Virgin Islands, auf Puerto Rico, Barbados, Martinique oder Guadeloupe stationiert haben und von dort aus auch andere Karibikinseln anfahren.

Die Fischerei der einheimischen karibischen Bevölkerung ist ingesamt für die wirtschaftliche Situation der jeweiligen Inselstaaten (mit Ausnahme Kubas) von relativ geringer Bedeutung. Auf lokaler, mikroökonomischer Ebene stellt sie jedoch für die Küstenbevölkerung zahlreicher karibischer Inselstaaten eine nicht zu unterschätzende Einkommensquelle dar, die zur Sicherung des Überlebens einen erheblichen Teil beiträgt.

4.2 Ozeanographische Grundlagen

Die Dominikanische Republik wird im Norden vom Atlantischen Ozean, im Süden vom Karibischen Meer und im Osten vom "Canal de la Mona" begrenzt. Karte 5 zeigt die 1977 im Gesetz No.573 proklamierte *"Territoriale See"*, deren *"Anschlußzone"* und die 200 Seemeilen (sm) umfassende *"Exklusive Wirtschaftszone"* (EEZ) der Dominikanischen Republik. Der genaue Grenzverlauf der EEZ wird durch die Koordinaten von 18 Wendepunkten und den beiden Eckpunkten an der Grenze zu Haiti festgelegt (RATTER 1988, S.232). Die 6 sm breite Territorial- und die 24 sm umfassende Anschlußzone orientiert sich an einer eigens dafür konstruierten Basislinie, die 10 Buchten des dominikanischen Küstenverlaufs ausgleicht. Zusätzlich werden der gesamte kontinentale Schelf bis zu einer Tiefe von 200 m und die Meeresressourcen der "Banco de la Plata" und "de la Navidad" unter die Kontrolle der Dominikanischen Republik gestellt. Die Bestimmungen der dominikanischen Verfassung befinden sich im Einklang mit der internationalen Seerechtskonvention. Trotzdem konnte der genaue Grenzverlauf zwischen der Dominikanischen Republik und deren Nachbarstaaten noch nicht endgültig geklärt werden. Verhandlungen mit den USA und Großbritannien über die Abgrenzung zu Puerto Rico bzw. zu den Turks and Caicos-Islands sowie mit Haiti wurden bereits mehrmals abgebrochen. Somit konnten bisher vertraglich nur die Grenzverläufe zu Kolumbien und Venezuela geklärt werden.

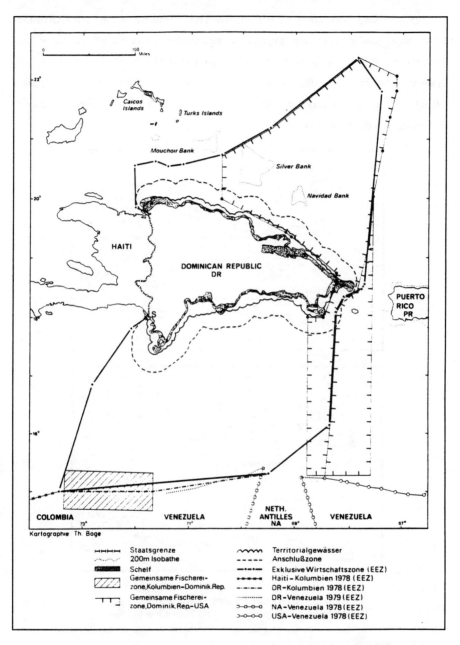

Karte 5: Die Seerechtsgrenzen der Dominikanischen Republik (aus: Sandner 1987, S.11)

Die 1252 km lange *Küstenlinie* weist einen sehr unregelmäßigen Verlauf auf (ARVELO, 1978). Weite Sandstrände, kleine Buchten, steinige Brandungsstrände, gehobene Korallenkalkterrassen, Steilküsten, Mangroven und Flußmündungsgebiete wechseln sich ab. Das der Küste vorgelagerte *Schelfgebiet*[1] ist mit einer Ausdehnung von 8950 km² außerordentlich schmal[2]. Es ist vorwiegend korallinen Ursprungs und fällt meist bereits in geringer Entfernung von der Küste steil ab.

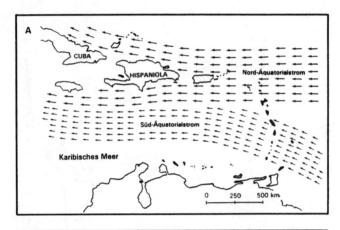

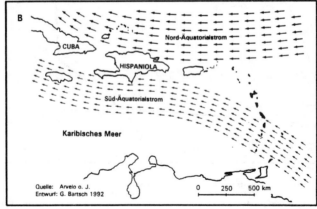

Karte 6: Meeresströmungen im Karibischen Meer
A: Juli bis Oktober   B: November bis Juni

---

[1] 180 m Isobathe

[2] Vgl. FAO 1980.

Das Wasser vor den dominikanischen Küsten entstammt dem Süd- und Nord-Äquatorialstrom[1] (Karte 6). Das *Oberflächenwasser* (bis ca. 180 m Tiefe) ist starken regionalen Einflüssen ausgesetzt und unterliegt dem Einfluß der Oberflächenströmung. Es ist außerordentlich nährstoffarm und weist Temperaturen zwischen 18°C und 29°C auf.

Wasser im Mündungsbereich großer Flüsse wird besonders während der Regenzeit (Mai bis November) durch Trübung beeinflußt und zeigt Veränderungen im Salz- und Nährstoffgehalt. Abseits von Flußmündungen ist das Wasser klar und nimmt nahe der Küste türkisgrüne, in größerer Entfernung tiefblaue Farbe an. In Tiefen unter 180m steigt der Anteil an Nährstoffen an, Salzgehalt und Wassertemperatur gehen zurück.

Intermediäres Wasser (Mesopelagial) bis 1000 m Tiefe zeigt im Gegensatz zu Oberflächenwasser keine lokalen und regionalen Unterschiede. Das Sonnenlicht dringt nicht bis in diese Tiefe. Mit zunehmender Tiefe ist eine Erhöhung des Nährstoffgehalts festzustellen. Die Wassertemperatur sinkt auf 4°C bis 8° ab. *Tiefenwasser* unter 1000 m hat einen sehr geringen Salzgehalt, aber einen hohen Anteil an Nährstoffen. Es bewegt sich wie Oberflächenwasser in westlicher Richtung, allerdings mit geringerer Geschwindigkeit.

Die *Primärproduktion* dominikanischer Hoheitsgewässer ist bis heute noch nicht detailliert erfaßt. Schätzungen für den karibischen Raum schwanken zwischen 50 und 100 g C/m² und Jahr. Für die dominikanische Nordküste werden Werte von 55 - 90 g C/m² und Jahr, für die Südküste 37 - 55 g C/m² und Jahr angegeben (FDL 1980, S.100). Stichproben zur Erfassung des Planktonanteils im Wasser ergaben im Durchschnitt Werte unter 150 mg pro Kubikmeter. Somit ist der Planktonanteil auch im Vergleich zur karibischen Nordküste Südamerikas, wo er bei ca. 300 mg/m³ liegt, äußerst gering (ARVELO 1978, S.17). Die Ursache hierfür liegt am geringen Nährstoffgehalt des Nord-Äquatorialstroms. In den Monaten von November bis Juni besteht die Möglichkeit, daß der Süd-Äquatorialstrom, der sich durch einen höheren Anteil an Nährstoffen auszeichnet, die dominikanischen Küsten erreicht (Karte 6).

Regional liegt die Produktivität in der Bucht von Samaná, im Umfeld der Insel Beata und in den Mangrovengebieten höher als im übrigen Küstengebiet. Dies ist im ersten Fall dem hohen Nährstoffgehalt des Río Yuna zu verdanken, der in die Bucht von Samaná mündet. Im zweiten Fall scheint aufquellendes Tiefenwasser die Ursache für den höheren Nährstoffgehalt zu sein.

---

[1] Arvelo G., R. Alberto, o. J.

4.3 Klimatische Risiken

Der gesamte karibische Raum ist ein von tropischen Wirbelstürmen beeinträchtigtes Gebiet. Auch die Dominikanische Republik wird immer wieder von Hurrikanen bedroht. Sie stellen eine enorme Gefährdung insbesondere für die Fischerei dar.

Der Hurrikan "David", der am 31. August 1979 über die Dominikanische Republik hinwegzog, verursachte enorme Schäden an der dominikanischen Südküste an den Fischereistandorten zwischen Barahona und Haina. Ca. 125 Fischereifahrzeuge wurden schwer beschädigt bzw. zerstört. Die Anlandungsplätze Palmar de Ocoa und Palenque waren besonders stark betroffen. Die Reusenfischerei mußte große Verluste hinnehmen. Landesweit gingen nach Angaben von FDL (1980, S.31) 65% des gesamten Fischfallenbestandes verloren. Allein an den Fischereistandorten La Cueva, Juancho, Barahona und Puerto Viejo im Südwesten des Landes wurden knapp 6000 Nasas zerstört. Verlust und Beschädigung der Produktionsmittel führte an zahlreichen Anlandungsorten zu einem Ertragsrückgang von über 60% (SAGAWE 1987, S.95). Selbständige Kleinfischer waren von den Verwüstungen des Hurrikans "David" besonders betroffen, da sie nicht über die notwendigen finanziellen Rücklagen verfügten, um den Verlust an Produktionsmitteln auszugleichen. SAGAWE (1987, S.94) betont, daß im Vergleich zu anderen Wirtschaftszweigen die Fischerei von Hurrikan-Katastrophen am stärksten in ihrer Existenz betroffen ist.

4.4 Marine Ressourcen

Die natürlichen marinen Ressourcen im Hoheitsgebiet der Dominikanischen Republik sind sowohl aufgrund des Einflusses des überaus nährstoffarmen nördlichen Äquatorialstroms als auch aufgrund der geringen Ausdehnung des insularen Schelfs generell als begrenzt einzustufen.

Die *dominikanischen Fischgründe* können in *drei Hauptkategorien* unterteilt werden, welche die bevorzugten Lebensräume verschiedener Fischarten darstellen:
- seichte Fischgründe in Küstennähe, Ästuare und Lagunen,
- Fischgründe über dem Schelfgebiet bis zu 180 m Tiefe,
- Fischgründe im Bereich des Abbruchs des insularen Schelfs.

Das Zentrum für meeresbiologische Forschung (Centro de Investigaciones de Biología Marina - CIBIMA) (BONNELLY DE CALVENTI 1978, S.36) geht davon aus, daß ca. 80% der für Kleinfischer wirtschaftlich interessanten Fischarten im Einzugsbereich der Korallenriffe vorkommen, die der Küste vorgelagert sind. Die meisten Fischarten werden deshalb zu den "*Riff-Fischen*" gezählt. Daneben gibt es zahlreiche Fischarten, die sich nicht permanent in einem begrenzten Lebensraum aufhalten. Viele von ihnen leben als Jungfische in den Ästuaren und seichten Küstengebieten, ziehen jedoch später ins offene Meer hinaus. Andere halten sich jahreszeitlich bedingt in unterschiedlichen aquatischen Lebensräumen auf. Lokale, klimatische und ozeanographische Faktoren beeinflussen die Lebensweise karibischer Fischarten und deren Wanderverhalten in beträchtlichem Maße. Generell können jedoch Arten, die am Meeresboden leben, von denjenigen unterschieden werden, die sich vorwiegend im freien Wasser aufhalten. Erstere werden als *Grundfische*, die zweite Gruppe als *pelagische Fische* bezeichnet. Bei den pelagischen Fischen werden neritische (im freien Wasser über dem Schelf vorkommende) und ozeanische Arten unterschieden. Große und mittlere pelagische Arten kommen entlang des Abbruchs des insularen Schelfs vereinzelt oder in kleineren Schwärmen vor. Kleine pelagische Arten, die in dichten Schwärmen auftreten, halten sich dagegen vorwiegend über dem Schelfgebiet auf.

Neben Fisch sind Crustaceen und Mollusken für die dominikanische Fischerei von wirtschaftlicher Bedeutung. *Krustentiere* sind aufgrund ihrer Reputation als Spezialität für die Fischer von besonderem Interesse. Zu ihnen zählen: Langusten (Palinurus argus), Taschenkrebse (Menippe mercenaria), Krabben (Penaeus schimitti), Shrimps (Himenopenaeus robustus) und Krebse (Cardisoma guanhumil).

Von ökonomischem Interesse sind folgende *Mollusken*: Lambi (Strombus gigas), Austern (Crassostrea virginica, Crassostrea jamaicensis und Ostrea rhizophorae) und Tintenfische (Loligo braziliensis und Octopus vulgaris).

Foto 1: Yolas am Strand von Boca de Yuma.

4.5 Fischereitechnik

4.5.1 Fischereifahrzeuge und deren Einsatzbereich

Die Mehrzahl dominikanischer Fischer hat sogenannte "*Yolas*" im Einsatz (Foto 1). Hierbei handelt es sich um offene, aus Holzplanken gebaute Boote mit flachem Boden, einer Länge von 3 m bis 6 m und einer Breite von 0,9 m bis 1,5 m. Meist finden Yolas zwischen 4,5 m und 5,5 m Verwendung. Yolas sind nicht hochseetüchtig, eignen sich aber aufgrund ihres geringen Tiefgangs hervorragend für küstennahe Fanggebiete, insbesondere zum Passieren von Korallenriffen, an denen die Wassertiefe oft nur wenige Zentimeter beträgt. Yolas werden nur für eintägige Ausfahrten in küstennahe Fischgründe benutzt. Sie verfügen auch nicht über den notwendigen Stauraum, der für zusätzliche Lagerung von Treibstoff, Verpflegung und Produktion für mehrtägige Fangfahrten nötig wäre. Die Besatzung einer Yola besteht meist aus zwei, in Ausnahmefällen aus drei Fischern.

Foto 2: Cayucos und Canoas in der Bucht von Samaná bei Sánchez.

Seit wenigen Jahren kommen in der Dominikanischen Republik auch offene *Glasfiberboote* zur Verwendung, die in Form und Größe den Holz-Yolas ähneln. Aufgrund der hohen Anschaffungskosten wird dieser Bootstyp vorwiegend von Fischerei-Kooperativen eingesetzt, die Zugang zu Krediten haben. Fiberglasboote haben weniger Gewicht als Holz-Yolas, sind schneller, benötigen weniger starke Motoren, ziehen kein Wasser und sind entschieden billiger in der Wartung. Glasfiberboote sind für jeweils zwei Fischer ausgelegt.

Im Nordosten der Dominikanischen Republik, insbesondere in der Bucht von Samaná sind vorwiegend sogenannte "*Cayucos*" bzw. "*Canoas*" anzutreffen. Diese aus leichtem Javilla- oder Ceiba-Holz hergestellten Einbäume zwischen 2,10 m und 7,50 m Länge und 0,80 - 0,90 m Breite sind aus einem zugespitzten Stamm gefertigt. Sie sind je nach Länge für ein bis zwei, unter Umständen für drei Fischer konzipiert. Mit Einbäumen operierende Fischer fahren normalerweise allein oder zu zweit zum Fang aus. Einbäume werden teilweise von den Fischern selbst, meist jedoch von lokalen Handwerkern hergestellt (Foto 2).

Foto 3: Segelboot in der Bucht von Bayahibe.

An der dominikanischen Nordküste bei Nagua setzen einige "Pescaderías" (Fischgeschäfte) Fischereifahrzeuge aus Fiberglas ein, die den Einbäumen in Form und Größe gleichen. Yolas, Cayucos und Canoas wurden ursprünglich durch Ruder oder primitive Dreiecksegel angetrieben. Inzwischen werden von Jahr zu Jahr mehr Yolas und Einbäume mit Außenbordmotoren zwischen 6 PS und 12 PS ausgerüstet.

Kiel- und Segelboote sind nur an wenigen Fischereistandorten anzutreffen. *Segelboote* von 9 m Länge und mehr, mit festem Mast und zwei bis drei Mann Besatzung kommen fast ausschließlich an der Südostküste (La Romana, Bayahibe) zum Einsatz (Foto 3).
Kielboote von etwa 7,5 m mit gedecktem Bug finden in der Dominikanischen Republik erst seit wenigen Jahren Verwendung. Dieser Bootstyp ist für drei Besatzungsmitglieder ausgelegt

Foto 4: Kielboot am Strand von Cabeza de Toro.

und wird meist von einem 25 PS starken Außenbordmotor angetrieben (Foto 4). Kielboote sind alle mit Fischkästen zur Lagerung von ca. 100 kg Fisch ausgestattet. Fangfahrten von drei bis vier Tagen in küstenferne Fanggebiete sind durchaus üblich. Stauraum für die Lagerung von Treibstoff und Schlafmöglichkeiten für die Besatzungsmitglieder befinden sich unter den Sitzbänken bzw. unter der Bugabdeckung. Kielboote und größere Segelboote werden von speziellen Bootsbauern an Anlandungsplätzen im Osten des Landes hergestellt[1].

Größere Fischereifahrzeuge mit Deckkajüten, Lagerräumen und dieselbetriebenen Innenbordmotoren fungieren als *Mutterschiffe* für jeweils bis zu 15 Glasfiberboote, die auf der Fahrt zu küstenfernen Fischgründen an Deck gelagert werden. Die Mutterschiffe sind mit einem zentralen oder mehreren Lagerräumen für die Fänge, Kajüten für die Fischer unter und über Deck und einer Kochnische ausgestattet. Eine größere Anzahl Mutterschiffe ist nur an zwei Fischereistandorten anzutreffen. In Puerto Plata sind in erster Linie Mutterschiffe zum Teil ausländischer Produktion aus Stahl für bis zu 60 Mann Besatzung stationiert, die auch in außerdominikanischen Gewässern operieren (Foto 5).

---

[1] Herstellung von Segelbooten: Bayahibe und La Romana
Herstellung von Kielbooten: Miches und Cabeza de Toro

In Rio San Juan kommen einfachere Fahrzeuge aus Holz mit Aufbauten für maximal 12 bis 15 Crewmitglieder zum Einsatz. An einem halben Dutzend weiterer Fischereistandorte sind inzwischen je ein bis zwei Mutterschiffe beheimatet.

Foto 5: Mutterschiffe im Hafen von Puerto Plata (an Bord: Glasfiberboote bzw. Außenbordmotoren).

Von den 300 vom Autor interviewten Fischern fahren 45% mit Yolas, 23% mit Einbäumen und 5% mit Glasfiberbooten zum Fang aus (Abb.2). Somit sind drei Viertel der befragten Fischer - einschließlich jener, die ohne Boot direkt vom Strand aus operieren[1] - aufgrund der beschränkten Einsatzfähigkeit ihrer Fischereifahrzeuge auf den *küstennahen Bereich* festgelegt. Die an der dominikanischen Südostküste mit Segelschiffen operierenden Fischer steuern vorwiegend die küstennahen Fischgründe der Insel Saona an.

Somit verbleiben 20 % der interviewten Fischer, die auf zumindest bedingt hochseetüchtigen Kielbooten und Mutterschiffen arbeiten. Ihr Operationsbereich befindet sich *fern der Küsten*, zum Teil auch außerhalb dominikanischer Hoheitsgewässer.

---

[1] Meist Tauchfischer, die vom Strand zu den küstennahen Korallenriffen hinausschwimmen.

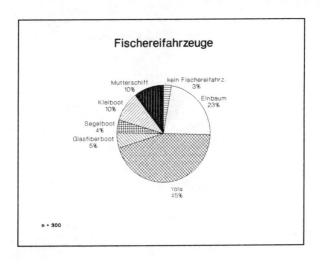

Abb. 2: Nutzung von Fischereifahrzeugtypen

4.5.2 Antrieb der Fischereifahrzeuge

Fischereifahrzeuge, die in küstenfernen Gebieten operieren, werden von PS-starken Motoren angetrieben. Mutterschiffe sind mit *Innenbordmotoren* ausgestattet. Kielboote sind in der Regel mit *Außenbordmotoren von 25 PS* und mehr ausgerüstet (Abb.3). Knapp die Hälfte der Fischer (45 %) hat Boote mit *Außenbordmotoren unter 10 PS* im Einsatz. 28 % der Fischer treiben ihre Fischereifahrzeuge durch *Ruder* bzw. bei günstigen Windverhältnissen durch *Hilfssegel* an. 4 % der Fischer sind ausschließlich auf *Segel* angewiesen und 3 % operieren ohne Boot vom Strand aus.

Der *Gebrauchswert* der sich im Einsatz befindlichen Außenbordmotoren unter 10 PS schwankt je nach Typ, Alter und Zustand zwischen $ 4000 und $ 10000 R.D.[1]. 1990 betrug der Durchschnittswert $ 7250 R.D. (ca. 1800.-DM). Die Mehrzahl der Außenbordmotoren sind weniger als vier Jahre, im Durchschnitt 2,5 Jahre alt.

---

[1] ca. DM 1000.- bis DM 2500.-

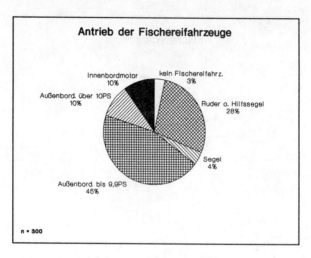

Abb. 3: Antriebsart der Fischereifahrzeuge

4.5.3 Fischereigeräte und Fangmethoden

Haken und Leinen sind in der Dominikanischen Republik die am häufigsten angewandten Fischereigeräte. Handleinen, sogenannte *"Cordeles de mano"*, werden aus Nylonschnur unterschiedlicher Stärke hergestellt, an deren Ende ein Senkblei angebracht ist. Oberhalb des Senkbleis an der Hauptleine werden Abzweigleinen mit Haken befestigt, deren Größe und Form von den Fischarten abhängen, auf die der Fischer abzielt. Häufigste Art der Leinenfischerei ist das Anbieten des Köders in 20 m bis 80 m Tiefe. Gefangen werden hauptsächlich "Cojinúa", "Jurel" (beide aus der Familie der Carangidae), "Colirrubia", "Bermejuelo" (beide: Lutjanidae), "Bocayate" (Pomadasydae) und "Mero" (Serranidae).

Bei der sogenannten *"Cala-Fischerei"* wird der Köder in Tiefen zwischen 100 m und 200 m angeboten. Enorme Schnurmengen sind dabei notwendig. Trotz geringen Fangvolumens lohnt sich der hohe Arbeitsaufwand, da Fische der höchsten Qualitätsstufe z.B. "Chillo" (Lutjanidae) gefangen werden können.

Zum Fang großer pelagischer Arten wie "Dorado" (Goldmakrele), "Carite" (Scombridae), "Bonito" (kleiner Thunfisch) und "Marlin" wird der Köder frei treibend angeboten. Bei der sogenannten *Treibleinenfischerei* werden Schwimmer aus Kunststoff, kräftigere Leinen und größere Haken verwendet. Die Endstücke der Abzweigleinen werden aus Stahldraht hergestellt, damit sie nicht durchgebissen werden können.

Seit wenigen Jahren wird von den Fischern aus San Pedro de Macorís Schattenfischerei betrieben, die sehr erfolgversprechend zu sein scheint. Hierbei bedienen sich die Fischer einfacher *Palmwedelgeflechte*, die auf See ausgelegt werden. Mitgeführte lebende Köderfische, aber auch sonstige Kleinfische suchen darunter Zuflucht. Große pelagische Raubfische werden von den Kleinfischen angelockt und nehmen die im Umkreis der Palmwedel ausgelegten Köder.

Bei den Fahrten zu und von den Fanggebieten werden des öfteren Leinen hinter dem fahrenden Boot hergezogen. Die Fischer bezeichnen diese Fangmethode als *"Curricán"* (Schleppangelfischerei). Während der Monate Oktober und November wird diese Fangmethode von einer größeren Zahl an Fischern praktiziert, wenn sich pelagische Raubfische wie "Bonito" oder "Albacora" der Küste nähern.

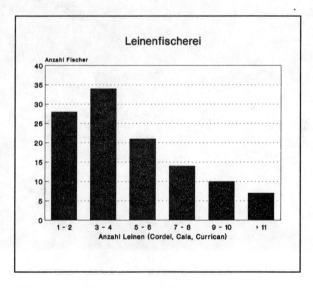

Abb. 4: Anzahl "Cordeles" pro Fischer.

Die im Rahmen der Erhebungen befragten "Cordel"-Fischer besitzen durchschnittlich fünf

Leinen unterschiedlicher Stärke und Länge. Abb.4 zeigt die jeweilige Anzahl von "Cordeles" (Treib-, Schlepp- und Grundleinen), die sich im Besitz eines Fischers befinden. Besonders hohe Erträge erbringt die nächtliche *Lichtfischerei*. Experten gehen davon aus, daß pro Lichtfischer im Jahr etwa eine Tonne Fisch angelandet wird. Fische werden bei dieser Fangmethode durch das Licht von Glühbirnen oder Scheinwerfern angelockt. Als Energiequelle dienen Kfz-Batterien, die tagsüber mit Ladegeräten aufgeladen werden. Die Fischer, die Lichtfischerei betreiben, fahren meist in den späten Nachmittags- oder frühen Abendstunden zum Fang aus. Sie kommen in der Regel kurz nach Sonnenaufgang zu ihren Anlegestellen zurück. Während der Vollmondphasen werden für ca. eine Woche keine Fangfahrten durchgeführt. Die Fischer, die tagsüber Leinenfischerei betreiben, verlassen kurz nach Sonnenaufgang ihre Anlandungsplätze und kommen mittags oder am frühen Nachmittag wieder zurück.

Foto 6: *Langleine ("Palangre") mit ca. 500 Haken, Playa Palenque.*

Langleinen, sogenannte "*Palangres*" mit bis zu 500 Haken finden nur vereinzelt Anwendung. Hierbei sind an einer besonders kräftigen, 5 - 7 mm starken gedrehten Hauptleine im Abstand von mehreren Metern etwa 50 - 100 cm lange, feinere Fangleinen aus Nylon befestigt. Langleinen können sowohl am Meeresgrund mit Gewichten - meist unbrauchbaren Eisenabfällen - verankert, als auch mit Hilfe von Schwimmern im oberflächennahen Wasser als Treibleinen verwendet werden. Zielt der Fischer auf ein möglichst breites Spektrum an Fischarten ab, so werden am Ende der Hauptleine Gewichte, am bootszugewandten Abschnitt dagegen Schwimmer befestigt, so daß die Köder in unterschiedlichen Wassertiefen ausgelegt werden. Zum Bestücken einer Langleine mit Ködern werden mehrere Kilo Kleinfische benötigt, die in 2 - 3 cm große Stücke zerkleinert, zweifach auf die Haken gespießt werden (Foto 6). Die Handhabung von Langleinen ist mit erheblichen Risiken verbunden. Kommt es während des Einholens der Langleine dazu, daß ein großer Raubfisch anbeißt und unvermutet versucht, mit der Hauptleine zu entkommen, können die bereits eingeholten Haken tiefe Wunden in die Hände des Fischers reißen. Deshalb schrecken weniger erfahrene Fischer von der Verwendung der "Palangres" zurück.

Zum Fang von Köderfischen (Sardina, Machuelo usw.) kommen landesweit vorwiegend *Wurfnetze* zum Einsatz (Foto 7). In den frühen Morgenstunden oder am Abend vor der Ausfahrt versuchen Fischer im ufernahen Flachwasserbereich mit Hilfe der sogenannten "*Atarrayas*" Kleinfische zu fangen, die später als Köder für größere Fische Verwendung finden. In der Bucht von Samaná dienen große Wurfnetze vorzugsweise der Garnelen-Fischerei. Wurfnetze werden an allen Fischereistandorten von Fischern selbst hergestellt.

Strandwaden, sogenannte "*Chinchorros de Arrastre*", werden an flachen, sandigen Buchten und Flußmündungen ausgelegt und von zwei Gruppen mit je zwei bis drei Mann an Land gezogen (Foto 8). Die Maschengröße der Strandwaden beträgt an den mit Schwimmern und Bleigewichten versehenen Netzbanden ca. 100 mm. Sie verringert sich bis zum Fangbeutel auf ca. 15 - 20 mm. Da die ufernahen Flachwasserbereiche vielerorts bereits stark überfischt wurden, sind die Erträge der "Chinchorreros"[1] inzwischen stark zurückgegangen. Nur selten gelingt es, daß große Fischschwärme eingekreist werden können oder gleichzeitig mehrere Carites, Albacoras oder Bonitos ins Netz gehen. Meist werden Kleinfische der untersten Qualitätsstufe gefangen, die "por lata" (pro Blechbüchse) verkauft werden.

---

[1] Fischer, die mit "Chinchorros de Arrastre" arbeiten.

Foto 7: Fischer mit Wurfnetz ("Atarraya") in der Bucht von Barahona beim Fang von Köderfischen.

Foto 8: Fischer bei der Strandwadenfischerei ("Chinchorro de Arrastre") am Strand von Palenque.

Kiemen- oder Stellnetze, sogenannte *"Chinchorros de Ahorque"*, von 100 bis 150 m Länge und Maschengrößen von 50 bis 100 mm erfreuen sich zunehmender Beliebtheit (Foto 9). Sie werden vertikal mit Schwimmern und Senkblei im Strömungsbereich verankert. Fische verfangen sich mit den Kiemen in den Maschen beim Versuch, das Netz zu passieren.

Foto 9: Fischer beim Reparieren eines Kiemennetzes ("Red de Ahorque") am Strand von Monte Cristi.

Fischfallen sind landesweit verbreitet. In den Mangroven kommen aus Bambus-Palisaden gefertigte *"Corrales"* (Foto 10), auf dem Meeresboden aus Maschendraht und Stockverstrebungen hergestellte Fallen, sogenannte *"Nasas"* unterschiedlicher Größe und Form zum Einsatz. Sie werden zum Teil von Fischern selbst, meist jedoch von professionellen Fallen-Bauern hergestellt (Foto 11). Drei unterschiedliche Nasa-Formen finden in der Dominikanischen Republik Verwendung: rechteckige, herz- und S-förmige Fallen mit je einem oder zwei Eingängen. Bis in Tiefen von 180 Fuß (ca. 55 m) werden kleine Nasas von 0,5 - 1 m Seitenlänge verwendet. Nasas für größere Tiefen (bis zu 200 m) sind beträchtlich größer. Fischfallen sichern das ganze Jahr über Erträge und sind mit relativ niedrigem Arbeitsaufwand verbunden. Investitionskosten für Maschendraht, Leinen und Bojen sind dagegen ebenso wie das Verlustrisiko (Haie, Sturm !) relativ hoch. Nasas produzieren je nach

Foto 10: Fischer beim Entleeren einer Falle aus Bambus ("Corral") in den Mangroven bei Los Conucos, Prov. Monte Cristi.

Foto 11: "Nasas" vom Typ "Corazón" (Herz) in Bayahibe.

Jahreszeit Fänge zweiter und dritter Qualitätsstufe. Ein typischer Fang besteht aus "Pargo", "Colirrubia" (beide aus der Familie der Lutjanidae), "Candil" (Holocentridae), "Jabon" (Grammistidae), "Bocayate" (Pomadasydae), Langusten und Krebsen.

Foto 12: Taucher mit Hand-Harpune in Matancitas bei Nagua.

Eine weit verbreitete Fangmethode ist die *Tauch-Fischerei* mit Handharpunen (Foto 12). Sie wird direkt vom Strand, aber auch von "Yolas" bzw. Glasfiberbooten der Mutterschiffe aus betrieben. Um in größere Tiefen vorzudringen, werden häufig Kompressoren eingesetzt. Diese Fangmethode ist äußerst gewinnträchtig, da sie selektiv auf Langusten, Hummer, Lambi und Fische höchster Qualitätsstufe abzielt. Allerdings darf das gesundheitliche Risiko für die Taucher nicht unterschätzt werden. Grundlegende Ausrüstungsgegenstände, wie Tiefenmesser und Taucheruhren zur Bestimmung der Dekompressionszeit sind nicht vorhanden. Die Kompressoren befinden sich in der Regel in unzureichendem technischem

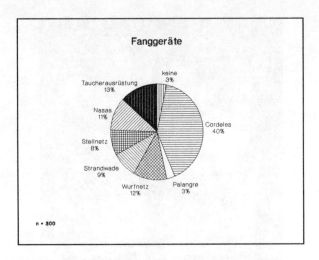

Abb. 5: Einsatz von Fanggeräten der befragten Fischer

Zustand bzw. sind für die Tauch-Fischerei nicht geeignet[1]. Die Taucher sind nicht angemessen ausgebildet und beachten kaum Sicherheitsvorkehrungen, so daß Taucherunfälle keine Seltenheit darstellen.

Fischer, die ohne Fangfahrzeug arbeiten, beschränken sich auf Taucher, die vom Strand aus zu den vorgelagerten Korallenriffen hinausschwimmen und die Fischerei als Nebenerwerb betrachten.

Die Kombination mehrerer Fangmethoden zur Steigerung der Erträge bei unterschiedlichen Wetter- und Windverhältnissen sowie zu verschiedenen Jahreszeiten ist nur selten zu beobachten. Nur wenige Fischer kombinieren mehrere Fangtechniken, meist Fallen- und Leinenfischerei.

Die im Rahmen der vorliegenden Untersuchung befragten Fischer widmen sich zu 40 % der Leinenfischerei (Grund-, Treib- und Schleppleine). Wurf-, Stellnetze und Strandwaden werden von je 8 % bis 12 % der interviewten Fischer angewandt (Abb.5). Tauch- und Fallenfischerei wird von 13 % bzw. 11 % betrieben. Fischer, die Langleinen einsetzen, befinden sich in der Minderzahl. Einige der Interviewpartner gehören den Besatzungen von

---

[1] Teilweise finden umgerüstete Farbspritzgeräte der Kfz-Branche Verwendung.

Mutterschiffen an. Sie beteiligen sich nicht aktiv an der Fischerei, da sie mit dem Ausnehmen der Fänge, der Kühlung der Anlandungen, dem Manövrieren der Glasfiberboote und dem Überwachen der Kompressoren beschäftigt sind.

4.5.4 Entwicklung der Fischereitechnik

Seit Anfang der 70er Jahre ist in der Dominikanischen Republik eine beachtliche *technische Modernisierung der Fischereiflotte* zu beobachten. Während nach Angaben des Fischereiministeriums[1] 1971 lediglich 16 % der registrierten Fischereifahrzeuge mit Motor angetrieben wurden, stellte 1980 PRODESPE ("Programa para Estudio sobre el Desarrollo Pesquero de la República Dominicana")[2] fest, daß der entsprechende Anteil auf 48 % angestiegen war. Nach Angaben der FAO (1980) waren 1980 bereits 72% der Yolas mit Außenbordmotoren ausgestattet. Lediglich "Cayucos" und "Canoas" waren erst zu 13 % motorisiert.

Im Zeitraum von knapp zehn Jahren hatte sich die Gesamtzahl der Fischereifahrzeuge um 47% von 1249 auf 2356 erhöht. Der Anteil von Einbäumen an der Gesamtzahl der Fangfahrzeuge ging von 51% auf 42% zurück, der Prozentsatz größerer Fangfahrzeuge (Segelboote über 9 m Länge, Kielboote und Mutterschiffe) stieg von 3% auf 9%. Allerdings müssen die Erhebungsmethoden des Fischereiministeriums stark angezweifelt werden (FDL 1980, S.21), so daß aus offiziellen statistischen Daten abgeleitete Aussagen nur tendenzieller Charakter zukommt.

Die dominikanische Fischerei ist in der Lage, auf ein breites Spektrum an Fischereifahrzeugen und Fanggeräten zurückzugreifen. Somit ist *kein prinzipielles Technologieproblem* auf diesem Gebiet vorhanden. Verbesserungsmöglichkeiten bestehen im Bereich der Wartung und effizienten Nutzung der vorhandenen technischen Möglichkeiten. Probleme liegen in erster Linie im unzureichenden Zugang zu Produktionsmitteln, der durch den Mangel an adäquaten Finanzierungsmöglichkeiten verursacht wird.

---

[1] SEA (Secretaría del Estado de Agricultura) Departamento de Caza y Pesca: Memoria Anual 1971. Santo Domingo.

[2] Forschungsprogramm zur fischereilichen Entwicklung in der Dominikanischen Republik, das 1977 von der "Banco Interamericano de Desarrollo" (BID - Interamerikanische Entwicklungsbank) und der "Banco Central de la República Dominicana" (Zentralbank der Dominikanischen Republik) im Rahmen Technischer Zusammenarbeit beschlossen wurde.
Die Forschungsergebnisse wurden veröffentlicht in: FDL (Fisheries Development Limited) 1980.

Der sich gegenwärtig deutlich abzeichnende technische und quantitative Wandlungsprozeß in der dominikanischen Fischerei wurde durch Investitionen[1] fischereifremden Kapitals ermöglicht, dürfte jedoch zu einer weiteren Konzentration der Produktionsmittel auf seiten kapitalkräftiger Unternehmen führen und somit den Prozeß der Umverteilung der Gewinne aus den marinen Ressourcen verstärken. Diese Entwicklung wird sich möglicherweise weiter fortsetzen, bis spürbar rückläufige Erträge die Investitionsbereitschaft eindämmen werden.

4.6 Anlandungen und Fangraten

Offizielle Daten über Anlandungen von Seefisch werden in der Dominikanischen Republik von "*Recursos Pesqueros*", der staatlichen Fischereibehörde, im sogenannten "Memoria Anual" alljährlich veröffentlicht. Die nach Anlandungsplatz und Art exakt aufgeschlüsselten Daten erwecken zunächst den Anschein der Zuverlässigkeit. Sie werden von den Fischerei-Inspektoren der Küstenprovinzen mit Hilfe von Formblättern erhoben und der Zentralbehörde in Santo Domingo zugestellt. Im Rahmen der vorliegenden Untersuchung führte der Autor an mehreren Fischereistandorten Interviews mit den zuständigen Fischerei-Inspektoren[2]. Hierbei mußte er feststellen, daß kaum einer der Inspektoren in der Lage war, die wichtigsten Fischarten voneinander zu unterscheiden, die Zahl der Fischer pro Anlandungsort grob abzuschätzen bzw. die Anzahl der Fischereifahrzeuge zu erfassen. In informellen Gesprächen nach Beendigung der Interviews wurde deutlich, daß die Mehrzahl der Anlandungsplätze maximal einmal im Monat bzw. wegen fehlender Transportmittel oder anderer Hinderungsgründe[3] noch seltener aufgesucht werden und somit die veröffentlichten Daten über Anlandungen nur wenig Bezug zur Realität aufweisen. Der für den bedeutendsten

---

[1] Vor allem Investitionen in hochseetüchtige Kielboote und Mutterschiffe, synthetische Kiemennetze und Kompressoren für die Tauchfischerei.

[2] Meist Anhänger der zum Zeitpunkt der Interviews regierenden Partei (PRSC - Partido Reformista Social Cristiano), die sich während des vergangenen Wahlkampfs für die Partei verdient gemacht hatten.
Anmerkung: ein Regierungswechsel in der Dominikanischen Republik bedeutet, daß sämtliche Posten im staatlichen Apparat (bis hin zum Reinigungspersonal) neu besetzt werden.

[3] Zum Beispiel: Schweigegeldforderungen von Verkehrspolizisten für unzureichend gewartete Fahrzeuge des Agrarministeriums.

Fischereistandort des Landes zuständige Fischerei-Inspektor war nicht in der Lage, die Anlandungen einzelner Fisch-bzw. Molluskenarten des vorangegangenen Monats den entsprechenden Gewichtseinheiten (Libra, Quintal oder Tonne) zuzuordnen. Hieraus wird deutlich, daß den aus der offiziellen Fischerei-Statistik entnommenen absoluten Zahlen, über allgemeine Tendenzen hinaus, nur geringer Aussagewert zukommt. BONNELLY DE CALVENTI (1975) und PRODESPE (1980) haben bereits darauf aufmerksam gemacht, daß die offiziellen Fischereidaten in Bezug auf Gesamtanlandungen, Anzahl der Fischer und Fischereifahrzeuge "gewisse Anomalien" aufweisen (FDL 1980, S.21).

1987 betrugen die *Gesamtanlandungen* der dominikanischen Fischer nach Angaben der Fischereibehörden ca. 15 000 Tonnen. Demnach hatten sich die Anlandungen laut Statistik in zehn Jahren (1977: 4 200 Tonnen) um das Dreieinhalbfache erhöht. Nach Einschätzungen von Experten kann im Durchschnitt für einen *dominikanischen Kleinfischer* eine Fangrate von etwa *einer Tonne pro Jahr* angenommen werden.

Die zur Zeit einzigen *verläßlichen Daten* über Anlandungen dominikanischer Fischer werden von Mitarbeitern des *deutsch-dominikanischen Fischerei-Projekts "Propescar-Sur"* erhoben. So landeten 1989 nach genauen Aufzeichnungen sieben Fischer der *Fischergemeinschaft "Manatí"* aus Barahona Fischereiprodukte in Höhe von 7598 kg an, pro Kopf im Durchschnitt 1085 kg. Die Anlandungen schwankten zwischen 776 kg und 1922 kg je nach Fangmethode, Elan und Know-how des entsprechenden Fischers.

Das beste Jahresergebnis erbrachte ein Fischer, der Nasa- und Tauch-Fischerei kombiniert anwandte. Die übrigen Fischer gingen vorwiegend der nächtlichen Lichtfischerei nach. Von ihnen erzielte ein sehr aktiver und mutiger Fischer, der noch zum Fang ausfährt, wenn die übrigen Fischer bereits aufgeben, Anlandungen in Höhe von 1393 kg im Jahr 1989. Seine Jahreseinkünfte beliefen sich auf $ 8155 R.D. (etwa 2200.-DM). Im Durchschnitt erwirtschaftete jeder der sieben Fischer im Jahr 1989 Einkünfte von $ 6038 R.D. (etwa 1600.-DM). Der Nasa- und Tauch-Fischer erzielte $ 10690 R.D. (etwa 2900.-DM), der schwächste der übrigen Fischer $ 4254 R.D. (etwa 1150.-DM) Jahreseinkommen.

Durchschnittlich hatte jeder Fischer 129 Fangfahrten durchgeführt. Während der Spitzenreiter 228-mal zum Heben der Nasas bzw. zum Tauchen ausgefahren war, schwankte die Zahl der Ausfahrten der übrigen Fischer zwischen 95 und 137 (Durchschnitt 112). Auf jeder Fangfahrt wurden somit im Durchschnitt 8,4 kg Fisch pro Fischer im Wert von $ 47 R.D. (13.- DM) angelandet. Pro Ausfahrt erzielten die Lichtfischer 8,4 kg Fisch im Wert von $ 46,9 R.D., während die Fangfahrten des Nasa-Tauch-Fischers das gleiche Ergebnis von durchschnittlich 8,4 kg Fisch im Wert von $ 46,9 R.D. erbrachten. Erweitert man den Betrachtungszeitraum auf 18 Monate (September 1988 bis Februar 1990), so ergeben sich kaum Veränderungen. Die Anlandungen pro Fischer und Ausfahrt erhöhen sich geringfügig auf 8,6 kg Fisch im Wert von $ 50,6 R.D. (etwa 13,70 DM).

Tab. 1: Monatliche Ausfahrten, Anlandungen und Einkünfte von sieben Kleinfischern der Fischergemeinschaft "Manatí" in Barahona im Jahr 1989.
(Quelle: Propescar-Sur, Barahona)

Monat	Zahl der Ausfahrt.	Anlandungen (kg)		Einkünfte	
		gesamt	pro Fischer	Pesos	DM
01 89	66	485	69	431	117
02 89	56	391	56	269	73
03 89	71	408	58	36	99
04 89	102	710	101	621	168
05 89	87	949	136	747	202
06 89	81	764	109	578	156
07 89	89	719	103	570	154
08 89	82	697	100	559	151
09 89	79	821	117	698	189
10 89	74	671	96	640	173
11 89	45	320	46	230	62
12 89	69	599	86	471	127
gesamt	901	7534	1077	6180	1671
durchschnitt.	75	628	90	515	139

Die Analyse der monatlichen Anlandungen (Tabelle 1) ergab, daß extreme Schwankungen keine Ausnahme darstellen. So wurden im Februar 1989 von den sieben Fischern aus Barahona insgesamt 391 kg Fisch angelandet, pro Fischer 55,9 kg. Die Einkünfte pro Fischer betrugen somit im Durchschnitt $ 269 R.D. (73.-DM). Im Monat Mai dagegen wurden 949kg Fisch gefangen. 135,6 kg pro Fischer erbrachten ein Monatseinkommen von $ 747 R.D. (etwa 202.-DM). Die durchschnittlichen Anlandungen pro Monat betrugen 628 kg Fisch. Pro Fischer ergaben sich daraus monatliche Einkünfte von $ 515 R.D. (etwa 139.-DM) im Durchschnitt.

Tab. 2: Fisch-Anlandungen an ausgewählten Standorten. (Standorte mit weniger als 40 Stichproben blieben unberücksichtigt)
(Quelle: PRODESPE - Programa de Muestreo de Puerto)

Standort	Stichproben (Anzahl)	Anlandungen (kg) gesamt	pro Fischer
Baoruco	54	447	8,3
Barahona	160	1728	10,8
Bayahibe	152	1421	9,3
Boca de Yuma	191	2039	10,7
Cabeza de Toro	137	4706	34,3
La Cueva	237	4682	19,8
Miches	155	3795	24,5
Monte Cristi	148	2405	16,2
Palmar de Ocoa	76	770	10,1
Pedernales	62	534	8,6
Río San Juan	80	2255	28,2
San Pedro	193	1411	7,3
Sosúa	161	1039	6,5
gesamt	1806	27232	15,1

Die absoluten *monatlichen Anlandungen* unterschritten bei allen Fischern mindestens einmal, bei vier Fischern viermal im Jahr die 50 kg Marke. Die absoluten Einkünfte lagen bei allen Fischern in wenigstens einem Monat im Jahr 1989 unter $ 270 R.D. (etwa 73.-DM). Mit

Ausnahme des Nasa- und Tauch-Fischers hatten alle übrigen Fischer in mehr als zwei Monaten des Jahres Einkünfte unter $ 370 R.D. (etwa 100.-DM). Drei Fischer unterschritten die 100.-DM Einkommensgrenze in sechs Monaten des Jahres 1989.

Neben dem Datenmaterial des deutsch - dominikanischen Fischerei-Projekts "Propescar-Sur" stehen in der Dominikanischen Republik keinerlei verläßliche Daten über Fischerei-Anlandungen zur Verfügung, die einen mehrmonatigen Zeitraum abdecken. Die von *PRODESPE* veröffentlichten Daten basieren auf Stichproben, die zu unterschiedlichen Zeitpunkten des Jahres an mehreren Fischereistandorten erhoben wurden (Tab.2). Die Angaben über Fangergebnisse pro Anlandungsort sind somit von klimatisch und jahreszeitlich bedingten Einflüssen stark überlagert, so daß regionale Vergleiche nur bedingt möglich sind. Die Angaben beziehen sich auf Fangergebnisse, die durch Leinen- (Tag und Nacht) und Tauch-Fischerei erzielt wurden.

Die Auswertung der Stichproben an dreizehn Fischereistandorten ergab, daß im Durchschnitt pro Fischer 15,1 kg Fisch pro Ausfahrt (Tag) angelandet wurde. Fischereistandorte, an denen die Stichprobenergebnisse beträchtlich über dem Durchschnitt lagen, sind Cabeza de Toro, Río San Juan, Miches und La Cueva (Cabo Rojo). Bei diesen Orten handelt es sich um Anlandungsplätze, an denen in erster Linie hochseetüchtige Kielboote und Mutterschiffe für mehrtägige Fangfahrten eingesetzt werden. Von Río San Juan, Miches und Cabeza de Toro werden die Hochseebänke "de la Plata" und "de la Navidad" sowie ertragreiche Fischgründe im "Canal de la Mona" angefahren, die mit Yolas und Einbäumen nicht zu erreichen sind. Von La Cueva aus werden die fischreichen Gewässer um die Insel Beata ausgebeutet. Die Stichprobenerhebung von PRODESPE macht deutlich, daß an den übrigen Fischereistandorten, an denen fast ausnahmslos mit Yolas in küstennahen Bereichen gefischt wird, die Anlandungen pro Fischer und Ausfahrt im Durchschnitt 9,8 kg betragen. Sie liegen somit nur geringfügig über den von "Propescar-Sur" für die Fischergruppe aus Barahona im Jahresdurchschnitt ermittelten Ergebnis von 8,4 kg.

Vergleicht man die *durchschnittlichen Anlandungen pro Tag* eines küstennahen Kleinfischers (unter 10 kg) mit denjenigen, die ein auf der "Banco de la Plata" und "de la Navidad" eingesetzter Fischer erwirtschaftet, so stellt man fest, daß die Produktion des in küstenfernen Fischgründen operierenden Fischers mit durchschnittlich 39,2 kg etwa viermal so hoch liegt. Die Vergleichsdaten basieren auf den Fangergebnissen von 25 Fangfahrten der Mutterschiffe "Puerto Viejo", "Nelly Maria", "Puramia", "Pescamar", "Virgen Maria", "Dios Delante",

"Fidelina", "Rodi", "Kika" und "Bonifacio" zu den beiden Hochseebänken im Norden der Dominikanischen Republik (FDL 1980, S.46ff). Die Fischereifahrzeuge hatten jeweils zwischen 4 und 18 Leinenfischer bzw. Taucher an Bord. Die Dauer der Fangfahrten schwankte zwischen 5 und 14 Tagen. An 139 Tagen (ohne An- und Abfahrtstage) erbrachten 187 Fischer eine Gesamtproduktion von 45 Tonnen. Da drei Viertel der Fischer während der Fangfahrten der äußerst selektiven Tauch-Fischerei nachgingen, dürften sich die angelandeten Fänge aus hochwertigen Fischen, Langusten und Lambi zusammensetzen. Spezialisten von PRODESPE gehen davon aus, daß etwa 20% der gesamten Anlandungen an den Fischereistandorten aus küstenfernen Fischgründen stammen[1]. Knapp zwei Drittel der Hochseeanlandungen dürften auf die Bänke "Banco de la Plata" und "de la Navidad" entfallen (FDL 1980, S.52).

Verläßliche Aussagen über allgemeine Entwicklungstendenzen der Anlandungen und Fangraten der küstennahen und küstenfernen Fischerei können nur aufgrund detaillierten Datenmaterials getroffen werden. Klagen einer Vielzahl von Fischern über abnehmende Fangraten können sowohl das Ergebnis steigender Fischerei-Intensität als auch ein Hinweis auf abnehmende Bestände sein. Fischerei-Experten von "Propescar-Sur" arbeiten bereits intensiv an Bestandsabschätzungen, die als Grundlage für die zukünftige Nutzung der Fischgründe dienen können.

---

[1] Anlandungen:
aus küstenfernen Fischgründen: 1 280 000 kg
aus küstennahen Fischgründen: 6 392 000 kg
(Quelle: FDL 1980, S.51)

4.7 Infrastruktur

4.7.1 Fischereiwirtschaftliche Infrastruktureinrichtungen

Den Kleinfischern in der Dominikanischen Republik stehen keine oder nur wenige öffentliche Infrastruktureinrichtungen zur Verfügung. In Puerto Plata sind *rudimentäre Hafeneinrichtungen*, in Luperón, Samaná, Palenque und Barahona *Anlegemöglichkeiten* vorhanden, die aber von den handwerklichen Kleinfischern nicht genutzt werden. Kleine Fischereifahrzeuge, Yolas und Einbäume werden vorwiegend manuell auf den Strand gezogen, größere Segel- und Kielboote außerhalb der Brandungszonen geankert. Mutterschiffe der kleinindustriellen Hochseefischerei nutzen dagegen die Anlegemöglichkeiten soweit vorhanden. In Río San Juan und Fischereistandorten wie Cabeza de Toro, Sabana de la Mar und Miches müssen dagegen die geankerten Mutterschiffe mit Yolas und Glasfiberbooten be- und entladen werden.

Foto 13: Lagerhalle eines Fischhandelsunternehmens in Río San Juan.

Fast alle an Land vorhandenen *Infrastruktureinrichtungen* entstanden aus privatwirtschaftlichem und kooperativem Interesse. Sie beschränken sich in der Regel auf einfache Hütten und Lagerräume der Fischhändler und Fischerei-Kooperativen, die zur Aufbewahrung von Außenbordmotoren und Fischereigeräten und zur Lagerung der angelandeten Fänge dienen (Foto 13 und 14).

Foto 14: *Informeller Fischhändler vor seiner "Pescadería", Río San Juan.*

Selbständige Kleinfischer sind meist gezwungen, ihre Anlandungen direkt am Strand zu veräußern und Fischereigeräte und Motoren zur Aufbewahrung zu ihren Wohngebäuden zu transportieren. Nur an wenigen Fischereistandorten, so in Monte Cristi und Andrés, sind Lagerungsmöglichkeiten für selbständige Fischer zur Aufbewahrung fischereilicher Produktionsmittel vorhanden. In Monte Cristi werden ausgediente Umkleidekabinen von Fischern als Lagerräume genutzt.

4.7.2 Wartung, Instandhaltung und Fertigung der Fischereifahrzeuge

An kleinen Anlandungsplätzen werden *Wartungs- und Überholungsarbeiten* an technischen Fischereigeräten wie Außenbordmotoren und Kompressoren von ambulanten Mechanikern mit unterschiedlichstem "Know-how" durchgeführt. An großen Fischereistandorten sind in der Regel handwerkliche Reparaturwerkstätten vorhanden. Die *Ersatzteilbeschaffung* wirft jedoch meist Probleme auf. Ersatzteillager in den Provinzhauptstädten werden nicht regelmäßig aufgefüllt, so daß spezielle Teile aus der Hauptstadt Santo Domingo bezogen werden müssen. Häufig übernehmen die zwischen den Fischereistandorten und den Verbraucherzentren pendelnden Fischhändler die Beschaffung unentbehrlicher Ersatzteile. Verpflichtungen zum Verkauf der Fänge sind des öfteren damit verbunden. So sind nicht selten strukturelle Versorgungsprobleme die Ursache dafür, daß Produktionsmittel über mehrere Wochen nicht einsatzfähig sind oder daß selbständige Fischer in Abhängigkeitsverhältnisse zu Fischhändlern geraten.

Die *Überholung einfacher Fischereifahrzeuge* (Auswechseln von Bootsplanken, Streichen) ist dagegen mit weniger Schwierigkeiten verbunden. Ältere Fischer, die nicht mehr zum Fang ausfahren, übernehmen diese Aufgaben. Für größere Arbeiten stehen vielerorts Schreiner und Bootsbauer zur Verfügung.

Die *Herstellung kleiner Fischereifahrzeuge* wie Yolas und Einbäume erfolgt nahezu an allen großen Anlandungsplätzen. *Yolas* werden je nach Standort und Verfügbarkeit aus Ceiba- (Ceiba pentandra), Kiefer- (Pinus occidentalis) oder Zedernholz (Cedrela odorata) hergestellt. Dieser Bootstyp kann ohne hohen technischen Aufwand sowohl von lokalen Handwerkern als auch vereinzelt von Fischern selbst konstruiert werden. Ein professioneller Bootsbauer benötigt für den Bau einer Yola von 5,50 m Länge etwa vier Tage. Der reine Arbeitslohn beträgt je nach Standort und Größe der Yola $ 700 R.D. (190.-DM). Der Wert einer Yola beträgt nach Angaben der Bootseigner je nach Größe, Alter und Zustand zwischen $ 500 und $ 6000 R.D. (DM 110.- bis DM 1500.-), im Durchschnitt $ 2400 R.D.(ca. DM 600.-). Der Wert von Einbäumen liegt bedeutend niedriger. Sie kosten zwischen $ 150 bis $ 3000 R.D. (ca. DM 40.- bis DM 750.-), durchschnittlich $ 900 R.D. (ca. DM 220.-).

Einbäume können im Vergleich zu Yolas mit bedeutend weniger Know-how hergestellt werden. Somit sind häufig insbesondere Cayucos anzutreffen, die von Fischern oder deren Familienangehörigen selbst gebaut wurden.

Foto 15: *Mutterschiff im Bau am Strand von Río San Juan.*

Kiel-, Segelboote und Mutterschiffe aus Holz werden ausschließlich von professionellen Bootsbauern an einigen wenigen Fischereistandorten hergestellt. Bootsbauer sind jedoch bei entsprechender Bezahlung durchaus bereit, für mehrere Wochen oder Monate an von ihren Wohnorten entfernten Standorten zu arbeiten. Die Boote werden vorwiegend von Fischhändlern, in Ausnahmefällen von Fischern in Auftrag gegeben. Die Auftraggeber sind für die Beschaffung des für den Bau des Boots notwendigen Materials verantwortlich. Der Bootsbauer stellt seine Arbeitskraft und sein Handwerkszeug zur Verfügung. Zum Bau eines *Segelschiffs* von 9 m Länge ist ein an der Südostküste des Landes tätiger Bootsbauer, der im Rahmen der Untersuchung befragt wurde, ca. 70 Tage beschäftigt. Sein Arbeitslohn pro Boot beträgt $ 8000 R.D. (ca. DM 2000.-). 1989 konstruierte er in Bayahibe drei und in La Romana zwei große Segelboote.

Kielboote werden seit Anfang der 80er Jahre in Miches, inzwischen auch an kleineren Anlandungsplätzen produziert. Zur Fertigstellung eines Kielboots von 7,6 m Länge und 2,40 m Breite mit mobilem Innenboden, Positionslicht und Behälter für Köder und Fänge benötigt ein professioneller Bootsbauer etwa 25 Arbeitstage. Die Materialkosten ohne Außenbordmotor beliefen sich zum Zeitpunkt der Erhebungen auf ca. $ 6000 R.D. (ca. 1500.-DM), der Arbeitslohn auf $ 8000 R.D. (ca. 2000.-DM).

Der Bau von *Mutterschiffen aus Holz* mit einer Länge von 10,7 m bis 17,3 m, Lagerräumen und Deckkajüten für 12 bis 20 Mann dauert sechs Monate bis ein Jahr (Foto 15). Ein in Río San Juan tätiger Schiffsbauer wurde 1990 für seine Arbeit pro Tag mit $ 70 R.D. (ca. 18.- DM) von seinem Auftraggeber entlohnt. Für die Konstruktion eines zum Zeitpunkt der Befragung fast fertiggestellten Mutterschiffs von 12 m Länge hatte er etwa 200 Tage benötigt und dafür ca. $ 15 000 R.D. (ca. 3800.-DM) erhalten. Seit 1980 hat er zusammen mit einem Gehilfen neben dem Bau zahlreicher Yolas acht Mutterschiffe, darunter eines von 17 m Länge gefertigt.

Foto 16: *Mutterschiff aus Stahl im Hafen von Puerto Plata (ausgestattet mit Außenbordmotoren für 11 Glasfiberboote).*

Mutterschiffe aus Stahl werden in der Dominikanischen Republik nicht hergestellt. Sie stammen aus ausländischer, meist nordamerikanischer Produktion (Foto 16). Überholungsarbeiten (Schweißen, Streichen usw.) werden jedoch im Hafen von Puerto Plata durchgeführt.

4.7.3 Versorgungseinrichtungen und öffentliche Dienstleistungen

An den dominikanischen Fischereistandorten, einschließlich jener in räumlich und wirtschaftlich extrem marginaler Lage, ist die *allgemeine Versorgung mit Lebensmitteln und sonstigen Produkten des kurzfristigen Bedarfs* gewährleistet. An allen Anlandungsplätzen mit über 100 Einwohnern sind zumindest ein bis zwei Gemischtwarenläden, sog. "Colmados" für Produkte des täglichen Bedarfs und einige Garküchen anzutreffen. Das Warenangebot ist der Kaufkraft der jeweiligen Bevölkerung angepaßt. Es reicht von Reis, Bohnen, Brot, Käse, Wurst, Margarine, Öl, Instantsuppen, Tomatenmark, Kaffee, Zucker, Dosenmilch, Milchpulver, Nahrungsmittelkonserven (einschließlich Dosenfisch), Erfrischungsgetränken, Bonbons, Süßigkeiten, Kerzen, Taschenlampen bis zu einer meist überdimensionalen, den gesamten Laden beherrschenden Auswahl an Rum-Sorten. Gemüse, Kartoffeln, tropische Knollen, Obst und andere landwirtschaftliche Produkte werden meist an separaten Verkaufsständen oder am Markt angeboten.

In Ansiedlungen ab ca. 500 Einwohner sind bereits kleine *Läden* vorzufinden, die sich auf den Verkauf von *Kleidung, Schuhen und Drogerie-Artikel* spezialisiert haben. In Orten über 2000 Einwohner nehmen Anzahl und Diversifizierung der Geschäfte zu, so daß sich das Ortszentrum von den übrigen Wohnvierteln physiognomisch unterscheidet.

Mit der Größe der Ansiedlungen erhöht sich auch die Dichte des *Elektrizitäts- und Wasserversorgungsnetzes*. Nur räumlich extrem marginale Siedungen verfügen über keinerlei öffentliche Versorgungseinrichtungen. Aber auch an Orten mit relativ gut ausgebauter Infrastruktur, einschließlich der Hauptstadt Santo Domingo, sind Stromausfälle und Wasserengpässe an der Tagesordnung.

Für Abwasser- und Abfallbeseitigung wird lediglich in den Zentren der größeren Städte gesorgt. Als besonders dringlich werden von der Bevölkerung der *Ausbau der Trinkwasserversorgung* und eine *Erhöhung der Elektrizitätskapazitäten* angesehen.

Im *Gesundheits- und Schulwesen* sind durch völlig unzureichende Personal- und Mittelausstattung empfindliche Defizite entstanden. Für *kulturelle Veranstaltungen* und *Unterhaltung* werden kaum kommunale oder staatliche Mittel eingesetzt.

4.7.4 Straßen und Zugangswege zu den Fischereistandorten

Nahezu alle Fischereistandorte in der Dominikanischen Republik sind auf dem Landwege zu erreichen. In der Regel führen in den meisten Küstenprovinzen *gute bzw. akzeptable Straßen* zu den Anlandungsplätzen. Lediglich in den Provinzen Pedernales, Barahona, La Altagracia und El Seibo befinden sich die Zufahrtswege zu den Fischereistandorten in schlechtem, jedoch ganzjährig befahrbarem Zustand. Nur in Ausnahmefällen sind die Anlandungsplätze, beispielsweise an der Laguna Redonda, lediglich über Eselspfade zu erreichen.

4.7.5 Transport- und Verkehrswesen

Das *öffentliche Transportwesen* wird von *Privatunternehmern* getragen. Busse und Kleinbusse verkehren nur zu den größeren Küstenorten. Kleinere Fischereistandorte werden von Überlandtaxis, sogenannten "*Guaguas*" und Kleinlastwagen, "*Camionetas*" je nach Bedarf ein- bis mehrmals täglich bedient. Abgesehen von langen Anfahrtswegen, bereitet somit die Verkehrsanbindung der Fischereigemeinden an die Verbraucherzentren keine tiefgreifenden Schwierigkeiten.

Dagegen gestaltet sich die *Versorgung peripherer Anlandungsplätze* mit Treibstoff (für Außenbordmotoren) als durchaus problematisch. Nur an großen Fischereistandorten sind kontrollierbare Zapfsäulen vorhanden. An allen übrigen Küstenorten werden Fischer von informellen Händlern oder Fischhändlern mit Treibstoff versorgt. Überhöhte Preise und Zusicherungen für den Verkauf der Fänge sind durchaus üblich. In Zeiten mangelnden Treibstoffangebots wird die Abhängigkeit der Kleinfischer von ihren Zulieferern besonders deutlich.

Noch gravierendere strukturelle Probleme wirft die *Versorgung mit Eis* zur Kühlhaltung der Fänge auf. Eis muß zum Teil aus über 50 km Entfernung zu abgelegenen Anlandungsplätzen transportiert werden. Darüberhinaus erfolgen die Anlieferungen der Händler in unregelmäßigen Abständen. Selbständig arbeitende Fischer sind aufgrund mangelnder Kühlhaltungs- und Lagerungsmöglichkeiten darauf angewiesen, ihre Fänge in möglichst kurzer Zeit nach der Anlandung zu veräußern. Kühltruhen der lokalen Fischhändler und Fischerei-Kooperativen garantieren aufgrund häufiger Stromausfälle keineswegs durchgehende Kühlhaltung der angelandeten Fänge. *Ausbleibende Eislieferungen und Stromausfälle* führen nicht selten dazu, daß Fisch weit unter dem allgemeinen Preisniveau verkauft werden muß.

5 Wirtschaftsgeographische Analyse ausgewählter Fischereistandorte

Die Fischereistandorte der Dominikanischen Republik befinden sich entlang des gesamten Küstenverlaufs sowohl im Süden und Norden als auch im Osten des Landes. Aufgrund der geringeren Besiedlung an der Ostküste ist die Dichte der Anlandungsplätze in jenem Bereich geringer als in den übrigen Küstengebieten.

Das *Fischereiministerium "Recursos Pesqueros"* ordnet die Anlandungsplätze den jeweiligen *Verwaltungseinheiten*, den *Provinzen*, zu. Mehrere Provinzen werden zu übergeordneten administrativen Gebilden, den *Regionen*, zusammengefaßt. Die Grenzziehung zwischen den Provinzen und Regionen geht auf historische und verwaltungstechnische Entscheidungen zurück, bei denen fischereiwirtschaftliche oder geographische Gesichtspunkte nicht berücksichtigt wurden.

ARVELO (o. J.) charakterisiert in seinem Bericht zu den marinen Ressourcen des Landes sechs Fischereiräume, die im Vergleich zu den übrigen dominikanischen Fischgründen besonders *ertragreich* sind (Karte 7). Hierbei handelt es sich um folgende Fischereiregionen (aufgelistet nach Reichtum der marinen Ressourcen):

1. Fischereiregion Samaná,
2. Fischereiregion Isla Beata,
3. Fischereiregion Monte Cristi,
4. Fischereiregion Isla Saona,
5. Fischereiregion Ocoa und
6. Fischereiregion Baní.

Eine Vielzahl bedeutender Fischereistandorte, einschließlich des dominikanischen Hauptanlandungsortes Puerto Plata, befindet sich jedoch außerhalb dieser von ARVELO hervorgehobenen Fischereiregionen. Die von zahlreichen Fischereistandorten der Nord- und Ostküste aus angefahrenen Hochseebänke "Banco de la Plata" und "Banco de la Navidad", die zu den ertragreichsten Fischgründen des Landes zählen, klammert er darüberhinaus von seinen Betrachtungen aus, die sich auf die Küstenfischerei beschränken.

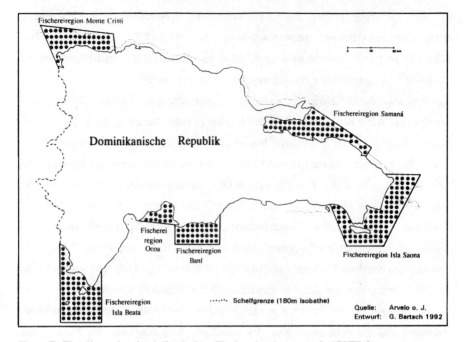

Karte 7: Einteilung der dominikanischen Fischereiregionen nach ARVELO.

Von *PRODESPE*[1] wird der Verlauf der dominikanischen Küste nicht nach administrativen oder wirtschaftlichen Kriterien des Ressourcenreichtums, sondern nach *physisch-geographischen und ökologischen Gesichtspunkten* in 8 Zonen eingeteilt (FDL 1980, S.22) (Karte 8):

Küstenzone I:	Monte Cristi,
Küstenzone II:	Puerto Plata,
Küstenzone III:	Samaná,
Küstenzone IV:	La Mona,
Küstenzone V:	Saona,
Küstenzone VI:	Santo Domingo,
Küstenzone VII:	Ocoa und
Küstenzone VIII:	Beata.

---

[1] PRODESPE - Programa para Estudio sobre el Desarrollo Pesquero de la República Dominicana - Forschungsprogramm zur Entwicklung der Fischerei in der Dominikanischen Republik

In diese Zonierung können alle dominikanischen Fischereistandorte - auch jene in ertragsschwachen Gebieten - eingeordnet werden. Auch SAGAWE (1988) übernimmt diese Einteilung in seinen Darstellungen zu Schelffläche, Anlandungen, Beschäftigtenzahl und Fischereifahrzeugbestand der dominikanischen Fischereiwirtschaft.

Zur *Vorstellung* der im Rahmen der vorliegenden Untersuchung ausgewählten *Fischereistandorte* folgt der Autor der von PRODESPE zugrunde gelegten Zonierung des Küstenverlaufs. Doch sei bereits an dieser Stelle darauf hingewiesen, daß trotz Vorzügen im Vergleich zu der vom Fischereiministerium und von ARVELO vorgenommenen Einteilung der Fischereiräume, die PRODESPE-Zonierung in bezug auf die Grenzziehung der einzelnen Fischereigebiete zumindest teilweise willkürlich erfolgte. So umfaßt die Küstenzone II nahezu die gesamte Nordküste einschließlich des Hauptanlandungsplatzes der Hochseefischerei. Die Ostküste dagegen mit nur wenigen Fischereistandorten wird in zwei Küstenzonen aufgeteilt. Vergleiche zwischen den einzelnen Fischereizonen sind deshalb äußerst fragwürdig und werden bei der Charakterisierung der vom Autor ausgewählten Fischereistandorte vermieden.

Bei der Analyse der ausgewählten Fischereistandorte stehen *die fischereiwirtschaftlichen Strukturen und Entwicklungsprozesse* des jeweiligen Anlandungsortes im Vordergrund. Individuelle Handlungsstrategien einzelner Fischer werden jedoch ebenfalls berücksichtigt. Zur Erklärung der von Fischern verfolgten überlebensökonomischen Strategien reichen häufig individuelle Motive nicht aus. Deshalb müssen insbesondere die wirtschaftlichen und sozialen Rahmenbedingungen der einzelnen Anlandungsplätze bzw. Küstenzonen in die Analyse aufgenommen werden[1]. Alle weiteren Einflußfaktoren im litoralen und marinen Bereich, die im Rahmen des "Coastal Zone Managements" bei der Erstellung von Küstennutzungsplänen von Bedeutung sein könnten, sind ebenfalls Gegenstand der Untersuchung. Ökologische Gesichtspunkte werden deshalb ebenso in die Analyse der einzelnen Anlandungsplätze aufgenommen wie Nutzungskonflikte zwischen Fischerei und konkurrierenden Wirtschaftszweigen. Allgemeine sozio-kulturelle und sozio-ökonomische Gesichtspunkte der Überlebenssicherung, die sich an allen Anlandungsplätzen gleichen, müssen jedoch in den folgenden Abschnitten ausgeklammert werden, um mehrmalige Wiederholungen zu vermeiden. Auf sie wird ausführlich in Kapitel 6.3. eingegangen.

---

[1]   Insbesondere Nutzungskonflikte zwischen Fischerei und konkurrierenden Wirtschaftszweigen

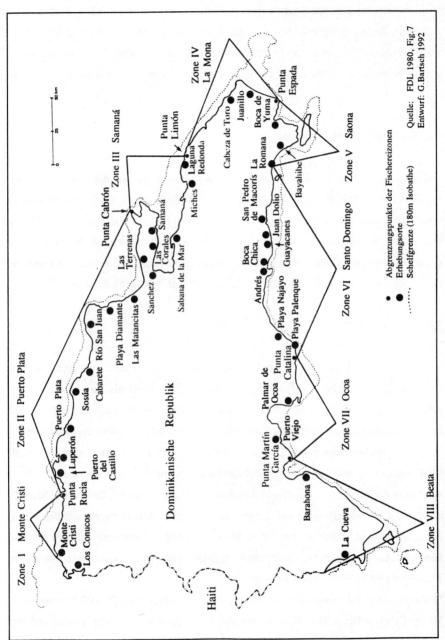

Karte 8: Zonierung des dominikanischen Küstenverlaufs nach PRODESPE (mit Erhebungsorten).

Darüberhinaus ist es an dieser Stelle nicht möglich, alle vom Autor in die Feldforschungen einbezogenen 30 Anlandungsplätze vorzustellen. Die Auswahl umfaßt jedoch alle die Standorte, die sich in ihrer fischereiwirtschaftlichen Struktur und Entwicklung voneinander unterscheiden. Die an den nicht beschriebenen Standorten erhobenen Daten wurden jedoch in den Abbildungen 32 und 33 im 7. Kapitel in tabellarischer Form aufgeführt.

5.1 Küstenzone I: Monte Cristi

Die Zone von Monte Cristi erstreckt sich an der *dominikanischen Atlantikküste* von der *haitianischen Grenze* im Westen bis "*Punta Rucia*" im Osten (Karte 8). Die der Küstenlinie vorgelagerte Meeresplattform mit einer Ausdehnung von etwa 1350 km^2 erreicht eine Breite von bis zu 20 km. Nach Angaben von PRODESPE werden nur 18 % ihrer Fläche fischereilich genutzt (FDL 1980, S.42). Weitflächige Bereiche mit geringer Wassertiefe, langgestreckte Korallenriffe und felsiger Untergrund charakterisieren die Zone.

5.1.1 Monte Cristi

Monte Cristi, die *Hauptstadt der gleichnamigen Provinz*, liegt im äußersten Nordwesten der Dominikanischen Republik in einer *extrem trockenen Region*. Subtropischer Trockenwald mit Sukkulenten prägt das Landschaftsbild nördlich und südlich des Río Yace del Norte, der die Provinz in südwest-nordöstlicher Richtung durchfließt. Intensive *landwirtschaftliche Nutzung* ist nur in jenen Bereichen möglich, in denen durch den Bau von Staudämmen am Nordabfall der Cordillera Central Bewässerungsmaßnahmen durchgeführt werden konnten. Landwirtschaftliche Kleinstbetriebe, die sowohl dem Anbau von Yuca, Plátano, Guineo und Mais als auch der Kleinviehhaltung (meist Ziegen) nachgehen, sind vorwiegend auf den wenig ertragreichen und nicht bewässerbaren Böden anzutreffen, während auf den für die Landwirtschaft geeigneten Schwemmlandböden Großbetriebe vorherrschen, die mit moderner Technologie rationell bewirtschaftet werden.

Von knapp 100 000 Bewohnern der Provinz wohnt ca. ein Viertel (27 000 Einwohner) in Monte Cristi (ONE 1988). Bis zur Mitte des Jahrhunderts lebte der größte Teil der Bevölkerung des Ortes von *Landwirtschaft und Salzgewinnung*. Heute treten die *städtischen*

Dienstleistungsberufe immer stärker in den Vordergrund. Große Hoffnungen für die Entwicklung von Monte Cristi werden in den *Tourismus* gesetzt. Eine Hotelanlage an der "Bahia de Monte Cristi" befindet sich in der Planungsphase. Ein Yachthafen, eine Anlegestelle für Ausflugsboote zu den Inseln Cabrera und Siete Hermanos, ein kleines Taucherzentrum und unzählige Strandbars wurden bereits gebaut. Die Unterkunftsmöglichkeiten in Monte Cristi beschränkten sich zum Zeitpunkt der Erhebungen auf drei kleine Hotels der unteren und mittleren Kategorie. Aufgrund fehlender Palmstrände und weiter Anfahrtswege dürfte sich die zukünftige touristische Entwicklung in Grenzen halten und sich auf den Binnentourismus beschränken.

Monte Cristi ist über die durchgehend asphaltierte und ganzjährig befahrbare *"Carretera Duarte"* von Santiago de los Caballeros, der zweitgrößten Stadt des Landes, in ca. zwei Stunden (ca. 120 km) zu erreichen. Zwischen Monte Cristi und Santiago verkehren Sammeltaxis. Nach Santo Domingo besteht eine Busverbindung, die zweimal täglich bedient wird. Das *innerstädtische Transportwesen* beschränkt sich auf sog."Motoconchos", Kleinkrafträder, die als Taxi eingesetzt werden.

In Monte Cristi sind alle Stadtviertel an die *Elektrizitäts- und Wasserversorgung* angeschlossen. Zwei Drittel der Fischerhaushalte verfügen über eigenen Wasser-, fast alle über Stromanschluß. Allerdings sind täglich mehrere Stunden Wasser- und Stromausfall durchaus üblich.

Zu den wichtigsten *staatlichen Infrastruktureinrichtungen* in Monte Cristi gehören drei Grundschulen (Primaria), eine weiterführende Schule (Secundaria), ein Krankenhaus, mehrere Gesundheitsposten, ein Postamt, eine Polizeistation und das Gericht. Einige staatliche Ministerien und Behörden, so auch das für die Fischerei zuständige "Secretaría del Estado de Agricultura" und die "Banco Agricola", sind in Monte Cristi vertreten.

Die Zweigstelle des *Agrar- und Fischereiministerium* beschäftigt sich vorwiegend mit landwirtschaftlichen Aufgaben. Fischereiliche Aktivitäten beschränken sich auf die Beantragung von Fischereilizenzen und stichprobenartige Überwachung der gesetzlichen Fischereivorschriften. Technische und organisatorische Beratung der Fischer ist nicht gewährleistet.

Vergabe von Krediten an individuell wirtschaftende Fischer durch die "Banco Agricola" ist nicht möglich. Dies wurde von dem Direktor der Bank bestätigt. Schlechte Erfahrungen mit Fischern in anderen Provinzen und Mangel an ausreichenden Garantien wurden als

Begründung angegeben. Offiziell anerkannte fischereiliche Vereinigungen könnten jedoch Kredite beantragen. Den Kleinfischern von Monte Cristi bleibt somit nur die Möglichkeit, sich an private Geldverleiher oder Fischhändler zu wenden, solange sie nicht bereit sind, sich zu fischereilichen Vereinigungen zusammenzuschließen.

Monte Cristi liegt an der weiten, durch ein Korallenriff geschützten "*Bahia de Monte Cristi*". Zwischen dem Ort und dem Strandbereich befindet sich ein breites Band von Salinen, die sowohl von selbständigen "Salineros" als auch von Lohnarbeitern der staatlichen CORDE bewirtschaftet werden. An dem Monte Cristi nächstgelegenen Strand haben die "*Chinchorreros*", die mit *Strandwaden ("Chinchorros de arrastre")* arbeitenden Fischer ihre Anlandungsstelle, die über Netztrockengestelle verfügt. Den etwas über einen Kilometer langen Strandabschnitt, an dem die Straße zur Halbinsel "Cabo del Morro" entlangführt, benutzt die Mehrzahl der übrigen Fischer als Anlandungsplatz. Ursprünglich für Badegäste gebaute Umkleidekabinen werden von einigen Fischern als Lagerräume für Ausrüstungsgegenstände verwendet.

Am Ende dieses Strandabschnitts führt ein Kanal in die Mangrovenwälder, der zahlreichen Fischern als Zufahrtsmöglichkeit zu den vor der Nordküste liegenden Fanggründen dient. Ein kleines hinter dem Strandwall gelegenes Hafenbecken für Hochseeyachten ist ebenfalls über diesen Kanal zu erreichen.

Die von den Fischern von Monte Cristi angefahrenen *Fischgründe* reichen von "*Punta Mangle*" an der Nordküste bis zur "*Bahia de Manzanillo*". Mit Außenbordmotor ausgestattete Boote befischen in der Regel die Fanggründe um die Inselgruppe "*Siete Hermanos*", die submarine Bank "*Los Beriles*" und den *Mündungsbereich des Río Yace del Norte*.

Die weite Bucht von Monte Cristi ist durch ein vorgelagertes Korallenriff und die Halbinsel "Cabo del Morro" geschützt. Innerhalb der Bucht tritt nur selten außergewöhnlich hoher Wellengang auf. So werden normalerweise die Mehrzahl der Fischerboote nicht an den Strand gezogen, sondern mit Seilen am Ufer oder im Flachwasserbereich verankert. Bei Ebbe liegen die Fischereifahrzeuge auf dem Trockenen. Die "*Bahia de Monte Cristi*" ist nur an wenigen Stellen tiefer als 50 m. Auch bei auffrischendem Wind kann innerhalb der Bucht gefischt werden.

Für ortskundige Fischer stellt das vorgelagerte Riff nur bei Ebbe und extrem starkem Wind eine Gefahr dar, die jedoch dadurch vermieden werden kann, daß die Ausfahrt durch die Mangrovenkanäle zur "Bahia de Icaquito" gewählt wird.

Außerhalb der Bucht von Monte Cristi herrscht auch bei normaler Witterung starker Seegang vor, so daß Yolas ohne Außenbordmotor die Bucht nicht oder nur unter extremer Gefahr verlassen können. Bei ungünstigen Wetterlagen mit hohen Windgeschwindigkeiten ist auch für Yolas mit Außenbordmotor das Fischen jenseits des Riffs nicht möglich. Bei auffrischenden Winden aus südlichen Richtungen wird besonders von Treibleinenfischern die "*Los Beriles*"- Bank an der Nordküste angefahren. Bei extrem starkem Wind nimmt die Gefahr zu, aufs offene Meer hinausgetrieben zu werden. Wenn das Ankerseil reißt und der Außenbordmotor ausfällt, was bei den schlecht gewarteten Motoren nicht ausgeschlossen werden kann, ist eine Rückkehr ans Festland aus eigener Kraft nicht mehr möglich. Immer wieder kommen auf diese Weise Fischer ums Leben. Bei Winden aus nördlicher Richtung werden auf der Bank von Los Beriles festgemachte Boote in den flachen Schelfbereich getrieben. Fänge höherer Qualität sind jedoch bei solchen "ungefährlichen" Wetterlagen nicht zu erwarten.

In den wärmsten Monaten Juni, Juli und August halten sich viele Fischarten im *Mündungsbereich des Río Yace del Norte* auf, der zusammen mit einer Reihe von Nebenflüssen in der bis zu 3 000 m ü.M. hohen Cordillera Central entspringt und kaltes Wasser führt. In niederschlagsarmen Jahren geht die Abflußmenge stark zurück, so daß es zu keiner spürbaren Abkühlung im Mündungsbereich kommt. Dies hat zur Folge, daß viele Fischarten ausbleiben und die Fangerträge sinken.

Bei den in Monte Cristi operierenden *Fischereifahrzeugen* handelt es sich überwiegend um *Yolas*. Während der Feldforschungen wurden 78 Yolas angetroffen, von denen sieben nicht einsatzfähig bzw. in Überholung waren. Zwei Drittel der Fahrzeuge werden mit *Außenbordmotoren von 8 - 10 PS* angetrieben. Zehn Yolas sind mit *Kompressoren* ausgerüstet und werden ausschließlich zur Tauchfischerei verwendet.

In Monte Cristi arbeitet die Mehrzahl der Fischer mit *Grund- und Treibleinen*. Länge und Stärke der Leinen bzw. Größe und Anzahl der Haken wird jeweils auf die Fischart abgestimmt, auf die der Fischer abzielt. Mindestens ein Dutzend Bootsbesatzungen fahren vorwiegend nachts zum Fang aus. Sie widmen sich der ertragreichen *Lichtfischerei*. Vierzehn Crews fischen mit *Strandwaden*, sog. "*Chinchorros de arrastre*". Diese arbeits- und personalintensive Fangmethode, die in Monte Cristi mit jeweils acht Mann betrieben wird, ist besonders im Mündungsbereich des Río Yace del Norte und am Rande der Mangroven erfolgversprechend. Häufig werden die "Chinchorros" zur Garnelenfischerei eingesetzt. *Stellnetze ("Chinchorros de ahorque")* werden von ca. einem Dutzend Bootscrews verwendet. *Wurfnetze ("Atarrayas")* kommen beim Fang von Köderfischen zum Einsatz. Darüberhinaus finden aus Maschendraht und Holzverstrebungen gebaute *"Nasas"* häufig Verwendung. Besonders hohe Einnahmen verspricht in Monte Cristi die *Tauchfischerei* nach Langusten, Hummer und Lambi. Das gesundheitliche Risiko ist jedoch im Vergleich zu anderen Fangmethoden außergewöhnlich hoch, besonders für Fischer, die mit Kompressoren in bis zu dreißig Metern Tiefe operieren. Zu schnelles Auftauchen und Ausfälle der Kompressoren, führten in den vergangenen Jahren mehrfach zu Todesfällen.

Obwohl in Monte Cristi mit einem breiten Spektrum an Fangmethoden gearbeitet wird, konnte nur selten die *Kombination mehrerer Fischereitechniken* beobachtet werden. Die Mehrzahl der Fischer hat sich auf eine Technik spezialisiert. Sind die Witterungsverhältnisse für die Anwendung einer bestimmten Fangmethode ungünstig, wird in der Regel nicht zum Fang ausgefahren, obwohl mit anderen Techniken gearbeitet werden könnte. Während der Vollmondphase laufen die nächtliche Lichtfischerei betreibenden Fischer auch tagsüber nicht zum Fang aus. Treibleinenfischer, die gewöhnlich bei der Los Beriles Bank ihre Leinen auswerfen, bleiben bei Wind aus nördlichen Richtungen an Land. An Tagen mit trübem Wasser arbeiten die Tauchfischer nicht. Investitionskosten für eigene Fischereifahrzeuge, Außenbordmotoren und Fanggeräte können somit kaum amortisiert werden. Rentabilitätsberechnungen werden in der Regel nicht durchgeführt. Dagegen werden die Fischereifahrzeuge der Pescaderías und Intermediarios mit höherer Effizienz eingesetzt, indem sie zumindest teilweise von mehreren Bootsbesatzungen benutzt werden, die unterschiedliche Fangmethoden anwenden.

Von den 87 zur Zeit der Feldforschungen vorhandenen *Fischereifahrzeugen* gehören mehr als die Hälfte *Pescaderías* und *Intermediarios*. Darüberhinaus befinden sich einige Yolas im Besitz nicht in der Fischerei tätiger Personen, die vorhandenes Kapital in die Fischerei investierten. Sie erhalten in der Regel jeweils ein Drittel der Erträge der Ausfahrt. Nur ein kleiner Teil der Fischereifahrzeuge von Monte Cristi ist Eigentum selbständiger Kleinfischer.

In Monte Cristi sind etwa 30 Mittel- und Kleinbetriebe in der *Vermarktung von Fisch* tätig. Von 14 *Fischgeschäften*, sog. *"Pescaderías"*, verfügen 9 über eine offizielle staatliche Lizenz. Daneben arbeiten ca. 15 *"Intermediarios" (Zwischenhändler)*, in Monte Cristi als

"Compradores" *(Aufkäufer)* bezeichnet, im An- und Verkauf von Fisch. Eine klare Unterscheidung von Pescadería und Intermediario ist nicht möglich, da in Monte Cristi nicht alle Pescaderías Geschäftsräume zum Verkauf von Fisch unterhalten. Die Mehrzahl der sog. "Pescaderías" widmet sich fast ausschließlich dem Zwischenhandel. Pescaderías und Intermediarios kaufen in der Regel am Strand von Monte Cristi die Anlandungen der lokalen Fischer auf und veräußern sie am gleichen oder an den folgenden Tagen an *auswärtige Pescaderías* und *"Mayoristas" (Großhändler)*, die mehrmals wöchentlich mit Kleintransportern zwischen Monte Cristi und den Verbraucherzentren Santiago und Puerto Plata verkehren, in denen sie Fischgeschäfte bzw. Fischverkaufsstände betreiben oder Hotels und Restaurants auf Vorbestellung beliefern. Nur ein geringer Teil des in Monte Cristi angelandeten Fischs erreicht den lokalen Endverbraucher, meist Fisch der untersten Qualitätsstufe, der von den auswärtigen Fischhändlern nicht akzeptiert wird. Zur *Grundausstattung einer Pescadería* bzw. eines Intermediarios gehören eine oder mehrere Gefriertruhen zur Kühlhaltung der Aufkäufe. Nur wenige Fischgeschäfte verfügen über einen eigenen Kleinlastwagen. Die Mehrzahl der Pescaderías und Intermediarios operiert mit Mofas oder Kleinkrafträdern.

Fischhändler und Intermediarios aus Monte Cristi haben mit einer mehr oder minder großen Zahl an Fischern *Abmachungen zwecks Aufkauf der Anlandungen* getroffen. Als *Gegenleistung* stellen sie den entsprechenden Fischern Yolas, Außenbordmotoren und Ausrüstungsgegenstände zur Verfügung, gewähren Kredite bei finanziellen Engpässen, in Notlagen bzw. bei der Anschaffung von Fischereigeräten und leisten Vorschußzahlungen für Treibstoff und Verpflegung. Dafür verpflichten sich die Fischer, ihre Fänge an den jeweiligen Pescadería-Besitzer bzw. den Intermediario zu verkaufen. Er ist es, der den Preis des angelandeten Fisches bestimmt und einen unterschiedlich hohen Anteil des Fangwertes als Rückzahlung einbehält. Während der allgemein übliche Verkaufspreis für Fisch erster Klasse $ 8 - 9 R.D. (ca. 2,30 DM) pro Libra (453,6 g) und der der zweiten $ 6 R.D. (ca. 1,60 DM) beträgt, wird den Fischern jeweils $ 6 - 7 R.D. bzw. $ 4 R.D. (ca. 1,10 DM) geboten. Fischer, die mit den Booten der Pescaderías operieren oder verschuldet sind, haben kein Mitspracherecht bei der Festlegung der Preise. Oft werden sie, ohne den Fang zu wiegen, mit einer Pauschale entlohnt. Von wenigen Ausnahmen abgesehen, verkauft die Mehrheit der in Monte Cristi befragten Fischer ihre Anlandungen an einen bestimmten Fischhändler. Nur vier Fischer betonten, daß sie weder mit einer Pescadería noch mit einem Intermediario Absprachen zwecks Aufkauf der Fänge getroffen haben. Trotzdem verkaufen sie ihre Fänge stets an einen bestimmten Händler. Kaum ein Fischer übernimmt die Vermarktung seines Fanges selbst. Nur einer der interviewten Fischer verkauft regelmäßig Fisch direkt an Endverbraucher aus seiner Nachbarschaft.

Alle in Monte Cristi befragten Pescadería-Besitzer und Intermediarios erklärten, daß sie Fischern *Kleinkredite* gewähren. Zinszahlungen und Festlegung der Laufzeiten sind nicht üblich. Der Eigentümer einer Pescadería vergab beispielsweise an acht für ihn arbeitende Tauchfischer Kredite in einer Gesamthöhe von $ 2 151 R.D. (ca. 600.-DM), pro Fischer zwischen $ 140 (ca. 40.-DM) und $ 400 R.D. (ca. 110.-DM).

Von den in Monte Cristi ansässigen Fischern hat nur ein ganz geringer Teil finanzielle Rücklagen. *Anschaffungskosten für Fischereifahrzeuge und Außenbordmotoren*, die $ 3000 R.D. (ca. 850.-DM) überschritten, konnten, von zwei Ausnahmen abgesehen, von den Fischern nicht in bar beglichen werden. Sie waren alle auf *Kredite* angewiesen, die ihnen die Besitzer der Pescaderías und Intermediarios gewährten. Das Kreditvolumen schwankte hierbei jeweils zwischen $ 6000 R.D. und $ 15000 R.D. (ca. 1700.-DM bis 4200.-DM). Ein Fischer hatte sich $ 7000 R.D. für die Anschaffung eines Außenbordmotors bei einem privaten Geldverleiher geliehen. Einer der befragten *Fischer* stellte eine Ausnahme dar. Er hatte eine Yola von 7,30 m Länge in Auftrag gegeben, ohne einen Kredit zu benötigen. Obwohl er mit seiner Familie in einer einfachen Hütte am Strand ohne Strom und ohne Latrine wohnt, ist er zu den wohlhabenden und fortschrittlich denkenden Fischern zu zählen. Er besaß bereits vor der Anschaffung der neuen Yola zwei kleinere Boote mit Außenbordmotoren. Er war der einzige Fischer in Monte Cristi, der auf die Frage, was er mit $3000 R.D. machen würde, antwortete: "Ahorrarlos!" - ("Sparen"). Außerdem hatte er, da seine finanziellen Rücklagen aufgebraucht waren, für die Anschaffung von Lichtfischereivorrichtung, Palangre (Langleine) und Kühltruhe bei der "Banco Agricola" in Monte Cristi einen Kredit beantragt. Bei mehrmaligen Besuchen des Autors war er stets mit dem Ausbessern von Netzen beschäftigt und ließ sich auch während der Interviews nicht von seiner Arbeit abhalten.

Die zweite Ausnahme stellt eine *Gruppe von acht Chinchorreros* dar, die sich gemeinsam einen Außenbordmotor und ein Zugnetz (Chinchorro de arrastre) im Gesamtwert von $16000 R.D. (ca. 4500.- DM) gekauft hatten. Von ihren gemeinschaftlichen Einkünften wurden nach jeder Fangfahrt 5% abgezogen, die für Reparaturkosten und Neuanschaffungen gespart werden sollten. Die Kasse mit den Ersparnissen verwaltete ein "Representante" der Gruppe.

Trotz der beiden Ausnahmefälle ist die *Mehrzahl der Fischer* bei dem Kauf von Fischereifahrzeugen, Motoren oder teuren Ausrüstungsgegenständen in der Regel *auf Kredite der Pescaderías und Intermediarios angewiesen* und somit entsprechend der Höhe der Anschaffungskosten mehr oder weniger stark verschuldet. Die *Fischer, die ohne eigene Fischereiausrüstung* operieren, haben nicht in dem Maße Schulden wie ihre Kollegen mit eigener Ausrüstung, doch hat ein Großteil von ihnen ebenfalls *Kleinkredite für Lebenshaltungskosten und Sonderausgaben* bei den Pescaderías und Intermediarios aufgenommen. Die Gesamtbeträge, die diesen Fischern geliehen werden, setzen sich meist aus einer Vielzahl kleiner Posten zusammen. Sie dienen den Fischhändlern dazu, gute Fischer an ihren Betrieb zu binden. Jeder Fischer ist solange verpflichtet, für eine Pescadería bzw. einen Intermediario zu arbeiten, bis er in der Lage ist, seine Schulden zurückzubezahlen. Pescaderías und Intermediarios sind an einer vollständigen Rückzahlung der Kredite nicht interessiert. Bereitwillig werden den Fischern immer wieder kleinere Geldbeträge geliehen. Viele Fischer fühlen sich jedoch auch nach Begleichung der Schuld verpflichtet, ihre Fänge an "ihren Patron" zu verkaufen bzw. auf seinem Boot zu arbeiten. Pescaderías und Intermediarios stellen für die Mehrzahl der Fischer in Monte Cristi die einzig möglichen Kreditgeber dar, die nicht nur zur Anschaffung von Fischereigeräten oder bei kurzfristigen finanziellen Engpässen Kredite gewähren, sondern auch in Notsituationen (Krankheit, Unfall usw.). Die enge Zusammenarbeit zwischen Fischer und Händler ist somit als *gegenseitige Absicherungsstrategie* zu verstehen, mit der einerseits Händler sich die *Anlandungen* selbständiger Fischer bzw. die *Arbeitskraft* abhängiger Fischer, andererseits die Fischer sich *finanzielle Unterstützung in Notfällen* zusichern.

Die Kleinfischerei von Monte Cristi wird somit von Pescaderías und Intermediarios kontrolliert. Der für das Fischereiwesen in Monte Cristi verantwortliche Leiter des "Secretaría del Estado de Agricultura - Subdivisión Monte Cristi" faßt dies mit den folgenden Worten zusammen: "*Las Pescaderías dominan esta situación.*" - "*Die Fischgeschäfte beherrschen die Situation*".

Bei "Recursos Pesqueros", der Fischereibehörde, waren 1989 insgesamt 97 in Monte Cristi ansässige Fischer registriert, die eine offizielle *Fischereilizenz* hatten. Von 65 weiteren Fischern war bis Mai 1989 ein sog. "Carnet" (Lizenz) beantragt worden. Jedoch dürften mindestens *300 hauptberufliche Fischer*, zu denen sich noch *100 Gelegenheitsfischer* hinzugesellen, der Fischerei nachgehen.

Die in Monte Cristi befragten Fischer gehörten allen *Altersgruppen* zwischen 18 und 70 Jahren an. Ihr Durchschnittsalter betrug 37,4 Jahre. Nur ein Drittel der Befragten war länger als 15 Jahre in der Fischereiwirtschaft tätig. Fischer unter 40 Jahren widmeten sich gerne der ertragreichen, aber auch extrem gefährlichen und gesundheitsschädlichen Tauchfischerei. Ältere Fischer bevorzugten Leinen-, Licht-, Fallen- und Stellnetzfischerei.

Die Mehrzahl der Kleinfischer verfügen über keine offizielle Berufsausbildung. Ein Viertel der in Monte Cristi befragten Fischer hatten jedoch ihre *ehemaligen Beschäftigungen* als Landwirte, Maurer, Schreiner, Klempner, Schneider und Schuhputzer aufgegeben, um der Fischerei nachzugehen. Mehr als die Hälfte der Fischer stammte nicht aus Fischerhaushalten. Ihre Väter waren Bauern, Viehzüchter, Handwerker und Salinenarbeiter. Nur ein Viertel der in Monte Cristi befragten Fischer erlernte das Fischen von Familienangehörigen, die Erfahrung in der Fischerei hatten.

40 % der befragten Fischer waren *Migranten*, die nach Monte Cristi übergediedelt waren. Von ihnen gab die Mehrzahl bessere Einkommensmöglichkeiten als *Migrationsursache* an. Fünf der Zuwanderer hatten Sánchez verlassen, wo sie vorher bereits als Fischer tätig waren, da Auseinandersetzungen zwischen den dortigen Fischern um die marinen Ressourcen in der Bucht von Samaná zu bürgerkriegsähnlichen Zuständen geführt hatten. Ein sechzigjähriger Fischer pendelte seit 1961 zwischen Mao und Monte Cristi. Wochentags arbeitete er als Lichtfischer. Feiertage und Wochenenden verbrachte er bei seiner Familie in Mao.

Die *Einkünfte* aus der Fischerei bezeichneten zwei Drittel der befragten Fischer als ausreichend, um die Grundbedürfnisse ihrer Familien zu befriedigen. Darüberhinausgehende Ansprüche konnten jedoch mit den Einnahmen aus der Fischerei nicht finanziert werden. Ein Drittel der Fischerhaushalte hatte deshalb neben den Einkünften aus dem Verkauf der Anlandungen *zusätzliche finanzielle Einnahmen*. Einige Fischer widmeten sich *Nebenbeschäftigungen* als Schneider, Schuhmacher und Schreiner, halfen bei der Instandsetzung von Fischerbooten und bei Behördengängen oder arbeiteten in der Landwirtschaft. In mehreren Fällen gingen Familienangehörige der Fischer einer beruflichen Tätigkeit nach und trugen somit zur Verbesserung des Familieneinkommens bei.

5.1.2 Los Conucos

Am Rande der *Bahia de Manzanillo*, 14 km von Monte Cristi entfernt, liegt Los Conucos, ein Dorf mit ca. 2500 Einwohnern. Die *Einkommensmöglichkeiten* für die lokale Bevölkerung sind stark begrenzt. Sie beschränken sich auf kleinbäuerliche Land- und Viehwirtschaft, Herstellung von Holzkohle oder Tätigkeiten als Tagelöhner auf den Melonen- und Gemüseplantagen amerikanischer Agrokonzerne. Doch nur von April bis Mai ist die Beschäftigung auf den Plantagen gesichert. In den übrigen Monaten werden nur gelegentlich Arbeitskräfte benötigt.

Die Mehrzahl der in Los Conucos in der Fischerei tätigen Personen sind Landarbeiter, Kleinbauern und Köhler. Sie betreiben in erster Linie *Subsistenz- und Nebenerwerbsfischerei*. Sie befischen vorwiegend den Lagunen- und Mangrovenbereich am Rande der Bucht von Manzanillo. Im Flachwasser kommen Wurfnetze und Leinen, in den Mangrovenkanälen Kiemennetze, Fischfallen aus Bambusgeflecht, sog. "Corales", und Nasas zum Einsatz. Die fischereilichen Tätigkeiten werden meist *ohne Einsatz von Fischereifahrzeugen* durchgeführt. Die vier in Los Conucos vorhandenen Yolas sind in schlechtem Zustand, ziehen Wasser und können außerhalb der Lagunen und Mangrovenkanäle nicht eingesetzt werden. Außenbordmotoren sind für die Yolas nicht vorhanden. Die *Erträge* der unregelmäßig betriebenen Fischerei sind äußerst gering und reichen meist nur für den Bedarf der eigenen Familie und evtl. für Nachbarn oder Freunde aus. An wenigen Tagen im Jahr geht die fischereiliche Ausbeute über 5 kg pro Fischer hinaus, so daß sich der Verkauf lohnt. Ein in Los Conucos ansässiger Klein- und Zwischenhändler kauft dann in der Regel die Anlandungen auf und verkauft sie in Monte Cristi an eine der mit Kühlvorrichtungen ausgerüsteten Pescaderías weiter.

Aufgrund der unbefriedigenden Beschäftigungssituation begannen 1988 einige Kleinbauern, Landarbeiter und Köhler sich zu einer "Asociación" zusammenzuschließen, um sich gemeinsam der Fischerei und Fischzucht zu widmen[1].

---

[1] Vgl. Kapitel 6.1.2.4: Kollektive Produktionsformen

5.2 Küstenzone II: Puerto Plata

Nach der Zonierung von PRODESPE erstreckt sich die Küstenzone von Puerto Plata entlang der dominikanischen Atlantikküste von *"Punta Rucia"* im Osten bis *"Punta Cabrón"* auf der Halbinsel *Samaná*. Die Küstenplattform mit einer Ausdehnung von 960 km² ist in dieser Zone sehr schmal und weist einen abrupten Abbruch zur Tiefsee auf. Die 180 m Tiefenlinie verläuft in einer Entfernung von weniger als 5 km von der Küste. Der gegenwärtig fischereilich genutzte Bereich der Zone II wird von PRODESPE mit 619 km² angegeben. Dies entspricht 64 % des fischereilich nutzbaren Areals.

5.2.1 Puerto Plata

50 km östlich von "La Isabela", der von Christoph Columbus 1493 errichteten ersten spanischen Siedlung auf Hispaniola, wurde im Jahre 1502 von Frey Nicolas de Ovando Puerto Plata offiziell gegründet. Der Bau des Forts San Felipe an der Hafeneinfahrt geht auf jene Zeit zurück. Knapp hundert Jahre später wurde jedoch Puerto Plata auf Erlaß des spanischen Königs geschleift und verlassen, um die Ausdehnung des Schmugglerwesens zu unterbinden. 1746 begann die Besiedlung Puerto Platas erneut. Heute ist Puerto Plata mit knapp 50 000 Einwohnern der *größte Ort* und der *bedeutendste Warenumschlagsplatz an der dominikanischen Nordküste*.

Während in den vergangenen Jahrhunderten der Anbau und die Weiterverarbeitung von *Zuckerrohr* im Vordergrund des wirtschaftlichen Interesses stand, hat sich inzwischen der *internationale Tourismus* zum wirtschaftlich wichtigsten Faktor der gesamten Region entwickelt. An den karibischen Sandstränden von Puerto Plata bis Cabarete reiht sich eine Hotelanlage an die andere. Der internationale Flughafen von Puerto Plata wird in erster Linie von nordamerikanischen und kanadischen Fluglinien angeflogen. Charterflüge aus Europa sind jedoch im Zunehmen begriffen. Neben Tourismus und Handel ist für Puerto Plata die *Lebensmittelindustrie* von besonderer Bedeutung. In mehreren Fabriken werden Käse, Milch- und Mehlprodukte, Schokolade, Rum (Brugal) und Ananaslikör (Vino de Piña) hergestellt. In der "Zona Franca" wurden ausländische Industriebetriebe angesiedelt. Puerto Plata ist mit Santo Domingo und Santiago de los Caballeros eine der mit *staatlichen und privaten*

Infrastruktureinrichtungen am besten ausgestatteten Städte der Inselrepublik. Der bereits während der kolonialen Epoche ausgebaute Hafen verfügt über Be- und Entladungsvorrichtungen für den modernen Containerverkehr und Anlegemöglichkeiten für größere Fischereifahrzeuge.

In Puerto Plata sind etwa 25 *Mutterschiffe* stationiert, die zur einen Hälfte den *Fischhandelsunternehmen* "Caribe Pesca S.A", "Pescamar S.A" und "Pescadería Cachita", zur anderen Hälfte Unternehmern gehören, die in der Regel mit nur einem Mutterschiff operieren. Große *Mutterschiffe aus Stahl* mit bis zu 33 m Länge, die aus ausländischer Produktion stammen und in gebrauchtem, teilweise schrottreifem Zustand erworben wurden, werden von den drei genannten Fischhandelsunternehmen eingesetzt.

Die *kleineren Mutterschiffe* sind vorwiegend Holzkonstruktionen einheimischer Produktion, die für 10 bis 25 Besatzungsmitglieder und 2 bis 8 Yolas ausgelegt sind. Die großen *Mutterschiffe aus Stahl* dagegen können bis zu 50 Mann Besatzung und bis zu 16 Glasfiberboote an Bord nehmen. Von einer Ausnahme abgesehen, erfolgt die *Kühlung* auf allen Fischereifahrzeugen durch an Bord mitgeführtes Eis. Die Mutterschiffe werden vorwiegend für ein- bis zweiwöchige Fangfahrten zu den Hochseebänken "*Banco de la Plata*" und "*Banco de la Navidad*" eingesetzt. Einige der Fischereifahrzeuge der Fischhandelsunternehmen operieren auch *außerhalb dominikanischer Hoheitsgewässer*. "Caribe Pesca S.A." landet Fisch auch in Honduras und Kolumbien an. Illegales Fischen in den Hoheitsgewässern der Bahamas hat in den vergangenen Jahren mehrmals zur Konfiszierung von Mutterschiffen und zu Verhaftungen aller Besatzungsmitglieder geführt. Bis zur Entrichtung der festgesetzten Strafe von jeweils mehreren zehntausend US-Dollar blieben Schiff und Besatzung in Verwahrung der Behörden in Nassau.

Die *Zusammensetzung der Crews* auf den Mutterschiffen wechselt bei nahezu jeder Ausfahrt. Die großen Fischhandelsunternehmen sind darauf angewiesen, Fischer in Luperón, Río San Juan und Samaná für ihre mehrwöchigen Fangfahrten anzuwerben. Nur etwa die Hälfte der von Puerto Plata aus auf Mutterschiffen eingesetzten Fischer sind ortsansässig. Nach Angaben des Repräsentanten von "Recursos Pesqueros" wurden für knapp 1000 Fischer offizielle "Cedulas" (Fischerausweise) ausgestellt.

Die Fischer, die auf Mutterschiffen eingesetzt werden, sind vorwiegend *Taucher* und *Leinenfischer*. Die Tauchfischerei wird mit an Bord mitgeführten Kompressoren durchgeführt. Die Mehrzahl der Besatzungen markiert die Fänge eines jeden einzelnen Fischers.

Die *Entlohnug* erfolgt somit entsprechend der individuellen Produktion. Je nach Größe des Fischereifahrzeugs und Dauer der Fangfahrt variieren die *Anlandungen*. Kleinere Mutterschiffe aus Holz, die mit zwei Yolas und zehn Mann Besatzung operieren, landen in der Regel nach einer Ausfahrt von fünf bis acht Tagen kaum mehr als zwei Tonnen (50 Quintales) Fisch an. Die Fänge der großen Mutterschiffe aus Stahl umfassen dagegen nach mehrwöchigen Ausfahrten 35 Tonnen und mehr.

Der Lohn pro Taucher für eine 17-tägige Fangfahrt kann $ 5000 R.D (ca. 1400.- DM) bis zu $ 8000 R.D. (ca. 2200.- DM) betragen. Bei Ausfahrten, die in erster Linie auf Langusten und Hummer abzielen, können sich die Einnahmen der Taucher noch erhöhen. In guten Fanggründen werden pro Taucher in der Regel ein bis zwei Zentner Fisch pro Tag angelandet. Das gesundheitliche Risiko für Tauchfischer ist allerdings beträchtlich. Unfälle sind an der Tagesordnung. Trotz der *weit über dem Landesdurchschnitt liegenden Einkommen* der Taucher verfügt kaum einer von ihnen über ausreichende Rücklagen, um seine Familie während einer erneuten Ausfahrt zu versorgen. Deshalb werden von den Fischhandelsunternehmen bzw. den Bootseignern je nach Dauer der Fangfahrt und Zuverlässigkeit des Fischers Vorschüsse von bis zu $ 3000 R.D. (ca. 850.- DM) pro Taucher bzw. $ 1500 R.D. (ca. 425.- DM) pro Yolero ausbezahlt. Darüberhinaus erhält eine Vielzahl von Fischern von kleineren Fischgeschäften und informellen Fischhändlern kleinere *Vorschußzahlungen*, damit sie nach Beendigung der Fangfahrt ihre "*Distribución*"[1] an den entsprechenden Kleinkreditgeber verkaufen.

Die "Pescadería Cachita", die mit mehreren großen Mutterschiffen von 25 m bis 33,5 m Länge operiert, unterhält in Puerto Plata einen eigenen *Weiterverarbeitungsbetrieb*, in dem Fisch sortiert, filetiert und in Plastikfolie eingeschweißt wird. Die Mehrzahl der Hotelanlagen und großen Fischrestaurants in den Tourismuszentren der dominikanischen Nordküste zwischen Luperón und Cabarete werden von der "Pescadería Cachita" beliefert. Die Anlandungen von "Caribe Pesca S.A." und "Pescamar S.A.", die über je vier bzw. fünf Mutterschiffe verfügen, werden in der Regel an *Fischverarbeitungsbetriebe in Santo Domingo* weiterverkauft. Der in Puerto Plata angelandete Fisch wird direkt am Hafen in die Kühlfahrzeuge der "Transoceanica" und weiterer "Procesadoras" (Weiterverarbeitungsbetriebe) umgeladen und in die Hauptstadt transportiert. Dort weiterverarbeiteter Fisch ist

---

[1] Fisch, der den Besatzungsmitgliedern von Mutterschiffen nach Beendigung einer Fangfahrt für den Eigenbedarf zusteht

für die Supermärkte und Fischgeschäfte in Santo Domingo und Hotels bzw. Restaurants der Tourismuszentren im Süden des Landes bestimmt. Ein Teil des weiterverarbeiteten Fischs geht in den Export nach Puerto Rico und in die USA.

Die Anlandungen der übrigen Mutterschiffe kleinerer Unternehmer werden ebenfalls direkt am Hafen an Aufkäufer der "Procesadoras" aus Santo Domingo oder an Zwischenhändler und Besitzer von Fischgeschäften 'en gros' weiterverkauft.

Die *Gewinnspanne* für Fisch zweiter Qualität beträgt zwischen im Hafen angelandetem und im Fischgeschäft in Puerto Plata angebotenem Fisch pro Libra (453,6 g) ca. $ 9 R.D. (ca. 2,50 DM). Der Fischer erhält vom Bootseigner in der Regel pro Libra angelandeten Fischs der zweiten Qualitätsstufe (z.B. Cabrilla) $ 2,5 bis $ 3,5 R.D. (ca. 0,70 DM bis 1.-DM). Der vom Endverbraucher geforderte Verkaufspreis für Fisch gleicher Qualität beträgt im Fischgeschäft $ 13,5 R.D. (3,70 DM) pro Libra[1]. Die beträchtliche Gewinnspanne der großen Fischhandelsunternehmen basiert darauf, daß sie im Vergleich zu anderen Anlandungsplätzen ihre Fischer mit weniger als der Hälfte der üblichen Zahlungen pro Fangeinheit abspeisen[2] und ihre gesamte Produktion entweder selbst weiterverarbeiten (Pescadería Cachita) oder direkt, ohne Einschaltung von Zwischenhändlern an Fischverarbeitungsbetriebe weiterveräußern. "Caribe Pesca S.A.", die wie die "Pescadería Cachita" von einem Cubaner geführt wird, investierte darüberhinaus Gewinne aus der Fischerei im Gaststätten- und Vergnügungsgewerbe. Das Unternehmen betreibt am Hafen eine gut ausgestattete Bar mit Restaurant auf der Dachterrasse über dem Büro, in dem die Löhne der Fischer ausbezahlt werden. Räumlichkeiten für sonstige Vergnügungen der Fischer nach mehrwöchiger Enthaltsamkeit auf See stehen ebenfalls zur Verfügung. So fließt neben den Gewinnen aus dem Fischhandel ein nicht zu unterschätzender Teil der Löhne der Fischer zusätzlich an "Caribe Pesca S.A." zurück.

Selbst Verluste durch Geldstrafen in Höhe von mehreren zehntausend US-Dollar, die wegen illegalen Befischens fremder Fischgründe von den Behörden in Nassau in den vergangenen Jahren mehrmals über Fischhandelsunternehmen aus Puerto Plata verhängt wurden,

---

[1] Stand Ende 1990.

[2] Aufgrund enorm hoher Anlandungsraten liegen die Einkünfte der Taucher, die auf Mutterschiffen operieren, um ein Vielfaches über denjenigen anderer Anlandungsorte. An keinem der anderen Fischereistandorte in der Dominikanische Republik wäre ein Fischer bereit, seinen Fang zu den in Puerto Plata üblichen Preisen zu verkaufen.

schmälern die Gewinne der Unternehmen anscheinend nur unbeträchtlich, da nach wie vor Mutterschiffe immer wieder außerhalb dominikanischer Hoheitsgewässer eingesetzt werden.

5.2.2 Puerto del Castillo

An der Stelle an der Christoph Columbus 1493 die erste Siedlung auf dominikanischem Staatsgebiet, "La Isabela", gegründet hatte, besteht heute ein Dorf mit ca. 400 Einwohnern, die fast ausschließlich von der Landwirtschaft (Mais, Bohnen, Platanos) und Holzkohleproduktion leben. Vom einstigen "La Isabela" sind nur noch kümmerliche Reste vorhanden. Der Ort galt bereits Anfang des 16. Jahrhunderts als verlassen, nachdem an der Südküste der Insel an der Mündung des Río Ozama die neue Residenz und heutige Hauptstadt der Dominikanischen Republik, Santo Domingo, gegründet worden war.

Puerto del Castillo ist über teilweise unbefestigte, in äußerst schlechtem Zustand befindliche Straßen von Imbert (über Luperón) bzw. Laguna Salada zu erreichen. Der Ort verfügt weder über Strom- noch Wasseranschluß. Mit Eseln wird Wasser vom nahegelegenen Río Bajabonico ins Dorf transportiert. Neben einer Grundschule, einem Militärposten und der archäologischen Ausgrabungsstätte sind keinerlei *öffentliche Einrichtungen* vorhanden.

Die Mehrzahl der Fischer aus Puerto del Castillo sind hauptberuflich als *Landwirte und Landarbeiter* tätig, die sich in unregelmäßigen Abständen Yolas für kurze Fangfahrten in Küstennähe ausleihen oder Fischerei vom Strand aus mit Wurfnetzen und Handleinen betreiben. Die Fänge dienen in der Regel der *Selbstversorgung*. Pescaderías sind aufgrund der geringen vermarktbaren Anlandungen in Puerto del Castillo nicht vorhanden. Saisonal ertragreich ist lediglich die Garnelenfischerei im Mündungsbereich des Río Bajabonico.

Zwei Dutzend Fischer aus Puerto del Castillo, die sich intensiver der Fischerei widmen, sind in einer *Fischervereinigung* zusammengeschlossen, die 1987 auf Initiative einer kanadischen Hilfsorganisation entstanden war. Die Mitglieder der Kooperative müssen jedoch zumindest teilweise als Nebenerwerbsfischer eingestuft werden, da sie entweder selbst über Land verfügen oder als Tagelöhner in der Landwirtschaft tätig sind. Den Fischern steht ein Gebäude zur Verfügung, in dem Fischereigeräte gelagert werden und in dem sich eine

Gefriertruhe zur Kühlhaltung der Fänge befindet[1]. Die Fischer der Vereinigung operieren mit drei Yolas und drei Glasfiberbooten, die mit jeweils 12 PS Außenbordmotoren ausgerüstet sind. Ein Fischer, der über eine eigene Yola verfügt, hat sich der Fischervereinigung angeschlossen. Alle übrigen im Mündungsbereich des Río Bajabonico liegenden Yolas waren zum Zeitpunkt der Erhebungen nicht einsatzfähig bzw. wurden nicht genutzt[2]. Die Mitglieder der Fischergemeinschaften betreiben vorwiegend nächtliche Lichtfischerei. Es bestehen fünf konstante Bootsbesatzungen zu je drei Mann. Einige "Socios" gehen der Tauchfischerei nach. Kompressoren werden jedoch nicht eingesetzt. Daneben stehen den Fischern vier Stellnetze, zwei Langleinen und sechs Nasas zur Verfügung. Bei Bedarf werden die Boote auch an zuverlässige Nebenerwerbsfischer ausgeliehen, die selbst nicht Mitglieder der Fischervereinigung sind.

Die Gebühren zum Beitritt der Kooperative betragen $ 100 R.D. (ca. 28.-DM). Vom Fangerlös eines jeden Fischers bleiben jeweils 20 % in der Gemeinschaftskasse. Ausrüstungsgegenstände und Treibstoff werden von der Kooperative bezogen. Die Kosten für Treibstoff tragen die Bootsbesatzungen. Jeweils samstags werden die Erlöse aus den Fangfahrten von der Kooperative an die Fischer ausbezahlt.

Die Fänge werden sowohl an die lokale Bevölkerung als auch an informelle Kleinhändler verkauft, die mit Motorrädern in der Region operieren. Nach guten Ausfahrten wird der Fang von einem Mitglied der Kooperative zum Verkauf nach Puerto Plata transportiert. Die Kooperative kalkuliert mit einer *Gewinnspanne* zwischen An- und Verkauf von $ 3 R.D. (ca. 0,80 DM) pro Libra Fisch. Pro Libra Zackenbarsch werden an die Fischer beispielsweise $ 9 R.D. (ca. 2,50 DM) ausbezahlt. Der Weiterverkauf an Endverbraucher bzw. Fischhändler erfolgt für $ 12 R.D. (3,30 DM). Der höchste Gewinnanteil bleibt somit beim Produzenten, dem Fischer[3], der pro Libra $ 6 R.D (ca. 1,70 DM) mehr erhält als seine Fischerkollegen, die auf den von Puerto Plata aus eingesetzten Mutterschiffen arbeiten.

Die *kommerzielle Fischerei* hatte in Puerto del Castillo aufgrund des schlechten Verkehrsanschlusses erst in den 60er Jahren begonnen, als nach außergewöhnlich guten Fängen Fisch

---

[1] Die Kühlung der Fänge erfolgt mit Eisblöcken.

[2] Fischereifahrzeuge von Sport- bzw. Wochenendfischern wurden im Rahmen der Untersuchung nicht berücksichtigt.

[3] $ 13,50 R.D. (3,65 DM) betrug zum Zeitpunkt der Erhebungen des Autors der Verkaufspreis für Fisch gleicher Qualitätsstufe in den Fischgeschäften im 50 km entfernten Touristenzentrum **Puerto Plata**.

per Esel zu einer Pescadería nach Luperón transportiert wurde. Die *Nebenerwerbsfischerei* steht jedoch bis heute in Puerto del Castillo im Vordergrund der fischereilichen Tätigkeiten der lokalen Bevölkerung.

5.2.3 Sosúa

Sosúa befindet sich ca. 30 km östlich von Puerto Plata. Der *wirtschaftliche Aufschwung* des Ortes begann 1940 mit der *Ansiedelung jüdischer Emigranten* aus Deutschland, die sich auf die Produktion von Milch- und Fleischprodukten spezialisierten. Sosúa wurde in wenigen Jahrzehnten zum führenden Standort der *milch- und fleischverarbeitenden Industrie* in der Dominikanischen Republik. Vor Ankunft der jüdischen Siedler lebten im heutigen Ortsteil "Los Charamicos" ca. 150 Einwohner. Die einzige Einrichtung von wirtschaftlicher Bedeutung war die Mole am "Playa Sosúa", von der aus Bananen einer in der Nähe gelegenen Plantage verschifft wurden. Den jüdischen Siedlern wurde unbearbeitetes Land östlich des Strands in Langzeitpacht überlassen. Sie begannen dort, im heutigen Ortsteil "El Batey", die ersten Gebäude zu errichten, von denen noch heute einige vorhanden sind und von touristischen Dienstleistungsbetrieben genutzt werden.

Mitte der 70er Jahre entstanden in diesem Ortsteil in Strandnähe die ersten Open-Air-Tanzbars, Restaurants und Übernachtungsmöglichkeiten für Wochenend- und Individualtouristen. *Anfang der 80er Jahre* wurden die ersten großen Hotels und die Hotelanlage Playa Dorada in der Nähe des internationalen Flughafens von Puerto Plata gebaut. Allein im ehemaligen Judenviertel bestehen heute 34 Hotels unterschiedlicher Preisklassen. Die aufwendigste Hotelanlage, das "Hotel Playa Chiquita" wurde aus Platzmangel nicht im "Barrio El Batey" errichtet, sondern auf einer angehobenen Riffterrasse westlich der alten Siedlung "Los Charamicos", die inzwischen auf mehrere Tausend Einwohner angewachsen war. Die einzige Bademöglichkeit für Touristen befindet sich in der kleinen Bucht von "Playa Chiquita", an der ein zum Ortsteil "Los Charamicos" gehörendes Hüttenviertel liegt (Foto 17).

Das sog. *"Barrio Río Mar"* wird im Westen durch den Río El Tablón, der in die Bucht von "Playa Chiquita" mündet, und im Osten durch den Steilabfall der angehobenen Meeresterrasse begrenzt, auf der sich "Los Charamicos" befindet. Die Mehrzahl der ca. 800 Behausungen sind auf engstem Raum und auf einfachste Weise gebaut (Holz, Wellblech,

Foto 17: Das Hüttenviertel "Río Mar" in der Bucht von "Playa Chiquita", Sosúa.

Yagua und Palmwedel). Viele der Hütten verfügen weder über Wasser- und Stromanschluß noch über Latrinen. Für regelmäßige Müllentsorgung wird von seiten der Kommune nicht gesorgt, so daß ein Großteil des anfallenden Mülls über den Río El Tablón in die Bucht des "Hotels Playa Chiquita" gespült wird (Foto 18). Nach starken Niederschlägen verstärkt sich dieser Effekt erheblich, wenn der Fluß das gesamte, über keinerlei Kanalisierung verfügende Hüttenviertel überschwemmt. Säuberungspersonal des Hotels ist täglich, besonders am frühen Morgen mit der Reinigung des Strands und des Brackwasserbereichs am Fluß beschäftigt.

Für die Hotelleitung stellt das "Barrio Río Mar" nicht nur wegen der *Müll- und Abwasserproblematik* einen Stein des Anstoßes dar. Bereits von der Terrasse des Hotels sind am Ende des Strands die ärmlichen Hütten der einheimischen Bevölkerung zu sehen. Lediglich durch den nur wenige Meter breiten Río El Tablón getrennt, liegen sich zwei Welten gegenüber. Jeder Tourist wird bei Spaziergängen am Strand mit der Realität der dominikanischen Lebensbedingungen konfrontiert, wenn er sich nur 200 m vom Hotel entfernt.

Um den ausländischen Feriengästen ungetrübte Urlaubsfreuden zu ermöglichen, entschloß sich die Hotelleitung, den Familien von "Río Mar" ihre Unterkünfte abzukaufen. Der Boden, auf dem das Hüttenviertel entstanden war, gehörte ehemals mit zur jüdischen Ansiedlung, ging aber 1957 in Gemeindebesitz über. Der Versuch, das Viertel des Anstoßes durch Aufkauf zu beseitigen, scheiterte an der Vielzahl der Verhandlungspartner und deren divergierende Vorstellungen und Forderungen in bezug auf Entschädigungen und Räumungsmodalitäten. Zusammenhänge zwischen den Absichten der Hotelleitung und Stromabschaltungen im "Barrio Río Mar" von mehreren Monaten Dauer konnten nicht verifiziert werden.

Foto 18: Das "Hotel Playa Chiquita" in Sosúa. Im Vordergrund Ansammlungen von Müll, die in die Badebucht gespült werden.

In Verhandlungen zwischen der Hotelleitung und der Gemeinde wurde schließlich eine *Umsiedlung der Bewohner des Hüttenviertels* beschlossen. Im Rahmen der *Wohnungsbauprojekte der Regierung* wurde ein Gelände an der Hauptverbindungsstraße zwischen Sosúa und Puerto Plata, in der Nähe des internationalen Flughafens für geeignet befunden. Zur

Rechtfertigung der Umsiedlungsmaßnahme dienten Argumente bezüglich *Verbesserung der Lebensbedingungen*, insbesondere Anschluß jeder Wohneinheit an das öffentliche Strom- und Wasserversorgungssystem. Die Ankündigung der Errichtung sog. *"Casas individuales"* (Einfamilienhäuser) überzeugte schließlich die Mehrheit der Bewohner von "Río Mar", die der beengten Wohnverhältnisse, der unzureichenden Strom- und Wasserversorgung und der häufigen Überschwemmungen überdrüssig geworden waren. Die 800 geplanten Wohneinheiten entsprechen alle dem gleichen Standard. Sonderwünsche und Entschädigungszahlungen für die zu verlassenden Gebäude sind nicht vorgesehen.

Eine nicht zu unterschätzende Zahl an Bewohnern hat sich gegen die Umsiedlung ausgesprochen. Hierzu gehören insbesondere jene Bevölkerungsgruppen, die es zu einem bescheidenen Wohlstand gebracht und mit ihren Ersparnissen ihre Unterkünfte zu Einfamilienhäusern ausgebaut hatten. So entspricht zumindest ein Drittel des Gebäudebestands dem eines konsolidierten Wohnviertels. Neben den Bessergestellten sind es vorwiegend *Fischer*, die mit der Umsiedlung nicht einverstanden sind, da der geplante Standort des Wohnungsbauprojekts sich fernab jeglicher Anlandungsplätze befindet. Eine Nachbarschaftshilfegruppe entstand, die sich mit dem geplanten Vorhaben kritisch auseinandersetzt.

Nachdem die Errichtung des Wohnungsbauprojekts soweit fortgeschritten war, daß man die bauliche Grundstruktur erkennen konnte, wurde offensichtlich, daß keine Einfamilienhäuser entstanden, sondern sog. *"Casas multifamiliares"*, Mehrfamilienhäuser für je 12 Parteien (Foto 19).

Seitdem hat sich die Bevölkerung des "Barrio Río Mar" verstärkt in *Gegner* und *Befürworter des Projekts* gespalten. Besonders diejenigen, die in einfachsten Unterkünften wohnen, setzen in die Umsiedlung große Hoffnung und sehen darin einen sozialen Aufstieg. Nur wenige der Bessergestellten sind bereit, zum Wohle der Allgemeinheit eine Verschlechterung ihrer Wohnsituation hinzunehmen. Die Hauptleidtragenden sind jedoch die Fischer, die ihre nur wenige Meter vom Strand entfernten Hütten und Häuser im Rahmen des Umsiedlungsprojekts verlieren werden.

Pessimistische Einschätzungen einiger Mitglieder der Nachbarschaftshilfegruppe gehen davon aus, daß die Umsiedlung das Ende der Fischerei von Sosúa bedeuten könnte. Dies wäre besonders bedauerlich, da Sosúa einen der wenigen Fischereistandorte der Dominikanischen Republik darstellt, an dem die selbständige Kleinfischerei eine relativ *intakte Struktur* aufweist. Sämtliche *Fischereifahrzeuge*, ca. 15 Yolas mit Außenbordmotoren, befinden sich

Foto 19: Wohnungsbauprojekt der Regierung Balaguer zur Umsiedlung der Bewohner des "Barrio Río Mar", Sosúa.

im Besitz selbständiger Fischer. Die Mehrzahl der Fischer geht der Grund- und Treibleinenfischerei im Bereich der von der Anlegestelle ca. 6 km entfernten "La Banquera-Bank" nach. Daneben widmen sich Nebenerwerbsfischer der Tauchfischerei, indem sie zu dem ca. 400m entfernten Riff hinausschwimmen.

Fischer, die selbst über kein Fischereifahrzeug verfügen, fahren mit Kollegen zum Fang aus, die eine Yola besitzen. In Sosúa sind Bootsbesatzungen von jeweils drei Fischern üblich. Der Bootseigner erhält zusätzlich 20 % des Ertrags. Der Rest wird unter den Crewmitgliedern gleichmäßig aufgeteilt. Die Zusammensetzung der Besatzungen ist stabil. Wechsel der Crewmitglieder sind äußerst selten. Die Ausfahrten werden von den Bootsbesatzungen gemeinsam organisiert.

Während an den meisten dominikanischen Fischereistandorten die Anlandungen durch Fischhändler vermarktet werden, erfolgt in Sosúa die *Vermarktung der Fänge* durch die Fischer. Wenige hundert Meter vom Strand entfernt befinden sich zahlreiche Restaurants, die sich auf die Zubereitung von Fischgerichten und Meerestieren spezialisiert haben. Meist sind es kleine und mittelgroße Verpflegungsbetriebe, die Fisch direkt von den Fischern beziehen. Jeder der Fischer aus Sosúa hat eine Anzahl Abnehmer, denen er nach Rückkehr von der Ausfahrt seinen Fang anbietet. Einer der befragten Fischer offeriert seine Anlandungen in der Regel telefonisch einer Reihe von Restaurants, die zu seinem Kundenkreis gehören. Kann die *Nachfrage nach Fisch* von den lokalen Fischern nicht gedeckt werden, wenden sich kleine und mittelständische Restaurants an eines der drei in Sosúa vorhandenen Fischgeschäfte.

Die lokalen *Pescaderías* beziehen Fischprodukte in der Regel nicht von ortsansässigen Fischern, die Fisch der höchsten Qualitätsstufe selten unter $ 15 R.D. (ca. 4.- DM) pro Libra, der der zweiten kaum unter $ 12 R.D. (ca. 3,30 DM) verkaufen. Dieses Preisniveau entspricht dem des Einzelhandels in der Hauptstadt Santo Domingo. Aufgrund der hohen Fischverkaufspreise kaufen zwei ortsansässige Fischgeschäfte ihre Ware in Río San Juan. Der Besitzer der dritten Pescadería fährt mehrmals wöchentlich nach Punta Rucia, um dort Fisch zu erstehen. Trotzdem kann die Nachfrage nach Fischprodukten weder von den lokalen Fischern noch von den ortsansässigen Fischgeschäften befriedigt werden. Besitzer kleiner Fischrestaurants klagen darüber, daß häufig nicht alle auf der Speisekarte ausgeschriebenen Fischspezialitäten angeboten werden können.

Großverbraucher, internationale Hotels und auf den Massentourismus ausgerichtete Restaurants beziehen Fisch und Meeresfrüchte nicht von den ortsansässigen Produzenten und lokalen Pescaderías, sondern von Großhändlern aus Puerto Plata. Die Masse des in Sosúa konsumierten Fischs stammt deshalb nicht von den Fängen lokaler Küstenfischer, sondern wird von kleinindustriellen Fischereifahrzeugen in Puerto Plata angelandet, die die Hochseebänke "Banco de la Plata" und "de la Navidad" ausbeuten. Auch GORMSEN (1983, S.616) weist darauf hin, daß in anderen Ländern der Dritten Welt die Versorgung von Fremdenverkehrszentren häufig aus großer Entfernung oder aus dem Ausland erfolgen muß und daß touristische Wachstumspole die Entwicklung der Fischerei und anderer Wirtschaftssektoren nicht wesentlich stimulieren. So führte auch die rasante touristische Entwicklung Sosúas nicht zu einem vergleichbaren Wachstum der lokalen Kleinfischerei. Die Fischer haben sich nur sehr bedingt an die durch den Tourismus ausgelöste Nachfragesteigerung angepaßt. VORLAUFER (1977, S.45) beschreibt ähnliche Anpassungsschwierigkeiten von Kleinfischern in Kenya, die trotz extrem angestiegener Nachfrage nach Fisch weiterhin mit traditionellen Booten und wenig effizienten Fangmethoden arbeiten. Auch die Fischer von Sosúa haben in den vergangenen Jahrzehnten weder Fischereifahrzeuge noch Fangtechniken stark verändert. Lediglich der Einsatz von Außenbordmotoren ist als Innovation zu betrachten, der es den Fischern ermöglicht, weiter entfernte Fischgründe anzufahren.

Obwohl die Fischerei nicht in dem Maße wie erwartet mit den Entwicklungen im Tourismus

Schritt hält, trägt sie zweifelsfrei dazu bei, daß die Fischer von Sosúa ihre Selbständigkeit weitgehend bewahren können, ohne in die Abhängigkeit von finanzkräftigen Fischhändlern zu geraten. Sosúa ist somit einer der dominikanischen Fischereistandorte, der als Musterbeispiel für eine relativ *intakte selbständige Kleinfischerei* angeführt werden kann. Durch das Umsiedlungsprojekt ist die Kleinfischerei Sosúas im höchsten Maße gefährdet, auch wenn von seiten der Gemeinde betont wird, daß den Fischern weiterhin "Playa Chiquita" als Anlandungsplatz zur Verfügung stehen wird. Die Frage nach Aufbewahrungsmöglichkeiten für Außenbordmotoren und Fischereigeräte und das Transportproblem zwischen "Playa Chiquita" und dem neuen Wohnort sind jedoch ebensowenig gelöst wie sozio-kulturelle Probleme.

Landnutzungskonflikte zwischen den Ansprüchen der Fischereiwirtschaft und touristischen Einrichtungen treten häufig auch in anderen für den Fremdenverkehr attraktiven Ländern auf. VORLAUFER (1984, S.218 - 220) weist auf ähnliche Konflikte an den Küsten Sri Lankas hin. Als markantestes Beispiel erwähnt er den Fischereistandort Negombo, an dem seit Ende der 60er Jahre zahlreiche Hotels entstanden. Die wachsende Zahl touristischer Einrichtungen verdrängte schließlich die Fischersiedlungen aus der Strandzone bzw. konzentrierte sie auf wenige kurze Strandabschnitte. Dadurch wurden die Lebensmöglichkeiten der Fischer stark eingeschränkt. Rasches Bevölkerungswachstum und keinerlei Ausdehnungsmöglichkeiten trugen zu einer raschen Verdichtung der Siedlungsstruktur bei. Fehlende Kanalisation, mangelnde sanitäre Einrichtungen und unbefestigte Straßen in den Wohnvierteln der Fischerbevölkerung führten zu einer Beeinträchtigung der touristischen Attraktivität. VORLAUFER geht davon aus, daß das unmittelbare Nebeneinander von Elend und Luxus schon kurzfristig die sozialen Spannungen zwischen Armen und Reichen verschärfen dürfte. Um Konflikte dieser Art zu vermeiden, wurde an Standorten der "National Holiday Resorts" Sri Lankas die Fischerbevölkerung auf der Grundlage von Gesetzen aus den Strandbereichen völlig verdrängt. Somit konnte das unmittelbare Auftreten sozialer Spannungen verhindert werden. Die lokale Bevölkerung verlor dadurch nicht selten ihre Existenzgrundlage.

Mit der Umsiedlung der Bewohner des "Barrio Río Mar" in Sosúa wurden eindeutig ähnliche Strategien verfolgt. Jedoch dürfte im Falle Sosúas die Vermeidung sozialer Spannungen nicht im Vordergrund der Entscheidungen gestanden haben, sondern die Interessen finanzkräftiger Kreise, für die das Barrio Río Mar eine Beeinträchtigung der touristischen Attraktivität Sosúas und damit ihrer eigenen Interessen darstellt.

5.2.4 Cabarete

15 km östlich von Sosúa liegt an einem weiten Sandstrand das *"Windsurf-Paradies"* der Dominikanischen Republik, Cabarete.
Zu Beginn der 60er Jahre wohnten an diesem Strandabschnitt knapp 200 Personen, die von Landwirtschaft, Viehzucht und Fischerei lebten. Von zwei Dutzend Fischern, die hauptberuflich der Fischerei nachgingen, wurden ca. zehn Yolas eingesetzt. Daneben widmeten sich zahlreiche Campesinos der Subsistenzfischerei.
Ab 1972 begann der erste Bauboom in Cabarete, als wohlhabende Dominikaner aus den Städten der lokalen Bevölkerung Land in Strandnähe abkauften, um darauf Wochenendhäuser zu errichten. Da Arbeitskräfte gebraucht wurden, wechselten zahlreiche Kleinbauern und Fischer ins Baugewerbe über.
Erst *Anfang der 80er Jahre* wurde Cabarete vom *internationalen Tourismus* entdeckt. Ab 1985 kam es zu einem erneuten Bauboom, nachdem unzählige Ausländer, vorwiegend Kanadier, Franzosen und Deutsche, die Wochenendgrundstücke der Dominikaner aufgekauft hatten, um darauf kleine Hotels, Strandrestaurants und Bars zu errichten. 1987 wurde die *erste Surfschule* gegründet, da an diesem Strandabschnitt der Nordküste ganzjährig eine geeignete Windsurf-Brise anzutreffen ist. Inzwischen sind knapp zehn Surfschulen in Cabarete entstanden. Seit 1988 wird der *"Cabarete World Cup"* der Windsurfer mit Sportlern aus aller Welt in Cabarete abgehalten. In weniger als fünf Jahren hatte sich die Bettenkapazität von ca. 250 auf knapp 2000 erhöht. Bis 1991 waren mehr als fünfzehn Hotels und zwanzig Restaurants fertiggestellt. Die Wochenendgrundstücke dominikanischer Familien wurden, von wenigen Ausnahmen abgesehen, an ausländische Investoren verkauft. Die Mehrzahl der Fischerboote sind den Surfbrettern gewichen.
Fünf Fischer widmen sich noch der Fischerei. Sie verfügen über ein *Glasfiberboot* und eine *Yola*, die beide mit Außenbordmotoren angetrieben werden. Sie gehen vorwiegend der Tauchfischerei mit Handharpunen nach. An Tagen mit extrem aufgewühltem Meer ziehen sie die Grund- und Treibangelfischerei vor. Zwei Stellnetze und eine Lichtfischerei-Ausrüstung steht ebenfalls zur Verfügung. Gefischt wird im küstennahen Bereich diesseits des Riffs im Küstenabschnitt zwischen Cabarete und Gaspar Hernández. Die Anlandungen werden direkt an Endverbraucher, kleine Restaurants und Hotels verkauft. Jeder der Fischer hat einen festen Kundenkreis, dem er die Fänge zum Kauf anbietet. Die größeren Restaurants

beziehen ihre Fischprodukte von den großen Pescaderías aus Puerto Plata. Zwei Zwischenhändler aus Cabarete, die Fisch in Gaspar Hernández und Río San Juan aufkaufen, beliefern darüberhinaus einige kleine Restaurants und Hotels.

Die *Fischer*, die noch vor wenigen Jahren der Fischerei nachgegangen waren, haben sich eine *neue Beschäftigung im Tourismus und Baugewerbe* gesucht. Sieben ehemalige Fischer arbeiten als Taxifahrer, die Mehrzahl als ambulante Händler, die am Strand Getränke, Kokosnüsse, Andenken und Schmuck verkaufen. Einige preisen sich als Reiseführer an oder vermieten Liegestühle und Fahrräder. Einer der wenigen übriggebliebenen Fischer bemerkt: "Aquí la pesca no tiene tradición del padre al hijo." "Hier hat die Fischerei keine Tradition, die vom Vater auf den Sohn weitervererbt wird."

5.2.5 Río San Juan

Río San Juan befindet sich an der dominikanischen Nordküste ca. 80 km östlich von Puerto Plata in einem vorwiegend *viehwirtschaftlich genutzten Gebiet*. Zwischen Cabarete und Nagua ist Río San Juan der einzige Ort, der mit einem *Minimum an touristischer Infrastruktur* ausgestattet ist. Hauptattraktion der knapp 15 000 Einwohner zählenden Kleinstadt ist die "Laguna Cri-Cri", von der aus Bootsfahrten zu Mangrovenwäldern und abgelegenen Stränden angeboten werden. Río San Juan verfügt über Schulen der Primar- und Sekundarstufe, ein Krankenhaus, Stadtverwaltung, Post, Telefonamt, Polizei, Niederlassungen mehrerer Banken und des Agrarministeriums. Für Fischerei und Tourismus ist eine private Eisfabrik von besonderer Bedeutung.

Hafenanlagen mit Anlandungsmöglichkeiten sind in Río San Juan nicht vorhanden. Trotzdem sind 12 *Mutterschiffe* mit 8,80 m bis 17 m Länge in Río San Juan permanent stationiert, die größtenteils von einem lokalen Bootsbauer konstruiert wurden. Daneben werden knapp zwei Dutzend *Yolas* und *Einbäume* im küstennahen Bereich eingesetzt. Über 80 % der Fischer aus Río San Juan sind jedoch als *Tauch- und Leinenfischer auf Mutterschiffen* tätig, die ausschließlich in *küstenfernen Gebieten* operieren. Nicht selten werden sie auch von Bootseignern aus Puerto Plata für längere Fangfahrten von mehreren Wochen angeworben. 90 % der Fischer aus Río San Juan verfügen über kein eigenes Fischereifahrzeug.

Die von Río San Juan aus eingesetzten *Mutterschiffe* sind ausnahmslos aus Holz gefertigt und mit Innenbordmotoren ausgestattet. Sie operieren mit je zwei bis sechs Yolas bzw. Glasfiberbooten, die an Bord in die Einsatzgebiete transportiert werden. Die Anfahrtszeit zur knapp 90 km von Río San Juan entfernten "*Banco de la Plata*" beträgt ca. fünf Stunden. Je nach Jahreszeit werden fünf bis zehn Tage auf See verbracht. Die Zahl der *Besatzungsmitglieder* variiert nach Größe des Mutterschiffs und Anzahl der Schlafkabinen zwischen 6 und 20 Mann. Neben dem *Kapitän* und den *Fischern* gehören ein *Maschinist*, ein *Schiffskoch*, ein "*Neverero*", der für die Kühlung der Anlandungen verantwortlich ist, und mehrere "*Limpiadores*", die den gefangenen Fisch an Bord ausnehmen, zur Mannschaft. Pro mitgeführte Yola werden in der Regel zwei bis drei "*Cordeleros*" (Leinenfischer) oder zwei *Taucher* und ein "*Yolero*", der die Yola steuert und den Kompressor überwacht, eingesetzt. Nur 13 % der befragten Fischer bezeichneten die *Zusammensetzung ihrer Bootscrew* als konstant. Auf den meisten Mutterschiffen ist eine starke Fluktuation der Besatzungsmitglieder zu beobachten. Kein einziges größeres Fischereifahrzeug verfügt über eine Crew, die sich ausschließlich aus Familienangehörigen und deren Freunden zusammensetzt. So ist es üblich, daß jeder Fischer seine Fänge markiert. Die Entlohnung erfolgt gemäß der von einem Fischer erbrachten Leistung. Tauchfischer bezahlen dem Yolero 15 % ihrer Einnahmen. Der Schiffskoch erhält in der Regel 5 %. Mutterschiffe, die Leinenfischerei betreiben, führen bei ihren Ausfahrten keine "Limpiadores" an Bord mit. Die Fischer nehmen ihre Fänge selbst aus. Auf Tauchfischerei spezialisierte Fischereifahrzeuge benötigen dagegen "Limpiadores", die je nach Mutterschiff mit einem festgelegten Anteil der Anlandung entlohnt werden. Während die Mehrzahl der Fischer aus Río San Juan, die auf Mutterschiffen arbeiten, sich der Leinen- und Tauchfischerei widmen, werden von den übrigen küstennahen Kleinfischern auch Stellnetze, Langleinen und Nasas eingesetzt.

Sechs der Mutterschiffe gehören *ortsansässigen Kleinunternehmern*, sechs befinden sich in den Händen *auswärtiger Fischhändler* aus Santiago de los Caballeros, Miches und Santo Domingo. Die auswärtigen Fischhändler unterhalten in Santiago und Santo Domingo jeweils eigene Fischverarbeitungsbetriebe. Die in Río San Juan ansässigen Schiffseigner verkaufen ihre Anlandungen an Zwischenhändler und "Compradores" aus den Verbraucherzentren, aber auch an lokale Pescaderías. Die Mitglieder einer in Río San Juan ansässigen Familie sind als Bootseigner, Zwischenhändler und Besitzer einer Pescadería tätig. Ein Teil der Anlandungen wird somit in der Pescadería an Endverbraucher und "Compradores" verkauft, der andere wird an Weiterverarbeitungbetriebe in Santo Domingo ausgeliefert.

Die große Ausnahme unter den Bootseignern stellen zwei Fischer dar, die mit je einem Mutterschiff operieren. Einem der beiden Fischer reichten die finanziellen Mittel beim Bau des Mutterschiffs nicht aus, um den Innenbordmotor zu finanzieren. Der Eigner eines Weiterverarbeitungsbetriebs aus Santiago erklärte sich bereit, die Finanzierung des Motors zu übernehmen. Damit sicherte er sich die Anlandungen für seinen Betrieb, und der Bootseigner war in der Lage, das Mutterschiff in Dienst zu stellen.

Der zweite Fischer setzt ein Mutterschiff von 8,80 m Länge ein, das mit nur einer Yola bestückt und für sechs Mann Besatzung ausgelegt ist. Die Operationskosten für die Ausfahrten (Treibstoff, Eis und Verpflegung) und Vorschußzahlungen an die Besatzungsmitglieder werden von einer lokalen Pescadería vorfinanziert, die sich dadurch die Anlandungen sichert.

Zur Zeit der Erhebungen in Río San Juan hatte ein lokaler Kleinunternehmer ein Mutterschiff in Auftrag gegeben, das für drei Yolas und elf Besatzungsmitglieder konzipiert wurde. Das Material stellte er dem Bootsbauer zur Verfügung, der für seine Arbeit mit $ 70 R.D. pro Arbeitstag entlohnt wurde. Zur Finanzierung des Innenbordmotors ist der Auftraggeber nach Einschätzung des Bootsbauers auf die Unterstützung eines Fischhändlers angewiesen. Nach eigenen Angaben möchte er sich jedoch unter keinen Umständen von einer Pescadería oder einem Händler abhängig machen.

Die Fertigstellung eines weiteren Mutterschiffs wurde durch Schwierigkeiten bei der Beschaffung eines Motors verhindert. Der Schiffseigner hatte die Überführung des Motors aus Puerto Rico zum Drogenschmuggel genutzt, was ihm eine mehrjährige Gefängnisstrafe auf der Nachbarinsel einbrachte.

Beim Einsatz von Mutterschiffen sind nicht nur größere Mengen an *Kapital zur Anschaffung* notwendig, auch die *Operationskosten* für eine Ausfahrt übersteigen nicht selten die Finanzkraft eines Bootseigners. Neben den Kosten für *Treibstoff* muß ausreichend *Eis zur Kühlung* des angelandeten Fischs auf See mitgeführt werden. Für eine zehntägige Fangfahrt eines Mutterschiffs von 10 m Länge, das mit zwei Yolas operiert, ist ein Minimum an 60 Eisblöcken notwendig. Die Kosten für Eis belaufen sich auf knapp $ 1 000 R.D.[1] (270 DM) pro Ausfahrt. Hinzu kommt die *Bezahlung der Lastenträger*, die das vor Anker liegende Mutterschiff mit Eis, Wasser und Nahrungsmitteln beladen. Daneben erwartet jedes

---

[1] Die lokale Eisfabrik in Río San Juan berechnet $ 16 R.D. (ca. 4,30 DM) pro Block Eis.

Besatzungsmitglied vor der Ausfahrt einen *Vorschuß zur Deckung der Unterhaltskosten ihrer Familien* während ihrer Abwesenheit. Je nach Bootseigner, geplanter Dauer der Fangfahrt, Zuverlässigkeit und Leistung eines Fischers werden Vorschußzahlungen zwischen $ 300 R.D und $ 1500 R.D. (ca. 85.-DM bis 400.-DM) gewährt[1]. Die meisten Fischer nehmen darüberhinaus häufig *Kredite* in Anspruch. Sie sind dadurch permanent verschuldet und verpflichtet, für Fangfahrten auf den Mutterschiffen ihrer Kreditgeber zur Verfügung zu stehen. Zwei Drittel der befragten Fischer aus Río San Juan betrachten ihre "Patrones" als *potentielle Kreditgeber in Notsituationen*.

Neben auswärtigen und lokalen Fischhändlern, die über ausreichend Kapital verfügen, um eigene Mutterschiffe einzusetzen und deren Ausfahrten vorzufinanzieren, sind in Río San Juan fünf *informelle Pescaderías* tätig (Foto 19).

Diese haben sich auf den Aufkauf der *"Distribución"* spezialisiert. Sie beträgt pro Taucher ca. 15 kg bis 20 kg Fisch und fünf Langusten. Ein "Yolero" erhält in der Regel 10 kg Fisch und zwei Langusten. Dieser Anteil am Fang wird von den meisten Fischern an die kleinen Pescaderías weiterverkauft, die einen erheblich höheren Preis pro Fangeinheit bezahlen als die Eigentümer der Mutterschiffe. Pro Libra "Cabrilla" (Zackenbarsch, Fisch 2.Klasse) werden von den Kleinhändlern $ 7 R.D. bis $ 8 R.D. geboten, während die Bootseigner maximal $ 3 R.D. pro Libra Fisch gleicher Qualität an ihre Crews ausbezahlen. Zur *Sicherung der "Distribución"* gewähren die Kleinhändler ihren Fischern jeweils einen Vorschuß von $ 200 R.D. bis $ 300 R.D. vor Antritt der Fangfahrt. Die kleinen Pescaderías haben mit jeweils zehn bis zwanzig Fischern feste Absprachen getroffen. Sie sind alle mit je einer Kühltruhe ausgerüstet. Einige dieser informellen Pescaderías operieren zusätzlich mit ein bis zwei "Cayucos" bzw. Yolas, die meist mit Rudern angetrieben werden.

Die *Versorgung lokaler Konsumenten* wird vorwiegend durch diese kleinen, informellen Fischgeschäfte gewährleistet. Bootseigner und Besitzer der großen Pescaderías transportieren die gesamten Schiffsladungen in die Verbraucherzentren Santiago und Santo Domingo zu *Weiterverarbeitungsbetrieben*, die ihnen zum Teil selbst gehören, oder verkaufen ihre Anlandungen "en gros" an *Zwischenhändler* und *Aufkäufer von "Procesadoras" und "Pescaderías"*. Ein Teil des angelandeten Fischs wechselt direkt am Strand den Besitzer. Der *Abtransport* erfolgt mit Lastwagen oder Camionetas (Kleintransporter). Der Fisch wird

---

[1] Durchschnittlich $ 625 R.D. (170.-DM)

entweder in großen Kunststoffcontainern oder direkt auf den Ladeflächen der Transportfahrzeuge befördert. Dünne Eislagen reichen nicht aus, um eine ausreichende Kühlung zu gewährleisten (Foto 20).

Foto 20: Beladung einer Camioneta (Kleinlastwagen) mit den Anlandungen eines Mutterschiffs in Río San Juan (Fisch wird mit einer dünnen Lage Eis abgedeckt).

Nach Angaben der befragten Fischer hat die Mehrzahl der Bootseigner mit Großabnehmern feste Absprachen über den Ankauf der Anlandungen getroffen. So entstehen in Río San Juan nicht selten *Engpässe bei der Versorgung der lokalen Bevölkerung mit Fisch*. Der Manager des größten Hotels von Río San Juan klagte darüber, daß häufig wenige Stunden nach einer Anlandung die gesamten Fänge abtransportiert seien und am Anlandungsort nicht genügend Fisch für Konsumenten und Hotels zur Verfügung stehe.

Neben Fischern, Fischhändlern unterschiedlichster Ausprägung und Bootsbauern sind in Río San Juan eine nicht zu unterschätzende Zahl an *Gelegenheitsarbeitern in der Fischereiwirtschaft* tätig. Da für größere Fischereifahrzeuge keine Anlegemöglichkeiten vorhanden sind, müssen die Mutterschiffe einige hundert Meter vom Strand entfernt be- und entladen werden. Die Beladung der Fischereifahrzeuge mit Eis, Treibstoff und Nahrungsmitteln und die

Entladung der Fänge[1] erfolgt mit Yolas und Glasfiberbooten (Foto 21). Die Lastenträger werden pauschal mit $ 70 R.D. entlohnt.

Zu *touristischen Zwecken* eingesetzte Boote, die von der Laguna Gri-Gri aus einheimische, aber auch zunehmend internationale Touristen zu den Mangrovenwäldern und abgelegenen Stränden bringen, werden in der Regel nicht zur Fischerei eingesetzt. Sie sind größtenteils mit fest montierten Bankreihen ausgestattet und nicht hochseetauglich.

Foto 21: *Beladung eines Mutterschiffs mit Eis, Río San Juan. Das in Plastiksäcken verpackte Eis wird in kleine Boote verladen, die es zum Mutterschiff transportieren.*

5.2.6 Las Matancitas

Bei *Nagua* (ca. 50 000 Einwohner), dem Verwaltungssitz der Provinz Maria Trinidad Sánchez, trifft die Hauptverbindungsstraße zwischen der Carretera Duarte[2] und dem Nordosten des Landes auf die Küstenstraße Samaná - Puerto Plata. Aufgrund der

---

[1] Meist 30 bis 80 Zentner.

[2] Hauptverbindung zwischen dem Süden und dem Norden der Dominikanischen Republik.

geographischen Lage am Kreuzungspunkt zweier Überlandstraßen, hat sich Nagua zu einem der wichtigsten *Warenumschlagsplätze* des Nordostens der Dominikanischen Republik entwickelt.

Die Fischerei ist für Nagua von untergeordneter Bedeutung. Aufgrund ganzjährig extrem starken Wellengangs ist das Passieren der vorgelagerten Korallenriffe und das Anlegen auch für kleine Fischereifahrzeuge mit hohen Gefahren verbunden. Die Fischerei konzentriert sich deshalb auf das 4 km östlich gelegene "Las Matancitas", ein kleines Dorf mit mehreren hundert Einwohnern, wo das Anlegen von Booten weniger riskant ist.

Am Strand von Las Matancitas haben *sieben Pescaderías* ihre Fischereifahrzeuge stationiert. Mit Ausnahme eines Fischgeschäfts, das sich in Nagua befindet, haben alle Pescaderías ihren Sitz in Las Matancitas in Strandnähe an der Hauptstraße, die von Nagua nach Samaná führt. Las Matancitas ist der einzige Fischereistandort in der Dominikanischen Republik, an dem die Zusammensetzung der Fischereifahrzeugtyen von *einbaumförmigen Glasfiberbooten* dominiert wird.

Neben sechs Cayucos aus Holz sind alle übrigen dreißig Fischereifahrzeuge Glasfiberboote in Form von "Canoas". Sie eignen sich für die lokalen marinen Verhältnisse außerordentlich gut. Darüberhinaus ist die ortsansässige Fischerbevölkerung mit der Form der Fischereifahrzeuge vertraut, da sie vor Einführung der modernen Boote aus Glasfiber mit Einbäumen operierten. Die Mehrzahl der Fischer aus Las Matancitas widmen sich der *Handleinen- und Tauchfischerei*. Alle Fischereifahrzeuge werden von Außenbordmotoren mit 8 bis 9,9 PS angetrieben. Einige Pescaderías verfügen über Kompressoren, Nasas, Stellnetze und Lichtfischerei-Ausrüstung.

Die *Fanggründe* liegen im küstennahen Bereich zwischen Cabrera und Cabo Cabrón auf der Halbinsel Samaná. In der Regel verlassen die Fischer eine bis zwei Stunden vor Sonnenaufgang Las Matancitas, um die weiter entfernten Fischgründe der Halbinsel Samaná anzusteuern. Gegen 17h kehren sie gewöhnlich von ihren Ausfahrten zurück. Nicht selten wird an abgelegenen Stränden an der Küste bei El Limón übernachtet. Die Fischer, die Tauchfischerei mit Kompressor betreiben, gehen hauptberuflich der Fischerei nach. An guten Tagen können die Erträge aus der Tauchfischerei pro Fischer mehr als $ 300 R.D. (ca. 85.- DM) betragen, was dem zehnfachen Lohn eines Tagelöhners in der Landwirtschaft entspricht. Ein Teil der übrigen Fischer widmet sich neben der Fischerei dem Reisanbau oder dem Ernten und Trocknen von Kokosnüssen.

Die von Las Matancitas eingesetzten *Glasfiber-Canoas* befinden sich, von einer Ausnahme abgesehen, in den Händen der *Pescaderías*. Die größte Pescadería verfügt über ein Drittel aller Boote, die übrigen setzen je drei bis sechs Fischereifahrzeuge ein. Ein kleines Fischgeschäft operiert mit nur einem mit Kompressor ausgestatteten Boot. Zwei der fünf mittelgroßen Betriebe unterhalten sog."*Comedores*", einfache Restaurants, die gleichzeitig als Fischgeschäft dienen.

Der Besitzer der *größten ortsansässigen Pescadería* beschäftigt 35 Fischer auf seinen Fischereifahrzeugen. Von 11 Glasfiber-Canoas, die alle mit Außenbordmotoren ausgerüstet sind, werden acht mit Kompressoren zur Tauchfischerei eingesetzt. Ein Dutzend Nebenerwerbsfischer, die vorwiegend Tauchfischerei vom Strand aus betreiben, verkaufen ihre Fänge ebenfalls an die lokale Pescadería. Der Vater des Eigentümers hatte mit der Fischerei begonnen. Hauptberuflich ging er jedoch landwirtschaftlichen Tätigkeiten nach. Überstiegen die Anlandungen den Eigenbedarf der Familie, versuchte er die Überschüsse zu verkaufen. Hierzu wurde der Fang an einen Stock gebunden und in den Straßen von Nagua für wenige Centavos vermarktet. Der Besitzer der Pescadería begann Anfang der 60er Jahre als Jugendlicher seinen Vater bei der Fischerei und beim Verkauf der Fänge zu unterstützen. Schließlich übernahm er die Vermarktung der Anlandungen, indem er in den Straßen und auf dem Markt von Nagua Fisch verkaufte. 1982 gründete er die Pescadería, als die Preise für Fisch extrem angestiegen waren. Per Kleinlastwagen beliefert er heute eine Reihe Restaurants in Santo Domingo. Sind die Anlandungen nicht ausreichend, um eine Wagenladung Fisch in die Hauptstadt zu transportieren, wird Fisch hoher Qualität an Fisch- und Zwischenhändler aus San Francisco de Macorís, Santiago und Santo Domingo verkauft. Fisch minderer Qualität wird direkt an Endverbraucher bzw. durch Paleros in Nagua vermarktet.

Die Fischer, die mit den Fischereifahrzeugen der Pescadería operieren, sind ausnahmslos bei ihrem "Dueño" verschuldet und damit verpflichtet für dessen Betrieb zu arbeiten. Der Besitzer der Pescadería macht die Neigung vieler Fischer zu übermäßigem Alkoholkonsum und Glücksspiel (vorwiegend Billard und Hahnenkampf) für die in Einzelfällen bis an $ 5 000 R.D. (ca. 1400.-DM) heranreichende Verschuldung verantwortlich.

Alle *übrigen Pescaderías* verkaufen ihre Anlandungen, soweit sie nicht direkt in ihren "Comedores" als Fischgerichte angeboten werden, in der Regel an Fischaufkäufer aus den genannten Städten. In Las Matancitas nahm in den vergangenen Jahren die Zahl der Fisch- und Zwischenhändler aus weit entfernten Verbraucherzentren, wie Santiago und Santo

Domingo, stark zu. Bis Mitte der 80er Jahre waren in erster Linie Zwischenhändler und Besitzer von Fischgeschäften aus San Francisco de Macorís in Las Matancitas tätig gewesen.

5.3 Küstenzone III: Samaná

Die *Küstenzone von Samaná* reicht von "*Punta Cabrón*" im Westen bis "*Punta Limón*" im Osten. Sie beschränkt sich auf die "*Bahía de Samaná*" und angrenzende Küstenabschnitte mit Tiefen von maximal 50 m. Die fischereilich genutzten Bereiche der Zone III, die sich über 1370 km² erstreckt, werden von PRODESPE auf 676 km² geschätzt und umfassen somit knapp die Hälfte des fischereilich nutzbaren Areals (FDL 1980, S.42).

Die *Bucht von Samaná* stellt den ausgedehntesten *Lebensraum für Garnelen* ("camarón blanco", Penaeus schmitti) in der Dominikanischen Republik dar (ARVELO, S.28). Experten schätzen, daß mehr als 75 % der Garnelenfänge des Landes aus der Bucht von Samaná stammen. Im Mündungsgebiet des Río Yuna, der enorme Mengen an Feinmaterial in der "Bahía de Samaná" ablagert, und im Bereich des Nationalparks Los Haitises befinden sich ausgedehnte Mangrovensümpfe, die zur Reproduktion der Bestände von höchster Bedeutung sind.

5.3.1 Sánchez

Sánchez an der "*Bahía de Samaná*" war einer der Orte, an dem bereits frühzeitig der *Handel mit Fisch* aufgenommen wurde. Zu *Beginn dieses Jahrhunderts* war Sánchez eine *florierende Hafenstadt*, die seit 1887 durch die Eisenbahnlinie "Sánchez - La Vega" mit dem Cibao, dem landwirtschaftlichen Hauptanbaugebiet der Dominikanischen Republik, verbunden war und dadurch ausländische, vorwiegend englische und amerikanische Handelshäuser, Banken und Konsulate angezogen hatte. Sánchez galt zu jener Zeit als größter Warenumschlagsplatz des Landes. Tropische Hölzer, Kaffee, Kakao, Bananen, Kokosnüsse und Rinderhäute wurden von hier aus verschifft. Für das Bürgertum des viktorianischen Zeitalters wurden Geschirr, Stoffe, Schmuck, Parfums und vieles mehr eingeführt. Nicht zuletzt wurde in Sánchez die erste Zeitung des Landes gedruckt und das erste Telefon in Betrieb genommen.

Der *Fischhandel* begann, als erste ambulante Händler durch die Straßen zogen, um den damals noch selbst gefangenen, an Stöcken aufgereihten Fisch in den Straßen zu verkaufen. Die ambulanten Fischhändler wurden als "*Paleros*" bezeichnet, da sie Fisch am Stock (span.: "palo") verkauften. José Morales (geb. 1900) war einer der ersten "Paleros", der versuchte, Fisch auch außerhalb von Sánchez zu vermarkten. Ab 1930 ließ er regelmäßig Fisch in einer mit Eis gekühlten Transportkiste mit der Eisenbahn nach La Vega bringen, wo Kollegen den angelieferten Fisch auf dem Markt und in den Straßen weiterverkauften. Später veräußerten zusätzlich Angestellte der Eisenbahngesellschaft Fisch an den Bahnstationen von Villa Riva, Pimentel und San Francisco de Macorís.

Erst *Anfang der 70er Jahre* wurde die *Garnelenfischerei* aufgrund gestiegener Nachfrage wirtschaftlich attraktiv. Als nach Ende der Ära Trujillos die Bedeutung des Hafens von Sánchez stark zurückgegangen war, wurde 1975 die Eisenbahnlinie Sánchez - La Vega eingestellt. Zahlreiche Bewohner verließen die ehemals wirtschaftlich prosperierende Stadt oder begannen mit der zu diesem Zeitpunkt aufstrebenden Garnelenfischerei. Zur Herstellung von Einbäumen und einfachen Wurfnetzen benötigten sie relativ wenig Kapital. Außenbordmotore waren in der flachen Bucht nicht erforderlich. So begann die *Umstrukturierung von Sánchez* von einem viktorianisch geprägten *Handelsplatz* zum *Zentrum der dominikanischen Garnelenfischerei*.

Zum Zeitpunkt der Erhebungen wurden in Sánchez etwa 25 *Pescaderías* angetroffen, die sich auf Fang und Vermarktung von Garnelen spezialisiert hatten. Der größte der lokalen Fischereibetriebe operierte mit über 30 Fischereifahrzeugen. Darüberhinaus sind etwa ein Dutzend "*Compradores*" tätig, die über keine Boote verfügen. Sie kaufen die Anlandungen selbständiger Fischer auf und veräußern sie an lokale Pescaderías oder auswärtige Fischhändler.

Ein Großteil der Fänge wird von den Pescaderías bzw. den Fischergemeinschaften direkt in Sánchez weiterverkauft. Über ein Dutzend Zwischen- und Fischhändler aus den Verbraucher- und Tourismuszentren, aber auch Besitzer von Restaurants und Hotels aus Nagua, Las Terrenas und Samaná sind täglich in Sánchez anzutreffen. Nur die größten Pescaderías fahren ihre Anlandungen selbst aus. Sie beliefern internationale Hotels und Supermärkte in Santo Domingo, Santiago und in den Tourismuszentren.

Knapp die *Hälfte der Fischer* aus Sánchez arbeitet auf *Booten der Pescaderías*. Ein kleiner Teil ist Mitglied von fünf *Fischergemeinschaften*, die über eigene Boote verfügen[1]. Alle übrigen Fischer bezeichnen sich als "unabhängig". Obwohl sie meist eigene Boote besitzen, ist ein beträchtlicher Teil von ihnen bei den Pescaderías verschuldet. Für Compradores und kleine Pescaderías, die über keine eigenen Fischereifahrzeuge verfügen, wird es immer schwieriger, Fänge von unabhängigen Fischern aufzukaufen, da die Zahl der Fischer, die keinerlei Verpflichtungen eingegangen sind, stetig abnimmt. Knapp 90 % der befragten Fischer haben *feste Käufer* für ihre Anlandungen. Nur 10 % sind in der Lage, ihre Anlandungen an denjenigen zu verkaufen, der den höchsten Preis bietet. Der *Verkaufspreis* richtet sich nach Größe der angelandeten Garnelen, Nachfrage und Eigentum des benutzten Fischereifahrzeugs. Er beträgt zwischen $ 15 R.D. (ca. 4.-DM) und $ 28 R.D. (ca. 8.- DM) pro Libra.

Alle Fischer aus Sánchez operieren ausschließlich mit *Cayucos* und *Canoas*, die in der Regel von lokalen Bootsbauern konstruiert wurden. Mit Außenbordmotoren versehene Einbäume werden im *Mündungsgebiet des Río Yuna* und im Einzugsbereich des *Nationalparks "Los Haitises"* eingesetzt. Cayucos, die gerudert oder mit Hilfssegel angetrieben werden, sind auf nahegelegene, weniger ertragreiche Fanggründe bei Sánchez beschränkt. Nicht selten werden die Canoas der großen Pescaderías an abgelegenen Stränden auf der Sánchez gegenüberliegenden Seite der "Bahía de Samaná" unter Aufsicht eines Fischers zurückgelassen. Die Fischer werden mit großen Kielbooten, die in erster Linie als Transportmittel für landwirtschaftliche Produkte und Besucher des Nationalparks dienen, nach Sánchez gebracht, um am nächsten Morgen zu den ertragreichen Fanggründen zurückzukehren. Somit werden Anfahrtszeit der Fischer und Treibstoffkosten der Pescaderías eingespart.

Es werden hier vorwiegend zwei *Fangmethoden* praktiziert: *Wurfnetz- und Stellnetzfischerei*. Die sog. *"Atarrayadores" (Wurfnetzfischer)* sind in der absoluten Überzahl (Foto 22). Zu ihnen zählen etwa 85 % der Fischer. Die Fischer, die mit *Bodenstellnetzen* operieren, sog. *"Chinchorreros"*, arbeiten von wenigen Ausnahmen abgesehen für Pescaderías. Obwohl zahlenmäßig in der Minderheit, stehen sie in der Masse der Anlandungen kaum hinter den "Atarrayadores" zurück. *"Chinchorros"* von mehreren hundert Metern Länge werfen beträchtlich höhere Erträge ab als die vergleichsweise kleinen Wurfnetze der Atarrayadores.

---

[1] Vgl. Kapitel 6.1.2.4: Kollektive Produktionsformen

Foto 22: Garnelenfischerei mit "Atarrayas" (Wurfnetze) in der Bucht von Samaná bei Sánchez.

Werden mehrere "Chinchorros" aneinandergebunden, können ganze Bereiche der Bucht von Samaná abgeriegelt werden, so daß Wurfnetzfischer, deren Aktivitäten sich auf die flacheren, ufernahen Fanggründe beschränken, das Nachsehen haben. Seit *Mitte der 80er Jahre* haben *gewalttätige Auseinandersetzungen zwischen den beiden Fischergruppen* stark zugenommen. Im folgenden Abschnitt sollen die Hintergründe dieses Konflikts aufgezeigt werden.

Nach Angaben des lokalen Fischerei-Inspektors und älteren Fischern wurde bis *Mitte der 60er Jahre* in Sánchez ausschließlich *Leinen-, Wurfnetz- und Strandwadenfischerei* betrieben. Erst 1965 begann eine amerikanische Hilfsorganisation mit der *Einführung des ersten "Chinchorros de Ahorque"* (Bodenstellnetze) für eine Fischereikooperative. Die Maschengröße der ersten eingeführten Kiemennetze betrug 10 cm, so daß sich nur ausgewachsene Garnelen in den Maschen verfangen konnten. Die *Pescadería* von José Morales war die erste, die mit diesen Netzen zu operieren begann. Mitte der 70er Jahre waren drei Pescaderías mit Chinchorros ausgerüstet. Heute arbeitet bereits über ein Dutzend Pescaderías mit dieser Art Netz. Auch einige erfolgreiche selbständige Fischer setzen die neuen Netze ein. Inzwischen sind ca. 100 Stellnetze zum Garnelenfang vorhanden. Die Maschengrößen haben sich jedoch seit der Einführung der ersten Stellnetze stark verringert. Maschengrößen unter 5 cm sind heute die Regel, vereinzelt werden sogar Netze mit nur 2 cm eingesetzt, in denen sich nicht nur die ausgewachsenen, sondern vor allem die Jungtiere verfangen.

Während in der Bucht von Samaná normalerweise *Wurfnetze* in Wassertiefen bis zu 5 m Verwendung finden, werden mit Bleigewichten beschwerte *Stellnetze* in bis zu 35 m Tiefe am Grund verankert. Die mit Bodenstellnetzen ausgerüsteten Fischer können somit bereits in den tieferen Bereichen der Bucht Garnelen abfangen, bevor sie in seichtere, für Wurfnetzfischer zugängliche Zonen eindringen können. Von dem Fischerei-Inspektor und Wurfnetzfischern wurde mehrfach berichtet, daß des öfteren mehrere je 300 m bis 450 m lange Stellnetze miteinander verknüpft werden, so daß nahezu die gesamte Bucht vom Meer abgeriegelt wird. Allein diese Tatsache dürfte ausreichen, um die *Masse der Wurfnetzfischer* gegen die "*Chinchorreros*" und deren Pescaderías aufzubringen.

Um den Konflikt nicht eskalieren zu lassen, wurde 1986 in der Bucht ein *Schutzgebiet* abgesteckt, in dem Bodenstellnetze nicht verwendet werden dürfen. Doch genau diese Maßnahme führte zu gewalttätigen Auseinandersetzungen zwischen den beiden Fischergruppen. Da die "Chinchorreros" weiterhin innerhalb des Schutzgebiets dem Garnelenfang nachgingen, fühlten sich die "Atarrayadores" berechtigt, die Stellnetzfischer tätlich anzugreifen. Seit 1988 sind *gewalttätige Auseinandersetzungen* an der Tagesordnung, bei denen vom Gebrauch von Pistolen, Macheten und Springmessern nicht zurückgeschreckt wird. Sánchez ist inzwischen auch räumlich in zwei Lager gespalten. Die "Atarrayadores" wohnen im tiefergelegenen Teil des Ortes nahe am ehemaligen Hafen, die "Chinchorreros" dagegen im etwas höhergelegenen Teil. Die *Anlandungsplätze* der Wurfnetzfischer liegen im Bereich der ehemaligen Hafen- und Verlade-Einrichtungen. Die Stellnetzfischer haben ihre Fischereifahrzeuge an einer etwas östlich vom Stadtkern gelegenen kleinen Bucht, wo sich die Pescadería von José Morales befindet.

Seit 1989 wurden immer wieder *mehrtägige Streiks* ausgerufen, die das Wirtschaftsleben von Sánchez zum Erliegen brachten und die Straßenverbindung zwischen den Tourismuszentren der Halbinsel Samaná und dem Rest des Landes zeitweilig unterbrachen. Mit den Streiks soll auf die gespannte Lage der Fischerei in Sánchez aufmerksam gemacht werden.

Die *Überwachung der Einhaltung der Fischereigesetze* wird immer wieder gefordert. Der dafür zuständige "Inspector de la Pesca" (Fischerei-Inspektor) ist mit seiner Aufgabe völlig überfordert. Nachdem er brutal zusammengeschlagen wurde, geht er nur noch bewaffnet seiner Arbeit nach. Die "Marina de Guerra" (Kriegsmarine), die mit der Überwachung des dominikanischen Seehoheitsgebiets betraut ist, greift bei den Auseinandersetzungen sehr selten ein, obwohl im 25 km entfernten Samaná permanent eines ihrer Patrouillenboote stationiert ist. Es kann davon ausgegangen werden, daß die Besatzungen der Überwachungsboote von den Pescaderías, die in den verbotenen Gebieten mit Bodenstellnetzen operieren, für das Nicht-Eingreifen lukrative finanzielle Zuwendungen bekommen. Trotzdem kam es bereits mehrfach zu Verhaftungen von "Chinchorreros". Sie wurden jedoch jeweils nach Vorführung beim "Juez de Paz" (Friedensrichter) und nach Begleichung symbolischer Strafen[1] wieder auf freien Fuß gesetzt.

Interessenallianzen zwischen Pescadería-Besitzern, dem Senator von Samaná, dem gegenwärtigen Friedensrichter, dem Bürgermeister von Sánchez und konservativen Kräften in der regierenden PRSC (Partido Reformista Social Cristiano) verhindern eine auf rechtsstaatlichen Mitteln basierende Lösung des Problems. Hinzukommt, daß *innerparteiliche Differenzen* innerhalb der PRSC den Konflikt zwischen "Chinchorreros" und "Atarrayadores" zusätzlich anheizen. Der offizielle PRSC-Abgeordnete von Sánchez hat sich offen auf die Seite der Wurfnetzfischer und damit auf die Seite der Mehrheit der Bewohner von Sánchez gestellt. Da sich die übrigen politischen Parteien in dem Konflikt bisher kaum geäußert haben, kann er davon ausgehen, daß ihn bei den bevorstehenden Wahlen auch Anhänger der übrigen politischen Gruppierungen bei der Kandidatur zum Senator der Provinz Samaná unterstützen. Darüberhinaus dürfte sein Einsatz für die Belange der Masse der Wurfnetzfischer auch durch persönliche und wirtschaftliche Interessen motiviert sein. Angehörige seiner Familie haben nicht unerhebliche Mengen an Kapital in Pescaderías investiert, die ausschließlich mit Wurfnetzen operieren. Der Bürgermeister von Sánchez und der gegenwärtige Senator der Provinz Samaná[2], die auf Seiten der "Chinchorreros" stehen, versuchen, ihre politische Macht zu erhalten.

Unter den gegenwärtigen politischen Verhältnissen wird sich an der angespannten Situation nichts ändern, da die Fischerei-Problematik inzwischen so stark politisiert wurde, daß es sich bei den Auseinandersetzungen nur noch *vordergründig* um einen *Interessenkonflikt zweier Fischergruppen* handelt. Vielmehr werden *politische Machtkämpfe* auf den Schultern der Fischer ausgetragen. Die gegenwärtig über Macht, Einfluß und Kapital verfügenden Kräfte

---

[1] $ 20 R.D. bis $ 30 R.D. (ca. 5,50 DM bis 8.-DM).

[2] Beide ebenfalls PRSC

sind an der Aufrechterhaltung der augenblicklichen gesamtpolitischen Situation interessiert, während aufsteigende Kräfte innerhalb der PRSC mit Hilfe der Wählerstimmen der Masse der "Atarrayadores" versuchen, die Machtverhältnisse in der Provinz Samaná zu verändern. Eine Lösung des Konflikts muß deshalb auf politischer Ebene erfolgen. Verfrühtes Eingreifen durch entwicklungspolitische Maßnahmen wäre vor Beendigung der politischen Machtkämpfe zum Scheitern verurteilt.

Eine rasche Beilegung des Konflikts wäre auch aus ökologischen Gesichtspunkten wünschenswert, um den Fortbestand der marinen Ressourcen in der Bucht von Samaná nicht zu gefährden, da der ungeregelte Einsatz engmaschiger Netze bereits in wenigen Jahren zu einem spürbaren Rückgang der Garnelenbestände führen dürfte. Zur Erhaltung der marinen Ressourcen ist es deshalb unerläßlich, den Einsatz sowohl engmaschiger Bodenstellnetze als auch Wurfnetze nicht nur zu verbieten, sondern diese Art von Fanggeräten von staatlicher Seite aus dem Verkehr zu ziehen. Da dies unter Berücksichtigung der gegenwärtigen regionalpolitischen und sozio-ökonomischen Situation der Provinz Samaná nicht zu verwirklichen sein dürfte, wird sich die Lage der Garnelenfischerei in der Bucht von Samaná auf natürliche Weise entspannen, wenn die Ressourcen soweit zurückgegangen sein werden, daß die Fischerei vom ökonomischen Standpunkt nicht mehr rentabel erscheint.

5.3.2 Sabana de la Mar

Sabana de la Mar ist mit knapp 20 000 Einwohnern der größte Ort auf der Südseite der *Bucht von Samaná*. Auf nur *teilweise ausgebauten Straßen* ist es von Hato Mayor, der Hauptstadt der gleichnamigen Provinz, und von Miches aus zu erreichen. Dreimal täglich verkehrt eine *Fähre* zwischen Samaná und Sabana de la Mar, die jedoch keine Pkws oder Lkws befördert. Das *Hinterland* von Sabana de la Mar ist vorwiegend *viehwirtschaftlich* geprägt. Der Ort wird von San Pedro de Macorís mit *Strom* versorgt. Die *Wasserversorgung* weist erhebliche Mängel auf. Die *öffentlichen Infrastruktureinrichtungen* der Stadt beschränken sich auf das "Ayuntamiento" (Rathaus), den "Palacio de la Justicia" (Justizgebäude), Grund- und Hauptschulen, ein privates Gymnasium, ein Krankenhaus, ein Post- und Telefonamt, Wasser- und

Stromversorgungsbehörden, Posten der Polizei und Marine, ein privates Geldinstitut und Zweigstellen des Agrarministeriums, der Agrarbank, der Sozialversicherungsbehörde und der Verwaltung des Nationalparks Los Haitises.

Anfang der 60er Jahre begann in Sabana de la Mar die *kommerzielle Fischvermarktung*, als eine Pescadería mit einem Kleinlastwagen den Verkauf von Fisch in Santo Domingo in Angriff nahm und die ersten Zwischenhändler aus der Hauptstadt in Sabana de la Mar auftauchten. Inzwischen operieren neun *Pescaderías* am Ort. Die größte Pescadería setzt ein Mutterschiff von 17,5 m Länge ein, das mit 5 Glasfiberbooten bestückt ist. Zwei weitere Pescaderías arbeiten mit jeweils vier bzw. sieben Yolas und Glasfiberbooten, die alle mit Außenbordmotoren und Kompressoren ausgestattet sind. Die übrigen kleineren Pescaderías operieren vorwiegend mit ein bis drei Cayucos und Canoas. Einige von ihnen verleihen zusätzlich Außenbordmotoren und Fanggeräte.

Die *ortsansässige Fischereikooperative* verfügt über *kein kollektives Eigentum an Produktionsmitteln*. Den Mitgliedern der Kooperative gehören ihre Boote und Ausrüstungsgegenstände selbst[1].

In Sabana de la Mar werden mit Ausnahme des einen Mutterschiffs über *150 kleine Fischerfahrzeuge* eingesetzt. Die Mehrzahl (etwa 90 %) sind *Cayucos* und *Canoas*, von denen weniger als die Hälfte von Außenbordmotoren angetrieben wird.

Der Großteil der Fischer aus Sabana de la Mar widmet sich in den *flachen Uferbereichen* der Bucht von Samaná der *Wurfnetzfischerei* nach Garnelen, in tieferen Bereichen dagegen der Grundleinenfischerei. Auch *Bodenstellnetze* und *Nasas* kommen häufig zum Einsatz. Daneben wird von etwa zehn Fischergruppen *Strandwadenfischerei* betrieben. *Tauchfischerei* wird in der Regel mit Außenbordmotoren und Kompressoren ausgestatteten Fischereifahrzeugen der Pescaderías außerhalb der Bucht von Samaná ausgeübt. Das stark getrübte Wasser innerhalb der Bucht, läßt diese Fischereitechnik nicht zu.

Bei den Fischern von Sabana de la Mar ist es üblich, die *Fangerträge* unter den Bootsbesatzungen *gleichmäßig aufzuteilen*. Bei Nasa-, Tauch- und Strandwadenfischerei gilt diese *Gewinnaufteilungsmethode* nicht. Der Eigner der *Nasas* und des Fischereifahrzeugs entlohnt in der Regel seinen "Ayudante", der ihm bein Heben der Nasas hilft, mit 15 % bis 20 % der Einnahmen aus dem Verkauf der Anlandungen. Bei der *Tauchfischerei mit Kompressoren*

---

[1] Vgl. Kapitel 6.1.2.4: Kollektive Produktionsformen

Foto 23: Filetierung von Fisch in einer Pescadería in Sabana de la Mar.

erhält der "Yolero" 30 % der Erträge. Die Fischer, die der *Strandwadenfischerei* nachgehen, bekommen in der Regel 60 % der Gewinne vom Besitzer der Produktionsmittel, die sie untereinander aufteilen.

Im Gegensatz zu anderen Fischereistandorten *gehören* in Sabana de la Mar über *drei Viertel der Boote* den *Fischern*. Trotzdem vermarkten nur 10 % der befragten Fischer ihre Fänge selbst, indem sie sie an eines der Hotels am Ort oder direkt an Endverbraucher veräußern. Fast 90 % der interviewten Fischer haben für ihre Anlandungen *feste Abnehmer* (75 % Fischhändler und 15 % Fischerei-Kooperative). Mehr als drei Viertel von ihnen sind *Verpflichtungen* eingegangen, die in Sabana de la Mar nur zu einem geringen Teil auf dem Verleih von Fischereifahrzeugen, sondern auf *Kredite, Vorschußzahlungen und Absicherungsstrategien* beruhen.

Die größte *Pescadería* am Ort betreibt seit Mitte der 80er Jahre einen *Fischverarbeitungsbetrieb*, der mit mehreren Kühlräumen ausgestattet ist. Langusten, Muschelfleisch und Fisch der oberen Qualitätsstufen, für die relativ hohe Preise zu erzielen sind, werden in der Regel nicht weiterverarbeitet. Kleinere Fische mit geringem Verkaufswert werden vorwiegend von Jugendlichen per Hand zu *Filets* verarbeitet (Foto 23), die anschließend in eine *Panade* eingetaucht und in *Kunststoffhalbschalen* eingeschweißt werden (Foto 24).

Foto 24: *"Filete minuta"*, panierte Fischfilets in Kunststoffhalbschalen eingeschweißt, - die Spezialität einer Pescadería aus Sabana de la Mar. Daneben *"Lambi"* (Muschelfleisch).

Zum Zeitpunkt der Erhebungen wurden von dem *Mutterschiff* der Pescadería, nach einwöchiger Fangfahrt zur *"Banco de la Navidad"* 20 Zentner Muschelfleisch (Lambi) angelandet, das in Plastiksäcken verpackt, einen der Kühlräume ausfüllte (Foto 25). Legt man ein Durchschnittsgewicht (nur Fleisch) von 0,5 bis 1 kg pro Lambi-Schnecke (Strombus gigas) zugrunde, so wurden von der Besatzung eines einzigen Mutterschiffs innerhalb einer Woche das Fleisch von 1000 bis 2000 Lambi-Schnecken angelandet. Da es sich hierbei um keinen Einzelfall handelt, ist davon auszugehen, daß innerhalb weniger Jahre das vorhandene Potential an Lambi auf den beiden großen dominikanischen Hochseebänken soweit ausgebeutet sein dürfte, daß die Reproduktion nachhaltig in Gefahr gerät.

Die Pescadería liefert ihre Anlandungen mit eigenem Kleinlastwagen in Santo Domingo an *Supermärkte* und *Hotels* aus. Daneben wird auch am Ort an *Zwischenhändler* verkauft, die mit ihren Kleinlastwagen mehrmals wöchentlich nach Sabana de la Mar kommen. Sie beliefern größtenteils Fischgeschäfte und Märkte in Santo Domingo, aber auch Restaurants und Weiterverarbeitungsbetriebe. Unter den sog. *"Compradores"* befinden sich auch einige Besitzer von Fischgeschäften aus Santo Domingo, San Pedro de Macorís und Hato Mayor.

Foto 25: 20 Zentner Muschelfleisch (Lambi) im Kühlraum einer Pescadería.

Alle übrigen Pescaderías in Sabana de la Mar fahren ihre eigenen Anlandungen und die Aufkäufe von selbständigen Fischern und informellen Kleinhändlern in der Regel nicht selbst aus, sondern verkaufen sie an die genannten "Compradores".

Neben Fisch- und Zwischenhändlern sind in Sabana de la Mar einige "*Paleros*" tätig, die die Fänge selbständiger Fischer am Strand aufkaufen und in kleineren Orten der Provinz vermarkten. Einige Paleros, die nicht über ausreichend Grundkapital zum Ankauf der Fänge verfügen, arbeiten im Auftrag der Pescaderías. Ein verschwindend geringer Teil der Anlandungen wird somit in der Provinz Hato Mayor konsumiert. Das *Gros der Fänge* aus Sabana de la Mar erreicht in Santo Domingo den Endverbraucher.

5.3.3 Miches

Miches mit ca. 22 000 Einwohnern liegt in einem vorwiegend *viehwirtschaftlich und kleinbäuerlich geprägten Gebiet*. Man erreicht Miches sowohl von der Provinzhauptstadt El Seibo, als auch von Sabana de la Mar und Higüey auf nur teilweise befestigten, in äußerst schlechtem Zustand befindlichen Straßen. Der *Handel* mit landwirtschaftlichen Produkten und das *Handwerk* prägen neben der *Fischerei* und *kleinstädtischen Dienstleistungen* das Wirtschaftsleben von Miches. Rathaus, Krankenhaus, Grund- und Hauptschule, Post, Polizei, Marine, Wasser- und Stromversorgungsbehörden, Landwirtschaftsministerium, Agrarbank und private Kreditinstitute sind vorhanden. Die Mehrzahl der Ortsviertel ist an das *öffentliche Wasser-* und *Stromversorgungsnetz* angeschlossen. Über 60 % der Fischerhaushalte verfügen über eigenen Wasser-, knapp 80 % über Stromanschluß.

Die *kommerzielle Fischerei* begann in Miches gegen Ende der Ära Trujillos mit der Vermarktung von Fisch durch die "Marina de Guerra". Durch ein *dominikanisch-japanisches Fischerei-Projekt* war die Lichtfischerei eingeführt worden. In den 60er Jahren wurden die ersten privaten, über die Grenzen der Provinz hinausgehenden *Fischvermarktungsaktivitäten* aufgenommen. Eine Pescadería begann, nach dem Ankauf einer Camioneta ihre Anlandungen in der Hauptstadt Santo Domingo auf dem "Mercado Modelo" zu vermarkten. Ein weiterer Fischhändler belieferte eine große Pescadería in La Romana, die Fischereiprodukte nach Puerto Rico exportierte. Ende der 70er Jahre scheiterte ein groß angelegtes *Fischerei-Projekt von IDECOOP,* nachdem die Mitglieder der Fischerei-Kooperative "Lorenzo de la Rosa" einen Großteil der Ausrüstung verloren, individualisiert oder verkauft hatten.

Heute arbeitet die Mehrheit der Fischer auf *Kielbooten* bis zu 8,50 m Länge, die mit PS-starken Außenbordmotoren (25 - 40 PS) ausgerüstet sind. Dieser Bootstyp wurde erst vor knapp einem Jahrzehnt in Miches eingeführt. Er ermöglicht den Fischern längere Ausfahrten über den küstennahen Bereich hinaus. Die Kielboote befinden sich, von wenigen Ausnahmen abgesehen, im *Eigentum* von sechs Pescaderías, von denen die größte zehn dieser Boote einsetzt. Nur vier Fischer operieren mit eigenen Kielbooten. Daneben sind hier zwei *Mutterschiffe* von 14 m Länge stationiert, die mit jeweils drei Yolas an Bord zu Fangfahrten von 10 bis 14 Tagen zur "Banco de la Navidad" und "de la Plata" eingesetzt werden. Eines der Mutterschiffe lag zum Zeitpunkt meiner Erhebungen mit Motorschaden im Mündungsbereich des Río Obero auf Grund. Das zweite Mutterschiff brannte bei der Rückkehr von der "Banco del Navidad" nach einer Explosion an Bord zum Teil aus, als es bereits zur Entladung direkt vor der Küste von Miches geankert hatte. Die Ursache des Brands wurde auf die Unvorsichtigkeit des Schiffskochs im Umgang mit dem Gasherd an Bord zurückgeführt.

Die *kleineren Fischereifahrzeuge*, ca. 50 *Einbäume* und 10 *Yolas*, die ihre Fänge in einer Bucht einen Kilometer westlich des Zentrums von Miches anlanden, sind zu einem größeren Anteil im Besitz von Fischern. Die Mehrzahl befindet sich jedoch ebenfalls im *Eigentum von Pescaderías*. Somit sind etwa drei Viertel aller Fischer auf Booten der Pescaderías tätig.

Cayucos, Canoas und *Yolas* werden ausschließlich für eintägige Fangfahrten im *küstennahen Bereich* um Miches und in der Bucht von Samaná verwendet. Die meisten Kleinfischer befischen die halbmondförmige Sandbank "Media Luna", die sich etwa 7 km vom Anlandungsplatz befindet. Etwa die Hälfte der Boote werden mit Außenbordmotoren bis zu 9,9 PS angetrieben.

Leinen- und *Tauchfischerei* sind am weitesten verbreitet. *Nasas* und *Stellnetze* werden jedoch ebenfalls eingesetzt. Sechs Fischergruppen gehen der *Strandwadenfischerei* mit "Chinchorros de arrastre" nach. Einige der Fischer, die auf den Booten einer Pescadería aus San Pedro de Macorís tätig sind, betreiben "*Schattenfischerei*" auf große pelagische Fische, die ihnen ihr "Patron" beigebracht hatte.

Die *Kielboote* werden in erster Linie für Fangfahrten von 6 bis 8 Tagen zur "*Banco de la Navidad*" eingesetzt. Die Anfahrtszeit beträgt mit Außenbordmotoren von 40 PS ca. 12 Stunden. Die Bootsbesatzungen, die aus drei bis vier Mann bestehen, widmen sich ausschließlich der *Leinen-* und *Tauchfischerei*. Zwischen den mehrtägigen Ausfahrten werden die Kielboote vorwiegend zu eintägigen Fangfahrten eingesetzt. Die Fischer verlassen in der Regel am späten Nachmittag Miches, um bei Einbruch der Nacht "Media Luna" zu erreichen, wo bis zum frühen Morgen der *Lichtfischerei* nachgegangen wird.

Über 80 % der Fischer verkaufen ihre Fänge ausschließlich an *einen bestimmten Fischhändler*, der in der Mehrzahl der Fälle das Fischereifahrzeug bzw. den Außenbordmotor zur Verfügung stellt. Sie nahmen regelmäßig *Vorschußzahlungen* von ihren "Patrones" entgegen. Bei eintägigen Ausfahrten sind $ 50 R.D. bis $ 70 R.D. üblich. Bei mehrtägigen Fahrten sind Vorschußzahlungen zur Deckung der Lebenshaltungskosten der Familien während der Abwesenheit der Fischer von von $ 300 R.D. bis $ 500 R.D. die Regel. In Ausnahmefällen werden bis zu $ 1500 R.D. für besonders tüchtige Tauchfischer gewährt. Über die Hälfte der befragten Fischer gehen davon aus, daß ihr "*Patrón*" in einer *Notsituation* für sie den *einzigen möglichen Kreditgeber* darstellt.

Die größte in Miches ansässige *Pescadería*, die zum Zeitpunkt der Erhebungen mit 10 Kielbooten operierte, unterhält einen Lkw mit dem mehrmals wöchentlich Fisch nach Santo

Domingo transportiert wird. Der *Verkauf* in der Hauptstadt erfolgt ausschließlich an *Fischverarbeitungsbetriebe* und an eine *Supermarktkette*. In Miches verkauft die Pescadería auch an "*Compradores*", die in erster Linie in Santo Domingo Hotels und Restaurants beliefern oder Fisch der unteren Qualitätsstufen auf den Märkten der Hauptstadt vertreiben.

Neben der Vermarktung der Anlandungen der eigenen Fischereifahrzeuge kauft die Pescadería regelmäßig von mehreren *kleineren ortsansässigen Pescaderías*, die mit wenigen Booten operieren, und einigen selbständigen Fischern die Fänge auf. Im Gegenzug dafür werden sie regelmäßig mit Eis und Treibstoff versorgt. Die größte ortsansässige Pescadería ist somit für die *Logistik* und *Vermarktung* der Anlandungen von mehr als der Hälfte der Kielboote verantwortlich, die von Miches aus operieren.

Der *Eigentümer* der beiden zur Zeit der Erhebungen nicht einsatzfähigen *Mutterschiffe* verkauft seine Anlandungen an Pescaderías, die sowohl in Santo Domingo als auch La Romana Weiterverarbeitungsbetriebe unterhalten. Die Fänge werden bei der Anlandung von Lkws der "Procesadora" in Miches abgeholt.

Eine Pescadería aus San Pedro de Macorís unterhält in Miches eine Zweigniederlassung. Anlandungen der eigenen Fischereifahrzeuge werden zusammen mit Ankäufen der Fänge einiger kleinerer, in Miches ansässiger Pescaderías und selbständiger Fischer mit eigenem Kleinlastwagen nach San Pedro de Macorís transportiert. Dort betreibt die Pescadería ein Fischgeschäft, beliefert aber auch Hotels und Restaurants in den Tourismuszentren der dominikanischen Südküste zwischen Juan Dolio und Boca Chica.

Die übrigen *Pescaderías* in Miches verkaufen ihre Ware vorwiegend an *Zwischenhändler* aus Santo Domingo, die Weiterverarbeitungsbetriebe, Hotels, Restaurants und Märkte mit Fisch beliefern.

Daneben sind einige *Paleros* mit Motorrädern tätig, die Fisch der unteren Qualitätsstufen sowohl von selbständigen Fischern am Strand als auch von kleineren Pescaderías erwerben. Der Weiterverkauf erfolgt in kleineren Orten der Provinz El Seibo.

Die *Vermarktung von Fisch* wird in Miches in erster Linie von den Pescaderías kontrolliert. Nur in wenigen Ausnahmefällen vermarkten Fischer einen Teil ihrer Anlandungen selbst. Der größte Prozentsatz des angelandeten Fischs wird in Santo Domingo weitervermarktet. Ein verschwindend geringer Teil der Anlandungen verbleibt in der Region.

5.3.4 Laguna Redonda

Ca. 15 km östlich von Miches befindet sich das Dorf *Los Urabos*, dessen Bewohner mehrheitlich der *Landwirtschaft* und *Viehzucht* nachgehen. Von dort aus führt ein nicht befahrbarer, schmaler *Pfad* über einen Bergrücken zur Laguna Redonda. Die Lagune ist durch einen schmalen Mangrovenstreifen vom Meer getrennt. Durch einen Mangrovenkanal ist jedoch das offene Meer zu erreichen. Dieser Weg wird häufig von Flüchtlingen benutzt, die versuchen, per Boot die Nachbarinsel Puerto Rico zu erreichen.

Knapp 50 Fischer aus Los Urabas betreiben in der Laguna Redonda Fischerei. Sie operieren ausschließlich mit *Einbäumen*, die gerudert werden. Fünf Fischer besitzen eigene Cayucos. Alle übrigen Einbäume befinden sich in den Händen von drei *Pescaderías* aus dem 2,5 km entfernten Los Urabos. Die größte Pescadería verfügt über acht, zwei kleinere über fünf bzw. vier Fischereifahrzeuge.

Die in der Laguna Redonda vorwiegend angewandte Fangmethode ist die *Stellnetzfischerei*. Die "Chinchorros de Arrastre" gehören zum Großteil ebenfalls den Pescaderías. Sieben Fischer verfügen jedoch über eigene Netze. Die Fänge, die sich meist aus "Robalo", "Pargo", "Lisa", "Jurel", "Aguja" und eingesetztem "Tilapia" zusammensetzen, werden von den Fischern zu Fuß, bei größeren Anlandungen mit Esel oder Pferd ins Dorf gebracht.

Alle Fischer verkaufen ihre Fänge an eine der drei lokalen Pescaderías. Die größte Pescadería, die acht Einbäume einsetzt, wurde 1985 vom Besitzer eines Gemischtwarenladens gegründet. Er verkauft neben Lebensmitteln und Produkten des täglichen Bedarfs Fisch an die lokale Bevölkerung. Die beiden kleineren Pescaderías bestehen seit 1986 und 1988. Alle lokalen *Pescaderías* vermarkten den größten Teil ihrer Anlandungen über *Fisch-* und *Zwischenhändler* aus Santo Domingo, die an den Fischereistandorten zwischen Sabana de la Mar, Miches und Cabeza de Toro Fisch aufkaufen. Vor 1985 brachten die Fischer aus Los Urabos an Tagen mit außergewöhnlich guten Fängen ihre Anlandungen zum Verkauf nach Miches. Der in den 60er Jahren in der Laguna Redonda ausgesetzte *Tilapia*, der inzwischen einen beträchtlichen Anteil der Fänge ausmacht, war aufgrund seines hohen Grätenanteils bis vor wenigen Jahren nur schwer zu vermarkten.

5.4 Küstenzone IV: La Mona

Die Zone IV umfaßt den äußersten *Osten* der Dominikanischen Republik zwischen "*Punta Limón*" im Norden und "*Punta Espada*" im Süden. Von "Cabo Engano" erstreckt sich eine Untiefe von etwa 30 km Länge in den "*Canal de la Mona*", der Hispaniola von der Nachbarinsel Puerto Rico trennt. Die Ausdehnung der Küstenplattform bis zu einer Tiefe von 180 m beträgt 1185 km². Nach Angaben von PRODESPE werden davon nur 5 % fischereilich genutzt (FDL 1980, S.25).

5.4.1 Cabeza de Toro

Cabeza de Toro liegt unweit von "Cabo Engano", dem östlichsten Punkt der Insel Hispaniola. Die *kommerzielle Fischerei* begann hier erst *Anfang der 70er Jahre*. Vorher bestand hier ein mit nur wenigen Soldaten besetzter *Posten der Marine*, um den sich die Hütten einiger *Köhler* gruppierten. Eine Yola diente zur Eigenversorgung mit Fisch. Ab 1971 nutzte eine der großen Pescaderías aus La Romana Cabeza de Toro als *Fischerei-Camp*. Die Fischer, die auf großen *Segelbooten* der Pescadería eingesetzt wurden, blieben meist für einige Wochen oder Monate. Übernachtet wurde in einfachen Hütten am Strand oder auf den Booten. Die Anlandungen wurden mehrmals wöchentlich per Lastwagen von Cabeza de Toro nach La Romana transportiert. Die gesamte *Logistik*, der Nachschub von Nahrungsmitteln, Wasser, Fischereigeräten und Eis zur Kühlung der Fänge lag in den Händen der *Pescadería*. Mitte der 70er Jahre wurde das Fischerei-Camp aufgegeben.

1975 baute eine kleine Pescadería in Cabeza de Toro eine *permanente Operationsbasis* auf. Zunächst wurden vier *Yolas* mit PS-schwachen Außenbordmotoren eingesetzt. Die ersten Fischer ließen sich mit ihren Familien dauerhaft nieder und bauten ihre Hütten entlang des unbefestigten Feldwegs, der zum Anlandungsplatz führte. Anfang der 80er Jahre begann die Einführung großer *Kielboote*, die auch in *küstenfernen Gewässern* eingesetzt werden können. Immer mehr *Zuwanderer* kamen auf der Suche nach einer Beschäftigung. Während mit den Yolas nur relativ kurze Ausfahrten möglich waren, konnten mit den PS-starken und stabileren Kielbooten Fangfahrten von drei bis vier Tagen zu ertragreicheren Fischgründen durchgeführt werden.

Mit *steigenden Erträgen* verbesserte sich auch die Einkommenssituation der Fischer. Die Anzahl der *Zuwanderer* ist inzwischen auf etwa 200 angestiegen. Sie wohnen in 48 zum Teil sehr einfachen aus Bambus oder Holz gebauten *Hütten* und Häusern, die größtenteils mit Palmwedeln gedeckt sind und meist über einen Wohn- und einen Schlafraum verfügen. Die Kochstellen befinden sich außerhalb der Häuser unter einfachen Überdachungen aus Bambus und Palmwedeln. Der Bau von Latrinen ist wegen des harten korallinen Untergrunds nur schwer möglich. Deshalb stehen den wenigsten Haushalten Latrinen zur Verfügung. Mit Ausnahme eines Gebäudes wurden alle Unterkünfte der Fischer von ihnen selbst oder von Familienangehörigen und Freunden errichtet. Keinem der Fischer gehört offiziell der Boden, auf dem er sein Haus errichtet hat.

1981 wurde Cabeza de Toro neben Boca de Yuma *Austragungsort für einen internationalen Wettbewerb für Hochseeangler*. Nach Ausbau der *infrastrukturellen Einrichtungen* durch den "Club Náutico" wird dieser Wettkampf für Sportangler seit 1983 ausschließlich hier durchgeführt. Zu diesem Zweck wurde von einem Brunnen in 5 km Entfernung eine *Wasserleitung* nach Cabeza de Toro verlegt, die auch der lokalen Bevölkerung zugute kommt. Zum Zeitpunkt der Erhebungen war jedoch die Dieselpumpe aufgrund eines technischen Defekts seit mehreren Monaten nicht in Betrieb, so daß die Bewohner auf Eseln Wasser in großen Plastikkanistern heranschaffen mußten. Einige mit "Camionetas" ausgestattete Fischhändler versorgten die mit ihnen zusammenarbeitenden Fischer mit Wasser.

Das *Stromaggregat* des "Club Náutico" ist nur zur Zeit der Wettkämpfe oder an Wochenenden, wenn mehrere Mitglieder des Clubs anwesend sind, in Betrieb. Die Mehrzahl der Fischer sind auf *Petroleumlampen* angewiesen. Ein Gemischtwarenladen, eine Strandbar und ein Verpflegungsbetrieb verfügen über *Generatoren*, die einige benachbarte Gebäude zusätzlich mit Strom versorgen. *Öffentliche Einrichtungen* sind, abgesehen von dem Posten der "Marina de Guerra", nicht vorhanden. Die Kinder der Fischer werden in einem Gebäude, das ein Fischhändler zur Verfügung gestellt hat, von einem Lehrer unterrichtet, der täglich aus der Provinzhauptstadt Higüey kommt. In der Regel verkehrt wochentags eine "Camioneta" vor- und nachmittags zwischen Higüey und Cabeza de Toro.

Die Fischer gehen mehrheitlich der *Leinenfischerei* nach. Jeder Fischer besitzt mehrere "Cordeles" unterschiedlicher Länge und Stärke. *Curricán-Fischerei* wird mit Schleppleinen von 600 m bis 900 m Länge und einem Haken betrieben. *Grundleinenfischerei* nach "Cabrilla" (Epinephelus guttatus) erfolgt in 50 m bis 100 m Tiefe, nach "Chillo" in Tiefen unter 250 m mit bis zu einem Dutzend Haken. An zweiter Stelle rangiert die *Tauchfischerei*, die von einer Reihe Fischern auch vom Strand aus ohne Fischereifahrzeug betrieben wird. Eine Gruppe von jungen Fischern widmet sich nachts im vorgelagerten Riff der Tauchfischerei nach Langusten und Hummern. Sie verwenden mit Fahrradschläuchen abgedichtete Taschenlampen als Lichtquelle. Häufig kommen Tauchfischer aus der Provinz für einen Tag nach Cabeza de Toro, um am Riff nach Langusten zu tauchen. Sie vermarkten in der Regel ihre Produktion selbst in Higüey. Nur wenige ortsansässige Fischer widmen sich der *Nasa-* und *Zugnetzfischerei*.

Die hiesigen Fischer operieren vorwiegend mit *Kielbooten* von 7,5 m bis 8 m Länge, die von Außenbordmotoren mit 25 PS angetrieben und vorwiegend für *mehrtägige Fangfahrten* in *küstenferne Gewässer* eingesetzt werden. Daneben finden *Yolas mit Außenbordmotoren* von 9,9 PS Verwendung.

Die überwiegende Mehrzahl der Fischer operiert mit *Fischereifahrzeugen der Fischhändler*. Die größte *Pescadería* am Ort wird von einem "*Administrador*" (Geschäftsführer) geführt. Sie setzt fünf große Kielboote und sechs Yolas ein. Die beiden kleineren Pescaderías arbeiten mit je drei Kielbooten. Daneben ist seit 1990 in Cabeza de Toro ein *Mutterschiff* von 16,5 m Länge stationiert, das einem spanischen Fischhändler aus Cortesito gehört. Nur drei Fischer verfügen über ein eigenes Kielboot, fünf über eigene Yolas. Von wenigen Yolas abgesehen, werden alle hier eingesetzten Fischereifahrzeuge mit Motorkraft betrieben.

Die *Kielboote* werden von jeweils drei Fischern für Fangfahrten von drei bis vier Tagen Dauer eingesetzt. Die *Fischgründe* liegen vorwiegend im "*Canal de la Mona*" zwischen den Küsten der Dominikanischen Republik und Puerto Rico. Um die Fischgründe der "*Isla Desecheo*" zu erreichen, die sich etwa in 100 km Entfernung von Cabeza de Toro befinden, benötigen Kielboote etwa sechs Stunden. Die Fangerträge betragen in der Regel drei bis fünf Zentner, steigen bei außergewöhnlich guten Ausfahrten auf etwa 7 Zentner. Fänge unter einem Zentner sind relativ selten.

Das in Cabeza de Toro stationierte *Mutterschiff* operiert ebenfalls in küstenfernen Gewässern. Vier mit Kompressoren ausgestattete Yolas werden an Bord mitgeführt. Zur *Besatzung* gehören neben dem Kapitän, der in Cabeza de Toro wohnt, acht Taucher, vier Yoleros, die die Yolas steuern und die Kompressoren überwachen, ein "Limpiador", der die Fänge ausnimmt, ein "Neverero", der für die Lagerung und Kühlung verantwortlich ist, und ein Schiffskoch. In der Regel wird die "*Banco de la Navidad*" angelaufen. Die "San Miguel" benötigt knapp achtzehn Stunden, um ihr Ziel zu erreichen. Die Dauer einer Fangfahrt variiert zwischen acht und zwölf Tagen. Die Erträge schwanken zwischen 50 und 80 Zentnern.

93 % der in Cabeza de Toro befragten Fischer verkaufen ihre Fänge ausschließlich an *einen bestimmten Fischhändler*, der in der Regel Eigner des eingesetzten Fischereifahrzeugs ist. 69% nehmen *Vorschußzahlungen* von ihrem jeweiligen "Patrón" in Anspruch. Zwei Drittel gehen davon aus, daß ihnen in einer *Notlage* ihr Fischhändler einen Kredit einräumen würde.

Die *ortsansässigen Pescaderías* verkaufen ihre Anlandungen größtenteils an *Zwischenhändler* aus der Provinzhauptstadt Higüey und aus Juanillo, die täglich oder mehrmals wöchentlich mit ihren Kleinlastwagen nach Cabeza de Toro kommen und die Hotelanlage "*Bávaro Beach*", die sich nur wenige Kilometer nordwestlich von Cabeza de Toro befindet, den Club Mediterranée in Punta Cana, den "Punta Cana Yacht Club" und kleinere Hotels und Restaurants in Higüey beliefern. Neben den mit Camionetas ausgestatteten Zwischenhändlern operieren fünf "*Compradores*" mit Motorrädern zwischen Cabeza de Toro und Higüey. Meist erstehen sie Fisch zweiter und dritter Qualität, der im *Straßenverkauf* bzw. auf dem *Markt* in Higüey an Endverbraucher, Fisch-Frituras oder ambulante Händler weiterverkauft wird. Ein "*Comprador*", der regelmäßig in Cabeza de Toro Fisch aufkauft, läßt seine Ware beispielsweise durch acht *Paleros* in Higüey vertreiben. Nur einige *wenige selbständige Fischer*, die über "gute Freunde" Zugang zum Hotel Bávaro Beach haben, sind in der Lage, Fisch erster Qualität zu Spitzenpreisen von $ 12 R.D. pro Libra *selbständig zu vermarkten*. Die übrigen Fischer verkaufen ihre Fänge zu $ 10 R.D. (erste Qualität), $ 7 R.D. (zweite Qualität) und $ 3 R.D. (dritte Qualität) an die "Compradores" aus Higüey. Diese *Preise* entsprechen etwa den *Verkaufspreisen der lokalen Pescaderías*.

Den *Endverbraucher* in Higüey erreicht Fisch aus Cabeza de Toro zu einem Preis von $ 14 R.D. (erste Qualität), $ 11 R.D. (zweite Qualität) und $ 7 R.D. (dritte Qualität). Pro Libra Fisch verdienen sowohl die "*Compradores*", die den Fisch am Anlandungsort aufkaufen, als auch die *ambulanten Händler*, die Fisch in Higüey weitervermarkten, durchschnittlich $ 2 R.D.. Die mit Motorrädern operierenden *Kleinhändler* und die *Paleros* sind vorwiegend an Fisch der *untersten Qualität* interessiert, da die *Gewinne pro Kapitalinvestitionseinheit* in in dieser Preisklasse höher liegen als bei Fisch erster Qualität. Mit einem *Grundkapital* von $150 R.D. (ca. 40.-DM) ist ein "Comprador" in der Lage, 50 Libras Fisch dritter Qualität in Cabeza de Toro zu erwerben, die er in Higüey für ca. $ 250 R.D. an Straßenhändler weiterverkaufen kann. Mit dem gleichen Grundkapital könnte er dagegen nur 15 Libras Fisch erster Qualität erstehen, die ihm einen maximalen Gewinn von nur $ 60 R.D. einbringen würden. Der Verkauf von Fisch minderer Qualität sichert ihm dagegen einen Gewinn von mindestens $ 100 R.D.. Verkauft er sein Ware nicht an ambulante Händler, sondern übernimmt selbst die Vermarktung bis zum Endverbraucher, so steigt seine Gewinnspanne auf $ 200 R.D.. Dies entspricht, nach Abzug der Treibstoffkosten für das Motorrad, einer *Verdoppelung des eingesetzten Grundkapitals*.

In Cabeza de Toro angelandeter *Fisch hoher Qualität* erreicht die internationalen Hotelanlagen der Ostküste relativ schnell *auf direktem Weg*. *Fisch unterer Qualität* wird dagegen über eine *Kette von Händlern* bis zum Endverbraucher gebracht. Der Großteil aller Anlandungen wird *in der Region vermarktet*.

5.4.2 Juanillo

20 km von Punta Cana entfernt liegt Juanillo, das auf einem nicht ausgebauten Fahrweg zu erreichen ist. Die 250 Bewohner gehen der *Fischerei*, der *Produktion von Holzkohle* und der *Landwirtschaft* nach. Der Ort ist weder an die öffentliche Strom- noch an die Wasserversorgung angeschlossen. *Trinkwasser* wird aus einem Brunnen in 3 km Entfernung geholt und mit Eseln ins Dorf transportiert. Der einzige *Gemischtwarenladen* und eine der beiden *Open-Air-Tanzbars* sind mit *Generatoren* ausgestattet, an die auch einige Nachbargebäude angeschlossen sind. An *öffentlichen Einrichtungen* ist in Juanillo eine Grundschule und ein Posten der Marine vorhanden.

Die *kommerzielle Fischerei* begann in Juanillo Anfang der 80er Jahre. Zum Zeitpunkt der Erhebungen gingen etwa dreißig Fischer der *Leinen-, Tauch- und Nasafischerei* nach. Zwei Fischer betrieben Tauchfischerei mit einem Kompressor. Daneben fanden zwei *Stellnetze* Verwendung, die meist als Strandwaden eingesetzt wurden. Die vorhandenen Fischereifahrzeuge, ausschließlich *Yolas*, gehörten von zwei Ausnahmen abgesehen den *Eigentümern* von drei ortsansässigen *Pescaderías*. Die Fischer bekamen in der Regel von ihrem "Patrón" einen *Vorschuß zur Realisierung der Ausfahrt*. Die Vergabe von Kleinkrediten in Notfällen war allgemein üblich.

Eine *Pescadería* entspricht im äußeren Erscheinungsbild einem *Gemischtwarenladen*. Sie verfügt über eine Yola, zwei Außenbordmotoren, Nasas und eine Kühltruhe. Die beiden übrigen Pescaderías operieren mit drei bzw. mit vier Yolas. Die Anlandungen der drei Pescaderías werden in erster Linie an ein Fischgeschäft in La Romana verkauft, dessen Besitzer zweimal wöchentlich mit einem Kleinlastwagen unter anderem auch nach Juanillo kommt, um Fisch aufzukaufen. Er versorgt die ortsansässigen Pescaderías mit Eisblöcken zur Kühlung der Fänge. Daneben operiert von Juanillo aus ein Fischhändler, der selbst über keine Fischereifahrzeuge verfügt, jedoch Fisch von den Pescaderías in Cabeza de Toro und Boca de Yuma, aber auch von selbständigen Fischern aufkauft. Zu seinen Abnehmern gehören die Hotelanlagen Bávaro Beach, Punta Cana und Punta Cana Yacht Club. Die in Cabeza de Toro häufig anzutreffenden "Compradores" kommen in der Regel nicht bis Juanillo.

Immer wieder sind in Juanillo wie auch in Cabeza de Toro *Gelegenheitsfischer* aus der Provinz anzutreffen, die für einen oder mehrere Tage Tauchfischerei am Riff betreiben. Sie vermarkten ihre Produktion nicht vor Ort, sondern in Higüey.

5.5 Küstenzone V: Saona

Die Zone V mit einer Ausdehnung von 540 km² erstreckt sich von "*Punta Espada*" im Osten bis zur Mündung des *Río Dulce* im Süden. Sie umfaßt die *Fischgründe* im Umkreis der *Insel Saona* und angrenzende Küstenbereiche. Die 180 m Tiefenlinie verläuft in einem Abstand von 5 - 7 km von der Küste. PRODESPE schätzt den fischereilich genutzten Anteil der Gesamtfläche der Zone V auf 59 % (FDL 1980, S.42).

5.5.1 Boca de Yuma

Boca de Yuma befindet sich 25 km südöstlich von Higüey an der *Mündung des Río Yuma*. Der Ort selbst liegt auf einer Meeresterrasse korallinen Ursprungs. Die *Anlegemöglichkeiten* für Fischereifahrzeuge sind daher auf einen schmalen Strand direkt an der Mündung des Flusses beschränkt. Die Bevölkerung (ca. 1500 Einwohner) lebt vorwiegend von der *Fischerei*. Landwirtschaft ist auf dem felsigen Untergrund nur bedingt möglich. Ein kleiner Teil der Bewohner widmet sich trotzdem dem Anbau von tropischen Knollen und Plátanos. Die Zahl der *Köhler* ist stark zurückgegangen, als mit der Gründung des "Parque National del Este" die Produktion von Holzkohle verboten wurde.

In Boca de Yuma befindet sich neben Polizei und Marine eine Grundschule und ein Gesundheitsposten, der jedoch bereits seit mehreren Monaten personell nicht besetzt ist. Ein einfaches, meist nur an Wochenenden frequentiertes, zweistöckiges Hotel mit zehn Apartements wurde in den 70er Jahren errichtet, als jährlich die *internationalen Hochseeanglerwettbewerbe* noch in Boca de Yuma ausgetragen wurden.

Foto 26: Hauptstraße von Boca de Yuma. Die Häuser sind vorwiegend aus Holz gebaut und mit Wellblech bzw. Palmwedel gedeckt.

Die Mehrzahl der *Unterkünfte* der einheimischen Bevölkerung sind mit Wellblech oder Palmwedel gedeckte *Holzhäuser* (Foto 26). Häuser aus Hohlblocksteinen sind in der Minderzahl. Die Gebäude sind in der Regel in zwei bis drei Räume unterteilt. Gekocht wird unter einer Überdachung hinter den Häusern. Fast alle Haushalte kochen mit Holz oder Holzkohle. Über zwei Drittel der Fischerhaushalte sind an das Strom- und Wasserversorgungsnetz angeschlossen, nur knapp die Hälfte verfügt über Latrinen.

Die Fischer von Boca de Yuma haben ihre *Fischgründe* im küstennahen Bereich zwischen *Cabo San Rafael* und der *Insel Saona*. Sie arbeiten vorwiegend mit drei *Fischereitechniken*: Leinenfischerei ist am weitesten verbreitet. Viele Fischer betreiben Nasa- und Tauchfischerei mit und ohne Kompressoren. Fast alle Fischer haben Fischgründe, die sie immer wieder anfahren. Boyen, an denen sie ihre Boote während des Fischens festmachen, markieren ihre bevorzugten Standorte. Einziger *Anlandungsplatz* aller Fischer befindet sich an einem schmalen Strand an der Mündung des Río Yuma. Dort werden die Boote an Land gezogen. Der Strandabschnitt ist so schmal, daß die Fischereifahrzeuge in Zweier- und Dreierreihen dicht gedrängt am Ufer liegen (Foto 27).

Bei den *Fischereifahrzeugen*, die in Boca de Yuma zum Einsatz kommen, handelt es sich vorwiegend um Yolas. Daneben sind drei Kielboote und ein Segelboot mit Innenbordmotor stationiert, die jedoch nicht an den Strand gezogen werden können, sondern im Mündungsbereich des Flusses vor Anker liegen.

Weniger als ein Drittel der Boote gehören den Fischern selbst. Die Mehrzahl befindet sich im *Eigentum* von fünf ortsansässigen *Pescaderías*, von denen die größte fünfzehn Yolas einsetzt. Die übrigen Pescaderías operieren mit zwei bis acht Booten. Die Kielboote und das Segelschiff sind ebenfalls bei den Pescaderías im Einsatz. Daneben besitzen einige Privatpersonen, die nicht in der Fischerei tätig sind, eine Reihe von Booten.

Mit den Fischereifahrzeugen aus Boca de Yuma werden in der Regel eintägige *Ausfahrten* mit zwei bis drei Mann Besatzung durchgeführt. Fischer, die im Bereich der Insel Saona operieren, werden in unregelmäßigen Abständen von einigen Pescaderías für mehrere Tage in einem aus drei Hütten bestehenden *Fischer-Camp* auf der Insel Catalinita einquartiert, um die täglichen Anfahrten von zwei bis drei Stunden einzusparen. Die Fischer werden von der jeweiligen Pescadería mit Nahrungsmitteln, Wasser und Eis versorgt. Für den Abtransport der Fänge sorgt ebenfalls die Pescadería.

Foto 27: Einziger Anlandungsplatz in Boca de Yuma. Die Yolas liegen dicht gedrängt nebeneinander.

In der Regel erfolgen die *Anlandungen* in Boca de Yuma. Nur eine Pescadería, die ihre gesamten Fänge an "Compradores" aus La Romana weiterverkauft, landet ihre Fänge in *Bayahibe* an. Die übrigen in Boca de Yuma ansässigen Pescaderías *vermarkten* ihre Produktion direkt am Ort.

Zwischenhändler und *Eigentümer von Fischgeschäften* aus San Rafael de Yuma, Higüey, Juanillo, La Romana, San Pedro de Macorís und Santo Domingo kommen mehrmals wöchentlich mit ihren Kleinlastwagen nach Boca de Yuma zum Aufkauf der Fänge. Zwischenhändlern aus San Rafael de Yuma, Higüey und Juanillo beliefern die *Hotelanlagen* Bávaro Beach, Club Mediterranée und Punta Cana Yacht Club mit Fisch der oberen Qualitätsstufen, Hummer und Langusten. Die Fischhändler aus La Romana und San Pedro de Macorís bedienen die *Tourismuszentren der Südküste* von "Casa de Campo" bis Juan Dolio, Guayacanes und Boca Chica. Fisch minderer Qualität wird auf den Märkten von Higüey, La Romana und Santo Domingo vermarktet.

Die Betreiberinnen von *Fisch-Frituras* in Boca de Yuma beklagen sich darüber, daß sie kaum in der Lage seien, Fisch zu angemessenen Preisen direkt von den Fischern selbst zu erwerben, da die überwiegende Mehrzahl von ihnen Verpflichtungen gegenüber Händlern eingegangen sei. Die meisten Fisch-Frituras sind darauf angewiesen, Fisch von den Pescaderías zu erstehen. Von einer Ausnahme abgesehen, bestätigten die in Boca de Yuma befragten Fischer, daß sie verpflichtet seien ihre Anlandungen an eine der lokalen Pescaderías abzugeben. Die Ursache hierfür ist darin zu sehen, daß mehr als zwei Drittel von ihnen mit Fischereifahrzeugen der lokalen Fischhändler operieren und darüberhinaus Vorschußzahlungen zur Realisierung der Ausfahrten in Anspruch nehmen. 60 % der Befragten hoffen auf die finanzielle Unterstützung ihrer "Patrones" im Notfall.

5.5.2 Bayahibe

Ca. 20 km südöstlich von La Romana befindet sich das *Fischerdorf Bayahibe* mit knapp 900 Einwohnern. Bayahibe ist an das *öffentliche Elektrizitätsnetz* noch nicht angeschlossen. Einige gut gestellte Familien, Restaurants, kleine Hotels und Gemischtwarenläden verfügen über eigene Dieselgeneratoren. Von der amerikanischen Hilfsorganisation "Cuerpo de Paz" wurden über ein Kreditprogramm in einer Reihe von Häusern Solaranlagen installiert. Die Mehrzahl der Bewohner sind jedoch auf Kerzen und Petroleumlampen angewiesen. *Öffentliche Einrichtungen* beschränken sich auf eine Grundschule und einen Gesundheitsposten. *Wasser* wird aus ca. 7 km Entfernung mit Hilfe einer Dieselpumpe ins Dorf geleitet. Zum Zeitpunkt der Erhebungen war jedoch die Pumpe bereits seit 3 Monaten nicht mehr einsatzfähig. Die Bewohner waren deshalb auf Brunnen angewiesen.

Ende der 70er Jahre wurde Bayahibe aufgrund seines herrlichen Palmenstrands vom *Individualtourismus* entdeckt. Inzwischen gibt es fünf Restaurants, zwei kleine Hotels und ein Dutzend Übernachtungsmöglichkeiten in "Cabanas" und Privatquartieren. An Wochenenden kommen zahlreiche Binnentouristen aus La Romana und Higüey nach Bayahibe. In zwei

Kilometer Entfernung befindet sich das Hotel "Club Dominicus" mit 150 Zimmern und 70 in einer gepflegten Gartenanlage gelegenen Doppelbungalows. Von dort aus können die internationalen Pauschalurlauber kleine Ausflüge mit Schnellbooten unternehmen, bei denen auch das "idyllische Fischerdorf Bayahibe" besucht wird. Zwischen der luxuriösen Hotelanlage "Casa de Campo" (über 2000 Betten) bei La Romana und Bayahibe verkehrt täglich ein klimatisierter Luxusbus für Badegäste, die einen Tag am Strand von Bayahibe verbringen oder mit Katamaranen und Schnellbooten Fahrten zur Insel Saona unternehmen möchten.

Neben *Tourismus* und *Fischerei* gibt es für die Bewohner von Bayahibe kaum Beschäftigungsmöglichkeiten. Landwirtschaft ist auf den kargen Böden angehobener Meeresterrassen korallinen Ursprungs nur bedingt möglich. So arbeitet ein Teil der Einwohner von Bayahibe während der Woche im Gewerbe- und Industriegebiet der "Zona Franca" von La Romana. Nach Angaben des zuständigen Fischerei-Inspektors aus Higüey arbeiten 62 Personen in der Fischerei. 53 von ihnen besitzen eine offizielle Fischereilizenz. In der Realität dürfte die *Zahl der Fischer* mindestens dreimal so hoch liegen, da über 70 Fischereifahrzeuge eingesetzt werden.

Die *Bucht von Bayahibe* wird durch eine schmale Landzunge in einen östlichen und westlichen Abschnitt geteilt. Beide Bereiche werden von Fischern als Anlandungsplätze genutzt. Der Östliche findet aufgrund seiner Nähe zum Ort bevorzugt Verwendung. Zum Zeitpunkt der Erhebungen waren 19 große *Segelboote* (Länge 6,70 m bis 7,90 m) und 54 *Yolas* stationiert, die in der Regel mit zwei, in seltenen Fällen mit drei Mann Besatzung eingesetzt werden. Die Segelboote werden im Flachwasserbereich der Bucht geankert. Yolas werden dagegen an den Strand gezogen. Etwa zwei Drittel der Yolas werden mit Außenbordmotoren angetrieben.

Die vorwiegend von den Fischern praktizierten *Fischereitechniken* sind Leinen- und Nasafischerei. Über zwei Drittel der befragten Fischer wenden diese beiden Techniken an. Bei der Fahrt zu den Fischgründen wird "Curricán-Fischerei" auf größere und mittlere pelagische Arten betrieben. Im Fanggebiet haben die Fischer von Bayahibe jeweils bis zu 30 Nasas auf dem Meeresgrund. Einige Fischer widmen sich der Tauchfischerei. Kompressoren oder Sauerstofftanks kommen jedoch nur selten zur Anwendung. Nur wenige Fischer setzen Stellnetze ein.

Die *Fischgründe*, die in erster Linie angelaufen werden, befinden sich ausschließlich in Küstennähe zwischen Bayahibe und der Insel Saona. Besonderer Beliebtheit unter den Fischern erfreuen sich "*La Palmilla*" und die "*Bahia de Catalinita*", im Kanal zwischen der Insel Saona und dem Festland.

Die *Fischereifahrzeuge*, die von Bayahibe aus eingesetzt werden, sind sowohl *Eigentum von Fischern* als auch von *Fischhändlern*. Neun der Segelboote gehören einer großen Pescadería aus La Romana. Zehn sind Eigentum von sieben Fischerfamilien aus Bayahibe. Die Yolas gehören ca. zu einem Drittel Privatpersonen und Fischhändlern aus La Romana, zu zwei Dritteln den ortsansässigen Fischern.

Obwohl mehr als die Hälfte der in Bayahibe vorhandenen Fischereifahrzeuge Fischern gehören, verkaufen 87 % der Befragten ihre Anlandungen jeweils an einen bestimmten Fischhändler. Vorschußzahlungen werden jedoch von den Händlern nur in Ausnahmefällen gewährt. Diejenigen Fischer, die auf den Segelbooten der Pescadería aus La Romana arbeiten, haben sich verpflichtet, Fisch der ersten Qualitätsstufe für $ 6 R.D., der zweiten für $ 4 R.D. pro libra zu verkaufen. Selbständige Fischer mit eigenen Fischereifahrzeugen erhalten pro Libra $ 1 R.D. zusätzlich. Die Pescadería holt die Anlandungen täglich mit einem Kleinlastwagen in Bayahibe ab. Sie unterhält in La Romana ein Fischgeschäft mit Kühlräumen und einen Fischverkauf am Markt. Die Hotelanlage "Casa de Campo" und zahlreiche Fischrestaurants werden direkt mit Fisch beliefert. Neben der großen Pescadería kaufen vier bis fünf "Compradores" Fisch in Bayahibe auf. Sie haben auf dem Markt von La Romana Fischverkaufsstände, beliefern aber auch feste Kundschaft. Zwei von ihnen setzen ebenfalls Kleinlastwagen für den Transport der Anlandungen ein. Die übrigen operieren mit Motorrädern oder werden von den anderen Fischhändlern gegen Bezahlung mitgenommen. In Bayahibe angelandeter Fisch wird somit zum überwiegenden Teil in der Nachbarprovinz, La Romana, vermarktet.

5.5.3 La Romana

La Romana ist mit über 100 000 Einwohnern die drittgrößte Stadt der Dominikanischen Republik, *Handels- und Verwaltungszentrum* der gleichnamigen Provinz. Der *wirtschaftliche Aufschwung* von La Romana begann Mitte des vergangenen Jahrhunderts mit der Einrichtung eines Exporthafens, der in erster Linie der Verladung von Zuckerrohr, Melasse und raffiniertem Zucker diente. Durch den weltweiten Verfall der Zuckerpreise entschloß sich in den siebziger Jahren der US-Konzern "Gulf & Western Company", der einst die Zuckerraffinerie betrieben hatte, auf der Zuckerrohrplantage östlich des Río Romanas eine moderne, luxuriöse Ferienanlage mit Golfplätzen und einem Flughafen anzulegen. *"Casa de Campo"* gilt heute als eine der größten und schönsten touristischen Einrichtungen des Landes.

Neben *Tourismus* und *Zuckerrohrverarbeitung* zählt das *Industrie- und Gewerbegebiet* der "Zona Franca", die westlich des Río Romanas angesiedelt wurde, zu einem der Hauptarbeitgeber der Stadt.

Nördlich der Brücke, die den Río Romana überspannt, befinden sich am Westufer des Flusses die *Anlandungsplätze der Fischerboote*. Vom Stadtzentrum, das sich auf einer angehobenen Korallenkalkterrasse befindet, führen mehrere schmale Gassen zum Fluß hinab. Die Anlandungsplätze sind für den Kfz-Verkehr nicht zugänglich. Die Fischer von La Romana operieren vorwiegend mit den landesüblichen *Yolas* und *Segelbooten* ("Veleros") von 8 m Länge. Die Yolas werden in der Regel bei der Rückkehr von einer Fangfahrt an den schmalen Uferstreifen gezogen. Die Segelboote verbleiben im Flachwasserbereich des Flusses.

Von den etwa 40 hier stationierten Yolas sind 25 *Eigentum* lokaler Pescaderías. Bei den Segelbooten ist das Verhältnis zwischen Fischereifahrzeugen der Fischer und der Pescaderías ähnlich. Von 15 "Veleros" befinden sich sechs in den Händen von Fischern. Alle übrigen Fischereifahrzeuge, einige wenige Kielboote und zwei Mutterschiffe von 10,50 m und 11,50 m Länge gehören ortsansässigen Pescaderías.

Die *Fanggebiete* der Fischer von La Romana liegen zwischen den Inseln Catalina und Saona. Mutterschiffe und Segelboote werden ausschließlich zu Fangfahrten zur Insel Saona eingesetzt, wo sich die besten von La Romana aus erreichbaren Fanggründe des Südostens befinden. Während mit den Yolas meist eintägige Ausfahrten durchgeführt werden, bleiben die Segelboote, die teilweise als Mutterschiff mit Yola eingesetzt werden, für zwei bis drei Tage auf See. Übernachtet wird an Bord bzw. auf den Inseln Saona und Catalinita. Die Mutterschiffe, die in der Regel mit drei bzw. vier Yolas operieren, führen Fangfahrten von fünf bis sechs Tagen durch. Die Fischer von La Romana gehen vorwiegend der *Leinen-, Nasa- und Tauchfischerei* nach. Einige Segelboote sind mit Kompressoren ausgestattet.

Mehr als ein halbes Dutzend *Pescaderías*, die jeweils mit ein bis zwei Segelbooten und bis zu sechs Yolas operieren, verkaufen ihre Anlandungen sowohl an "*Mayoristas*", Großhändler, als auch an lokale *Paleros*. Aber auch auswärtige *Fisch- und Zwischenhändler* zählen ebenfalls zur Kundschaft der Pescaderías. Die Großhändler beliefern in erster Linie die Hotelanlage "Casa de Campo" und weitere internationale Hotels zwischen La Romana und Santo Domingo. Die "Pescadería Hilda" exportiert darüberhinaus Fisch nach Puerto Rico. Die Paleros vermarkten ihre Aufkäufe dagegen auf dem Markt von La Romana bzw. im Straßenverkauf. Einige, die bereits seit mehreren Jahren als "Detaillistas" arbeiten, haben inzwischen einen festen Stamm an Restaurants, Fisch-Frituras und privater Kundschaft. Selbständige Fischer veräußern ihre Anlandungen vorwiegend an die lokalen Pescaderías und Paleros, die ihnen in Notfällen Kredit gewähren.

La Romana verfügt über einen weiteren *Anlandungsplatz* am "*Playa La Caleta*" westlich der "Zona Franca". Dort werden ausschließlich *Yolas* eingesetzt, mit denen Leinen- und Tauchfischerei betrieben wird. Von den 15 am Playa La Caleta stationierten Yolas, verfügen knapp zwei Drittel über Außenbordmotoren. Weniger als die Hälfte der Fischereifahrzeuge gehört selbständigen Fischern. Der Aufkauf der Anlandungen erfolgt in der Regel durch den Besitzer eines Fischgeschäfts aus La Romana, der selbst über eigene Yolas verfügt. Einige wenige Fischer vermarkten selbständig ihre Fänge im Stadtzentrum von La Romana.

5.6 Küstenzone VI: Santo Domingo

Die Zone VI erstreckt sich entlang der dominikanischen Karibikküste von der Mündung des *Río Dulce* im Osten bis "*Punta Catalina*" im Westen. Die Ausdehnung der *Küstenplattform* beträgt 611 km². Die 180 m Tiefenlinie verläuft im Bereich von San Pedro de Macorís im Abstand von etwa 15 km von der Insel, nähert sich jedoch bei Santo Domingo bis zu 2 km dem Verlauf der Küste. Der von der Fischerei ausgebeutete Bereich der Zone VI beträgt nach Schätzungen von PRODESPE 92 % des Gesamtareals.

5.6.1 San Pedro de Macorís

San Pedro de Macorís zählt mit etwa 100 000 Einwohnern zu den größten Städten der Dominikanischen Republik. Es liegt nahe der Mündung des Río Iguamo auf der Ostseite des Flusses. Die erst in den 20er Jahren des letzten Jahrhunderts gegründete Stadt verdankt ihr rasches Wachstum dem *Zuckerboom der Jahrhundertwende*. Viele Gebäude im viktorianischen und neoklassizistischen Stil stammen aus jener Zeit. Heute zählt neben der Zuckerraffinerie die *"Zona Franca"*, in der ausländische Industriebetriebe angesiedelt wurden, zu den größten Arbeitgebern der Stadt. San Pedro de Macorís ist *Verwaltungs- und Handelszentrum* der gleichnamigen Provinz und darüberhinaus Sitz der "Universidad del Este" und einer Reihe weiterführender Schulen.

Die Fischerei konzentriert sich auf drei *Anlandungsstellen*, "La Barca", am Stadtzentrum, "*Punta Pescadora*" nahe der Mündung des Río Iguamo und "*Playa Muerta*" auf der Westseite des Flusses. An den beiden zuletzt genannten Anlandungsplätzen kommen in erster Linie *Yolas* zum Einsatz, in "La Barca" überwiegen *Glasfiberboote*. Von "Punta Pescadora" aus werden 20, von "Playa Muerta" 12 Yolas eingesetzt. In "La Barca" sind etwa ein Dutzend Glasfiberboote und 6 Yolas stationiert. Je nach Anlandungsplatz gehören ein bis zwei Drittel der Fischereifahrzeuge lokalen Pescaderías und Paleros. Die meisten Fischer von San Pedro de Macorís betreiben Leinenfischerei. Besonders ertragreich ist die Schattenfischerei mit Palmwedelgeflechten auf große pelagische Fischarten.

Neben der "Cordel-Fischerei" kommen in erster Linie bei den Fischern aus "Punta Pescadora" auch *Stellnetze* und *Strandwaden* zur Anwendung. Nur wenige Fischer widmen sich der *Nasa-Fischerei*.

In "La Barca" operiert ein halbes Dutzend *Pescaderías*, die ihre Anlandungen sowohl an Restaurants und Hotels in Juan Dolio, Guayacanes, Boca Chica und Santo Domingo als auch an Paleros weiterverkaufen. Fisch hoher Qualität wird an die internationalen Hotels ausgeliefert bzw. von hoteleigenen Kleintransportern abgeholt. Fisch minderer Qualität wird von Paleros, die meist Motorroller oder Motorräder einsetzen, in San Pedro de Macorís und Umgebung an feste Kundschaft, Garküchen und einheimische Restaurants weiterverkauft. Eine in San Pedro de Macorís ansässige Pescadería unterhält in Miches Fischereifahrzeuge, die in erster Linie für mehrtägige Fangfahrten zur "Banco de la Navidad" eingesetzt werden. Die Fänge aus Miches werden per Camioneta nach San Pedro de Macorís transportiert.

Die *Anlandungen* von "Playa Muerta" und "Punta Pescadora" werden sowohl von lokalen als auch von auswärtigen Fisch- und Zwischenhändlern aufgekauft; dabei handelt es sich um Besitzer von Fischgeschäften, Zulieferer von Hotels, Betreiber von Fischverkaufständen am Straßenrand und Paleros.

5.6.2 Guayacanes

Die *touristische Entwicklung* des 50 km östlich von Santo Domingo gelegenen Guayacanes begann erst relativ spät in den 80er Jahren. Während einige große Hotelanlagen bereits dem internationalen Publikum übergeben wurden, befinden sich eine Reihe weiterer Hotels und touristischer Einrichtungen kurz vor der Fertigstellung (1990).

Guayacanes verfügt über zwei *Anlandungsplätze*, an denen jeweils 12 bzw. 15 *Yolas* stationiert sind. Weniger als 20 % der Boote sind mit Außenbordmotoren ausgestattet. Die meisten Yolas werden mit *Ruder*, einige darüberhinaus mit *Hilfssegeln* angetrieben. Die überwiegende Mehrzahl der Boote gehört der *lokalen Fischerbevölkerung*. Die vorwiegend angewandten Fangmethoden sind die *Leinen- und Tauchfischerei*. Stellnetze kommen nur vereinzelt zur Anwendung. Eine Gruppe von Fischern widmet sich der *Strandwadenfischerei*. Einige wenige Fischer operieren mit Sauerstoffflaschen. Ein beträchtlicher Teil der Tauchfischer aus Guayacanes betreibt das Tauchen mit Handharpunen vom Strand aus.

Die *Anlandungen* werden von der überwiegenden Mehrzahl der Fischer an eine lokale Pescadería verkauft, die den Fischern an schlechten Tagen Kredit einräumt. Einige Fischer arbeiten mit *Paleros* zusammen, die ihre Anlandungen vermarkten. Die Pescadería unterhält ein Fischgeschäft mit Verkaufsstand direkt an der Carretera Mella, der Hauptverbindungsstraße die von La Romana nach Santo Domingo führt. Der Verkauf erfolgt sowohl an Endverbraucher als auch an Fisch- und Zwischenhändler, die täglich zwischen den Anlandungsorten im Osten des Landes und der Hauptstadt bzw. den Tourismuszentren der Südküste verkehren.

5.6.3 Andrés

Andrés liegt 35 km östlich der Hauptstadt Santo Domingo zwischen dem internationalen Flughafen "Las Americas" und Boca Chica, dem bedeutensten Tourismuszentrum der dominikanischen Südküste.

Andrés ist Standort einer großen *Zuckerraffinerie* und war deshalb bis vor wenigen Jahrzehnten in erster Linie Wohnort der Zuckerrohrschneider und Raffineriearbeiter. Das rasche Wachstum des angrenzenden Boca Chica hat in den vergangenen Jahren auch auf Andrés übergegriffen und führte zu einer Diversifizierung der Bevölkerung. Inzwischen ist Andrés mit ca. 15 000 Einwohnern mit Boca Chica zusammengewachsen.

Die Fischer haben ihren *Anlandungsplatz* an einem schmalen Strandabschnitt der "*Bahía de Andrés*" zwischen mehreren Yachtclubs. 35 Yolas und zwei Glasfiberboote kamen zum Zeitpunkt der Erhebungen zum Einsatz. Die Mehrzahl der Fischer betreiben *Leinen- und Tauchfischerei*. Die Erträge sind in der Regel relativ gering (Foto 28).

Die in Andrés stationierten Yolas befinden sich größtenteils im *Besitz der lokalen Fischerbevölkerung*. Einige Fischer verfügen über kleine, verschließbare Holzbaracken am Strand zur Lagerung von Außenbordmotoren und Fischereigeräten.

Der *Verkauf der Fänge* erfolgt entweder direkt am Anlandungsplatz an *Endverbraucher* oder an *Paleros*. Die Paleros von Boca Chica sind informelle Fischhändler, die mit jeweils mehreren Fischern Absprachen zwecks Aufkauf der Fänge getroffen haben. Bei der Anlandung übergeben die Fischer in der Regel ihren Fang an den entsprechenden Palero, der den Verkauf übernimmt. Die Fischer werden in der Regel erst nach erfolgreichem Verkauf der Fänge entlohnt. Die meisten Paleros verfügen über keinen ausreichenden finanziellen Hintergrund, um die angelandete Ware direkt in bar zu bezahlen. Die Mehrzahl der Paleros oder "Vendedores" (Verkäufer), wie sie hier genannt werden, operieren mit Motorroller oder Motorrad. Einige von ihnen betreiben den Weiterverkauf zu Fuß. Sie bieten ihre Ware in der Regel einem festen Kundenkreis an, der sich aus Betreibern kleiner Strandrestaurants, Fisch-Frituras, Fischverkaufsständen und Endverbrauchern zusammensetzt. An Wochenenden, wenn die Stadtbevölkerung aus Santo Domingo die Strände von Boca Chica überschwemmt, ist die Nachfrage nach Fisch besonders hoch. Doch auch an normalen Werktagen liegt der Verkaufspreis für Fisch über dem landesüblichen Durchschnitt. Fisch zweiter Qualitätsstufe wird von den lokalen Fischern je nach Saison, Angebot und Nachfrage nicht unter $ 12 R.D.

Foto 28: Kleinfischer mit dem Fangertrag eines Tages, Andrés.

(ca. 3,30 DM) pro Libra verkauft. So ist für Fischgeschäfte aus Boca Chica, die Verkaufsräume, Kühleinrichtungen und Transportmittel unterhalten, die Vermarktung lokal angelandeten Fischs vom wirtschaftlichen Standpunkt nicht rentabel. Sie beziehen ihre Fischprodukte deshalb zum Teil aus weit entfernten Anlandungsplätzen. Für Paleros, die mit äußerst geringen Betriebskosten arbeiten, ist die Gewinnspanne zwischen An- und Verkauf der lokalen Fänge durchaus lukrativ, solange zumindest $ 2 R.D. (ca. 0,50 DM) pro Libra Fisch verdient werden können. Die in Andrés befragten Fischer waren nicht daran interessiert die Vermarktung ihrer Fänge selbst zu übernehmen. Sie schienen generell mit dem Verkaufserlös ihrer Anlandungen zufrieden.

Weder Fischer noch Paleros nehmen den angelandeten Fisch am Strand aus. Kinder und Jugendliche widmen sich dieser Tätigkeit und werden dafür entlohnt.

5.6.4 Boca Chica

Boca Chica ist das am stärksten frequentierte *Tourismuszentrum* an der dominikanischen Südküste. Aufgrund der Nähe zur Hauptstadt wird es nicht nur von ausländischen Touristen, sondern auch von Einheimischen besonders an Wochenenden und Feiertagen besucht. An der flachen Bucht der *"Bahía de Andrés"*, der ein Riff und zwei kleine Inseln vorgelagert sind, reiht sich eine Strandbar an die nächste. Unzählige Restaurants, Fischküchen, Stranddiskotheken, Hotels und Pensionen sind vorhanden.

Neben Yachten, Schnellbooten und Katamaranen ist am Strand von Boca Chica ein Dutzend *Yolas* anzutreffen, von denen einige vorwiegend für touristische Zwecke eingesetzt werden. Sieben Yolas mit Außenbordmotor gehören *Fischern*, die Tauch-, Leinen- und Lichtfischerei betreiben. Der *Verkauf* ihrer Anlandungen erfolgt direkt am Strand sowohl an *Endverbraucher, Betreiber von Strandrestaurants und Fischküchen* als auch an *Paleros*. Ein Fischer geht nur noch dem Fang kleiner Köderfische nach, die er lebend an Sportangler eines Yachtclubs für $ 30 R.D. (ca. 8.- DM) das Dutzend verkauft.

An Wochenenden werden die Yolas der Fischer vorwiegend für *Ausfahrten mit einheimischen Touristen* eingesetzt.

5.6.5 Playa Palenque

Playa Palenque befindet sich südwestlich von Santo Domingo, 25 km von San Cristóbal, der Hauptstadt der gleichnamigen Provinz entfernt. Seit *Anfang dieses Jahrhunderts* hatte die "Compañía Vicini" den kleinen Hafen von "Puerto Palenque" zum *Export von Zuckermelasse* genutzt. Bis 1964, als die Hafenanlage nach Haina verlegt wurde, waren hier knapp 600 Arbeiter beschäftigt, die sich in den vorangegangenen Jahrzehnten in den benachbarten Dörfern niedergelassen hatten. Mit der Aufgabe der Verladestation wanderte knapp die Hälfte der Bevölkerung ab. Nur wenige Hafenarbeiter pendelten zur Übernahme von Arbeitsschichten ins 40 km entfernte Haina[1]. Die Reste der Hafenanlage dienen seitdem als

---

[1] Die Hafenarbeiter von Puerto Palenque erreichten, daß ihnen 30 % der "Turnos" (Arbeitsschichten) zugesichert wurden.

Anlegestelle für Versorgungs- und Lotsenboote der großen Öltanker, die regelmäßig vor der Küste von Palenque ankern, um ihre Ladung über eine submarine Pipeline in die wenige Kilometer entfernten Öltanks von Nizao zu pumpen.

Bis *Anfang der 60er Jahre* diente das Hinterland von Palenque fast ausschließlich dem *Zuckerrohranbau*. Nach der Entmachtung Trujillos wurde auf einem Teil der Ländereien, die sich der Diktator angeeignet hatte, der Zuckerrohranbau eingestellt und im Rahmen einer *Agrarreform* an ca. 2000 "Campesinos" verteilt. In dem Gebiet um Palenque werden vorwiegend Zwiebeln, Chilli, Tomaten und Reis für den Markt, Yuca, Guandule, Molondrón, Süßkartoffel und Mais für den Eigenbedarf angebaut.

Playa Palenque zählt zu einem der bevorzugten *Wochenendausflugsziele* für die Bevölkerung von Santo Domingo, San Cristóbal und Baní. Unzählige Open-Air-Bars, Fischbratereien und sonstige Verpflegungsbetriebe säumen den Strand. Informelle Händler und Essensverkäufer haben an den Wochenenden Hochsaison, wenn Hunderte von Binnentouristen den Strand bevölkern und sich den Klängen des "Merengue", dem Alkohol und Frauen hingeben. Übernachtungsmöglichkeiten sind nicht vorhanden, abgesehen von einem "Hotel Familiar" in Sabana Grande de Palenque und einem für dominikanische Verhältnisse völlig überteuerten Hotel in Strandnähe. Vom internationalen Tourismus wird Palenque nicht frequentiert. Schwarzgrauer Sand, die Überreste der Zuckerverladestation und Öltanker vor der Küste entsprechen nicht dem Idealbild eines Karibikstrandes.

Die Fischer, die vom Strand von Palenque aus operieren, wohnen in den umliegenden Dörfern *Sabana Grande de Palenque*, *Sabana de Palenque*, *Juan Barón* und *Don Gregorio*. In jedem der Orte befindet sich je eine Grundschule (Primaria) und ein Posten der "Policía Nacional", in Sabana Grande de Palenque und Juan Barón darüberhinaus eine weiterführende Schule (Secundaria) und ein Gesundheitsposten. Alle drei Orte sind an das *öffentliche Elektrizitäts- und Wasserversorgungsnetz* angeschlossen. Von wenigen Ausnahmen abgesehen, verfügen alle Fischerhaushalte über Strom und Wasser.

Die Fischer von Palenque nutzen größtenteils *Yolas* für ihre Ausfahrten. Nur die Mitglieder einer *Fischereikooperative* operieren mit *Glasfiberbooten*. Von den dreißig vorhandenen Yolas werden mehr als zwei Drittel *gerudert*. Die vier Glasfiberboote der Kooperative werden dagegen von Außenbordmotoren angetrieben (siehe Kapitel Fischereikooperativen). Die vorwiegend angewandten Fischereitechniken sind *Strandwaden-, Stellnetz- und Leinenfischerei*. Die flache, sandige Bucht westlich des verfallenen Anlegestegs und das

Mündungsgebiet des Río Nizaos eignen sich hervorragend zur Strandwadenfischerei. 1904 hatte ein Fischer der Virgin Islands das erste "Chinchorro de arrastre" in Palenque eingeführt; zum Zeitpunkt der Erhebungen waren zehn dieser Netze vorhanden. Daneben setzten die Fischer knapp zwanzig Stellnetze ein, die sie vorzugsweise im Strömungsbereich des vorgelagerten Riffs und im Mündungsgebiet des Río Nizao verankern. Nur wenige Bootsbesatzungen betreiben Licht- und Langleinenfischerei. Nasas kommen nur vereinzelt zum Einsatz. Der Tauchfischerei mit Handharpunen gehen ca. 30 Gelegenheitsfischer nach, die ohne Fischereifahrzeuge operieren.

Im Gegensatz zu vielen dominikanischen Fischereistandorten, besitzen Fischhändler in Palenque kein einziges Fischereifahrzeug. Alle vorhandenen Yolas sind *Eigentum von Fischern* bzw. deren Familien und *Privatpersonen*, die hauptberuflich nicht im Fischereisektor tätig sind, jedoch Kapital in die Fischerei investiert haben. Dazu gehören ehemalige Fischer, Landbesitzer und Städter, die die Wochenenden in Palenque verbringen. Sie stellen Fischern, die selbst keine Fischereifahrzeuge besitzen, Boote und Netze zur Verfügung. In der Regel kümmern sich die Besitzer der Produktionsmittel nicht um den Verkauf der Anlandungen, solange sie ihre Gewinnbeteiligung erhalten, die je nach eingesetzten Produktionsmitteln 20 % bis 50 % des Fangerlöses beträgt.

Einer Vielzahl von Fischern reichen die *Einkünfte aus der Fischerei* nicht aus. Einige bedienen an Wochenenden in den Strandbars oder bieten für Touristen Bootsausflüge zum Riff an. Knapp die Hälfte der befragten Fischer von Palenque geht *landwirtschaftlichen Nebentätigkeiten* nach. Diejenigen, die über kein Land verfügen, verdingen sich zeitweise als Lohnarbeiter oder pachten kleine Landparzellen[1], auf denen sie neben Grundnahrungsmitteln für den Eigenbedarf vorwiegend Zwiebeln oder Reis anbauen.

Die in Palenque betriebene Kleinfischerei reicht für die Mehrzahl der Fischerfamilien gerade zur *Deckung der Grundbedürfnisse* aus. Darüberhinausgehende Bedürfnisse können nur durch die Aufnahme von Nebentätigkeiten befriedigt werden. Die Fischer befinden sich im Gegensatz zu den meisten Anlandungsplätzen des Landes in keinem bzw. *geringem Abhängigkeitsverhältnis*. Sie sind jedoch auch in *keinerlei System sozialer Sicherheit* eingebunden.

---

[1] Ein Drittel der Erträge stehen dem Landbesitzer zu, zwei Drittel dem Pächter.

Die *Vermarktung der Anlandungen* wird in Palenque von informellen Kleinhändlern organisiert. Etwa 15 *Paleros* kaufen die Fänge der Fischer auf, unabhängig davon, wem die entsprechenden Produktionsmittel gehören. Sie verfügen über Motorräder, die mit einer Plastik- oder Holzkiste auf dem Gepäckträger ausgerüstet sind, um den am Strand erstandenen Fisch in den Straßen der umliegenden Dörfer weiterzuverkaufen. Die meisten der informellen Fischhändler verfügen über keine Kühlvorrichtungen. Der Fisch muß deshalb möglichst schnell weiterverkauft werden. Einige der Paleros haben einen festen privaten Kundenkreis, der ihnen mehr oder weniger regelmäßig Fisch abkauft. Nur an Tagen mit besonders hohen Fangerträgen wird Fisch bis Baní, San Cristóbal oder Santo Domingo transportiert. Das Hotel San Cristóbal und das Hotel Embajador in Santo Domingo gehören zu den Kunden der informellen Fischhändler.

Die Fischer haben in der Regel mit keinem der Paleros feste Abmachungen getroffen. Der Kleinhändler, der als erstes am Strand erscheint und einen akzeptablen Preis bietet, bekommt den Fang. Keiner der Fischer ist verpflichtet, seinen Fang an einen bestimmten Palero zu verkaufen. Das *Angebot* übersteigt nur selten die *Nachfrage*, da die Anlandungen pro Yola oft ein bis zwei Kilo nicht überschreiten.

An Wochenenden, wenn neben den Paleros auch die Betreiber von Verpflegungsbetrieben und ambulanten Fischküchen Fisch aufkaufen, kann die Nachfrage meist nicht gedeckt werden. Zeitweise warten bis zu zehn Paleros mit ihren Motorrädern am Strand auf die Rückkehr der Fischer. Keiner der informellen Fischhändler besitzt eigene Produktionsmittel. Vorschußzahlungen und die Vergabe von Kleinkrediten durch die Paleros sind in Palenque nicht üblich. In Notfällen bleibt den Fischern nur die Möglichkeit, sich an private Geldverleiher zu wenden. Die *Mitglieder der Fischereikooperative* können dagegen auf einen Kleinkredit aus der Gemeinschaftskasse hoffen.

Nur einige wenige Fischer vermarkten ihre Fänge selbst an ihrem Wohnort. Ein Fischer, der selbst über Produktionsmittel, eine Gefriertruhe und ein Motorrad verfügt, kauft zusätzlich zu seinen eigenen Fängen Fisch am Strand auf, um ihn in der Provinz und in San Cristóbal weiterzuvermarkten.

Seit *Ende der 70er Jahre* hat sich in Palenque die *Vermarktungsstruktur* leicht verändert. KRUTE-GEORGE (1978, S.100) hebt hervor, daß es sich bei Playa Palenque um den einzigen Fischereistandort im Südwesten der Dominikanischen Republik handelt, an dem die

Fischer den Hauptteil ihrer Anlandungen *selbst vermarkten* und an dem es kein "Zwischenhändlerproblem" gibt. Sie führt dies auf die hohe *Nachfrage* zurück, die besonders am Ende der Woche die Fischpreise in die Höhe schnellen lassen. Für Binnentouristen, die das hohe Preisniveau der Hauptstadt gewohnt sind, erscheinen die Preise jedoch durchaus akzeptabel. Darüberhinaus stellt die *Nähe zu einem der am dichtesten besiedelten Räume* des Landes eine gute Basis für die Vermarktung von Fisch dar. Aufgrund guter Verkehrsverbindungen kann in ca. 45 Minuten die Provinzhauptstadt San Cristóbal und in weniger als zwei Stunden Santo Domingo erreicht werden.

Ein weiterer Aspekt, den KRUTE-GEORGE betont, ist die Tatsache, daß ein nicht zu unterschätzender Teil der Fischer von Palenque *landwirtschaftlichen Nebentätigkeiten* nachgeht und somit Nahrungsmittel für den Eigenbedarf zur Verfügung hat. Die Abhängigkeit von Kleinkrediten zur Überlebenssicherung ist daher geringer als in den meisten übrigen Fischereistandorten des Landes.

An dieser für die Fischer vorteilhaften Situation hat sich seitdem nur wenig geändert. Die Nachfrage ist bis 1991 noch weiter angestiegen, so daß die Preise für Fisch nahezu das Niveau der Hauptstadt ($ 13 R.D. für Fisch 2.Qualität) erreicht haben. Doch wird die Vermarktung der Fänge nicht mehr von den Fischern selbst, sondern von ambulanten Paleros übernommen. Der Straßenverkauf ohne Transportmittel erscheint den meisten Fischern nach mehrstündiger Fischereitätigkeit zu anstrengend. Sie verzichten somit freiwillig auf den Zugewinn, der ihnen pro Libra Fisch maximal $ 2 R.D bis $ 3 R.D. zusätzlich erbringen würde. Durch die *Aufteilung von Produktion und Vermarktung* wurde für die in Playa Palenque operierenden Paleros die Basis für eine *selbständige Beschäftigung* geschaffen, ohne dabei die Gewinne der Fischer zu sehr zu beschneiden.

Die *Vermarktungsstrukur* von Palenque könnte sich jedoch in den kommenden Jahren für die Fischer zum Nachteil verändern, wenn kapitalkräftige Fischhändler ihre Tätigkeit auf Palenque ausdehnen würden. 1991 begann bereits eine Pescadería aus San Cristóbal einen Holzschuppen für die Lagerung von Fischereigerätschaften auszubauen, um die Fischerei in größerem Maßstab aufzunehmen.

5.7 Küstenzone VII: Ocoa

Die Zone VII umfaßt die flache Bucht der "*Bahía de Ocoa*" und angrenzende Küstenbereiche zwischen "*Punta Catalina*" im Osten und "*Punta Martín García*" im Westen. Im Bereich von Baní verläuft die 180 m Tiefenlinie in bis zu 20 km Entfernung von der Küste. Die Zone VII erstreckt sich über eine Fläche von 794 km², von der nach Angaben von PRODESPE 55 % fischereilich genutzt werden.

5.7.1 Palmar de Ocoa

Palmar de Ocoa liegt an der dominikanischen Südküste zwischen Baní und Azua auf der Ostseite der "*Bahía de Ocoa*" in einer der trockensten Zonen des Landes. Von der Carretera Sánchez, die von Santo Domingo bis nach Barahona führt, ist der Ort knapp 15 km entfernt. Die Straße führt durch das mehrere Monate des Jahres trocken gefallene Flußbett des Río Ocoa. In dieser von subtropischen Hartlaubgehölzen dominierten Region im Windschatten der Cordillera Central ist *landwirtschaftlicher Anbau* nur durch Bewässerung möglich. Außerhalb der bewässerbaren Flächen ist extensive Ziegenhaltung vorherrschend. Seit Mitte des Jahrhunderts ist Palmar de Ocoa von ca. 200 auf über 3500 Einwohner angewachsen, nachdem durch umfangreiche *Bewässerungsmaßnahmen* die landwirtschafliche Nutzfläche stark ausgedehnt werden konnte. Es sind nur wenige *infrastrukturelle Einrichtungen* vorhanden, eine Grundschule und ein rudimentärer Gesundheitsposten. Das Agrarministerium betreibt eine Außenstelle, von der das Bewässerungsprojekt, "Proyecto Palmar de Ocoa" koordiniert wird. Palmar de Ocoa ist an das öffentliche Strom- und Wasserversorgungsnetz angeschlossen. Von einem Sportclub für Hochseefischer abgesehen, sind keinerlei touristische Einrichtungen, Restaurants oder Übernachtungsmöglichkeiten vorhanden. Die lokale Bevölkerung wird durch ein halbes Dutzend Gemischtwarenläden mit Grundnahrungsmitteln versorgt.

Von den ca. 50 *Fischereifahrzeugen* überwiegen Yolas, die mit Außenbordmotoren betrieben werden. Daneben sind 15 Glasfiberboote anzutreffen, von denen neun der Fischerei-

Kooperative "Carlos Marte"[1] gehören. Über die Hälfte aller Fischereifahrzeuge befindet sich im *Eigentum* von Pescaderías. Sechs Glasfiberboote und fünf Yolas werden allein von einer Pescadería mit Hauptsitz in Santo Domingo eingesetzt, deren Betrieb in Palmar de Ocoa von einem Familienangehörigen als "Administrador" geführt wird. Die vier übrigen ortsansässigen Pescaderías verfügen über jeweils drei bis sechs Yolas. Etwa ein Drittel der Yolas gehören lokalen Fischern. Die Yolas wurden überwiegend von einem lokalen Bootsbauer hergestellt.

In Palmar de Ocoa wird vorwiegend *Leinenfischerei* betrieben. Fischer, die über ein Dutzend unterschiedlich starker Handleinen aller Längen verfügen, sind keine Seltenheit. Mehr und mehr Fischer widmen sich der ertragreicheren Lichtfischerei. *Nasa-* und *Stellnetzfischerei* ist ebenfalls weit verbreitet, *Langleinen-* und *Tauchfischerei* wird nur vereinzelt betrieben. Vier Fischergruppen mit je vier Mann arbeiten mit "*Chinchorros de arrastre*" vom Strand aus. Die *Fanggebiete* der Fischer befinden sich in der Bahía de Ocoa und im küstennahen Gebiet zwischen dem Anlandungsort und Punta Santanilla.

Fast alle hier befragten Fischer haben für ihre *Anlandungen* feste Abnehmer. Sie verkaufen entweder als Mitglieder der Fischervereinigung an die *Kooperative* oder an eine der *Pescaderías*, die ihnen Fischereifahrzeuge, Außenbordmotoren und Fischereigeräte für die Ausfahrten zur Verfügung stellen. Einige Fischer, die mit eigenen Booten operieren, haben bei ihren "Patrones" *Schulden*, sind auf *Vorschußzahlungen* angewiesen oder betrachten die Zusammenarbeit mit einer der Pescaderías als *soziale Absicherung* für die Zukunft. Nur 10 % der Fischer sagten aus, daß sie in der Regel an unterschiedliche Abnehmer verkaufen und daß sie selbst Einfluß auf den Verkaufspreis ihrer Anlandungen haben. Sie räumten allerdings ein, daß sie in einem Notfall keinerlei finanzielle Hilfe zu erwarten haben. Knapp 60 % der interviewten Fischer sehen in ihrem Fischhändler den einzigen *potentiellen Kreditgeber* am Ort, der ihnen in einer finanziellen Notlage unter die Arme greifen könnte. Die Mitglieder der Fischerei-Kooperative betrachten diese als soziale Absicherung. Ohne Patrones bzw. Fischervereinigung dürfte ein nicht zu unterschätzender Teil der Fischer, auch derjenigen mit eigenen Produktionsmitteln, nicht in der Lage sein, die Operationskosten für eine Ausfahrt aufzubringen. Drei Viertel der befragten Fischer gaben zu, daß sie von ihrem Patrón (57%) bzw. der Kooperative (21%) Vorschußzahlungen zur Realisierung der Ausfahrt erhalten.

---

[1] Vgl. Kapitel 6.1.2.4: Kollektive Produktionsformen

Knapp die Hälfte von ihnen haben *Absprachen* mit einer der vier lokalen Pescaderías getroffen. Ein Viertel verkauft seine Anlandungen an die Pescadería aus Santo Domingo. Die übrigen Fischer veräußern ihre Fänge an die Fischerei-Kooperative bzw. direkt an Endverbraucher (7 %).

Die Anlandungen der *auswärtigen Pescadería* werden mehrmals wöchentlich per Kleinlastwagen in die Hauptstadt transportiert, wo die Pescadería im Stadtteil "Arroyo Hondo"[1] ein Fischgeschäft und im "Mercado Modelo" im Stadtzentrum einen Marktstand unterhält. Fisch der höchsten Qualitätsstufe wird an zahlungskräftige Endverbraucher, Fisch minderer Qualität über ambulante Händler in den randstädtischen Hüttenvierteln weiterverkauft.

Die kleineren *lokalen Pescaderías* transportieren ihre Fänge nur dann in die Hauptstadt, wenn die Anlandungen besonders reichlich ausgefallen sind und sich das Anmieten eines Kleinlastwagens bzw. die Fahrt mit öffentlichen Verkehrsmittel finanziell auszahlt. Verkauft wird in diesem Fall vorwiegend auf dem "*Mercado Modelo*" an Fischhändler, die über Verkaufsstände verfügen oder an *feste Kundschaft, Fischgeschäfte und Restaurants*. Der Besitzer einer kleineren Pescadería verkauft seine Fänge in der Regel als ambulanter Händler auf dem "Malecón"[2], der Prachtstraße von Santo Domingo. Passanten, die davon ausgehen, daß der an der Uferpromenade angebotene Fisch soeben erst gefangen worden und somit besonders frisch sei, bezahlen meist jeden geforderten Preis, so daß die Fahrt nach Santo Domingo auch mit kleineren Mengen Fisch durchaus rentabel ist. An normalen Tagen verkaufen jedoch die in Palmar de Ocoa ansässigen Pescaderías in der Regel an die *lokale Bevölkerung, Fisch- und Zwischenhändler* aus den nahen Provinzhauptstädten und aus Santo Domingo, die mehrmals wöchentlich an den Fischereistandorten zwischen Barahona und der Hauptstadt Fisch aufkaufen. Die *Fischerei-Kooperative* vermarktet ihre Anlandungen an lokale Endverbraucher, Überschüsse werden an die große Pescadería aus Santo Domingo verkauft.

Der Großteil der Fischer, die von Palmar de Ocoa aus operieren, wohnen an ihrem *Anlandungsort*. Über ein Dutzend Fischer haben jedoch ihren Wohnsitz im 5 km entfernten Sabana Buey bzw. der Fundación Sabana Buey. Daneben pendeln einige Fischer zwischen

---

[1] Eines der Nobelviertel von Santo Domingo.

[2] Avenida George Washington

Azua und Palmar de Ocoa. Sie verfügen über keine eigenen Fischereifahrzeuge und konnten in Azua keine Beschäftigung als Fischer finden. An Wochentagen übernachten sie in Palmar de Ocoa in einem Anbau einer lokalen Pescadería.

5.8 Küstenzone VIII: Beata

Die Zone VIII erstreckt sich von "*Punta Martín García*" im Osten bis zur *haitianischen Grenze* bei Pedernales im Westen. Sie umfaßt die Fischgründe im Umkreis der Inseln Beata und Alto Velo, in deren Bereich die 180 m Tiefenlinie in bis zu 30 km Entfernung vom Festland verläuft. Dagegen nähert sie sich der Küste zwischen La Ciénaga und Enriquillo bis auf 2 km. Die Ausdehnung der Zone VIII beträgt 852 km^2, von denen nach Angaben von PRODESPE 72 % fischereilich genutzt werden (FDL 1980, S.42).

An den *Fischereistandorten der Provinzen Barahona und Pedernales*, an denen ca. 700 Personen der Fischerei nachgehen[1] wurde bereits von Fachleuten des deutsch-dominikanischen Fischerei-Projekts "*Propescar-Sur*" detailliertes Datenmaterial erhoben, das vom Autor eingesehen werden konnte[2]. Deshalb wurden in dieser Küstenzone keine eigenen Feldforschungen durchgeführt.

5.8.1 Barahona

Barahona liegt auf der Westseite der "*Bahia de Neiba*" am Rande des Enriquillo-Grabens, der eine der trockensten Gebiete der Insel Hispaniola darstellt. *Landwirtschaftliche Nutzung* beschränkt sich auf bewässerbare Bereiche, in denen vorwiegend *Platanos* (Kochbananen) und *Zuckerrohr* angebaut werden. Die staatliche "CEA" (Consejo Estatal del Azúcar), die

---

[1] Ca. 500 Vollerwerbsfischer und 200 Nebenerwerbsfischer.

[2] An dieser Stelle nochmals herzlichen Dank an die Mitarbeiter von "Propescar-Sur", insbesondere an Herrn Uwe Beck und Reter Ringholz (GTZ GmbH), die den Autor bei seinen Forschungsaufenthalten tatkräftig unterstützt haben.

in Barahona eine Zuckerverarbeitungsanlage unterhält, bewirtschaftet ausgedehnte Flächen mit Zuckerrohr. Wenige Kilometer von Barahona entfernt erhebt sich die "Sierra de Baoruco", in der besonders der *Kaffeeanbau* wirtschaftliche Bedeutung hat.

Barahona ist *Hauptstadt und Verwaltungszentrum* der gleichnamigen Provinz. Sie ist mit ca. 50 000 Einwohnern die größte und am schnellsten wachsende Stadt im Südwesten der Dominikanischen Republik. Die wichtigsten Arbeitgeber der Stadt sind die *Zuckerfabrik* und der *Hafen*, in dem in erster Linie Salz und Gips aus einem etwa 30 km westlich von Barahona gelegenen Vorkommen verschifft werden. Daneben ist der *städtische Dienstleistungssektor* stark im Anwachsen begriffen.

Barahona gilt als eine der ärmsten Provinzhauptstädte des Landes, deren Bewohner zu einem großen Teil, insbesondere in den randstädtischen Hüttenvierteln, mehrere Monate des Jahres unterbeschäftigt oder arbeitslos sind, da weder Hafen noch Zuckerverarbeitung eine ganzjährige Beschäftigung bieten. Ambulanter Handel und Gelegenheitsarbeit stellen für die ärmeren Bevölkerungsschichten meist die einzigen *Einkommensquellen* dar. Aufgrund abnehmender Beschäftigungsmöglichkeiten in Landwirtschaft und Zuckerrohrverarbeitung und aufgrund mangelnder Alternativen blieb zahlreichen Arbeitsuchenden kein andere Wahl, als sich in Worten der lokalen Bevölkerung "*ins Meer zu stürzen*" ("lanzado al mar"). Eine Investition von wenigen Pesos für Leine und Haken sowie eine geliehene Yola machen aus einem Unterbeschäftigten bzw. Arbeitslosen einen "Fischer" (KRUTE-GEORGE 1978, S.60).

Die Zahl derjenigen, die sich in der Fischerei eine Beschäftigung gesucht haben, hat sich von Ende der sechziger[1] bis Ende der siebziger Jahre nahezu verzehnfacht. KRUTE-GEORGE schätzt die *Zahl der Fischer* in Barahona 1978 auf ca. 120, "PROPESCAR-SUR" ein weiteres Jahrzehnt später auf 165.

Die Kleinfischer von Barahona nutzen drei *Anlandungsplätze*, von denen sich der am stärksten frequentierte am Strand neben dem Hotel Guarocuya befindet. Der Hafen von Barahona wird von den Kleinfischern in der Regel gemieden. Fast alle *Fischereifahrzeuge* sind Yolas, die zur einen Hälfte mit Außenbordmotoren zur anderen mit Rudern und/oder Hilfssegel angetrieben werden. 1978 war dagegen erst ein Fünftel der Boote mit Außenbordmotor ausgestattet (KRUTE-GEORGE 1978, S.64). Neben 65 Yolas ist eine kleine Anzahl an Glasfiberbooten vorhanden, welche die Fischervereinigung "Manatí" einsetzt.

---

[1] Ende der sechziger Jahre war in Barahona ca. ein Dutzend Fischer tätig (KRUTE-GEORGE 1978, S.60).

Aus dem Datenmaterial von PROPESCAR-SUR geht hervor, daß 20 der 34 Yolas am Strand von Guarocuya den Fischern selbst gehören. An den beiden anderen Anlandungsstellen befinden sich die Fischereifahrzeuge fast ausschließlich in den Händen der Fischer. Von den 65 in Barahona vorhandenen Yolas gehören somit fast drei Viertel der Fischerbevölkerung. Außenbordmotoren befinden sich dagegen zu 40 % im Eigentum von Pescaderías.

Die vorwiegend von den Fischern angewandten *Fischereitechniken* sind die *Leinen-* und *Nasa-Fischerei*. Die von "Playa Guarocuya" aus operierenden Fischer widmen sich in besonderem Maße der *Lichtfischerei*. Tauch- und Strandwadenfischerei wird nur vereinzelt betrieben. Zum Fang von Köderfischen werden Wurfnetze eingesetzt.

KRUTE-GEORGE (1978, S.65) weist daraufhin, daß es trotz Anwendung einfacher Fangtechniken Hinweise darauf gibt, daß die *marinen Ressourcen* der "Bahía de Neiba" im Rückgang begriffen sind. So sei Lambi nahezu völlig verschwunden und Langusten würden immer seltener angelandet. Darüberhinaus habe trotz vorhandener Mangroven die Verfügbarkeit kleiner Köderfische stark abgenommen, so daß Leinenfischerei, die auf Köder angewiesen ist, gelegentlich nur eingeschränkt praktiziert werden kann.

Die *Einkünfte* aus der Fischerei reichen für die meisten Fischerfamilien nicht einmal zur *Befriedigung der Grundbedürfnisse* aus. Da nicht regelmäßig zum Fang ausgefahren werden kann, sind viele Fischer auf Kleinkredite zur Sicherung des Überlebens angewiesen. In der Regel leihen Fischhändler und ambulante Fischverkäufer ("Vendedores") den Fischern kleinere Geldbeträge. Familienangehörige und Nachbarn befinden sich meist in ähnlicher finanzieller Lage, so daß von ihnen, zumindest in bezug auf finanzielle Unterstützung, keine Hilfe erwartet werden kann. Investitionen in Fanggeräte und Fischereifahrzeuge können aufgrund geringer Einkünfte und steigender Lebenshaltungs- und Betriebskosten meist nicht realisiert werden. Darüberhinaus fehlt bei vielen Fischern die Bereitschaft bzw. die Fähigkeit finanzielle Rücklagen für zukünftige Investitionen zu bilden. Bei Verlust des Boots bzw. der Fanggeräte bleibt den Fischern oft nur die Möglichkeit, auf den Fischereifahrzeugen eines Fischhändlers anzuheuern oder sich eine Beschäftigung als "Chiripero" (Gelegenheitsarbeiter) zu suchen.

Die Erhebungen von KRUTE-GEORGE (1978, S.106) haben darüberhinaus gezeigt, daß sich nur 17 % der Fischer von Barahona ausschließlich der Fischerei widmen. Alle übrigen Fischer *kombinieren* ihre *Fischertätigkeit* mit *Gelegenheitsarbeit* (42 %), *Schichtarbeit im Hafen* (25 %) oder anderen Beschäftigungen. Hierbei sind sowohl Fischer, die mit eigenen

Fischereifahrzeugen operieren, als auch Fischer, die auf den Booten von Fischhändlern und Fischerkollegen zum Fang ausfahren, etwa gleich stark vertreten.

In Barahona widmen sich sieben *Pescaderías* und ca. ein Dutzend ambulanter "*Vendedores*" (Fischverkäufer) der *Vermarktung* der Anlandungen. Bereits am frühen Morgen warten die Aufkäufer der Pescaderías und die ambulanten Händler auf die Rückkehr der Fischer. Sie sortieren die Anlandungen nach Qualitätsklassen. Fisch höchster Qualität wird gewogen, Kleinfische werden auf Drahtschlaufen bzw. auf die Palmwedelfasern aufgezogen und pro "Ensalte" (ca. 1 kg Kleinfische) verkauft. Auch wenn zahlreiche private Kunden am Strand versammelt sind, kann die Mehrzahl der Fischer ihre Fänge nicht direkt an den Meistbietenden verkaufen, da sie in der Regel mit einem der Händler *Abmachungen* getroffen haben. Verkauft ein Fischer trotzdem an private Kundschaft, muß er davon ausgehen, daß er von seinem "Patrón" keine weiteren Kredite erhält und daß ihm bei einem Überangebot an Fisch dritter Klasse nicht der gesamte Fang abgekauft wird.

Die *Pescadería-Besitzer* vermarkten Fisch sowohl in ihren Wohngebäuden als auch auf dem Markt von Barahona. Daneben werden auch Paleros mit der Vermarktung der Aufkäufe beauftragt, die Fisch in den Wohnvierteln Barahonas weiterverkaufen. *Vendedores*, die die Fänge meist einiger weniger Fischer vermarkten, widmen sich dem ambulanten Verkauf auf dem Markt und in den Straßen. Bei den Vendedores handelt es sich um Personen aus dem sozialen Umfeld der Fischer. Sie verfügen meist nur über beschränkte finanzielle Mittel, so daß die Fischer nicht selten erst nach dem Verkauf ihrer Anlandungen von den Vendedores entlohnt werden. Während *Fisch der ersten und zweiten Klasse* vollständig in den Vermarktungsprozess eingeht, dient *Fisch dritter Klasse* zu einem nicht zu unterschätzenden Prozentsatz der Subsistenz der Fischerfamilien. Er wird häufig auch an Bedürftige und Nachbarn, aber auch an Fischer und Vendedores verschenkt, die ohne Anlandungen vom Fang zurückkehrten oder keinerlei Fisch zur Vermarktung erstehen konnten. Diese Art der Unterstützung beruht auf Gegenseitigkeit und ist somit als *sozialer Absicherungsmechanismus* zu verstehen.

Im Gegensatz zu den übrigen Fischereistandorten in der Provinz werden die Anlandungen in Barahona direkt am Ort vermarktet und konsumiert (KEES, LANDES, LOHMEYER 1984). Während in den ländlich geprägten Gebieten der Region aufgrund geringer Kaufkraft der lokalen Bevölkerung vorwiegend drittklassiger Fisch nachgefragt wird, kann in Barahona auch teurer Fisch höherer Qualität abgesetzt werden.

In der Provinz Barahona wurden mehrmals Versuche unternommen, Fischer in *Kooperativen* zusammenzuschließen (1974: IDECOOP, 1976: CRS - Catholic Relief Services). Trotz enormer Anstrengungen ist es jedoch nicht gelungen, eine größere Anzahl Fischer für das Kooperativen-Modell zu begeistern. KRUTE-GEORGE (1978, S.71f) macht hierfür in erster Linie die *Fischer-Händler-Beziehungen* verantwortlich. Sie zeigt, daß eine Vielzahl Fischer, besonders diejenigen, die ohne eigene Produktionsmittel operieren, durch Verschuldung an einen Händler gebunden sind. Sie scheiden somit als potentielle Mitglieder einer Kooperative aus, da sie verpflichtet sind, ihre Anlandungen an ihren Kreditgeber zu verkaufen. Aufgrund der geringen Erlöse aus der Fischerei und der mangelnden Bereitschaft und Fähigkeit zu sparen, ist es für einen abhängigen Fischer kaum möglich, seine Schulden zu begleichen, um aus dem Abhängigkeitsverhältnis entlassen zu werden. Gerade die besonders verarmten Fischer, die der Unterstützung einer Kooperative am Notwendigsten bedürfen, haben es am schwersten, sich aus der Abhängigkeit eines Händlers zu lösen.

Darüberhinaus ist der *Begriff "Kooperative"* im Bewußtsein der dominikanischen Fischerbevölkerung negativ besetzt. Zahlreiche Beispiele von Kooperativen, die sich kurz nach ihrer Gründung wieder aufgelöst haben, untermauern die Vorstellung, daß es sich bei Fischerei-Kooperativen um kurzfristige, instabile Zusammenschlüsse von Fischern handelt, die zwar höhere Fischverkaufspreise garantieren, aber auf längere Sicht keine Sicherheit bieten. So überrascht es nicht, daß sich die Mehrheit der Fischer für die *Zusammenarbeit mit einem Händler* entscheidet, die zwar weniger Gewinn abwirft, aber eine *dauerhafte Überlebenssicherung* verspricht. Mit dem Anschluß an eine Kooperative würden sich Fischer den Zugang zu den traditionellen Kreditvergabemöglichkeiten verbauen und somit ihre Überlebenssicherung im Falle des Zusammenbruchs der Kooperative nachhaltig gefährden. Die Analyse der Zusammensezung der CRS-Kooperative macht deutlich, daß für mindestens die Hälfte der Mitglieder vor Eintritt in die Fischervereinigung kein Abhängigkeitsverhältnis zu einem Fischhändler bestehen konnte, weil sie im vorangegangenen Jahr nicht in der Fischerei tätig gewesen waren. KRUTE-GEORGE weist daraufhin, daß die Mitglieder der CRS-Kooperative nicht als typische Beispiele für Fischer aus Barahona gelten dürfen. Doch gerade dieser Umstand hat es ihnen unter Umständen ermöglicht, sich dem Fischerei-Projekt der CRS anzuschließen.

1989 wurde in Barahona ein weiteres Fischerei-Projekt in Angriff genommen, das auf *Technischer Zusammenarbeit* zwischen *GTZ* (Gesellschaft für Technische Zusammenarbeit) und *Recursos Pesqueros* (Dominikanisches Fischereiministerium) beruht. *Hauptziele des Projekts* sind die Schaffung von Organisationsstrukturen, die Einführung von leistungsfähigen Fangmethoden und die Erhöhung der Anlandungen. Diese sollen durch die unmittelbare Unterstützung der Zielgruppe der Fischer zur Verbesserung der Lebensbedingungen der Fischerfamilien und der regionalen Versorgung mit tierischen Proteinen beitragen. Das Projekt ist für eine Laufzeit von vier Jahren konzipiert. Es besteht aus einer zweijährigen *Orientierungs-* und einer darauffolgenden ebenfalls zweijährigen *Implementierungsphase*. Die geplanten Aktivitäten während der Orientierungsphase sind einerseits sozioökonomischer, andererseits technisch-wirtschaftlicher Art. In enger *Zusammenarbeit mit der Zielgruppe der Fischer* sollen bereits assoziierte oder informelle Fischergruppen und eigenständige Fischer ausfindig gemacht werden, die an den noch zu entwickelnden Projektzielen und -aktivitäten partizipieren können. Den identifizierten Gruppen soll *Assistenz und Unterstützung* gewährt werden in bezug auf soziale, organisatorische, administrative, unternehmerische und fischereiliche Ziele und Aktivitäten.

Auf *fischerei-technischem Gebiet* sind während der Orientierungsphase Abschätzungen der Fischpopulationen qualitativer und quantitativer Art und des Fischerei-Potentials innerhalb des Projektareals geplant. Die Leistungs- und Wirtschaftlichkeit der Fangmethoden soll durch Erprobung und Einführung neuer, bisher in der Region fremder Fanggeräte gesteigert werden. Trainingsprogramme für Fischer in bezug auf Fangtechnik, Unterhalt der Boote und Motoren, Lagerung und Transport der Fänge stellen einen wichtigen Bestandteil der Projektarbeit dar. Die *Erfahrungen und Ergebnisse der Orientierungsphase* und die *Vorstellungen der einzelnen Fischergruppen*, die an der weiteren zielorientierten Projektplanung (ZOPP) aktiv beteiligt werden, bestimmen die weitere *Entwicklung des Fischereiprojekts* während der Implementierungsphase. Das gesamte mit hohem finanziellem und personellem Aufwand betriebene Projekt gilt als *Modell-Projekt* und soll als *Vorbild für die weitere Entwicklung der dominikanischen Fischereiwirtschaft* in den übrigen Küstenregionen des Landes dienen.

5.8.2 La Cueva / Cabo Rojo

Einer der *produktivsten Fischgründe* der Dominikanischen Republik befindet sich im Umkreis der *Insel Beata*. Die Hauptursache für den Fischreichtum in dieser Zone ist, neben der weiten Ausdehnung des Schelfgebiets in diesem Bereich, der *südliche Äquatorialstrom*, der in den Monaten zwischen November und Juni im Süden der Halbinsel Pedernales auf die Landmassen trifft und zum Aufquellen von kühlem, nährstoffreichem Tiefenwasser führt (ARVELO, o. J., S.4). Da an der Ostküste von Pedernales nahezu das ganze Jahr extrem hoher Seegang vorherrscht, konzentriert sich die Fischerei auf den Südwesten der Halbinsel zwischen der Insel Beata und Cabo Rojo.

Die *Halbinsel Pedernales* ist eines der trockensten und am wenigsten besiedelten Gebiete der Dominikanischen Republik, in dem nahezu keine Landwirtschaft betrieben wird. Der südliche Teil der Halbinsel wurde 1983 zum Nationalpark (Parque Nacional Jarágua) erklärt.

Von Barahona führt eine *unbefestigte Straße*[1] über Enriquillo und Oviedo nach Pedernales, der Hauptstadt der gleichnamigen Provinz, die sich im Grenzgebiet zu Haiti befindet. Ca. 15 km vor Pedernales trifft die Straße auf die 1983 stillgelegte Bauxit-Mine der Alcoa Exploration Company, in der inzwischen Kalkstein abgebaut wird. Über eine autobahnartig ausgebaute Piste ist die Mine mit dem Export-Hafen Cabo Rojo verbunden. Wenige Kilometer südlich des Hafens befindet sich das *Fischerei-Camp "La Cueva" (Foto 29)*.

"La Cueva" ist keine permanent bewohnte Siedlung, sondern ein aus einigen Dutzend Hütten bestehendes *"Campamento"* für Fischer, die von hieraus die reichen Fischgründe der *Bahía de los Aguilas, Cabo Falso, Isla Beata, Alto Velo und Cayo Los Frailes* befischen. Die Fischer, die von La Cueva aus operieren, stammen aus Fischereistandorten der dominikanischen Südwestküste zwischen Baní und Enriquillo. Die Mehrzahl von ihnen wohnt in Barahona und anderen Anlandungsplätzen der gleichnamigen Provinz (Los Cocos, Paraiso usw.). Sie arbeiten in der Regel für mehrere Wochen bzw. Monate als Fischer und kehren anschließend wieder in ihre Wohnorte zurück. Ein Teil von ihnen geht ganzjährig, auch an seinem Wohnort der Fischerei nach. Andere verlassen ihren kleinbäuerlichen Besitz in der Zeit zwischen Aussaat und Ernte, um in La Cueva oder einem der anderen Fischer-Campamentos (Trudillé, Peti Cabo) eine Beschäftigung anzunehmen. Es handelt sich hierbei

---

[1] Der Ausbau der Verbindungsstraße zwischen Barahona und Paraiso war während der Feldforschungen des Autors im Gange.

Foto 29: Fischer-Campamento La Cueva, Pedernales.

meist um relativ *junge Fischer ohne eigene Produktionsmittel*, die für eine *befristete Zeit* eine Beschäftigung bei einer der von La Cueva aus operierenden Pescaderías angenommen haben. Die sich temporär in den Campamentos aufhaltenden Fischer, werden von ihren "Patrones" bzw. den entsprechenden Verwaltern für ihre Fänge meist nicht direkt nach jeder Anlandung in bar bezahlt. Erst wenn sie beabsichtigen, das Fischercamp zu verlassen, werden sie abzüglich der Vorschußzahlungen und sonstiger Kredite ausbezahlt.

La Cueva ist das einzige Fischer-Camp der Provinz, das über eine *Straßenverbindung* verfügt. Es dient deshalb den Pescaderías als *Platz zur Anlandung von Fisch* und zur *Versorgung der übrigen Fischer-Camps* mit Nahrungsmitteln, Wasser und betrieblichen Inputs (Eis, Treibstoff, Fanggeräte). Die Pescaderías sind für die gesamte *Logistik* der Camps verantwortlich. Einige Pescaderías unterhalten kleine "*Colmados*" (Gemischtwarenläden), in denen die Fischer die notwendigsten Lebens- und Genußmittel erstehen können. *Infrastrukturelle Einrichtungen*, die über einfachste Unterkünfte, Stromaggregate zur Aufladung der Batterien für die Lichtfischerei und Fischkästen zur Lagerung der Fänge hinausgehen, sind in keinem der Campamentos vorhanden.

Die in den Fanggebieten im Südwesten der Halbinsel Pedernales vorwiegend ausgeübten Fischereitechniken sind die Nasa-, Leinen- und Tauchfischerei mit Kompressoren. Die hoch selektive Tauchfischerei zielt vorwiegend auf Langusten und Lambi ab. Leinenfischerei wird zum Teil als nächtliche Lichtfischerei betrieben. Die Anzahl der von den Campamentos aus eingesetzten Nasas wird auf über 2500 geschätzt.

Die Fischgründe werden zum Teil direkt von den Fischercamps mit außenbordmotorbetriebenen Yolas und Glasfiberbooten angefahren. Daneben kommen auch einige Mutterschiffe zum Einsatz, die darüberhinaus die Fänge in La Cueva anlanden. Von dort aus werden die Anlandungen meist einmal pro Woche mit Lkws der Pescaderías direkt nach Santo Domingo transportiert und dort an Weiterverarbeitungsbetriebe, Großhändler und Fischgeschäfte verkauft. Ein Teil der Anlandungen, insbesondere Lambi und Langusten, sind für den Export bestimmt.

6 Wirtschafts- und sozialgeographische Analyse des Fischereisektors

Im Vordergrund der Fallstudien, die im vorangegangenen Kapitel vorgestellt wurden, standen *fischereiwirtschaftliche Strukturen und Entwicklungsprozesse* einzelner Fischereistandorte in der Dominikanischen Republik. In den folgenden Kapiteln soll nun der Versuch unternommen werden, übergeordnete strukturelle Zusammenhänge zwischen Produktion, Vermarktung und Lebensbedingungen der Fischer unter thematischen Gesichtspunkten zu analysieren und dabei - so weit möglich - von örtlichen Besonderheiten zu abstrahieren.

6.1 Der Produktionsbereich

6.1.1 Besitzstruktur der Produktionsmittel

Die sozio-ökonomische Situation dominikanischer Kleinfischer wird in erster Linie durch den Besitz an Produktionsmitteln bestimmt. Fischer ohne eigene Produktionsmittel sind darauf angewiesen, auf den Fangfahrzeugen von Fischerkollegen, Fischhändlern und Fischhandelsunternehmen eine Beschäftigung zu finden. Für angelandeten Fisch erhalten sie in der Regel weit niedrigere Preise als ihre Kollegen, die mit eigenen Booten operieren.

Von den 300 im Rahmen der vorliegenden Untersuchung befragten Fischern sind 26% im *Besitz eines Fischereifahrzeugs*. 17 % fahren regelmäßig mit *Familienangehörigen* oder *Fischer-Kollegen*, die ein eigenes Boot haben, zum Fang aus. 5% der erfaßten Fischer sind Mitglieder von *Fischerei-Kooperativen*, die über Boote im Gemeinschaftsbesitz verfügen. Die Hälfte aller landesweit befragten Fischer arbeiten auf Fischereifahrzeugen, die sich im *Eigentum von Fischhändlern und Fischhandelsunternehmen* befinden (Abb.6).

Der Besitz an Produktionsmitteln ist von der *Höhe des Kapitaleinsatzes* abhängig, der je Fischereigerät aufgewendet werden muß. Kiel-, Segelboote und Mutterschiffe, die hohe Investitionskosten erfordern, befinden sich, von wenigen Ausnahmen abgesehen, im Eigentum kapitalkräftiger Fischhändler und Fischhandelsunternehmen. Bei kleineren, billigeren Booten liegt der Anteil der Fischer höher. So sind 47 % der erfaßten Fischer mit eigenem Fischereifahrzeug Besitzer einer Yola, 42 % sind Eigentümer von Einbäumen. Glasfiber-, Kiel- und Segelboote, die höheren Kapitaleinsatz erfordern, machen lediglich 10%

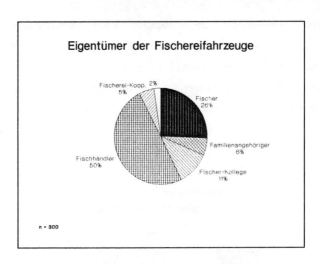

Abb. 6: Eigentümer der Fischereifahrzeuge

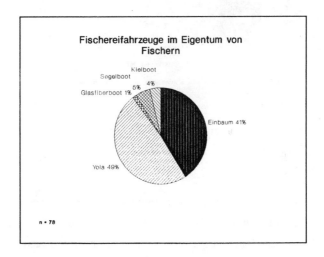

Abb. 7: Fischereifahrzeuge im Eigentum von Fischern

der Fischereifahrzeuge aus, die sich im Eigentum von Fischern befinden (Abb.7). Alle übrigen hochseetüchtigen Fischereifahrzeuge sind nicht Eigentum von Fischern.

Die Eigentumsverhältnisse in bezug auf *Fanggeräte* weisen ähnliche Strukturen auf. Fanggeräte, die mit geringen Investitionskosten verbunden sind, wie Haken, Leinen, Wurfnetze, Taucherbrillen und Handharpunen, gehören nahezu ausschließlich Fischern.

Kapitalaufwendige Außenbordmotoren, Strandwaden, Kiemennetze und Kompressoren sind dagegen vorwiegend im Besitz von Fischhändlern und Fischhandelsunternehmen. Aus Abb.8 geht hervor, daß von den 300 interviewten Fischern nur 34 einen Außenbordmotor besitzen. Elf bzw. neun Fischer sind Eigentümer von Kiemennetzen bzw. Strandwaden. Nur fünf Fischer sind mit eigenen Langleinen ausgestattet. Ein Taucher arbeitet mit einem eigenen Kompressor.

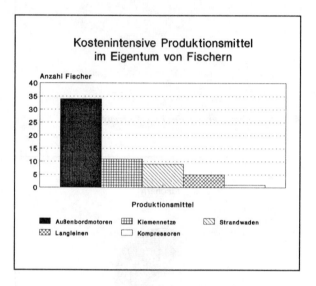

Abb. 8: Fanggeräte im Eigentum von Fischern.

Regionale Disparitäten in der Besitzstruktur fischereilicher Produktionsmittel sind stark ausgeprägt. So befinden sich in der *Peripherie* des Landes zwischen 75% und 100% der vorhandenen Boote in den Händen kapitalkräftiger Fischhändler (Matancitas 100%, Rio San Juan und Boca de Yuma je 87%, Cabeza de Toro 76%). Im Einzugsbereich der Hauptstadt Santo Domingo zwischen Palenque und Guayacanes sind dagegen Fischer zu mehr als 75% Eigentümer der Fischereifahrzeuge. Im Tourismuszentrum Sosúa an der Nordküste gehören sämtliche Fischereifahrzeuge selbständigen Kleinfischern.

Unterschiedliche Besitzstrukturen zwischen peripheren und zentrumsnahen Anlandungsorten lassen sich in erster Linie auf Vermarktungsprobleme zurückführen. An Fischereistandorten nahe der Verbraucherzentren haben selbständige Kleinfischer in der Regel keine Schwierigkeiten ihre Anlandungen zu vermarkten. In peripherer Lage hingegen gestaltet sich die Vermarktung der angelandeten Fänge und der Bezug betrieblicher Inputs (Treibstoff, Eis, Ersatzteile) als weitaus schwieriger. Die Mehrzahl der Fischer arbeitet deshalb auf den Fischereifahrzeugen der Fischhändler, die die Vermarktung und Logistik am jeweiligen Anlandungsplatz betreiben. Darüberhinaus führt häufig die Verschuldung selbständig operierender Fischer dazu, daß sie in die Abhängigkeit von Fischhändlern geraten.

6.1.2 Organisationsstruktur der Produktion

6.1.2.1 Zusammensetzung und Stabilität der Bootsbesatzungen

In der Dominikanischen Republik setzt sich die Mehrzahl der Bootsbesatzungen aus Fischerkollegen zusammen. Fischereiliche Familienbetriebe bilden die Ausnahme.

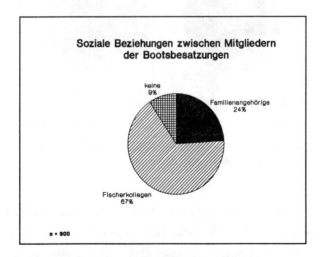

Abb. 9: Soziale Beziehung zwischen den Besatzungsmitgliedern der Fischereifahrzeuge.

Abb.9 zeigt, daß von den 300 an dominikanischen Fischereistandorten befragten Fischern nur knapp 25 % in Bootsbesatzungen eingebunden sind, die sich aus *Familienangehörigen* (Mitglieder der Großfamilie) zusammensetzen. 9 % gehen allein ihrer Tätigkeit nach. Der Großteil, etwa zwei Drittel, arbeitet mit *Kollegen* zusammen, die nicht der eigenen Familie entstammen. Die Ursache für den geringen Anteil an Familienbetrieben im Fischereisektor ist darin zusehen, daß die Fischerei in der Dominikanischen Republik keinerlei Tradition besitzt. Die Mehrzahl der Fischer widmen sich der Fischerei, weil sie keine anderen Beschäftigungsmöglichkeiten finden konnten.

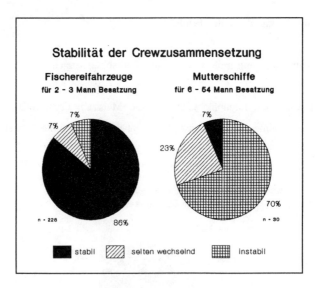

Abb. 10: Stabilität der Crewzusammensetzung Vergleich: kleine Fischereifahrzeuge - Mutterschiffe

Die meisten dominikanischen Kleinfischer sind auf Fischereifahrzeugen tätig, die für ein bis drei Mann Besatzung ausgelegt sind. Yolas operieren zu mehr als zwei Dritteln, Glasfiberboote fast ausschließlich mit Zwei-Mann-Crews. Ein Drittel der Einbäume, meist "Cayucos", werden von einem Fischer allein eingesetzt. 60 % fahren ebenfalls mit zwei Mann Besatzung zum Fang aus. Die größeren Segel- und Kielboote haben dagegen zu 62 % bzw. 72 % Besatzungen, die sich jeweils aus drei Mann zusammensetzen.

Mehr als drei Viertel der befragten Kleinfischer, die auf Booten für zwei bis drei Mann Besatzung operieren, fahren immer mit den selben Kollegen zum Fang aus, ihre *Crewzusammensetzung* ist als stabil zu bezeichnen. 7 % gaben an, daß sich die Mitglieder ihrer Crew selten ändern, weitere 7 % arbeiten mit häufig wechselnden Fischerkollegen zusammen (Abb.10).

Im Gegensatz dazu haben diejenigen Fischer, die auf Mutterschiffen eingesetzt werden, häufig wechselnde Crewmitglieder. Mehr als zwei Drittel (70 %) bezeichneten die Zusammensetzung ihrer Schiffsbesatzung als instabil, nur 7 % gehören einer konstanten Crew an. Diese Fischer arbeiten vorwiegend auf kleineren Mutterschiffen mit weniger als 10 Besatzungsmitgliedern.

6.1.2.2 Aufteilung der Fangerträge

Die *Aufteilung der Fangerträge* unter den Mitgliedern der Bootsbesatzungen ist von der angewandten Fangmethode, dem Besitz an Produktionsmitteln und der Größe der Bootsbesatzung abhängig.

Bei der am weitesten verbreiteten Fangtechnik, der *Leinenfischerei*, variieren die *Aufteilungsverfahren* beträchtlich. Knapp 50 % der befragten Kleinfischer, die mit Grund-, Treib- oder Schleppleinen *küstennahe Kleinfischerei* betreiben, teilen die Erträge einer jeden Fangfahrt nach Abzug der Treibstoffkosten zu gleichen Teilen untereinander auf, wenn das verwendete *Fischereifahrzeug* nicht einem der Fischer, sondern einem Fischhändler gehört. Ist das Boot dagegen Eigentum einer Privatperson oder eines Angehörigen der Crew, so haben diese Anspruch auf einen höheren Anteil am Fangertrag. Crewmitglieder verzichten zum Teil auf dieses Anrecht, wenn die Bootsbesatzung aus Familienangehörigen besteht oder die Crew seit vielen Jahren zusammenarbeitet. Privatpersonen, die Leinenfischern ein Boot zur Verfügung stellen, beanspruchen meist ein Viertel, unter Umständen auch die Hälfte des Gewinns an der Fangfahrt. Der jeweilige Rest wird unter den Crewmitgliedern zu gleichen Teilen aufgeteilt. Ist beispielsweise der Besitzer einer Zwei-Mann-Yola selbst Crewmitglied, so kann er bis zu 75 % des Ertrags für sich fordern, d.h. 50 % für die Bereitstellung des Produktionsmittels und 25 % für seine Arbeitskraft.

Bei der *küstenfernen Leinenfischerei* mit Kielbooten für drei Mann Besatzung haben sich zwei Aufteilungsverfahren durchgesetzt: An einigen Anlandungsplätzen werden die Erträge unter den Crewmitgliedern gleichmäßig geteilt; an anderen Standorten ist es üblich, daß jeder Fischer seinen Fang markiert. Hierbei schneidet ein Fischer jeweils die obere, ein weiterer die untere Schwanzflosse ab, der Dritte verzichtet auf Markierungen. Der Gewinn der Fangfahrt wird entsprechend dem individuellen Fangergebnis eines jeden Fischers nach Abzug der Treibstoffkosten aufgeteilt. Bei mehrtägigen Fangfahrten mit *Mutterschiffen* ist es generell üblich, daß jeder Fischer seinen Fang markiert und je nach Produktion vom Schiffseigner entlohnt wird.

Bei der *Nasa-Fischerei* liegen die Investitionskosten für die Fanggeräte höher als bei der Leinenfischerei. Dementsprechend hoch ist der Anteil für die Bereitstellung von Boot und Ausrüstung. Knapp die Hälfte (44 %) aller befragten Fischer, die vorzugsweise mit Nasas fischen, sind verpflichtet, 50 % der Gewinne an den Eigentümer der Ausrüstung abzuführen. Beteiligt sich der Nasa- und Bootseigner an der Ausfahrt, so steht ihm zusätzlich sein Crewanteil zu. Der "Ayudante" (Gehilfe) wird somit meist mit 20 % bis 25 % der Erträge entlohnt. Weniger als 20 % der befragten Nasa-Fischer teilen ihre Gewinne mit ihren Kollegen oder Familienangehörigen zu gleichen Teilen. Befinden sich Boot und Nasas im Besitz eines Fischhändlers, so wird der Erlös der Fangfahrt nach Abzug der Treibstoffkosten unter den Fischern gleichmäßig geteilt. Die Fischer müssen sich allerdings mit einem unter dem Marktniveau liegenden Verkaufspreis für ihre Anlandung begnügen.

Bei der Garnelenfischerei mit *Wurfnetzen*, die vorwiegend in der Bucht von Samaná betrieben wird, werden die Gewinne in der Regel gleichmäßig unter der Crew aufgeteilt, unabhängig davon, wem das Fischereifahrzeug gehört. Der Kapitaleinsatz für ein "Cayuco" oder "Canoa" ist relativ gering. Die Wurfnetze werden zum Teil von den Fischern selbst produziert.

Bei der Fischerei mit kostenintensiven *Stell- oder Kiemennetzen* entspricht der Gewinnanteil für den Besitzer der Netze und des Fischereifahrzeugs dem der Nasa-Fischerei. Für die Bereitstellung der Ausrüstung erhält der Bootseigner ein Drittel bzw. die Hälfte des Gewinns. Die Fischer teilen den Rest zu gleichen Teilen. Auch hier hat der Eigentümer der Netze und des Boots die Möglichkeit, sich durch Beteiligung an der Fangfahrt zusätzlich seinen Anteil als Crewmitglied zu sichern. Für seinen Kollegen bleiben nach Abzug der Treibstoffkosten zwischen 20 % und 30 % des Erlöses. Stellt ein Fischhändler die Ausrüstung, liegt der Verkaufspreis, wie bei den anderen Fangmethoden unter dem allgemeinen Marktniveau.

Die *Strandwadenfischerei* wird an den dominikanischen Küsten je nach Größe des Netzes von jeweils vier bis acht Mann betrieben. Dem Besitzer des *"Chinchorros"* stehen 25 % bis 40 % des Fangerlöses zu. Meist erhält er ein Viertel oder ein Drittel des Gewinns. Der Rest wird unter den Fischern aufgeteilt, die das Zugnetz auslegen und an Land ziehen. Auf jedes Mitglied der Crew entfallen somit zwischen 10 % und 15 % des Erlöses.

Tauchfischerei ohne Kompressor wird von Fischern zum Teil vom Strand aus betrieben. Jeder Fischer verkauft individuell seine Fänge. Wird ein Boot benötigt, um zu den Tauchgründen zu gelangen, so erhält der Besitzer ein Viertel bis ein Drittel des Erlöses aus dem Verkauf der Anlandungen. Vereinzelt verzichtet der Eigentümer des Boots auf den Anteil, der ihm aufgrund des Besitzes des Boots zusteht, und teilt den Erlös zu gleichen Teilen, wenn sein Taucherkollege zu seinem Freundes- oder Familienkreis gehört.

Tauchfischerei mit Kompressor wird meist von zwei Tauchern und einem "Yolero" betrieben. Der Yolero manövriert das Boot und überwacht den Kompressor. Hierfür erhält er in der Regel von jedem der beiden Taucher 15 % der Gewinne, pro Fangfahrt 30 %. Je nach Verhältnis der Taucher untereinander, markieren sie ihre Fänge oder teilen sie gleichmäßig auf. Bei der Tauchfischerei, die von mit Kompressoren bestückten Glasfiberbooten der Mutterschiffe aus betrieben wird, ist es generell üblich die Fänge eines jeden Tauchers kenntlich zu machen. Auch hier erhält der "Yolero" 15 % des Erlöses eines jeden der beiden Fischer, die von dem entsprechenden Boot aus operieren. Zusätzlich ist jeder Taucher dazu verpflichtet, 5 % seiner Erträge an den Schiffskoch abzugeben, der für die gesamte Mannschaft die Mahlzeiten zubereitet. Die sogenannten "Limpiadores", die den am Mutterschiff angelandeten Fisch ausnehmen, erhalten je nach Absprache ca. 2% der Gewinne eines jeden Tauchers und eine unterschiedlich festgelegte Menge Fisch zur Selbstversorgung. Jedem Taucher stehen je nach Großzügigkeit des Schiffseigners zehn bis zwanzig Kilogramm Fisch und zwei bis fünf Langusten als sog. "Distribución" zu.

Der Kapitän eines Mutterschiffs erhält vom Eigentümer des Mutterschiffs in der Regel 10 % des Gesamtverkaufserlöses der Anlandungen.

6.1.2.3 Arbeitsteilung: Produktion - Vermarktung - Haushaltsführung

Dominikanische Fischer widmen sich, von wenigen Ausnahmen abgesehen, ausschließlich dem *Produktionsbereich*. *Weiterverarbeitung und Vermarktung* wird in der Regel Fischhändlern und Paleros überlassen. Im Rahmen dieser Arbeitsteilung ist es besonders an peripheren Anlandungsplätzen üblich, daß der Fischhändler die Betriebsmittel beschafft und - falls notwendig - die Produktion durch Vorschußzahlungen oder Kleinkredite finanziert.

Weibliche Familienangehörige der Fischer sind weder im Produktions- noch im Weiterverarbeitungs- und Vermarktungsprozeß involviert. Sämtliche Vorbereitungen zum Fischfang (Herstellung und Reparatur der Fanggeräte, Fang von Köderfischen usw.) und die eigentliche Fischereitätigkeit werden vom Mann ausgeführt. Nach Rückkehr von der Fangfahrt werden die Klassifizierung der Anlandungen und das Zusammenbinden einzelner Kleinfische zu Verkaufseinheiten ("Salte") vom Fischer selbst, einem Helfer oder auch häufig von einem seiner Söhne durchgeführt. Der Fang wird in der Regel in frischem Zustand direkt am Anlandungsort an einen Fischhändler oder Palero verkauft. Weiterverarbeitung findet in der Regel nicht statt.

Der *Arbeitsbereich der Frau* umfaßt dagegen die Haushaltsführung und die Erziehung der Kinder. Die Einstellung der Männer, daß Frauen keine eigene Erwerbstätigkeit nachgehen sollen, ist tief verwurzelt. Die Aufgabe der Frau ist es, mit ihrer ganzen Arbeitskraft für den Mann und die Familie dazusein. Ökonomische Aktivitäten sind höchstens im häuslich-betrieblichen Bereich (Subsistenzproduktion) erwünscht. *Geschlechtsspezifische Arbeitsteilung* ist somit in den Fischerhaushalten stark ausgeprägt. Die traditionelle Einstellung wandelt sich nur langsam. Dort wo Frauen eigene Einkommen erzielen, stehen die Männer nach Überwindung anfänglicher Ablehnung den ökonomischen Tätigkeiten ihrer Frauen meist positiv gegenüber (KEES 1986).

Häufig sind an Fischereistandorten Frauen anzutreffen, die in Marktnähe und in den Hauptstraßen des Ortes bzw. an Wochenenden am Strand oder beim Hahnenkampf in Öl fritierten Fisch verkaufen (*ambulante Fisch-Frituras*). In der Regel handelt es sich hierbei nicht um Frauen der Fischer. Auch die in *Weiterverarbeitungsbetrieben* tätigen Frauen sind meist nicht Familienangehörige von Fischern.

6.1.2.4 Kollektive Produktionsformen

Kollektive Produktionsformen haben sich in der Dominikanischen Republik vorwiegend dort herausgebildet, wo die Fangtechnik dies erfordert (*Strandwadenfischerei*) oder von außen die Bildung von *Fischerei-Kooperativen* angeregt wurde. Gemeinschaftliches Fischen, wie in Westafrika, hat in der Karibik wenig Tradition. Die in der Dominikanischen Republik vorwiegend angewandten *Fangmethoden* sind *individualistischer Art*, bei denen kollektives Handeln nicht notwendig erscheint. Individualismus und Freiheitsbewußtsein unter den Fischern gehen auf die koloniale Epoche zurück. Sklaven, die der Fischerei nachgingen, hatten ein größeres Maß an Freiheit als diejenigen, die in der Landwirtschaft tätig waren. Dieses *Freiheitsbewußtsein* ist bei vielen dominikanischen Kleinfischern noch heute anzutreffen und ein wichtiger Bestandteil ihres Selbstverständnisses (STAWINSKI 1989). So entstand die Mehrzahl dominikanischer *Fischerei-Kooperativen*, insbesondere in den 70er Jahren, nicht aus Interesse an kollektiver Zusammenarbeit, sondern aus *bürokratischem Zwang zur Erfüllung der staatlichen Richtlinien* für die Vergabe von Krediten. Die Grundidee des kooperativen Wirtschaftens stand dabei meist im Hintergrund und mußte als lästige Auflage akzeptiert werden. Das Scheitern zahlreicher Fischereikooperativen, insbesondere der sog. IDECOOP-Fischereikooperativen (vgl. Kapitel 2.4) war somit vorprogrammiert. Das Negativ-Image von Fischervereinigungen wurde durch den Niedergang des IDECOOP-Projekts noch zusätzlich verstärkt. Seit Anfang der 80er Jahre wurden deshalb nur noch in Ausnahmefällen staatliche Mittel für Fischereikooperativen vergeben.

1990 waren neben den von "Propescar-Sur" betreuten "Asociaciones" 12 weitere Fischereikooperativen bei der dominikanischen Fischereibehörde registriert. Jede der Kooperativen hatte zwischen 16 und 40, die Mehrzahl ca. 20 "Socios" (Mitglieder). Daneben wurden im Rahmen der Erhebungen des Autors an vier Fischereistandorten weitere Kooperativen angetroffen, die sich im Gründungsstadium befanden oder bei "Recursos Pesqueros" nicht offiziell registriert waren.

Die Anzahl der in Fischereikooperativen *organisierten Fischer* dürfte in der Dominikanischen Republik insgesamt 500 kaum überschreiten. Somit sind weniger als 10 % der dominikanischen Kleinfischer in Kooperativen organisiert. Der Anteil der Kooperativen an den Gesamtanlandungen dürfte darüberhinaus nicht mehr als 5 % betragen. Die Fischervereinigungen nehmen somit für die Wirtschaft des Landes eine untergeordnete Stellung ein. In sozialer Hinsicht sind sie jedoch von größter Bedeutung. Die Fischereikooperativen stellen die einzigen fischereilichen Einrichtungen in der Dominikanischen Republik dar, die sich nicht ausschließlich von ökonomischen Gesichtspunkten leiten lassen. Das Wohl der Fischer und deren Familien, aber auch das der Dorfgemeinschaft steht im Vordergrund. Größere familiäre oder berufliche Vorhaben (Finanzierung der Ausbildung der Kinder, Bau eines Hauses, Kauf von Einrichtungsgegenständen, Anschaffung von Fischereigeräten) können meist nur dann verwirklicht werden, wenn den Fischern die Möglichkeit zum Sparen und die Aufnahme von Krediten nicht unverhältnismäßig schwer gemacht wird. Soziale Absicherung in Notfällen (Krankheit, Unfall, Wirbelsturmschäden) ist ein Anliegen vieler Fischer. Viele von ihnen geraten durch fehlende soziale Vorkehrungen in extreme Abhängigkeit von Fischhändlern. Fischereikooperativen können solche und ähnliche Entwicklungen verhindern. Darüberhinaus ermöglichen die fischereilichen Vereinigungen den Dorfbewohnern, Fisch zu angemessenen Preisen zu erstehen. An einer Reihe von Anlandungsorten, an denen dagegen die Fischerei von Fischhändlern dominiert wird, klagten die Einwohner darüber, daß häufig durch den raschen Abtransport der Anlandungen in den Fischergemeinden Frischfisch zur Mangelware geworden sei. Fischkonserven aus Thailand, Japan und den USA, die ohne Ausnahme in allen Fischereistandorten von Gemischtwarenläden zum Verkauf angeboten werden, unterstreichen diese Problematik.

Von den im Rahmen der vorliegenden Untersuchung befragten Fischern waren 5 % Mitglieder von Fischervereinigungen. 80 % der nicht organisierten Fischer, die nach ihrer Bereitschaft zum Eintritt in eine Fischervereinigung befragt wurden, wären dazu unter keinen Umständen bereit. 4 % würden unter der Bedingung des Beibehalts von Privatbesitz einen Beitritt in Erwägung ziehen.

Um sich selbst einen Eindruck von den bestehenden Fischervereinignen zu machen, suchte der Autor während seiner Feldforschungen zehn Fischerei-Kooperativen auf. Hierbei stellte er fest, daß sich die einzelnen Kooperativen in Struktur, Zusammenhalt und Entwicklungsstand stark voneinander unterscheiden. Im folgenden sollen an sechs Beispielen die Fischervereinigungen von Palmar de Ocoa, Playa Palenque, Sánchez, Sabana de la Mar, Los Conucos und Boca de Yuma vorgestellt werden.

Die Fischereikooperative "*Cooperativa Pesquera Carlos Marte*" wurde 1985 in *Palmar de Ocoa* gegründet. Sie setzt sich aus 18 Mitgliedern zusammen. Nach Angaben des Präsidenten der Kooperative wurden mit Hilfe eines Kredits der "Banco Agricola" (FIDA Fond) in Höhe von $ 77 372 R.D.[1] neun Glasfiberboote, neun Außenbordmotoren mit je 9,9 PS, zahlreiche Fischereigeräte (einschließlich Ausrüstungen zur Lichtfischerei) und zwei Kühltruhen angeschafft. Sämtliche *Produktionsmittel* der Kooperative befinden sich im *Gemeinschaftsbesitz*. Die Mitglieder der Kooperative arbeiten mit mehreren *Fischereitechniken*. Im Vordergrund steht die Lichtfischerei. Daneben kommen aber auch neben der üblichen "Cordel-Fischerei" Langleinen und Nasas zum Einsatz. Die Kooperative hat direkt an der Anlandungsstelle ein "Local", in dem Motoren und Gerätschaften gelagert werden. Ein angestellter "*Administrador*" ist sowohl für die Abwicklung von Fischan- und verkäufen als auch für die Führung der Sparkonten der Mitglieder verantwortlich.

Die Fischereikooperative kauft nicht nur Fisch von Mitgliedern der Kooperative auf, sondern auch von selbständigen Fischern. Der *Verkauf* erfolgt am Ort an private Kundschaft und an Fischhändler, insbesondere an die ortsansässige "Pescadería Ortiz", die über Fahrzeuge verfügt, um die Anlandungen nach Santo Domingo zu transportieren. Die Kooperative gewährt ihren Mitgliedern, aber auch jenen Fischern, die ihre Fänge regelmäßig an die Kooperative verkaufen, für die Ausfahrten einen *Vorschuß für Treibstoff und Verpflegung*. Nach der Rückkehr werden den Fischern die Vorschußzahlungen abgezogen und zusätzlich je nach Fang zwischen 10 % und 20 % des Verkaufsgewinns der Anlandungen auf ein Konto gutgeschrieben. Zweimal im Jahr können die kumulierten Ersparnisse abgehoben werden, um Geld für größere Anschaffungen zur Verfügung zu haben. Nur in Notfällen (Unfall, Krankheit eines Familienangehörigen) kann nach Rücksprache mit dem Präsidenten das Sparguthaben ausbezahlt werden. Die Gewinne, die die Kooperative mit dem Verkauf der Fänge erzielt, dienen zur Tilgung des Kredits der "Banco Agricola", zur *Anschaffung* neuer und der *Überholung* alter Fischereigeräte, zum Kauf von Betriebsmitteln (insbesondere Treibstoff) und zur *Kreditvergabe* an in Not geratene Mitglieder der Kooperative. Zweimal im Monat treffen sich alle "Socios" der Kooperative zu einer Besprechung. Der Präsident achtet strengstens darauf, daß die Gerätschaften nach Rückkehr von der Fangfahrt ordnungsgemäß gesäubert und ins "Local" der Kooperative gebracht werden.

---

[1] Nach offiziellen Angaben von "Recursos Pesqueros": $ 76 920 R.D.

Vom Autor konnte während seines Aufenthalts in Palmar de Ocoa mehrfach beobachtet werden, daß die Außenbordmotoren vor der Aufbewahrung in einem Becken mit Süßwasser für mehrere Minuten bei laufendem Motor gespült werden, um sie von Salzwasser zu befreien. Diese vorbildliche Behandlung der Produktionsmittel ist für dominikanische Verhältnisse durchaus erwähnenswert.

Die "*Cooperativa Pesquera Palenque*" war 1986 gegründet worden. Direkt neben der aufgelassenen Hafenanlage hatte sie ein kleines Gebäude, das zur Lagerung der Fischereigeräte und Fänge, aber auch zum Verkauf von Fisch diente. Nach offiziellen Angaben des Fischereiministeriums hatte die Fischerei-Kooperative 18 Mitglieder. Während des ersten Aufenthalts des Autors im Februar 1989 stellte sich jedoch heraus, daß nur noch 12 Fischer in der Kooperative verblieben waren. Die Kooperative hatte durch einen Kredit der "Banco Agricola" (FIDA Fond) in Höhe von $ 85 090 R.D.[1] vier Glasfiberboote, eine Yola, vier Außenbordmotoren, Fischereigeräte und eine Kühltruhe angeschafft. Die *Produktionsmittel* befanden sich zum Zeitpunkt der Anschaffung im Gemeinschaftsbesitz der Kooperative, wurden jedoch durch Unstimmigkeiten unter den Mitgliedern in bezug auf die Bereitschaft zur Rückzahlung der Kredite *individualisiert*. Die Kooperative war deshalb dazu übergegangen, den aufgenommenen Kredit nicht mehr gemeinsam, sondern individuell nach Bootsbesatzungen zurückzubezahlen. Von der "Banco Agricola" wurden inzwischen die Belege der Rückzahlungen nicht mehr auf die Kooperative, sondern auf die Namen der Bootsbesatzungen ausgestellt. Die "Socios" der Kooperative gingen davon aus, daß nach Tilgung der Kredite in Höhe von ca. $ 10 000 R.D. pro Person die Produktionsmittel in den Privatbesitz der Bootsbesatzungen übergehen würden.

Die Fischer der Kooperative betrieben vorwiegend Licht-, Leinen- und Nasa-Fischerei. Einige Mitglieder hatten sich auf Langleinen-Fischerei spezialisiert. Die Fänge wurden an die Kooperative verkauft, die jeweils nach Abzug der Betriebskosten 30 % der Gewinne zur Tilgung der Kredite einbehielt. Für Organisation und Verwaltung der Kooperative stand im Gegensatz zu Palmar de Ocoa keine Arbeitskraft zur Verfügung. Die Mitglieder übernahmen abwechselnd diese Aufgabe.

---

[1] Nach offiziellen Angaben von "Recursos Pesqueros" betrug die Höhe des aufgenommenen Kredits $ 90 050 R.D., die Laufzeit 5 Jahre und der vereinbarte Zinssatz 18 %.

Fisch wurde vorwiegend an private Kunden, Strandrestaurants und ambulante Fischbratereien verkauft. Nur nach außergewöhnlich ertragreichen Fängen, nach Anlandung großer pelagischer Fische und im Falle mehrtägiger Stromausfälle[1] wurde Fisch an "Paleros" verkauft, die die Vermarktung in den Nachbarortschaften und in der Provinzhauptstadt San Cristóbal übernahmen. Nach Angaben des Präsidenten der Kooperative war geplant, bei steigender Produktion in Sabana de Palenque, Sabana Grande de Palenque und Juan Barón Fischverkaufsstellen einzurichten. Dazu sollte es jedoch nicht kommen.

Bei einem weiteren Besuch des Autors im Oktober 1990 waren die gesamten Produktionsmittel der Kooperative von der "Banco Agricola" eingezogen und bereits versteigert worden. Der Niedergang der Kooperative, der bereits 1989 abzusehen war, dürfte einerseits auf die extrem unterschiedliche Bereitschaft der Mitglieder zur Rückzahlung der Kredite, andererseits auf Defizite in Organisation und Verwaltung der Kooperative zurückzuführen sein. Dem Präsidenten der Kooperative war es darüberhinaus nicht gelungen, die Mitglieder an die Idee des kollektiven Wirtschaftens heranzuführen. Autoritäre Führung schien seinen Vorstellungen von einer Kooperative zu widersprechen.

In *Sánchez* an der Bucht von Samaná, dem Hauptanlandungsplatz für Garnelen in der Dominikanischen Republik, bestehen fünf *Fischervereinigungen*, sog. *"Asociaciones"* mit je 20 bis 50 Mitgliedern. Die Fischer der Kooperativen gehen vorwiegend der Wurfnetzfischerei nach, die von Cayucos und Canoas aus betrieben wird. Die Mitglieder der Fischervereinigungen haben in der Regel ihre Fischereifahrzeuge, vorwiegend Einbäume, die geringe Investitionskosten erfordern, in die Kooperativen eingebracht. Durch Kredite der "Banco Agricola" konnten Außenbordmotoren angeschafft werden. Die im April 1986 gegründete *"Asociación La Fe"* war somit in der Lage, 11 Außenbordmotoren mit je 8 PS für ihre 22 Mitglieder zu erwerben. Eine weitere Fischervereinigung setzte zum Zeitpunkt der Erhebungen 27 mit Außenbordmotoren ausgestattete Cayucos ein. In jeder der Fischereikooperativen ist ein *"Administrador"* für Organisation, Verwaltung, An- und Verkauf der Produktion verantwortlich. Jedem Mitglied wird von dem Erlös aus dem Verkauf seiner Produktion ein bestimmter Prozentsatz (meist 10 %) abgezogen und auf ein Sparkonto gutgeschrieben. Jedem Fischer stehen somit nach mehreren Monaten Sparguthaben zur

---

[1] Bei mehrere Tage andauerndem Stromausfall konnte die Kühlhaltung der Fänge in den Tiefkühltruhen der Kooperative nicht gewährleistet werden.

Verfügung, die er individuell für Investitionsvorhaben nutzen kann. Mit den Gewinnen aus dem Weiterverkauf der Fischereiproduktion der Kooperativenmitglieder werden die Schulden der "Asociación" getilgt, die laufenden Kosten gedeckt und Betriebsmittel (vorwiegend Treibstoff) eingekauft.

Die hervorstechende *Besonderheit* der Fischervereinigungen aus Sánchez ist jedoch, daß sie eigene *Gemischtwarenläden* unterhalten, die von den Frauen der Fischer geführt werden. In diesen "Colmados" werden alle Produkte des kurzfristigen Bedarfs einer Fischerfamilie und für die Fischerei notwendige Kleinartikel zum Verkauf angeboten. Gewinne, die von den Läden der Kooperativen erwirtschaftet werden, kommen zusätzlich den jeweiligen "Asociaciones" und damit den Kleinfischern und deren Familien zugute.

In *Sabana de la Mar*, an der Südseite der Bucht von Samaná gelegen, besteht seit 1986 eine Fischereikooperative, die von einem Angehörigen der amerikanischen Hilfsorganisation "Cuerpo de Paz" betreut wird. Er führt seit 1988 die Organisation und Verwaltung der Fischerei-Kooperative.

Zum Aufbau der *"Asociación"* war ein Kredit der "Banco del Desarrollo" aufgenommen worden. Dieser Kredit konnte inzwischen vollständig zurückbezahlt werden. Eine Leistung, die bisher von kaum einer dominikanischen Fischereikooperative realisiert werden konnte. Die etwa 20 Mitglieder der Fischerei-Kooperative in Sabana de la Mar gehen mehrheitlich der Nasa-Fischerei nach. Die "Asociación" verfügt über *keine gemeinsamen Produktionsmittel*. Fischereifahrzeuge, Außenbordmotoren und Fischereigeräte befinden sich im *Individualbesitz der Fischer*. Die Fischerei-Kooperative von Sabana de la Mar stellt somit eine Absatz- und Kreditgenossenschaft dar, deren Mitglieder sich als selbständige Fischer mit eigenen Produktionsmitteln verstehen. Die "Asociación" gibt ihnen für eventuelle Notfälle *Sicherheit* und gewährt den Mitgliedern *Kredite* zur Anschaffung neuer und zur Überholung gebrauchter Produktionsmittel. Die Mitglieder haben sich lediglich verpflichtet, ihre Fänge an die "Asociación" zu verkaufen. Sie behält pro Anlandung ein Minimum von 5 % des Verkaufserlöses ein, der dem jeweiligen Fischer auf sein Sparkonto gutgeschrieben wird. Jedem Fischer steht jedoch die Möglichkeit offen, sich einen höheren Anteil seines jeweiligen Erlöses aus dem Verkauf seines Fangs als Sparguthaben anrechnen zu lassen.

Die Absatz- und Kreditgenossenschaft verkauft den von den "Socios" angelandeten Fisch sowohl an private Kunden als auch an Fischhändler. Die Gesamtgewinne eines Jahres aus dem Fischverkauf werden jeweils im Dezember des folgenden Jahres nach Abzug der laufenden Kosten an die Mitglieder der Kooperative ausgeschüttet. Der Gewinnanteil, der jedem Fischer zusteht, richtet sich nach der Höhe der individuellen Anlandungen. Die Rücklagen des laufenden Jahres verbleiben bis zum darauffolgenden Jahr als Kapital in der Genossenschaftskasse. Diese Gelder dienen zur Vergabe von Krediten an Mitglieder, die damit in der Lage sind, finanzielle Engpässe zu überbrücken oder neue Produktionsmittel anzuschaffen. Von Mitgliedern der Kooperative, die einen Kredit aufgenommen haben, werden jeweils 25 % der Erlöse beim Verkauf ihrer Anlandungen abgezogen, bis die Schulden getilgt sind.

Die Konzeption der Absatz- und Kreditgenossenschaft in Sabana de la Mar entspricht im Vergleich zu anderen Kooperativansätzen am ehesten dem derzeitigen Bewußtseinsstand der dominikanischen Kleinfischer, die - von wenigen Ausnahmen abgesehen - Fortschritt ausschließlich an materiellen Werten messen. Für die meisten Fischer stellt "kooperatives Eigentum" einen nicht faßbaren Begriff dar, der demzufolge abgelehnt wird. Der in Sabana de la Mar mit wenig finanziellem Aufwand praktizierte Kooperativansatz kommt der gegenwärtigen Bedürfnisstruktur der dominikanischen Kleinfischer in allen Punkten entgegen und ist deshalb als äußerst erfolgversprechend einzustufen.

Am Rande der Bahia de Manzanillo, 14 km von Monte Cristi entfernt, liegt *Los Conucos*, ein Dorf mit ca. 2500 Einwohnern. 1988 hat sich dort eine Vereinigung von 21 Landarbeitern, Kleinbauern und Köhlern gebildet, die Subsistenz- und Nebenerwerbsfischerei betreiben. Die Mitglieder der *"Asociación"* fischen vorwiegend im Lagunen- und Mangrovenbereich am Rande der Bucht von Manzanillo. Im Flachwasser kommen Wurfnetze und Leinen, in den Mangrovenkanälen Kiemennetze, Fischfallen aus Bambusgeflecht, sog. "Corales", und Nasas zum Einsatz. Die fischereilichen Tätigkeiten werden meist *ohne Einsatz von Fischereifahrzeugen* durchgeführt. Die vier in Los Conucos vorhandenen Yolas sind kaum mehr zu gebrauchen, ziehen Wasser und können außerhalb der Lagunen nicht eingesetzt werden. Trotzdem bleibt den "Compañeros" der Kooperative keine andere Möglichkeit, als sich immer wieder die Yolas für kurze Ausfahrten auszuleihen. Die *Erträge* der unregelmäßig betriebenen *Subsistenzfischerei* sind äußerst gering und reichen meist nur für den Bedarf der eigenen Familie und evtl. für Nachbarn oder Freunde der "Asociación" aus. An wenigen Tagen im Jahr geht die fischereiliche Ausbeute über 5 kg hinaus, so daß sich der Verkauf lohnt. Ein in Los Conucos ansässiger Klein- und Zwischenhändler kauft dann in der Regel die Anlandungen auf und verkauft sie in Monte Cristi an eine der mit Kühlvorrichtungen ausgerüsteten Pescaderías.

Die Mehrzahl der Mitglieder der Vereinigung besitzen kein eigenes Land. Die Einkommensmöglichkeiten im Einzugsbereich von Los Conucos sind begrenzt. Sie beschränken sich auf die Herstellung von Holzkohle oder Tätigkeiten als Tagelöhner auf den Melonen- und Gemüseplantagen amerikanischer Agrokonzerne. Doch nur von April bis Mai ist die Beschäftigung gesichert. In den übrigen Monaten werden nur gelegentlich Arbeiter benötigt.

Aufgrund der unzulänglichen *Beschäftigungssituation* begannen die Mitglieder der Asociación im Januar 1989 ein *Aquakultur-Projekt* zur Schaffung regelmäßigen Einkommens. An Rand der Mangroven im Einflußbereich der Gezeiten begannen sie mit Schaufel und Spaten einen Teich auszuheben, der durch einen kleinen Kanal mit der Lagune verbunden wurde. Ebbe und Flut sorgen für den regelmäßigen Wasseraustausch. Zur Fortführung des Projekts benötigt die "Asociación" Kapital, um den Teich vergrößern und mit Jungfischen bestücken zu können. Zum Zeitpunkt der Erhebungen des Autors bemühte sich der Präsident der Vereinigung erfolglos um einen Kredit bei der "Banco Agricola".

In *Boca de Yuma* an der dominikanischen Südostküste gründeten im Januar 1987 eine Gruppe von Köhlern, von denen ein Großteil Subsistenz- und Gelegenheitsfischerei betrieben, die *"Asociación Evolucionaria de Boca de Yuma"* (Foto 30).
Hauptziel der Selbsthilfegruppe ist die Schaffung von Beschäftigung für ihre 26 Mitglieder, denen durch die Einrichtung des "Parque Nacional del Este" und das damit verbundene Verbot, Holzkohle zu produzieren, ihre Lebensgrundlage entzogen wurde. Einige der Köhler, die bisher keine alternative Beschäftigung gefunden haben, gehen weiterhin, nun allerdings illegal der Holzkohleherstellung nach. Andere springen auf den Booten der Pescaderías ein, wenn ein Besatzungsmitglied wegen Krankheit oder sonstiger Hinderungsgründe ausfällt. Da in Boca de Yuma eine Vielzahl Fischer wohnen, die über keine Fischereifahrzeuge verfügen und jedes Boot der Pescaderías bereits über eine, zum Teil sogar zwei Besatzungen verfügt, ist es für nicht-professionelle Subsistenz-und Gelegenheitsfischer äußerst schwer, Arbeit in der Fischerei zu finden.
Die Selbsthilfegruppe hat deshalb beschlossen, in zwei Wirtschaftsbereichen tätig zu werden: in der *Landwirtschaft* und der *Fischerei*. Ein Teil der Mitglieder der "Asociación" hat sich

Foto 30: Die Mitglieder der Selbsthilfegruppe "Asociación Evolucionaria de Boca de Yuma"

dem "Movimiento Campesino Independiente" (MCI - Bewegung der unabhängigen Kleinbauern) angeschlossen, die die Wiederaufnahme der Landreform und Verteilung von Land fordern. Jeden ersten Samstag eines Monats werden zwei Mitglieder der "Asociación Evolucionaria de Boca de Yuma" zu den Treffen des "MCI" gesandt, um ihre Forderungen zu unterstreichen. 15 Mitglieder der Vereinigung möchten vorwiegend der Fischerei nachgehen. Sie bemühen sich um einen Kredit der "Banco Agricola" zur Anschaffung eigener Yolas und Fischereigeräte. Die "Asociación" hat bereits ein einfaches Gebäude zur Verfügung, in dem jeweils sonntags die Treffen der Mitglieder stattfinden. Alle formalen Kriterien für eine Kooperative sind bereits erfüllt. Neben dem Präsidenten gibt es einen Kassenwart und eine Schriftführerin. Von jedem Mitglied wird ein Monatsbeitrag von $ 2 R.D. erhoben. Mit den Einnahmen werden die Fahrtkosten der Mitglieder sowohl zu den regionalen und nationalen Treffen der Selbsthilfeorganisationen als auch zu Fortbildungskursen finanziert. Einige Frauen der Mitglieder, die Schriftführerin und die Frau des Präsidenten sind in der "Federación de las Mujeres" organisiert und haben bereits an einigen Kursen zur Organisation und Führung von Kooperativen teilgenommen. Sie treffen sich einmal im Monat in San Rafael de Yuma mit den Frauen von sechs weiteren Selbsthilfegruppen aus der Region. Somit scheint eine solide Grundlage für Aufbau, Organisation und

Verwaltung einer Kooperative vorhanden zu sein. Besonders hervorgehoben sei an dieser Stelle, daß die "Asociación Evolucionaria de Boca de Yuma" aus eigenem Antrieb, ohne Förderung staatlicher, kirchlicher oder privater Organisationen entstand und nun durch Zusammenarbeit mit überregionalen Organisationen versucht, Einfluß auf politische Entscheidungsträger zu nehmen.

Die erwähnten Beispiele von Fischervereinigungen haben gezeigt, daß nicht alle in der dominikanischen Fischereiwirtschaft gegenwärtig anzutreffenden kooperativen Ansätze aufgrund sozio-kulturell bedingter Ablehnung der Fischerbevölkerung verworfen werden müssen. Insbesondere sollten bei zukünftigen Planungsvorhaben die Kooperativ-Modelle, die in Sabana de la Mar und Sánchez praktiziert werden, einer genaueren Analyse unterzogen werden. Die *Beibehaltung des individuellen Besitzes an Fischereifahrzeugen* und die *Angliederung von Gemischtwarenläden an Fischervereinigungen* sind zwei hervorzuhebende Elemente, die den Bedürfnissen und Wünschen der Fischerbevölkerung entsprechen und dazu beitragen könnten, Vorbehalte gegen kooperative Zusammenschlüsse auszuräumen.
Darüberhinaus hängt das Funktionieren einer Kooperative stark von den *Führungsqualitäten des Präsidenten* bzw. der ordnungsgemäßen Organisation und Verwaltung der Kooperative ab. Hierbei sollte die Verwaltung einer Kooperative nicht einem Fischer oder einem Familienangehörigen eines Mitglieds der Kooperative übertragen werden. Angst vor Übervorteilungen, auch unter "Freunden", ist in der Dominikanischen Republik allgegenwärtig und erschwert die Vertrauensbildung erheblich. Generell ist davon auszugehen, daß Präsidenten und führende Mitglieder der Fischervereinigungen persönliche finanzielle oder zumindest Statusvorteile aus ihrer Position ziehen und daß nicht immer die Interessen der Mehrheit der Fischer vertreten werden. Andererseits sind jedoch Führungsqualitäten, Knowhow und Durchsetzungsvermögen notwendig, um die grundlegenden Interessen der Kooperativen, insbesondere die Forderung nach Krediten, gegenüber Repräsentanten der Privatwirtschaft und der staatlichen Behörden zu vertreten.

6.1.2.5 Zugang zu Krediten

Der Zugang zu Krediten stellt für dominikanische Kleinfischer eine der wichtigsten Voraussetzungen zur Erwerbung und insbesondere zur Erhaltung ihres Einkommens dar. Sowohl zum Erwerb von Produktionsmitteln als auch zur Realisierung von Fangfahrten und zur finanziellen Absicherung in Notfällen (Wirbelsturmschäden, Krankheit, Unfall) werden Kredite benötigt.

Über die Vergabe von *Krediten aus staatlichen Mitteln* für Projekte in Land-, Vieh- und Fischereiwirtschaft entscheidet das "Comité de Créditos" des FIDE (Fondo de Inversiones para el Desarrollo Económico, Investitionsfond für wirtschaftliche Entwicklung). Hierbei müssen eine Vielzahl von Auflagen erfüllt werden. Die wichtigsten davon sind:
- Schaffung von Arbeitsplätzen,
- Erhöhung der nationalen Produktion,
- Produktion von Erzeugnissen, die zur Importsubstituierung von Grundnahrungsmitteln beitragen,
- Projektstandort in unterentwickelten Gebieten.

Das Komitee entscheidet, ob das entsprechende Projekt nationale Priorität besitzt.

Die Abwicklung und Beantragung der Kredite erfolgt durch ein von der "Junta Monetaria" autorisiertes Kreditinstitut, in der Regel durch die "Banco Agricola". Reichen dem vermittelnden Kreditinstitut die Garantien nicht aus, was bei Krediten für Fischereikooperativen fast immer der Fall ist, so kann die Übernahme einer Bürgschaft von der "Banco Central" beantragt werden, wenn es sich bei dem Vorhaben um ein Projekt von hoher nationaler, wirtschaftlicher oder sozialer Bedeutung handelt.

Die jährlichen Zinsraten für FIDE-Kredite liegen je nach Prioritätsgrad und Standort des Projekts zwischem 10 % und 20 % und können somit von der Inflationsrate aufgefangen werden. Allerdings ist auch nach Erfüllung der staatlichen Forderungen zur Vergabe von Krediten mit bürokratisch ungerechtfertigten Verzögerungen zu rechnen, wenn nicht familiäre Beziehungen bzw. Geldzuwendungen zu einer beschleunigten Bearbeitung beitragen.

Private Kredite von Banken und Kreditinstituten können nur dann beantragt werden, wenn dem Kreditgeber ausreichende Garantien vorgelegt werden. Private Bankkredite scheiden für kleingewerbliche Fischer deshalb in der Regel aus. Fischhändler, die über Transportmittel,

Fischereifahrzeuge und Anwesen verfügen, sind dagegen in der Lage, diese Kreditmöglichkeiten zu nützen. Die Rückzahlungsbedingungen sind jedoch äußerst rigide und die Zinssätze liegen erheblich über denjenigen der "Banco Central".

Private Geldverleiher vergeben kurzfristige Kredite, für die sehr hohe Zinsen gefordert werden. Ein Zinssatz von 25 % monatlich ist die Regel. Radio-, Fernsehgeräte, Ventilatoren, Motorräder und vieles mehr wird als Sicherheit beim Kreditgeber hinterlegt. Erst nach Begleichung der Schuld werden die Sicherheiten wieder an den ursprünglichen Besitzer zurückgegeben. Diese Art von Kredit wird hauptsächlich in privaten Notfällen in Anspruch genommen, um kurzfristige finanzielle Engpässe zu überbrücken. Zur Finanzierung von langfristigen Anschaffungen, wie Fischereifahrzeugen und Außenbordmotoren sind solche Kredite nicht geeignet.

Für selbständig arbeitende Kleinfischer ist somit die Aufnahme von Krediten sowohl bei staatlichen und privaten Banken und Kreditinstituten als auch bei privaten Geldverleihern aufgrund fehlender Garantien bzw. überhöhter Zinsforderungen nahezu unmöglich. Von allen interviewten Fischern berichtete nur ein einziger, daß er seine Fischereigeräte durch einen offiziellen Bankkredit finanziert habe. Der Kredit war ihm jedoch nicht für fischereiliche Anschaffungen gewährt worden, sondern für die Nutzbarmachung einer sich in seinem Besitz befindlichen landwirtschaftlichen Anbaufläche. Die Umleitung des Kredits erfolgte ohne Wissen der Bank.

Selbständigen Kleinfischern bleibt als letzte Möglichkeit die Aufnahme eines *Händlerkredits*. Der Fischer verpflichtet sich jedoch dabei, seine gesamten Fänge zu festgesetzten Preisen zu verkaufen. Diese liegen je nach Anlandungsort zwischen 20 % und 50 % unter dem aktuellen Marktniveau. Der Fischhändler behält nach jeder Anlandung einen bestimmten Teil des Fangs als Kredittilgung ein. Da sich ein Fang aus Fisch unterschiedlicher Qualitätsstufen zusammensetzt, müßte Fisch jeder Preisgruppe gesondert gewogen werden, um den tatsächlichen Wert der Ware festzustellen. Oft wird vom Händler, nach kurzer Inspizierung des Fangs ein pauschaler Preis an den Fischer ausbezahlt. Die einbehaltenen Beträge zur Tilgung des Kredits werden vom Fischhändler in der Regel unsystematisch in eine "Libretta" (Schulheft) eingetragen. Vor Rückzahlung des Kredits wird zumeist ein neuer Kredit aufgenommen, der vom Fischhändler häufig gewährt wird. So bleibt die Verpflichtung zum Verkauf der Anlandungen meist über Jahre hinweg bestehen. Vom Fischhändler werden offiziell keine Zinszahlungen verlangt. Die Höhe der jedoch tatsächlich angefallenen Zinszahlungen, die durch den Verkauf der Anlandungen unter Marktniveau entstehen, hängt von der Differenz zwischen allgemeinem Markt- und vom Fischhändler festgesetztem Preis und vom Gesamtvolumen der angelandeten Fänge ab. Da sich der Kleinfischer zum Verkauf seiner gesamten Anlandungen verpflichtet hat, steigt die Realzinsrate direkt proportional mit dem Fangvolumen. Zinsraten von 50 % bis 100 % und darüber dürften als realistisch angesehen werden.

Trotz relativ hoher, versteckter Zinszahlungen nehmen Fischer die Möglichkeit des Händlerkredits des öfteren war. Im Gegensatz zu den rigiden Zahlungsbedingungen der Banken und privaten Kreditinstitute sind viele Fischhändler in bezug auf die Rückzahlung der Kredite äußerst flexibel und bereit, bei finanziellen Schwierigkeiten, schlechten Fangergebnissen und wetterbedingt verhindertern Ausfahrten Tilgungszahlungen zu stunden.

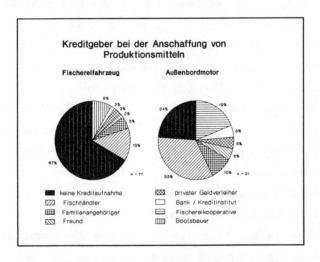

Abb. 11: Kreditgeber der selbständigen Kleinfischer bei der Anschaffung von Fischereifahrzeugen und Außenbordmotoren.

Aus Abb. 11 geht hervor, daß 13 % der Fischer, die sich ein *eigenes Fischereifahrzeug* angeschafft haben, einen Kredit bei einem Fischhändler aufgenommen haben. Händlerkredite zum Kauf von Fischereifahrzeugen bilden den größten Anteil der für Kleinfischer möglichen Kreditvergabemöglichkeiten, obwohl sie nur von 13 % der befragten Fischer in Anspruch genommen wurden. Lediglich 5 % bzw. 2 % der Kleinfischer konnten beim Kauf eines eigenen Boots von einem Familienangehörigen bzw. einem Freund unterstützt werden. 8 % der Fischer wurde vom Bootsbauer ein Kredit gewährt, der nach Indienstnahme des Fischereifahrzeugs abbezahlt werden mußte. Auf private Geldverleiher, Banken und Kreditinstitute wurde nur in Ausnahmefällen zurückgegriffen. Zwei Drittel der Fischer (67%), die ein eigenes Fischereifahrzeug unterhalten, nahmen bei dessen Anschaffung keinerlei Kredit in Anspruch.

Beim *Kauf von Außenbordmotoren* kamen nur 24 % der Fischer ohne Kredit aus. Die übrigen nahmen zu 33 % Anleihen bei einem Fischhändler, zu 19 % bei der Fischereikooperative von Sabana de la Mar auf. Auch bei der Finanzierung von Außenbordmotoren wurde nur in wenigen Ausnahmefällen Geld von Familienangehörigen, Freunden, privaten Geldverleihern oder Banken und Kreditinstituten geliehen. Der erschwerte Zugang zu Krediten ist eines der Hauptprobleme der dominikanischen Kleinfischer. Während einfache Boote wie Einbäume und Yolas zu Preisen angeschafft werden können, die einen Kredit nicht unbedingt erforderlich machen, ist der Kauf von Außenbordmotoren ohne finanzielle Hilfestellung für küstennahe Kleinfischer nahezu unmöglich. Von den 300 befragten Fischern waren nur 31 in der Lage ihre Fischereifahrzeuge mit einem Außenbordmotor auszustatten.

Nach *Finanzierungsmöglichkeiten für zukünftige Investitionen* befragt, nannten nur 11 % aller Fischer die Aufnahme eines Kredits (Abb.12). In verstärktem Arbeitseinsatz und finanziellen Rücklagen sehen 24 % die einzige Möglichkeit, um Neuanschaffungen zu tätigen.

Die Mehrheit der Fischer (59 %) hatte jedoch keinerlei Vorstellungen, wie potentielle fischereiliche Neuanschaffungen finanziert werden könnten. Einige warten auf finanzielle Unterstützung von außen durch staatliche, kirchliche, wohltätige oder private Hilfsorganisationen, nur wenige hatten die Idee, ein Boot selbst zu bauen oder gemeinsam mit Fischerkollegen die Anschaffung eines Fischereifahrzeugs zu tätigen.

Nach *potentiellen Kreditgebern in Notfällen* befragt, benannten alle Fischergruppen, sowohl diejenigen mit als auch diejenigen ohne Fischereifahrzeuge, zu 38 % bzw. 55 % ihren Fischhändler (Abb.13).

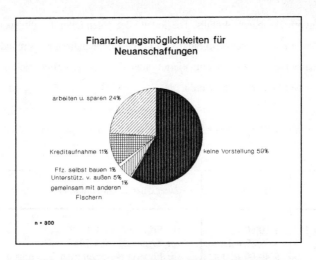

Abb. 12: Vorstellungen der Kleinfischer über Finanzierungsmöglichkeiten für zukünftige fischereiliche Neuanschaffungen

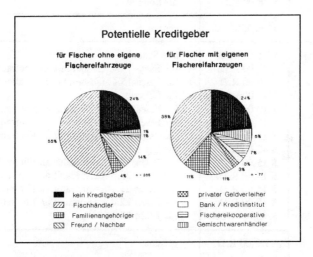

Abb. 13: Potentielle Kreditgeber der Fischer im Notfall (Krankheit, Unfall).

Fischer mit eigenen Produktionsmitteln erwähnten Familienangehörige, Freunde und Nachbarn, private Geldverleiher, Banken und Kreditinstitute, Fischereikooperativen und Gemischtwarenhändler als mögliche Ansprechpartner zur Erlangung eines Kleinkredits im

Falle eines unvorhersehbaren Notfalls. Die Palette der potentiellen Kreditgeber für Fischer ohne eigene Produktionsmittel beschränkt sich neben Fischhändlern auf Freunde, Nachbarn und Familienangehörige. Knapp ein Viertel aller Fischer erhofften sich im Falle unvorhersehbarer Not keinerlei Kleinkredit.

Tab. 3: Schuldenaufstellung zweier Fischer aus Monte Cristi zwischen 14. 4. und 22. 4. 1989.

Fischer	Betrag	Zweck der Kreditaufnahme
Fischer I	$ 10,00 R.D. $ 6,25 R.D. $ 40,00 R.D. $ 6,00 R.D. $ 11,50 R.D. $ 75,00 R.D. $ 48,00 R.D.	für Frühstück 15.4.1989 für Zigaretten 16.4.1989 für Lotterie (ausbezahlt an Losverkäufer) für Lotterie für Zigaretten für Schuhe (ausbezahlt an Schuhmacher) für Lotterie
	$196,75 R.D.	gesamt
Fischer II	$100,00 R.D. $ 20,00 R.D. $ 20,00 R.D. $ 43,00 R.D. $ 10,00 R.D. $ 15,00 R.D. $ 15,00 R.D. $ 42,00 R.D. $ 15,00 R.D. $ 15,00 R.D. $ 15,00 R.D. $ 15,00 R.D. $ 48,00 R.D.	alte Schuld für Essen 14.4. (ausbezahlt an Ehefrau) für Essen 15.4. (ausbezahlt an Ehefrau) für Lotterie für Essen 15.4. (ausbezahlt an Ehefrau) für Essen 17.4. (ausbezahlt an Ehefrau) für Essen 18.4. (ausbezahlt an Ehefrau) für Lotterie für Essen 19.4. (ausbezahlt an Ehefrau) für Essen 20.4. (ausbezahlt an Ehefrau) für Essen 21.4. (ausbezahlt an Ehefrau) für Essen 22.4. (ausbezahlt an Ehefrau) für Essen 22.4.
	$373,00 R.D.	gesamt

Fischer, die bereit waren, über die *Höhe ihrer Verschuldung* Auskunft zu geben, hatten Kleinkredite zwischen $ 10 R.D. und $ 600 R.D. aufgenommen. Im Durchschnitt betrugen die Schulden pro Fischer $ 187 R.D.. Die Schuldenaufstellung einer Pescadería aus Monte Cristi macht am Beispiel zweier Fischer deutlich, daß die von Fischhändlern gewährten

Kredite sich vorwiegend aus kleinen und kleinsten Beträgen zusammensetzen (Tab.3). Die nachfolgende Auflistung (Tab.4) über die Höhe der Schuld von acht Fischern bei der gleichen Pescadería läßt erkennen, daß selten mehr als $ 400 R.D. pro Fischer ausbezahlt werden. Die den Kleinfischern gewährten Kredite sind somit zwar zur Überbrückung kleinerer finanzieller Engpässe geeignet, reichen jedoch zur Anschaffung von Fischereifahrzeugen und Außenbordmotoren meist nicht aus.

Tab. 4: Schuldenaufstellung einer Pescadería aus Monte Cristi für acht ihrer Fischer (Stand 22.4.1989)

Fischer	Betrag
Fischer A	$ 300 R.D.
Fischer B	$ 250 R.D.
Fischer C	$ 140 R.D.
Fischer D	$ 400 R.D.
Fischer E	$ 325 R.D.
Fischer F	$ 323 R.D.
Fischer G	$ 217 R.D.
Fischer H	$ 196 R.D.
gesamt	$2151 R.D.

Kleinstkredite in Form von *Vorschußzahlungen zur Realisierung der Ausfahrt* sind in der dominikanischen Fischereiwirtschaft durchaus üblich. 62 % der befragten Fischer bekommen vor der Ausfahrt einen Vorschuß ihres Patróns für Treibstoff und Verpflegung (Abb.14). Fischer ohne eigenes Fischereifahrzeug nehmen das Angebot ihrer Fischhändler zu 70 %, selbständige Fischer zu 45 % war.

Die *Abhängigkeit* vieler dominikanischer Kleinfischer von ihren Fischhändlern wird nicht in erster Linie durch Verschuldung bei der Anschaffung von Produktionsmitteln verursacht, sondern durch die *Aufnahme von Klein- und Kleinstkrediten*, um finanzielle Engpässe privater Art zu überbrücken oder für die Ausfahrt notwendige Betriebsmittel vorzufinanzieren.

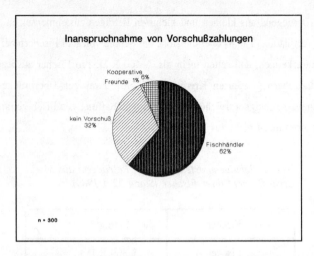

Abb. 14: Inanspruchnahme von Vorschußzahlungen für Treibstoff und Verpflegung

6.2 Die Vermarktung von Fisch

6.2.1 Nationaler Fischkonsum

Der *nationale Inlandskonsum* an Fischprodukten lag nach offiziellen Angaben für 1987 bei ca. 16 000 t Frischfisch[1]. Hieraus ergibt sich ein *statistischer pro-Kopf-Konsum* von 2,3 kg für das Jahr 1987. Der 1980 von PRODESPE berechnete Wert betrug 1,7 kg. Der Konsum an Frischfisch scheint somit im Jahresdurchschnitt pro Kopf leicht angestiegen zu sein, dürfte aber im Landesinneren weiterhin unter 1 kg pro Kopf liegen. Zum Konsum an Frischfisch kommen *Importe* von Dosen-, Salz- und Trockenfisch in Höhe von ca. 15 Mio.

---

[1] Meeres-Fischerei: + 15 139 948 kg
    Binnen-Fischerei: + 1 868 640 kg
    Aquakultur: +   764 100 kg
    Export an Fisch-Produkten: - 1 638 029 kg
                                   + 16 134 659 kg
    (Quelle: Recursos Pesqueros, Memoria Anual 1987)

US-Dollar[1] pro Jahr hinzu, die vorwiegend von den ärmeren städtischen und ländlichen Bevölkerungsschichten gekauft werden.

Die *am häufigsten konsumierten Fischarten* (jeweils über 500 t pro Jahr) waren nach Angaben der Fischereibehörde "Bocayate" (Pomadasydae), "Capitán" (Lutjanidae), "Salmoneta" (Mullidae), Königsmakrele (Scombridae), Zackenbarsch (Serranidae), Hai und "Lambi" (Strombus gigas).

6.6.2 Vermarktung im Inland

Die für den *Binnenmarkt* bestimmten Anlandungen gelangen über eine je nach Anlandungs- und Bestimmungsort unterschiedlich lange Vermarktungskette zum Verbraucher. Direktverkauf angelandeten Fischs an den Endverbraucher ist relativ selten. Nahezu der gesamte Fischhandel in der Dominikanischen Republik basiert auf der Vermarktung von frischem Fisch (zum Teil unausgenommen). Knapp 85% der befragten Fischer verkaufen ihre Anlandungen an Fischhändler. Absatzprobleme für Frischfisch bestehen nicht. Das *Angebot* an Frischfisch bleibt auch während der produktivsten Monate hinter der *Nachfrage* zurück. Keiner der befragten Fischer äußerte sich über Probleme beim Absatz der Fänge. Die *Vermarktungskette* baut sich aus einer Reihe von Händlern auf, die sich je nach Geschäftsvolumen, Ausstattung, Standort und Operationsradius voneinander unterscheiden. Die Übergänge zwischen den einzelnen Händlertypen sind jedoch fließend.

"*Paleros*" sind ambulante Händler, die in kleinstem Maßstab operieren. Sie kaufen Fisch in geringen Mengen sowohl von Fischern als auch von anderen Händlern auf, um ihn am gleichen Ort oder in Nachbarorten weiterzuveräußern. Den "Paleros" dienen meist eigene, teilweise auch ausgeliehene Kleinkrafträder als Transportmittel. Ihre Ware wird entweder auf einer Drahtschlaufe aufgereiht oder in einer auf dem Gepäckträger befestigten Kiste transportiert. Für Kühlung wird in der Regel nicht gesorgt. Frischer Fisch wird deshalb möglichst rasch an den Endverbraucher weiterverkauft. Der Verkauf auf Märkten oder in den

---

[1] Statistisches Bundesamt 1988, Wiesbaden, 1988, S. 45.

Straßen erfolgt an private Haushalte, aber auch an feste Kundschaft wie Essenverkaufsstände, Fischgeschäfte und Restaurants. "Paleros" verfügen im Gegensatz zu Fischhändlern über keine eigenen Verkaufseinrichtungen (Fischgeschäft oder Marktstände).

Lokale Fischhändler haben am Anlandungsort Räumlichkeiten zur Lagerung und zum Verkauf von Fisch zur Verfügung, die mit Kühlvorrichtungen, meist einer oder zwei Tiefkühltruhen ausgestattet sind. Sie kaufen Fisch direkt am Strand auf bzw. werden von Fischern oder "Paleros" beliefert. Aufgrund der Kühleinrichtungen sind sie in der Lage, Fisch über mehrere Tage frisch zu halten. Der Verkauf erfolgt in der Regel mehrmals wöchentlich an Zwischenhändler und auswärtige Fischhändler, meist Besitzer von Fischgeschäften aus den Provinzhauptstädten, Tourismuszentren und der Hauptstadt Santo Domingo, die ihre Ware mit Kleinlastwagen ("Camionetas") abholen. Verkauf an ortsansässige Endverbraucher erfolgt nur dann, wenn ausreichend Fisch vorhanden ist. Die auswärtigen Fischhändler, mit denen feste Absprachen bestehen, haben normalerweise Priorität. Einige lokale Fischhändler mieten an Tagen mit außerordentlich hohem Angebot Camionetas an oder transportieren ihre Ware mit regelmäßig verkehrenden "Guaguas" (Sammeltaxis und Kleinbusse) zu den Verbraucherzentren. Die Zahl der Fischhändler, die über kein eigenes Fahrzeug verfügen, ist relativ hoch. 44% der befragten Fischer verkaufen ihre Fänge an Fischhändler ohne Transportmittel.

Mit Camionetas oder Lastwagen ausgestattete lokale Fischhändler verkaufen Fisch nur in Ausnahmefällen am Anlandungsort. Sie beliefern mehrmals wöchentlich Fischgeschäfte, Fischverarbeitungsbetriebe, Restaurants und Hotels in den Provinzhauptstädten, Tourismuszentren und in Santo Domingo.

Da die Nachfrage nach Frischfisch das Angebot oft um ein Vielfaches übersteigt, haben zahlreiche lokale Fischhändler, um ihr Geschäftsvolumen zu erhöhen, eigene Fischereifahrzeuge angeschafft. Fischer, die nicht über ausreichendes Kapital zur Anschaffung eines eigenen Boots verfügen bzw. die Verantwortung für ein eigenes Boot nicht tragen wollen, nehmen die Angebote der "Pescaderías" (Fischgeschäft), auf deren Fischereifahrzeugen zu arbeiten, gerne an. Sie erhalten für die angelandeten Fänge vom Bootseigentümer, dem "Dueño" der "Pescadería", einen im Vergleich zum allgemeinen Marktniveau niedrigen Preis. Verkauf von Fisch an Händler, die einen angemessenen Preis bieten, ist den Fischern untersagt. Bei Zuwiderhandlungen verliert der entsprechende Fischer seine Anstellung, das

Boot wird anderen Fischern zur Verfügung gestellt. Somit sichert sich der lokale Fischhändler durch den Einsatz eigener Fangfahrzeuge seine Geschäftsgrundlage.

Auswärtige Fischhändler aus den Verbraucherzentren (Santo Domingo, Tourismuszentren und Provinzhauptstädte) verfügen über Fischgeschäfte, Marktstände oder Fischverarbeitungsanlagen. Ihre Betriebe sind in der Regel mit mehreren Kühltruhen bzw. mit Kühlräumen ausgestattet. Der Transport von Fisch erfolgt vorwiegend mit firmeneigenen Kleinlastwagen. Nur wenige große Fischverarbeitungsbetriebe (z.B. Trans Oceanica) verfügen über Kühltransportfahrzeuge.

Eine Vielzahl von Fischhändlern der Verbraucherzentren wird von Zwischenhändlern und Fischaufkäufern der Anlandungsorte mit Frischfisch beliefert. In besonderem Maße jene, die keine eigenen Fahrzeuge einsetzen. Nur selten beziehen auswärtige Fischhändler ihre Ware direkt von Fischern, da meist große Mengen benötigt werden, die von einzelnen Fischern nicht regelmäßig zur Verfügung gestellt werden können.

Einige Großhändler und Fischverarbeitungsbetriebe aus Santo Domingo, La Romana und Santiago de los Caballeros unterhalten an Anlandungsstellen in peripherer Lage (Cabo Rojo, Palmar de Ocoa, Cabeza de Toro, Rio San Juan, Bayahibe) Zweigniederlassungen, die von sog. "Administradores" verwaltet werden und kleine Fischfangflotten aus Segelbooten (Bayahibe), Kielbooten (Cabeza de Toro, Miches) und Mutterschiffen (Rio San Juan) umfassen. Der angelandete Fisch wird mehrmals wöchentlich mit firmeneigenen Klein- und Kühltransportern in die Verbraucherzentren gebracht. Der Weiterverkauf erfolgt entweder in eigenen Fisch- und Spezialitätengeschäften an den Endverbraucher oder durch Anlieferung an Restaurants, Hotels und Supermärkte. Über informelle Kleinhändler gelangt Fisch geringer Qualität im Straßenverkauf an einkommensschwache Bevölkerungsgruppen.

Zwischenhändler sind sog. "Dueños" (Eigentümer) von Kleinlastwagen, die Fisch von Fischhändlern der Anlandungsorte aufkaufen und ohne Zwischenlagerung direkt nach Santo Domingo, in die Tourismuszentren und Provinzhauptstädte transportieren, wo Fisch an feste Abnehmer wie Fischgeschäfte, Fischverarbeitungsbetriebe, Hotels, Restaurants und Supermärkte weiterverkauft wird. Zwischenhändler verfügen über keinerlei Kühleinrichtungen. Fisch wird meist während des Transports auf der Ladefläche von Kleintransportern mit einer oder mehreren Lagen Eis kühl gehalten.

Weiterverarbeitungsbetriebe, die Fisch meist filetieren und anschließend in Kunststoffhalbschalen und Klarsichtfolie verpacken, konzentrieren sich auf die Hauptstadt Santo Domingo. In den Provinzhauptstädten befinden sich lediglich in La Romana, Sabana de la Mar, Puerto Plata und Santiago sogenannte "Procesadoras" (Weiterverarbeitungsbetriebe). Über das Filetieren und Verpacken hinaus wird Fisch nur in Ausnahmefällen weiterverarbeitet (z.B. Herstellung von panierten Fischfilets).

Auf den Export von Langusten, Garnelen, Muschelfleisch und filetierten Fisch haben sich weniger als zehn Betriebe in Santo Domingo und La Romana spezialisiert. Der Export erfolgt in erster Linie nach Puerto Rico.

6.2.3 Kapitaleinsatz im Fischhandel

Zum Betreiben einer Pescadería bzw. eines Fischhandels sind je nach Operationsumfang größere Mengen an Kapital erforderlich. Zur Grundausstattung einer Pescadería gehört mindestens eine *Gefriertruhe* zur Kühlhaltung der Aufkäufe. Als *Betriebsräume* dienen zumeist Anbauten am Wohngebäude des Fischhändlers. Die Anschaffung von Transportmitteln, insbesondere Kleinlastwagen, ist nur dann notwendig, wenn Fisch in den Verbraucherzentren vermarktet werden soll. Da an allen dominikanischen Küstenabschnitten zahlreiche Zwischenhändler und Fischaufkäufer mit Fahrzeugen operieren, ist der Erwerb von Transportmitteln von untergeordneter Bedeutung. Darüberhinaus können von Kleintransportunternehmen Camionetas angemietet werden, wenn sich die Möglichkeit zum Ankauf größerer Mengen Fisch ergibt. Die Neuanschaffung betrieblicher Infrastruktureinrichtungen zur Vermarktung (Kühleinrichtungen, Transportmittel) und zur Aufrechterhaltung der fischereilichen Aktivitäten (Fischereifahrzeuge, Außenbordmotoren, Fanggeräte) erfordert in relativ kurzen Zeitabständen (vor allem bei unsachgemäßer Behandlung) größere Mengen an verfügbarem Kapital. Daneben muß der Betreiber einer Pesacadería täglich über finanzielle Reserven zum Aufkauf von Fisch verfügen, da Fischer in der Regel direkt bei der Übergabe der Fänge bezahlt werden.

Tab. 5 zeigt die *Ausgaben einer Pescadería* aus Monte Cristi für den Ankauf von Fisch, der von zwei Bootsbesatzungen (je zwei Fischer) zwischen dem 1. und 22. April 1989 mit betriebseigenen Yolas angelandet wurde.

Tab. 5: Ausgaben einer Pescadería für den Ankauf von Fisch zweier Bootscrews zwischen dem 1. und 22. April 1989

Datum	Crew	Fisch-Qualitätsstufen (in Libras)			Kaufpreis (in $ R.D.)	
		I	II	III	pro Crew	pro Tag
1. 4. 1989	Crew A		31	91	280	
	Crew B		2	7	21	301
2. 4. 1989	Crew A		23	38	160	160
3. 4. 1989	Crew A		33	60	240	240
6. 4. 1989	Crew B		7		28	28
7. 4. 1989	Crew B		31	25	169	
	Crew A		5	27	69	
	Crew A		87	56	449	687
8. 4. 1989	Crew B		49	68	318	
	Crew A		41	40	236	554
9. 4. 1989	Crew B		12	25	93	
	Crew A		49	43	273	366
10. 4. 1989	Crew B		40	37	227	
	Crew A		10	35	103	330
11. 4. 1989	Crew B		7	6	39	
	Crew A		8	9	48	87
12. 4. 1989	Crew B		10	8	54	
	Crew A		40	13	183	237
16. 4. 1989	Crew B		10	4	47	
	Crew A		4	7	29	76
17. 4. 1989	Crew B		19	48	162	
	Crew B		13	20	88	250
18. 4. 1989	Crew B		3	10	30	30
19. 4. 1989	Crew B		5		20	
	Crew A		5	3	25	45
20. 4. 1989	Crew B	21	7		175	
	Crew A	20	6		164	339
21. 4. 1989	Crew B	5	6		59	
	Crew A	3	7		49	108
22. 4. 1989	Crew A	6	9		78	78

Die oben erwähnte Pescadería aus Monte Cristi hat darüberhinaus das Vorkaufsrecht auf die Fänge von acht Tauchfischern. Zwischen 1. und 7. April 1989 hatte sie folgende Ausgaben für den Ankauf von Fisch, Langusten und Lambi der Tauchfischer (Tab.6).

Tab. 6: Ausgaben einer Pescadería für den Ankauf von Fisch, Langusten und Lambi von acht Tauchfischern zwischen dem 1. und 7. April 1989.

		Fisch (in Libras)			Lang. (in Libras)	Lambi (in Libras)	Kaufpreis (in $ R.D.)	
	Fischer	I	II	III			Fischer	Tag
1. 4.	Fischer A	17,5					122,5	
	Fischer B	7,0	2,5		8,0	8,0	243,0	
	Fischer C				8,0		136,0	501,5
4. 4.	Fischer D		3,0		3,5		71,5	71,5
6. 4.	Fischer E	20,0	6,0	5,0	3,0	2,0	231,0	
	Fischer F	8,0					56,0	287,0
7. 4.	Fischer G	7,0	8,0	4,0			72,0	
	Fischer E	5,0	15,0			13,0	221,0	
	Fischer H	3,0	8,5				55,0	348,0

Die *Gesamtausgaben* der Pescadería für den Ankauf von Fisch der beiden Bootscrews und der Tauchfischer beliefen sich in der Woche zwischen 1. und 7. April auf $ 3177 R.D., im Durchschnitt pro Tag auf $ 397 R.D.. Am 7. April hatte die Pescadería Ausgaben in Höhe von $ 1035 R.D. (ca. 300.-DM) für die Bezahlung des angelandeten Fisches.

Pescaderías, die eigene Fischereifahrzeuge einsetzen, haben über den Ankauf von Fisch hinaus die Kosten für den Einsatz der Boote zu tragen. Obwohl die Kosten für Treibstoff und Verpflegung von den Einkünften der Fischer abgezogen werden, stellen die meisten Pescaderías ihren Fischern vor der Ausfahrt entweder Treibstoff oder einen Vorschuß zum Kauf der notwendigen Betriebsmittel zur Verfügung. Auch Fischer, die mit eigenen

Fischereifahrzeugen operieren, sind häufig nicht in der Lage die Ausfahrt aus eigenen Mitteln zu finanzieren. Sie benötigen ebenfalls Vorschußzahlungen der Pescaderías.

Tab. 7: Aufstellung der Zusatzausgaben einer Pescaderia für den Zeitraum 20.1. bis 26.2.1989.

Ausgaben	Kosten (in $ R.D.)
Reparaturkosten für Motorrad	20,00
Ersatzteile für Außenbordmotor	15,00
Treibstoff für Säuberungszwecke	2,00
Zündkerze	15,00
Miete für Räumlichkeiten	30,00
Essen auf Geschäftskosten	6,00
Arbeitslohn für Mechaniker	5,00
Benzin für geliehenen Kleintransporter	7,00
Essen auf Geschäftskosten	9,00
Benzin für Motorrad	4,00
Essen auf Geschäftskosten	5,00
Reparaturkosten für Außenbordmotor	50,00
Essen auf Geschäftskosten	10,65
Ersatzteil für Motorrad	27,85
Reparaturkosten für Außenbordmotor	106,00
Benzin für Motorrad	4,70
Essen auf Geschäftskosten	12,00
Reparaturkosten für Außenbordmotor	40,00
Antriebswelle für Außenbordmotor	300,00
Außenbordmotorhalterung	40,00
Ersatzteile (Schrauben)	16,00
Reparaturkosten	143,00
Ersatzteil	15,00
Treibstoff für Reinigungszwecke	4,00
Benzin für geliehenen Kleintransporter	10,00
Ersatzteile für Motorrad	210,00
Reparaturkosten für Motorrad	25,00
Motoröl für Motorrad	6,00
Zündkerzen	14,00
Schmiergeld für "Inspector de la Marina"	10,00
Reparaturkosten	55,00
Instandsetzungskosten für Netze	55,00
Reparaturkosten für Außenbordmotor	50,00
Ersatzteile	30,00
Reparaturkosten für Außenbordmotor	30,00
Ersatzteile	47,75
Seil	45,00
Essen auf Geschäftskosten	12,00
Ersatzteil für Außenbordmotor	50,00
Instandsetzungskosten für Kiemennetze	60,00
Reparaturkosten für Außenbordmotor	140,00
Ersatzteile	35,00

Betriebliche Nebenausgaben der Pescaderías, wie der Kauf von Ersatzteilen, Reparaturkosten für die Außenbordmotoren, Instandsetzungskosten für beschädigte Netze und Schmiergelder müssen ebenfalls berücksichtigt werden. Tab.7 zeigt die Sonderausgaben der bereits erwähnten Pescadería für den Zeitraum zwischen 20. 1. und 26. 2. 1989. Pescaderías gewähren zuverlässigen Fischern *Kredite* zur Anschaffung von Fischereifahrzeugen, Außenbordmotoren oder Ausrüstungsgegenständen, aber auch zur Überbrückung von finanziellen Engpässen und Notsituationen (Unfall, Krankheit) der Fischerfamilien. Kreditvergabe stellt eine für Pescaderías und Intermediarios notwendige Strategie zur Sicherung des Aufkaufs der Fänge als wichtige Voraussetzung für die Aufrechterhaltung der betrieblichen Aktivitäten dar.

6.2.4 Der Weg zum Endverbraucher

Die für den *Binnenmarkt* bestimmten Anlandungen erreichen den Konsumenten größtenteils als Frischfisch. Je nach Standort gelangt Fisch in noch akzeptabler Qualität, nicht selten aber in nahrungsmittelhygienisch bedenklichem Zustand an den Endverbraucher.

Auf den langen Transportwegen von den Fischereistandorten zu den Verbraucherzentren werden die Anlandungen in der Regel unsachgemäß gekühlt und gelagert. Dünne Eisschichten oder Eisblöcke zwischen dicken Lagen Fisch reichen nicht aus, um bei tropisch hohen Temperaturen ein Mindestmaß an Kühlung zu gewährleisten (Foto 27). Die allgemein *dürftige Qualität der Fischereiprodukte* ist jedoch nicht ausschließlich auf Mängel im Transport an Land zurückzuführen. Fisch wird auf See weder ausgenommen noch ausreichend gekühlt. Nur wenige dominikanische Kleinfischer haben bei ihren Ausfahrten eine Kühlbox an Bord ihres Bootes. Fisch bleibt in der Regel auf dem Boden der kleinen Fischereifahrzeuge mehrere Stunden der Sonnenbestrahlung ausgesetzt. Bestenfalls werden die Fänge auf eine Drahtschlaufe aufgezogen. In den frühen Morgenstunden gefangener Fisch wird normalerweise erst mittags oder am frühen Nachmittag nach dem Verkauf am Anlandungsort ausgenommen.

Die überwiegende Zahl der dominikanischen Fischereistandorte ist in ein stark verflochtenes *Netz von Fischhandelsunternehmen* unterschiedlicher Struktur und Größe integriert. Je nach Anlandungsort kommt bestimmten Betriebstypen im Vermarktungsprozeß mehr oder minder große wirtschaftliche Bedeutung zu. Das *erste Glied in der Vermarktungskette* bilden, von wenigen Ausnahmen abgesehen, lokale Fischhändler und Administratoren nicht-ortsansässiger Fischhandelsunternehmen. Diese vermarkten Frischfisch auf lokaler, regionaler und nationaler Ebene (Abb. 15, 16 und 17). In der Regel sind kleine und mittelgroße Fischhandelsunternehmen sowohl auf Einzel- als auch auf Großhandelsniveau tätig.

Fisch unterster Qualitätsstufe ist vorwiegend für den *lokalen Konsum* bestimmt. Er wird von den lokalen Fischhändlern an Endverbraucher und Fischbratereien vor Ort verkauft (Abb.15). Teilweise sind ambulante Händler in die Vermarktung auf lokaler Ebene integriert. Direktverkauf vom Produzenten zum Endverbraucher ist nur an wenigen Anlandungsplätzen zu beobachten.

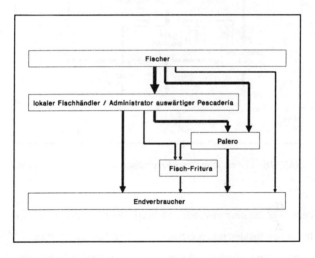

Abb. 15: Vermarktung von Frischfisch auf lokaler Ebene

Auf *Provinzebene* arbeitende Paleros, Fisch- und Zwischenhändler beziehen Frischfisch zum Großteil von lokalen Fischhändlern, zum Teil auch von den lokalen Administratoren auswärtiger Pescaderías und beliefern kleine Orte in der Region und die Provinzhauptstädte mit Fisch unterschiedlicher Qualität (Abb.16). Langusten und hochwertiger Fisch wird Hotels und Restaurants zum Kauf angeboten. Fisch minderer Qualität wird an Fischgeschäfte und Marktstände geliefert, die ihre Ware zumindest teilweise durch ambulante Händler weitervertreiben. Während Administratoren auswärtiger Fischhandelsunternehmen an den

Anlandungsplätzen Fisch erster und zweiter Klasse nur an Tagen mit außerordentlich hohem Angebot zur regionalen Vermarktung abgeben, arbeiten kleine lokale Fischhandelsbetriebe, die keine festen Absprachen mit auswärtigen Fisch- und Zwischenhändlern getroffen haben, regelmäßig auf regionaler Ebene.

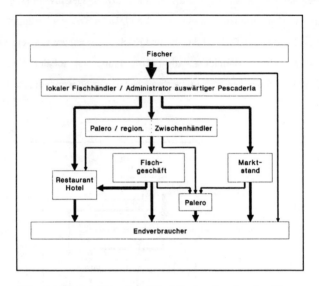

Abb. 16: Vermarktung von Frischfisch auf regionaler Ebene.

Der Großteil der Fänge der überwiegenden Mehrzahl der dominikanischen Fischereistandorte ist jedoch nicht für den lokalen und regionalen, sondern für den *nationalen Markt* bestimmt. Lokale Fischhändler und Administratoren nicht-ortsansässiger Fischhandelsunternehmen beliefern in der Regel mehrmals wöchentlich Fischgeschäfte, Weiterverarbeitungsbetriebe, Marktstände, Hotels und Restaurants in der Hauptstadt und in den Tourismuszentren (Abb.17).

Lokale Fischvermarktungsbetriebe, die über kein Transportmittel verfügen, verkaufen direkt am Anlandungsort an auswärtige Zwischen- und Großhändler, meist Besitzer von Fischgeschäften und Weiterverarbeitungsbetrieben aus Santo Domingo, teilweise auch aus den Tourismuszentren und den großen Provinzhauptstädten. Dort wird qualitativ hochwertiger Fisch zu Fischfilet weiterverarbeitet und an internationale Hotels bzw. Restaurants geliefert, teilweise aber auch für den Export vorbereitet. In Kunststoffhalbschalen und Klarsichtfolie

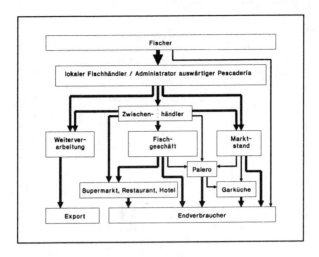

Abb. 17: Vermarktung von Frischfisch auf nationaler Ebene.

verpackter Fisch ist vorwiegend für den Verkauf an Supermärkte und Spezialitätengeschäfte bestimmt, die von Bevölkerungsgruppen mit hoher Kaufkraft frequentiert werden. Fisch unterschiedlicher Qualitätsstufe wird auf den Märkten und in den Fischgeschäften größerer Städte zum Kauf angeboten. Fisch unterster Qualität wird zu einem beträchtlichen Teil an ambulante Händler weiterverkauft, die kaufkraftschwache Bevölkerungsschichten, Garküchen und ambulante Fischbratereien mit Fisch versorgen.

Kleinverbraucher in den Vermarktungszentren müssen sich somit, wenn sie auf den Konsum von Frischfisch nicht vollständig verzichten wollen, meist mit Fisch niedriger Qualität zufrieden geben, der häufig ungekühlt bis zu fünf und mehr Zwischenstationen durchlaufen hat, ehe er den Konsumenten erreicht.

Für *Großverbraucher, Weiterverarbeitung und Hotels* bestimmter Fisch weist dagegen in der Regel höhere Qualität auf. Die Anlandungen stammen in erster Linie von Mutterschiffen, die im Gegensatz zu Yolas und Einbäumen über eisgekühlte Lagerräume verfügen. Konstante Kühlung ist jedoch auch bei diesen Fischereifahrzeugen für Fahrten von mehreren Tagen in der Regel nicht gewährleistet. So weisen zu Beginn einer mehrtägigen Ausfahrt erzielte Fänge gegenüber späteren bereits bei der Anlandung erhebliche Qualitätsverluste auf.

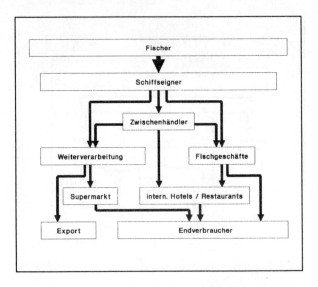

Abb. 18: Vermarktung der Anlandungen großer Fangeinheiten (Mutterschiffe)

Nach der Anlandung werden jedoch die Fänge meist direkt zu den Verbraucherzentren transportiert. Eine Zwischenlagerung findet nur in Ausnahmefällen statt. In Puerto Plata und Río San Juan, den beiden Hauptstandorten der Fischerei mit Mutterschiffen, wird der angelandete Fisch in der Regel "en gros" von Zwischen- bzw. Großhändlern aus Santo Domingo, Santiago und den Tourismuszentren aufgekauft (Foto 31). Die Ware wird entweder von Bootseignern mit eigenen Transportfahrzeugen direkt zum Großverbraucher bzw. zur Weiterverarbeitung gebracht oder von den entsprechenden Betrieben am Anlandungsort abgeholt. Kühlfahrzeuge werden hierbei nur in beschränkter Zahl eingesetzt.

In sogenannten "Procesadoras" in Puerto Plata, Santo Domingo, La Romana und Santiago wird Fisch filetiert, verpackt und anschließend an internationale Hotels, Restaurants, Supermärkte und Spezialitätengeschäfte geliefert (Abb.18). Alle großen Weiterverarbeitungsbetriebe verfügen über einen oder mehrere Kühlräume.

Nur an wenigen Fischereistandorten in der Dominikanischen Republik vermarkten Fischer oder deren Familienangehörige die angelandeten Fänge selbst. Eine *Ausnahmesituation* stellt Sosúa dar, das nach Puerto Plata bedeutendste Tourismuszentrum an der dominikanischen Nordküste. Dort verkaufen Fischer ihre Fänge direkt nach der Anlandung an kleine

Foto 31: Fischverkauf in Río San Juan bei der Anlandung der Fänge eines Mutterschiffs nach mehrtägiger Fangfahrt.

Restaurants, Hotels der unteren Kategorien und an ambulante Fischküchen, die sich meist nur wenige hundert Meter von der Anlegestelle entfernt befinden (Abb.19). Internationale Hotels und Tourismusanlagen werden dagegen von Großhändlern aus Puerto Plata mit Fisch beliefert. Unregelmäßige Anlandungen, stark variierende Qualität und Quantität der Anlandungen der lokalen Fischer sind für Großverbraucher ein Hinderungsgrund mit Kleinproduzenten zusammenzuarbeiten. Lokale Fischhändler aus Sosúa beziehen ihre Ware nicht von den ortsansässigen Fischern, sondern aus mehreren Fischereistandorten der dominikanischen Nordküste, an denen das Preisniveau für angelandeten Fisch unter dem Sosúas liegt.

Die Vermarktung von Frischfisch, der im *Einzugsbereich der Hauptstadt* angelandet wird, unterscheidet sich von der der übrigen Fischereistandorte des Landes. Zwischen Playa

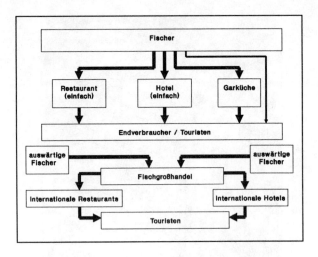

Abb. 19: Vermarktung von Frischfisch: der Sonderfall Sosúa.

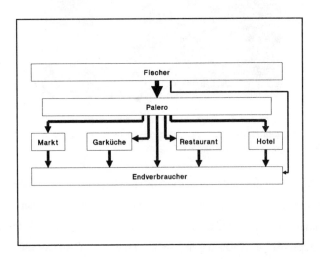

Abb. 20: Vermarktung von Frischfisch zwischen Playa Palenque und Juan Dolio an der dominikanischen Südküste.

Palenque und Juan Dolio an der dominikanischen Südküste östlich und westlich von Santo Domingo gelangt Frischfisch nur in Ausnahmefällen in das nationale Fischvermarktungsnetz. Fisch wird vielmehr lokal bzw. regional von Paleros vermarktet, die Fisch an den Anlandungsplätzen aufkaufen und im Bereich von meist weniger als 50 km direkt an

Endverbraucher, ambulante Fischküchen, kleine Restaurants und Hotels weiterverkaufen (Abb.20). So wird beispielsweise Fisch, der in Playa Palenque angelandet wird, von etwa einem Dutzend Paleros mit Kleinkrafträdern in den umliegenden Dörfern Sabana de Palenque, Sabana Grande de Palenque, Juan Barón und Nizao an Fisch-Frituras und private Haushalte weiterverkauft. Große pelagische Arten werden an Hotels in der Provinzhauptstadt geliefert. Nur in Ausnahmefällen wird Fisch in die 50 km entfernte Hauptstadt transportiert. Je nach Anlandungs- und Bestimmungsort variiert die *Länge der Vermarktungskette* für Frischfisch beträchtlich und damit auch die Qualität des zum Verkauf angebotenen Produkts. Die Befragung von 300 Fischern bezüglich der Vermarktung ihrer Anlandungen ergab, daß mehr als vier Fünftel ihre Fänge an Fischhändler verkaufen. Über die Hälfte der Fischer veräußert Fisch an lokale, knapp ein Viertel an nicht-ortsansässige Händler (Abb.21). 8% lassen ihre Produktion durch Paleros, 7% durch Fischerei-Kooperativen vermarkten. Nur 8% bieten ihre Fänge Endverbrauchern oder Hotels direkt zum Kauf an.

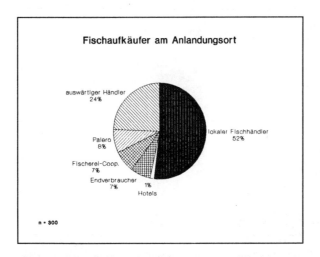

Abb. 21: Aufkäufer frisch angelandeten Fischs (erstes Glied der Vermarktungskette).

Aus Abb.22 geht hervor, daß zwei Drittel der Fischer ihre Anlandungen an Fischhändler veräußern, die über eine oder mehrere Kühltruhen verfügen. Aufgrund häufiger, in der Regel täglich mehrere Stunden dauernder Stromausfälle ist jedoch eine kontinuierliche Kühlung

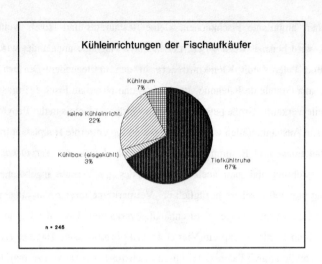

Abb. 22: Kühleinrichtungen der Aufkäufer von Frischfisch.

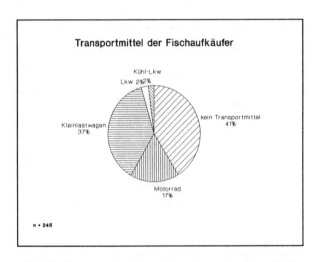

Abb. 23: Transportmittel der Aufkäufer angelandeten Fischs.

nicht gewährleistet. 22% der Fischhändler, meist ambulante Paleros haben keinerlei Kühleinrichtungen, 3% sind mit eisgekühlten Kühlboxen ausgestattet. Kühlräume werden nur an wenigen, großen Fischereistandorten angetroffen.

Die Fischerbefragung ergab weiterhin, daß 41% der Fischer ihre Anlandungen an Fischhändler verkaufen, die keine eigenen Transportmittel besitzen (Abb.23). Die Mehrzahl dieser Händler verkauft Fisch direkt am Anlandungsort an auswärtige Fisch- und Zwischenhändler. Ein Teil transportiert ihre Ware an Tagen mit hohen Erträgen mit öffentlichen Verkehrsmitteln oder geliehenen Kleinlastwagen zu den Verbraucherzentren. 37% der Fischer gaben an, daß die Fischhändler, an die sie vorwiegend ihre Anlandungen veräußern, einen Kleinlaster mit Ladefläche als Transportmittel benutzen. 17% verfügen über ein Motorrad oder Kleinkraftrad. Auffällig gering ist der Prozentsatz der Vermarktungsbetriebe, die ihre Aufkäufe per Kühltransporter zu den Verbraucherzentren transportieren.

Ein Großteil der *Weitervermarktung der Anlandungen* erfolgt bereits direkt am *Fischereistandort*. Dies ist aus Abb.24 zu ersehen. 57% der Fischer gaben an, daß der von ihnen angelandete Fisch noch am gleichen Ort von lokalen Fischhändlern weiterverkauft wird. Ein Viertel des Fischs wird in der jeweiligen Provinzhauptstadt und weiteren Orten innerhalb der Provinz, 13% in der Hauptstadt und 4% in den Tourismuszentren weitervermarktet.

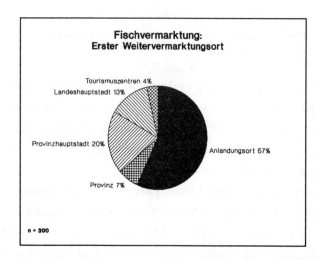

Abb. 24: Erster Weitervermarktungsort angelandeten Fischs.

Verfolgt man die Vermarktung von Frischfisch weiter, so stellt man fest, daß lediglich 7% der Anlandungen ein zweites Mal am Fischereistandort den Besitzer wechseln. 42% werden dagegen im *zweiten Weiterverkaufsstadium* in Santo Domingo und 36% in den Provinzhauptstädten zum Verkauf angeboten (Abb.25).

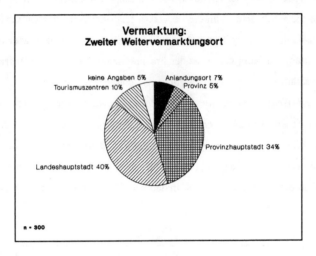

Abb. 25: Zweiter Weitervermarktungsort der Anlandungen.

Vergleicht man die Beteiligung von Fischhändlern im ersten und zweiten Glied der Vermarktungskette (Abb.24 und 25), so fällt auf, daß sie im ersten Glied zu 84%, im zweiten dagegen nur noch zu 45% vertreten sind. Hotels, Restaurants, Supermärkte und Weiterverarbeitungsbetriebe stellen im ersten Vermarktungsstadium nur 1%, im zweiten Stadium dagegen über ein Viertel der Fischkäufer dar. Im Direktverkauf vom Produzenten zum Konsumenten machen an den Anlandungsplätzen die Endverbraucher nur 7 % der Fischkäufer aus. Im zweiten Glied der Vermarktungskette sind sie dagegen mit einen Anteil von 25 % vertreten. Somit wechselt etwa drei Viertel des Fischs, der für den Binnenmarkt bestimmt ist, zumindest dreimal, meist jedoch vier- bis fünfmal den Besitzer, bevor er den Endverbraucher erreicht. Dadurch wird Fisch zu einem teuren Nahrungsmittel.

6.2.5 Export von Fischerei-Produkten

Der *Export von Fischerei-Produkten* hat sich nach offiziellen Angaben von CEDOPEX[1] im Zeitraum von 1972 bis 1978 nur geringfügig von 679 t pro Jahr auf 714 t erhöht. Die vom Fischereiministerium für 1987 veröffentlichten Daten lassen eine Steigerung der Exporte auf ca. 900 t erkennen[2]. Während der *Import von Fischerei-Produkten* sich hauptsächlich auf Trocken-, Salz- und eingedosten Fisch beschränkt, konzentriert sich der Export auf frischen und tiefgekühlten Fisch. Im Vordergrund steht der Export von Muschelfleisch (1987: 453 t), Zackenbarsch (1987: 236 t) und Meeresfrüchten (1987: 132 t). Trans Oceanica und Pescamar, zwei der größten dominikanischen Exporteure von Fischerei-Produkten, exportierten in den Monaten Januar und Februar 1989 100 t Zackenbarsch, 15 t Muschelfleisch und 10 t Merlin in tiefgefrorenem Zustand.

Die *Vermarktungskette für Exportprodukte* ist im Gegensatz zur nationalen Fischvermarktung relativ kurz. Der von großen Booten (Mutterschiff oder Kielboot) angelandete Fisch gelangt in der Regel direkt vom Fischereistandort zur Weiterverarbeitung nach Santo Domingo. Der Transport wird von den Bootseignern (meist selbst Fischhändler), Zwischenhändlern oder Weiterverarbeitungsbetrieben organisiert. Das Gros des für den Export bestimmten Fischs wird in Puerto Plata angelandet. Das Qualitätsniveau der Exportprodukte ist niedrig, liegt aber generell über dem landesweiten Durchschnitt. Die Fänge der kleinindustriellen Fischerei werden zwar an Bord ausgenommen, doch mindert unsachgemäße Lagerung und unzureichende Kühlung die Warenqualität bereits vor der Anlandung. Den *Hauptabsatzmarkt* für den Export von Fischerei-Produkten stellt Puerto Rico dar.

---

[1] Centro Dominicano de Promoción de Exportaciones (Dominikanisches Exportförderungszentrum)

[2] Laut offizieller Statistik des Fischereiministeriums für 1987 betrug der Export von Fischerei-Produkten: 1 638 029kg. Diese Angabe ist jedoch durch Rechenfehler stark verfälscht. Stückzahlen von exportierten Zierfischen und lebenden Krebsen wurden mit Mengeneinheiten der übrigen Fischarten addiert.

6.3 Lebensbedingungen der Fischerbevölkerung

In den beiden vorangegangenen Kapiteln zu Produktion und Vermarktung standen wirtschaftliche Gesichtspunkte des Fischereisektors im Vordergrund. Im folgenden Kapitel soll nun der Fischer und sein soziales Umfeld ins Zentrum der Betrachtungen gerückt und aus handlungstheoretischer Forschungsperspektive analysiert werden. Die Ausführungen zu Lebensbedingungen, Bedürfnissen und Handlungsstrategien der dominikanischen Fischerbevölkerung sind jedoch ohne Bezug auf kulturelle Verwurzelung und soziale Struktur nicht möglich. Deshalb werden den folgenden Analysen einige für das weitere Verständnis unerläßliche sozio-kulturelle Aspekte vorangestellt, ohne die das Handeln dominikanischer Fischer nicht erklärt werden kann.

6.3.1 Sozio-kulturelle Grundlagen

Mit der Ankunft von Christoph Columbus auf Hispaniola am 5. Dezember 1492 begann nicht nur für diese Insel, sondern für ganz Lateinamerika, eine neue kulturelle Epoche. Die indigene *Gesellschaft*, die die Spanier auf Hispaniola antrafen, befand sich im 15. Jahrhundert auf dem kulturellen Entwicklungsstand des amerikanischen Neolithikums (MEJIA-RICART 1982, S.7ff). *Charakteristische Merkmale* für dieses Stadium sind die Kenntnis der Steinbearbeitung, eine auf den Anbau von Mais und tropischer Wurzeln basierende Landwirtschaft, Fischerei und Jagd auf rudimentärer Stufe und eine tribale Organisation. Die Spanier unterwarfen die einheimische Bevölkerung aufgrund ihrer technischen Überlegenheit. Der Widerstand einiger Kaziken war durch den Einsatz von Feuerwaffen und Pferden in kurzer Zeit gebrochen. Kriegerische Auseinandersetzungen, Verfolgung, Ausbeutung, schlechte Behandlung und eingeschleppte Krankheiten führten zum Niedergang der indigenen Bevölkerung. Zur Aufrechterhaltung der landwirtschaftlichen Produktion waren schließlich *Sklaven aus Schwarz-Afrika* eingeführt worden, die vorwiegend auf den großen Zuckerrohrplantagen eingesetzt wurden. Aus dem Konglomerat von Indios, Schwarz-Afrikanern und Europäern ging schließlich die dominikanische Bevölkerung hervor. Reinrassige Urbevölkerung ist auf Hispaniola nicht mehr anzutreffen. Somit sind auch die unvermischten kulturellen Traditionen der präkolonialen Bewohner der Insel weitgehend in

Vergessenheit geraten. Afrikanische Sklaven und deren Nachkommen konnten jedoch ihre *Traditionen* dadurch bewahren, daß sie vordergründig christlichen Zeremonien nachgingen, hintergründig sich aber ihren eigenen Riten und Traditionen widmeten (DEIVE 1988, S.130). Dabei kam es im Laufe der Jahrhunderte zur Vermengung von christlichen Elementen und Glaubensvorstellungen des Voodoo. Noch heute verbergen sich hinter einer Vielzahl katholischer Heiliger schwarz-afrikanische Götter und Götzen, die auch in den Fischereistandorten verehrt werden (DEIVE 1988, S.211-243). In einer Vielzahl von Fischerhaushalten befinden sich kleine, geschmückte Hausaltäre mit Kerzen, Heiligen- und Götterbildern. Anhänger des Voodoo und der Magie sind in allen Bevölkerungsgruppen anzutreffen. Der größte Teil der Dominikaner, die sich dem synkretistischen Glauben verschrieben haben, gehören jedoch der Landbevölkerung an (DEIVE 1988, S.364ff).

Nicht nur traditionelle Glaubensvorstellungen haben sich in vielen Fischereistandorten erhalten, sondern auch Elemente der *kolonialzeitlichen Plantagenwirtschaft*. Das System der Plantagenwirtschaft war über Jahrhunderte die vorherrschende Form der landwirtschaftlichen Produktion auf Hispaniola. Diese Wirtschaftsform brachte eine klare soziale und rassenspezifische Zweiteilung mit sich. Auf der einen Seite stand der weiße Landbesitzer, der "Patrón", auf der anderen Seite die wenig differenzierte Masse der Schwarzen und Mulatten. Im ehemaligen Kolonialsystem verkörperte der "Patrón" die Rolle des Schutzherrn. Charakteristisch für die Patrón-Untergebenen-Beziehung waren die uneingeschränkte Loyalität und absolute Rechtlosigkeit des Untergebenen gegenüber dem Patrón. Die bis in die Mitte des letzten Jahrhunderts reichende Epoche der Sklaverei, aber auch die dreißigjährige Diktatur Trujillos haben die spanisch-kolonialen Traditionen und Herrschaftsverhältnisse stärker erhalten als auf den übrigen spanischsprachigen Inselstaaten der Karibik.

Das kulturelle Erbe der spanischen Kolonialmacht hat bis heute auf allen Ebenen der dominikanischen Gesellschaft große Bedeutung. Devote Loyalität der Untergebenen gegenüber ihren "Schutzherren" ist zwar kaum mehr anzutreffen. Jedoch beherrscht auch heute noch Unterwürfigkeit das Verhältnis zwischen Fischern und ihrem Patrón. Eine unternehmerische Grundhaltung ist somit für die vom kulturellen System der kolonialen Epoche geprägten Fischer nicht zu erwarten. So konnten im Rahmen der Erhebungen des Autors nur an wenigen Standorten, insbesondere im Einflußbereich der Hauptstadt, Fischer angetroffen werden, die sich zumindest teilweise aus dem traditionellen System gelöst hatten und fortschrittsorientierte Gewinnmaximierungsstrategien verfolgten.

Tradition und kulturelles System haben in jeder Gesellschaft starken Einfluß auf die *Motivation der Bevölkerung*, mit der sie ihre sozio-ökonomische Entwicklung vorantreibt. Das religiöse Grundkonzept beeinflußt das Verhalten der traditionell geprägten Bevölkerungsgruppen vom Gesellschaftlichen über das Kulturelle bis zum Wirtschaftlichen in besonderem Maße. "Die gesamtgesellschaftliche Ordnung von Raum und Zeit wird in Lateinamerika weitgehend durch das vorkoloniale und afrikanische Bevölkerungs-Substrat und dessen kollektives Gedächtnis bestimmt, ist also von der Raum / Zeit-Ordnung der europäischen Gesellschaften grundsätzlich verschieden" (Steger, 1988). Begriffe wie Fortschritt und Entwicklung sind an *europäisch-religiösen Grundkonzepten* orientierte Vorstellungen, die auf eine bessere zukünftige Welt ausgerichtet sind. Europäisches Denken ist daher immer zukunftsorientiert. Im *afro-amerikanischen, synkretistisch-religiösen Grundkonzept* der Dominikanischen Republik ist dagegen Zukunft eng mit Weltuntergang verknüpft. Entwicklung kommt demzufolge unwillkürlich dem Weltzusammenbruch näher. Dementsprechend ist der Wirtschaftsstil der in der Tradition verhafteten Fischer nicht an der Zukunft, sondern an der Gegenwart orientiert. Die Mehrzahl aller an den Küsten der Dominikanischen Republik vom Autor befragten Fischer hatte weder Vorstellungen zur Verbesserung von Fangtechnik und Arbeitsorganisation noch zur Finanzierung zukünftiger Neuanschaffungen. Das Gros dominikanischer Kleinfischer scheint sich mit ihrer gegenwärtigen Situation abgefunden zu haben. Dies ist vor dem oben erwähnten Hintergrund weder aus externer noch aus einheimischer Perspektive als negativ zu bewerten oder als Lethargie zu interpretieren.

Neben afro-amerikanischem, religiösem Grundkonzept hemmt auch das *kulturelle System familiärer Bindung* die Motivation dominikanischer Kleinfischer in bezug auf fortschritts- und zukunftsorientiertes Handeln. Grundwirtschaftseinheit vieler Fischerfamilien ist nicht das Individualeinkommen der einzelnen Familienmitglieder, sondern das gemeinsame Familieneinkommen. Durch einen guten Fang erwirtschaftetes Kapital wird deshalb von den meist relativ großen Familien in kurzer Zeit verbraucht, wenn es nicht bereits vorher vom Haushaltsvorstand für Alkohol, Zigaretten, Hahnenkampf, Glücksspiel oder Frauen ausgegeben wurde. Es steht somit für Investitionen in die Fischerei nicht mehr zur Verfügung. Häufig wird nach Erzielung eines außerordentlich hohen Fangertrags oder eines Gewinns im Glücksspiel der Anschaffung von Prestige-Objekten wie Fernseher, Cassettenrecorder, Motorrad oder Kleidung der Vorzug vor betrieblichen Investitionen gegeben.

Generell werden hohe Beiträge einzelner Familienangehöriger zum Gemeinschaftseinkommen durch soziale Anerkennung honoriert, während Sparverhalten als selbstsüchtig abgewertet wird, unabhängig davon, ob es durch Investitionen zu einem späteren Zeitpunkt zur Einkommensverbesserung beitragen könnte. Für Fischer, die sich an den traditionellen Rahmen der Familie gebunden fühlen, sind größere Investitionen in fischereiliche Produktionsmittel nur schwer zu realisieren. Die soziale Verpflichtung zur Unterstützung der Familie läßt ein kontinuierliches Sparverhalten nicht zu. Fischer, die in räumlicher Trennung von ihren Familien leben (z.B. Migranten) und damit zumindest teilweise von familiären Beschränkungen befreit sind, lassen generell eine stärkere Motivation in bezug auf Kapitalakkumulation für betriebliche Investitionen erkennen als solche, die fest in das traditionell geprägte familiäre System eingebunden sind.

Generell werden *Maßnahmen zur Verbesserung der wirtschaftlichen Situation* von den staatlichen Institutionen erwartet. Die Rolle des traditionell-kolonialzeitlichen Schutzherrn wird häufig auf die Regierung, insbesonders auf den Präsidenten projiziert, der für Fehlentwicklungen aller Art verantwortlich gemacht wird.

6.3.2 Sozio-kulturelle Verwurzelung der Fischerbevölkerung

Fischerei wurde in den vergangenen Jahrhunderten vorwiegend von *landwirtschaftlich geprägter Bevölkerung* betrieben. Die Fischerei diente lediglich der Diversifizierung des Nahrungsangebots der Familie bzw. der Nachbarschaft (*Subsistenz-Fischerei*). Im Landesinneren und in den Städten beschränkte sich der Fischkonsum auf "Bacalao", aus Europa bzw. Nordamerika importierten Salz- und Trockenfisch.

Vollerwerbsfischerei ist je nach Standort eine Innovation der letzten Jahrzehnte. Die Fischer blicken auf keinerlei eigenständige Fischerei-Tradition zurück. Sie haben ihre Wurzeln in der kleinbäuerlichen Gesellschaft. Während es in den urbanen Regionen der Dominikanischen Republik zu einer Diversifizierung der Beschäftigungsstruktur nach westlichem Vorbild kam, ist die Landbevölkerung vorwiegend mit der Befriedigung ihrer materiellen Grundbedürfnisse beschäftigt.

Im Rahmen der landesweiten Fischerei-Erhebungen des Autors wurden nur vier Fischer angetroffen, deren Großväter hauptberuflich der Fischerei nachgingen. 12% der Großväter betrieben Subsistenz-Fischerei. 70% von ihnen gehörten der Gruppe der Kleinbauern und Landarbeiter an, die keinerlei Fischerei betrieben. Die übrigen waren als Taubenjäger, Schildkrötenfänger, Kampfhahnzüchter und Wahrsager tätig. Sie sind somit ebenfalls der ländlichen Bevölkerung zuzurechnen. Städtische Berufe wie Händler, Schreiner und Angestellter waren unter den Großvätern der heutigen Fischer nur zu knapp 5% vertreten. So unterscheidet sich die Berufsgruppe der Fischer kaum von der übrigen ländlichen Bevölkerung.

Fischerfamilien wohnen deshalb, von wenigen Ausnahmen abgesehen, weder in separaten Fischerdörfern noch in räumlich von den übrigen Bevölkerungsgruppen getrennten Ortsteilen. Fischer leben in den gleichen Wohnvierteln wie Kleinbauern, Landarbeiter, Handwerker, Gemischtwarenhändler und Chiriperos (Gelegenheitsarbeiter). Mehr als die Hälfte der befragten Fischer haben Nachbarn, die nicht in der Fischerei tätig sind. Fischer sind somit zusammen mit den übrigen ländlichen Bevölkerungsgruppen in ein gemeinsames Netz sozialer Beziehungen eingebunden.

6.3.3 Sozialstruktur der Fischergemeinden

Den *Kern* der gesamten *ländlichen Sozialstruktur* bildet die Familie. Der Grundtyp der dominikanischen Familie ist die sog. *Kernfamilie*, die sich aus Mann, Frau und Kindern zusammensetzt. Wohnen mehrere Kernfamilien meist unterschiedlicher Generationen unter einem Dach zusammen, so spricht man von der *erweiterten Familie* (la familia extensa). Das Zusammenleben vieler dominikanischer Familien besonders in ländlichen Gebieten basiert meist nicht auf ehelicher Gemeinschaft. Der Familienvorstand lebt mit seiner Frau in sog. "unión libre" (oder "concubinato"). Diese Art eheähnlicher Lebensgemeinschaft ist die am häufigsten auftretende und durch Tradition anerkannte *Form des Zusammenlebens zwischen Mann und Frau* in der Dominikanischen Republik. So waren nur 21 % der im Rahmen der Erhebungen des Autors befragten Fischer offiziell verheiratet, über 42% lebten dagegen mit ihren Frauen in "unión libre" zusammen. An zwei peripher gelegenen Fischereistandorten, in Boca de Yuma und Cabeza de Toro, war keiner der interviewten Fischer trotz durchschnittlichem Alter von 35 bzw. 34 Jahren verheiratet. Mehr als die Hälfte von ihnen lebten in eheähnlicher Gemeinschaft. In der stärker städtisch geprägten Provinzhauptstadt Monte Cristi wohnte dagegen weniger als ein Viertel der Befragten in "unión libre". Viele Dominikaner haben neben ihrer Frau an anderen Orten noch weitere Frauen mit denen sie Beziehungen und unter Umständen auch Kinder haben. Solange sich der Mann ausreichend um das Wohl der Familie kümmert, akzeptieren die meisten dominikanischen Frauen diesen Zustand. Die Ursprünge des Systems sozialer und sexueller Beziehungen vermutet man in der kolonialzeitlichen Beschäftigungsstruktur, in der Landarbeiter entsprechend den Erntezyklen von Zuckerrohr, Kaffee und Kakao saisonal für mehrere Monate an unterschiedlichen Standorten tätig waren und somit die Möglichkeit bzw. das Bedürfnis hatten, mehrere soziale Beziehungen einzugehen. Arbeitsmigration ist auch heute noch stark verbreitet, oft jedoch weniger wirtschaftlich motiviert. Viele Dominikaner - Landarbeiter, Campesinos und Fischer - sind deshalb an ganzjähriger Vollbeschäftigung nicht oder nur teilweise interessiert. Temporäre Arbeitsmigration gibt ihnen in Perioden der Trockenheit oder des Ausbleibens der Fischschwärme die Möglichkeit, ihre übrigen Sozialpartner aufzusuchen und einige Zeit des Jahres mit ihnen zu verbringen. Unter den ländlichen Migranten ist die Anzahl derer besonders hoch, die Beziehungen zu Frauen an ihren ehemaligen Wohn- oder Beschäftigungsorten unterhalten.

Frauen, die von ihren Männern permanent verlassen werden, können mit keinerlei Unterhaltszahlungen, bestenfalls gelegentlich mit Zuwendungen rechnen. Den ländlich geprägten Frauen ohne Ausbildung bleibt die Möglichkeit, zu ihren Eltern zurückzukehren, sich eine Anstellung als "Empleada" (Hausangestellte) zu suchen oder sich durch informelle Tätigkeiten (ambulanter Essens- und Getränkeverkauf, Prostitution usw.) ein eigenes Einkommen zu schaffen, um sich und ihre Kinder zu ernähren. Viele Frauen gehen erneut Beziehungen zu anderen Männern ein, mit denen sie ebenfalls vorwiegend in "unión libre" zusammenleben. Meist werden die Kinder aus den vorangegangenen Beziehungen beider Partner akzeptiert. In der von der Tradition anerkannten Abfolge der "Ehemänner" sieht die Anthropologin J. Rosenberg eine vom schwarz-afrikanischen System der Polyandrie abgeleitete Modifikation der dominikanischen Familienstruktur (ROSENBERG 1973).

Trotz beträchtlicher Freiräume bildet die dominikanische *Familie* auch ohne Trauschein die *Basis der gesamten Sozialstruktur*. Falls in der dominikanischen Gesellschaft ein Element existieren sollte, auf das sich Personen aller Bevölkerungsschichten verlassen können, so ist das: "la familia". Sei es bei der Besetzung wichtiger Ämter, beim Erwerb von Privilegien oder bei der Verteilung von Land. Die Familienangehörigen bis ins dritte Glied werden immer mit einbezogen. Kein anderes Band in der lateinamerikanischen Gesellschaft ist von größerer Stabilität als das der Familie. Selbst der mexikanische Ex-Präsident López Portillo ließ auf die Kritik, er habe seine gesamte Verwandtschaft in lukrativen Spitzenpositionen untergebracht, verlauten, daß er eben wie jeder Lateinamerikaner die Pflicht habe, für seine Familie zu sorgen. Freundschaft, Nachbarschaft, Zugehörigkeit zu Berufsverbänden, politischen Parteien oder Kooperativen haben im Vergleich zur Familie untergeordnete Bedeutung.

Der einzige Zugang zur Familie ist neben der Heirat die Übernahme einer *Patenschaft*, die zu einer familiären Verbindung zwischen der Familie des Patenkinds und der des Paten ("Padrino") führt. Die Wahl des zukünftig als "Compadre" bezeichneten Taufpatens erfolgt nicht zufällig. Meist wird er unter den Personen ausgewählt, die eine sozial angesehenere Stellung und eine wirtschaftlich höhere Position innehaben. Somit wird nicht nur die Zukunft des Neugeborenen gesichert, sondern auch die soziale Position der entsprechenden Familie gestärkt.

6.3.4 Grundbedürfnisbefriedigung der Fischerbevölkerung

Bereits in der Einführung zur vorliegenden Untersuchung wurde hervorgehoben, daß entwicklungspolitische Maßnahmen nur dann als annehmbar gelten sollen, wenn sie sich an den jeweiligen Grundbedürfnissen der Gesamtbevölkerung orientieren. Im folgenden werden deshalb die Grundbedürfnisse der dominikanischen Fischerbevölkerung und deren Befriedigung einer Analyse unterzogen.

6.3.4.1 Allgemeiner Lebensstandard

An den Fischereistandorten der dominikanischen Republik ist *kein einheitlicher Lebensstandard* anzutreffen. Das Spektrum reicht von der Armutsgrenze bis zu luxuriösem Lebensstil, der sich an nordamerikanischen Vorbildern orientiert. Nur an wenigen kleinen Anlandungsplätzen in peripherer Lage ist das allgemeine Niveau des Lebensstandards generell als sehr niedrig einzustufen. An den meisten Küstenstandorten variiert der Lebensstandard innerhalb des jeweiligen Ortes beträchtlich. Wohnviertel ohne Wasser- und Stromversorgung, in denen die meisten Behausungen aus Holz, Palmwedel, Yagua und Wellblech bestehen, wechseln mit Ortsteilen ab, in denen eigene Stromaggregate, Klimaanlagen und Antennen zum Empfang von Satellitenfernsehen zum allgemeinen Standard gehören. Vielerorts ist die sozialräumliche Segregation schwach ausgeprägt, so daß einfachste Hütten an die Ummauerungen luxuriöser Villen grenzen. An Standorten des internationalen und des Yacht-Tourismus werden die sozialen Gegensätze besonders deutlich.

6.3.4.2 Ernährung und Kleidung

Obwohl zahlreiche Fischerfamilien in der Dominikanischen Republik nahe der Armutsgrenze leben, sind weder bei Erwachsenen noch bei Kindern oft *Anzeichen von Unterernährung* zu erkennen. Hieraus kann jedoch nicht die Schlußfolgerung abgeleitet werden, daß die Einkünfte aus der Fischerei zur Ernährung der Fischerfamilien ausreichend seien. Neben *Fisch für den Eigenbedarf*, der auch den Fischern zusteht, die nicht mit eigenen Fischereifahrzeugen operieren, werden von zahlreichen Fischern und deren Familienangehörigen *Tauschhandel, landwirtschaftlicher Anbau, Viehhaltung und Gelegenheitsarbeit* betrieben[1]. Keiner der in die Untersuchung einbezogenen Fischerhaushalte kommt ohne Zukauf von Nahrungsmitteln aus. Diese werden meist von den auch an den kleinsten Fischereistandorten anzutreffenden "Colmados" (Gemischtwarenläden) bezogen. Die Ernährung der Fischerfamilien kann in der Regel durch Kombination mehrerer Einkommensquellen gewährleistet werden.

Neben Ernährung darf das *Grundbedürfnis Kleidung* ebenfalls für das Gros der Fischerhaushalte als gesichert betrachtet werden. Abgesehen von den Kleidungsstücken, die während der Fangfahrten getragen werden, ist zerlumpte oder schmutzige Kleidung an den Fischereistandorten eine Seltenheit, die sich auf die ärmste Bevölkerungsschicht beschränkt. An Wochenenden herrscht in den Tanzlokalen und in den Hahnenkampfarenen der Fischereistandorte gepflegte bis elegante Kleidung vor.

---

[1] Vgl. Kapitel 6.3.5: Sozio-ökonomische Handlungsstrategien zur Sicherung des Überlebens

6.3.4.3 Bildung

Das *Bildungsniveau der Fischerbevölkerung* muß generell als relativ niedrig eingestuft werden. Dies ist an der durchschnittlichen Schulbesuchszeit und der Lese- bzw. Schreibfähigkeit der befragten Fischer abzulesen. Mit Ausnahme der Provinzhauptstadt Monte Cristi und Río San Juan betrug an keinem der Fischereistandorte, an denen der Autor Erhebungen auf der Entscheidungsebene Individuum durchgeführt hatte, die *durchschnittliche Schulbesuchsdauer* der befragten Fischer mehr als fünf Jahre[1]. Der Prozentsatz der Fischer, die keine oder nur geringe *Lese- und Schreibfähigkeit* besaßen, betrug erneut mit Ausnahme von Monte Cristi und Río San Juan an allen Anlandungsplätzen über 43 %, maximal 70 %[2]. Hierbei muß jedoch berücksichtigt werden, daß Fischer, die über keine Schulbildung verfügen, die Durchschnittsergebnisse ebenso beeinflussen wie Fischer, die überdurchschnittlich lange weiterführende Schulen besuchten. Der vom Autor ermittelte Prozentsatz der Analphabeten unter den Fischern betrug 16%. Nur 5% aller Befragten hatten angegeben, daß sie mehr als 10 Jahre zur Schule gingen.

6.3.4.4 Unterkunft

In den vorangegangenen Kapiteln wurde bereits darauf hingewiesen, daß das Gros dominikanischer Fischerfamilien mit den übrigen ländlich geprägten Bevölkerungsgruppen in räumlicher Nachbarschaft lebt. Die *Eigentumsverhältnisse* in bezug auf Wohnraum entsprechen somit denjenigen ländlicher Gebiete. Knapp drei Viertel der Wohngebäude der

---

[1] Durchschnittliche Schulbesuchsdauer:
4 Jahre: Bayahibe, Miches, Palenque.
5 Jahre: Boca de Yuma, Cabeza de Toro, Sabana de la Mar, Sánchez, Palmar de Ocoa.
6 Jahre: Río San Juan.
7 Jahre: Monte Cristi.
(Quelle: eigene Erhebungen)

[2] Keine bzw. geringe Lese- und Schreibfähigkeit (nach Selbsteinschätzung) der Fischer:
31 - 40 %: Monte Cristi, Río San Juan.
41 - 50 %: Boca de Yuma, Sabana de la Mar.
51 - 60 %: Bayahibe, Cabeza de Toro, Sánchez, Palmar de Ocoa.
61 - 70 %: Miches, Palenque.
(Quelle: eigene Erhebungen)

interviewten Fischer befinden sich in deren Privatbesitz. Nur 21% der Fischerfamilien wohnen in gemieteten Häusern. Mietzahlungen müssen demnach nur von einem geringen Prozentsatz der Fischer entrichtet werden.

Die Häuser der Fischer unterscheiden sich in ihrem äußeren Erscheinungsbild nicht von denjenigen anderer ländlicher Berufsgruppen. Mehr als die Hälfte der Wohngebäude der befragten Fischer sind aus Holzplanken gebaut. Die übrigen Häuser sind entweder ganz oder bis Fensterhöhe gemauert. Nur 6% der Fischer wohnen in primitiven Bambus- bzw. Palmwedelhütten (Abb.26). Knapp 60 % der Fischerhäuser sind mit Wellblech, 30 % mit Palmwedelgeflecht bzw. Yagua gedeckt. Die Häuser sind meist durch dünne Zwischenwände in zwei bis vier Räume aufgeteilt. 10% der befragten Fischer bewohnen einräumige Hütten, die keinerlei Abtrennungen aufweisen. Die Kochgelegenheiten befinden sich meist in einer aus Holz und Palmwedel gefertigten Hütte außerhalb des eigentlichen Wohngebäudes.

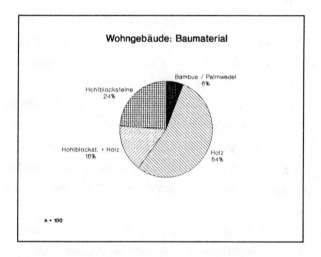

Abb. 26: : Wohngebäude der Fischer: Baumaterial

An wenigen Fischereistandorten konnten vom Autor Fischer ausfindig gemacht werden, die in absolut menschenunwürdigen Unterkünften hausen. Hierbei handelt es sich meist um alleinstehende Migranten, die übergangsweise in Schuppen und Lagerräumen der Pescaderías übernachten.

6.3.4.5 Hygiene

Die Mehrzahl dominikanischer Fischereistandorte verfügt über ein *öffentliches Wasserversorgungsnetz*, das jedoch erhebliche Mängel aufweist. Wasser ist je nach Anlandungsort nur für wenige Stunden pro Tag - nicht selten pro Woche - verfügbar. Zur Überbrückung der Wasserengpässe hat nahezu jeder Fischerhaushalt eine Wassertonne, die immer dann, wenn Wasser zur Verfügung steht, aufgefüllt wird. Diese Tonnen werden nur selten gesäubert, so daß sich Verunreinigungen (Insekten) am Boden absetzen. Nicht alle Haushalte verfügen über separate Trinkwasseraufbewahrungsbehälter. Das verunreinigte Wasser aus den Tonnen wird deshalb oft als Trinkwasser verwendet. Die Ursachen für den häufigen Zusammenbruch des öffentlichen Wasserversorgungssystems sind sowohl der Mangel an ausreichenden Wasserkapazitäten als auch der Wasserverlust durch undichte Leitungen und tropfende Wasserhähne.

Mit Ausnahme von Cabeza de Toro verfügen die Fischerhaushalte der in die Untersuchung einbezogenen Fischereistandorte zu mindestens zwei Dritteln über einen eigenen Wasseranschluß[1]. Cabeza de Toro, das sich erst vor wenigen Jahren aus einem Fischer-Camp zu einer permanenten Siedlung entwickelt hatte, ist an das öffentliche Trinkwassersystem nicht angeschlossen. Den Fischern wurde jedoch erlaubt, die private Wasserversorgung eines Sportfischerclubs mitzubenutzen. Durch einen Defekt der Wasserpumpe mußte bereits einige Monate vor dem Zeitpunkt der Erhebungen des Autors Wasser aus größerer Entfernung per Kleinlastwagen, Esel oder Yola geholt werden. In ähnlicher Situation befand sich Bayahibe, das ebenfalls für mehrere Monate durch eine Störung der Pumpe von der Wasserversorgung abgeschnitten war.

An den vom Autor aufgesuchten Fischereistandorten waren mit Ausnahme von Cabeza de Toro und Boca de Yuma jeweils mehr als zwei Drittel der Fischerhaushalte mit *Latrinen* oder *WC* ausgestattet[2]. *Toiletten* mit Wasserspülung konnten aufgrund des häufig auftretenden

---

[1] Fischerhaushalte mit eigenem Wasseranschluß:
61 - 70 %: Miches, Sánchez.
71 - 80 %: Monte Cristi, Río San Juan.
81 - 90 %: Bayahibe, Boca de Yuma, Palmar de Ocoa.
91 -100 %: Palenque, Sabana de la Mar.   (Quelle: eigene Erhebungen)

[2] Fischerhaushalte, die über Latrine oder WC verfügen:
unter 60 %: Boca de Yuma, Cabeza de Toro;
61 - 70 %: Miches;

Wassermangels nur selten benutzt werden. Darüberhinaus war nur an größeren Orten eine Kanalisation vorhanden. 28 % der in die Erhebungen eingegangenen Fischerhaushalte verfügten über keinerlei Entsorgungseinrichtungen.

Die *hygienische Situation* der Fischereistandorte ist somit in erster Linie durch Mängel im öffentlichen Wasserversorgungssystem gekennzeichnet. Darüberhinaus ist die Zahl privater Latrinen an mehreren Fischereistandorten nicht ausreichend.

6.3.4.6 Prestige und Luxus

Der Besitz an Gegenständen, die zur Deckung der Grundbedürfnisse nicht unbedingt erforderlich sind, wurde vom Autor ebenfalls in die Erhebung aufgenommen. Es sollte festgestellt werden, wie groß der Anteil der Fischerhaushalte ist, die über Luxus- und Prestigeobjekte verfügen.

Die zur Grundbedürfnisbefriedigung nicht notwendigen Gegenstände, die vom Autor in den Fischerhaushalten angetroffen wurden, beschränkten sich auf *folgende Geräte*: Radio, Cassettenrecorder, Stereoanlage, Fernseher, Video, Eisschrank, Gasherd, Kompressor und Solaranlage zur Stromerzeugung. Etwa die Hälfte der befragten Fischer hatte jedoch in ihren Häusern keinerlei Luxus- und Prestigeobjekte. Abb.27 zeigt den jeweiligen Anteil an Fischerhaushalten, die über elektrische Geräte oder Gasherd verfügten. Nur etwa 30 % der Fischer hatten TV, Video- oder HiFi-Stereoanlagen in ihrem Besitz. Daneben waren 10 % der Fischerhaushalte mit Kühlschrank oder Gefriertruhe, 15 % mit Gasherd ausgestattet. Obwohl über zwei Drittel der Fischerhaushalte über Stromanschluß und elektrische Beleuchtung verfügten, konnten die über den Grundbedarf weit hinausgehenden Prestige- und Luxusartikel (TV, Video, HiFi-Stereo) in nur jedem dritten Haushalt angetroffen werden. Ein Großteil der Geräte war nicht von den Fischern selbst angeschafft worden, sondern von auswärtigen, teilweise im Ausland lebenden Familienangehörigen.

---

71 - 80 %: Monte Cristi, Río San Juan, Sánchez;
81 - 90 %: Bayahibe, Palenque, Palmar de Ocoa;
91 - 100 %: Sabana de la Mar.
(Quelle: eigene Erhebungen)

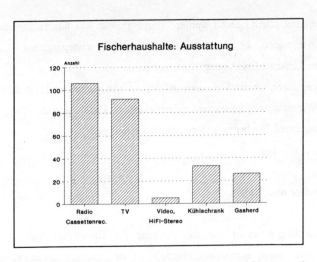

Abb. 27: Ausstattung von Fischerhaushalten mit Luxus- und Prestigeobjekten.

In mehr als zwei Dritteln der Fischerhaushalte waren die Voraussetzungen für den Betrieb elektrischer Geräte vorhanden. Lediglich Cabeza de Toro und Bayahibe waren zum Zeitpunkt der Erhebungen noch nicht an das öffentliche Stromversorgungsnetz angeschlossen. Nur fünf vom Autor angetroffene Fischerhaushalte deckten ihren Bedarf an Energie durch einen eigenen Generator oder durch eine Solaranlage. Die übrigen Fischerhaushalte benutzten Petroleumlampen oder Kerzen zur Beleuchtung.

6.3.4.7 Subjektive Bedürfnisstruktur

Im *infrastrukturellen Bereich* der Fischereistandorte werden die Bedürfnisse der Fischerbevölkerung nur wenig befriedigt. Im Vordergrund stehen Defizite sowohl in der Wasser- und Stromversorgung als auch im Schul- und Gesundheitswesen. *Mängel im Sozialversicherungssystem* wurden während der Befragungen des Autors nur selten geäußert, was auf eine allgemein niedrige Erwartungshaltung gegenüber den staatlichen Sozialeinrichtungen hinweist. Forderungen nach verbesserten *Zugangsmöglichkeiten zu staatlichen Krediten* zur Anschaffung von Produktionsmitteln wurden dagegen sehr häufig erhoben.

Selbständige Kleinfischer betonten immer wieder die unzureichende *Versorgung* marginaler Fischereistandorte mit *Betriebsmitteln* wie Treibstoff und Ersatzteilen für die Außenbordmotoren und Eis zur Kühlhaltung der Anlandungen. Forderungen nach *staatlichen Fischverkaufsstellen* wurden besonders an peripheren Anlandungsplätzen geäußert, die von einem oder wenigen Händlern kontrolliert werden.

Erwartungen der Fischer in bezug auf Fortbildungsmaßnahmen im Bereich Fangtechnik wurden nicht vorgebracht. Dagegen meldeten die Mitglieder von Fischerei-Kooperativen in Boca de Yuma, Los Conucos, Playa Palenque und Palmar de Ocoa *Bedarf an Weiterbildungsmaßnahmen* in bezug auf Kooperativen-Management, Buchführung, Motorüberholung und Aquakultur an.

Zur Einschätzung der subjektiven Bedürfnisstruktur dominikanischer Fischer wurden vom Autor im Rahmen der Erhebungen auf der Entscheidungsebene Individuum 300 Fischer nach *Verwendungsmöglichkeiten für einen potentiellen Lotteriegewinn* in Höhe von $ 3000 R.D. (ca. 800.-DM) befragt (Abb.28).

- 31 % der Fischer gaben zur Antwort, daß sie den Gewinn in die *Fischerei investieren* würden, um durch den Einsatz eigener Fischereigeräte ihr Einkommen und damit ihre wirtschaftliche Situation zu verbessern.
- 13 % gingen davon aus, daß sie den Lotteriegewinn als Grundkapital zur *Gründung eines Kleinhandelsbetriebs* (Gemischtwarenladen oder Fischhandel) verwenden würden.
- 15 % wollten den Gewinn zum *Bau* eines eigenen oder zur *Instandhaltung* bzw. zum *Ausbau* eines bereits vorhandenen *Hauses* nützen.
- Jeweils 5 % bis 10 % der Befragten hatten vor, den Lotteriegewinn zum *Sparen* bzw. *Tilgen von Krediten*, zur *Anschaffung von Haushaltsgegenständen*, zum *Kauf von Nahrungsmitteln* oder für *Vergnügungen* bzw. *Glückspiel* (Alkohol, Frauen und Hahnenkampf) auszugeben.
- Jeweils unter 5 % gaben an, daß sie die $ 3000 R.D. in den *Kauf von Kleidung, Luxusartikeln* oder in die *Landwirtschaft investieren* würden.

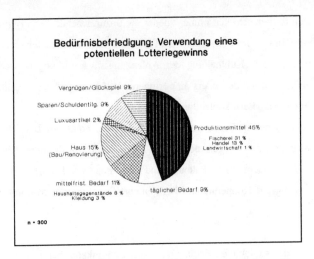

Abb. 28: Von dominikanischen Fischern angegebene Verwendungsmöglichkeiten für einen potentiellen Lotteriegewinn in Höhe von $ 3000 R.D.

Anschaffungen von eigenen Produktionsmitteln, sei es im Fischerei-, Handels- oder Landwirtschaftssektor standen mit 45 % aller Antworten an der Spitze der Bedürfnisskala der dominikanischen Kleinfischer[1]. Dies unterstreicht die hohe subjektive Wertzumessung für den Eigenbesitz an Produktionsmitteln. Der Hinzugewinn an sozialem Status scheint hierfür in besonderem Maße verantwortlich zu sein. Die Bedeutung des *sozialen Aufstiegs* von einem "Pescador" (Fischer) ohne Produktionsmittel zu einem "Dueño" (Eigentümer) ist deshalb keineswegs zu unterschätzen. Der Begriff "Dueño" ist im Gegensatz zu "Pescador" mit vorwiegend positiven Konnotationen wie "Respekt", "Achtung" und "Ansehen" belegt. So nannte selbst die Hälfte aller befragten Mitglieder fischereilicher Vereinigungen, denen bereits Fischereifahrzeuge und -gerätschaften im Gemeinschaftsbesitz gehören, die Anschaffung von eigenen Produktionsmitteln als vorrangige Investition. Die häufig beobachtete Abneigung dominikanischer Kleinfischer gegen Kooperativen kann somit zumindest teilweise mit der hohen subjektiven Wertzumessung für den Besitz an eigenen Produktionsmitteln und dem damit verbundenen Statusgewinn erklärt werden.

---

[1] Nur ein äußerst geringer Prozentsatz der Fischer dürften jedoch ohne Lotteriegewinn in der Lage sein, ihr Bedürfnis nach eigenen Produktionsmitteln zu befriedigen.

Fischer, die in der Regel mit *Familienangehörigen* zum Fang ausfahren, hatten nur zu 25 % vor, ihren potentiellen Lotteriegewinn zur Anschaffung eigener Fischereigeräte zu verwenden. Dies ist ein Hinweis darauf, daß Statusunterschiede innerhalb einer Familie weniger stark ausgebildet sind als zwischen untereinander konkurrierenden Fischern. So nannten 39 % der Fischer, die zusammen mit einem *Fischerkollegen* auf dessen Boot zum Fang ausfahren, daß sie einen Lotteriegewinn zur Anschaffung eigener Produktionsmittel verwenden würden. Der Statusunterschied zwischen "Fischer" und "Bootseigner" dürfte dafür in erster Linie verantwortlich sein, da allein der Besitz eines Fischereifahrzeugs meist nicht zu einer Verbesserung der wirtschaftlichen Lage des Bootseigners beiträgt[1].

Von den Fischern, die mit *Fischereifahrzeugen der Fischhändler* operieren, zogen dagegen nur 28 % den Kauf eines eigenen Boots in Erwägung. Da keinem der Besatzungsmitglieder das Fischereifahrzeug gehört, auf dem sie zum Fang ausfahren, sind Statusunterschiede zwischen den Angehörigen der Crew weniger stark ausgeprägt.

Weit hinter der Anschaffung von Produktionsmitteln rangiert mit nur 15 % der Antworten der *Bau bzw. die Renovierung eines eigenen Hauses* als zweithäufigste Nennung. Der Einsatz des Lotteriegewinns für Dinge des *mittelfristigen Bedarfs* (vorwiegend Kleidung und Haushaltsgegenstände) wurde von 11 %, für Dinge des *täglichen Bedarfs* (vorwiegend Nahrungsmittel) von nur 8 % der Befragten genannt. Die seltene Nennung von Luxusgegenständen wie Fernseher, Stereo-Anlage oder Radio-Recorder deutet darauf hin, daß der Bedarf an lebensnotwendigeren Gegenständen und Produktionsmitteln Vorrang genießt.

Obwohl nur 9 % der Fischer zugaben, daß sie zumindest einen Teil ihres potentiellen Gewinns für *Vergnügungen und Glückspiel* ausgeben würden, dürfte der tatsächliche Anteil erheblich höher liegen. In der Regel haben Fischer auch nach einem guten Fang in kürzester Zeit, häufig bereits bevor sie nach Hause kommen, ihre Einkünfte ausgegeben. Die Fischer werden dazu von ihren weniger erfolgreichen Kollegen angestiftet. So werden nicht selten Einnahmen eines Fischers, die zur Deckung des Grundbedarfs einer Familie für ein bis zwei Wochen ausreichen würden, in wenigen Stunden in den Strandbars ausgegeben. Der Fangerfolg kann häufig an der Anzahl der geleerten Bier- und Rumflaschen abgelesen werden, die erst nach dem Verlassen der Bar abgeräumt werden dürfen, so daß der Umfang des Alkoholkonsums für jedermann offenkundig wird. Der Spendierfreudigkeit bzw.

---

[1] Vgl. Kapitel 6.3.5.1: Einkommen aus der Fischerei

Großzügigkeit eines Fischers wird unter Kollegen hoher sozialer Wert zugemessen. Zur Erhaltung des erreichten Status müssen immer wieder neue finanzielle Leistungen erbracht werden, die der Familie und dem Fischerbetrieb entzogen werden.

Um Hinweise darauf zu erhalten, ob die Fischerei aus der Sicht dominikanischer Kleinfischer in der Lage ist, für ihre Söhne *berufliche Zukunftsperspektiven* zu bieten, wurde vom Autor dieser Themenkomplex in den Fragenkatalog mit aufgenommen. Darüberhinaus sollte geklärt werden, ob in der dominikanischen Fischerbevölkerung das Bedürfnis besteht, *Investitionen in betriebliche Produktionsmittel* auch als zukünftige *Lebensgrundlage für Nachkommen* zu betrachten.

Die Auswertung der Befragung ergab, daß ca. zwei Drittel der interviewten Fischer nicht damit einverstanden wären, wenn sich einer oder mehrere ihrer Söhne der Fischerei widmen würden. Nur 31 % der befragten Fischer ohne eigenes Fischereifahrzeug und 39 % der Bootsbesitzer würden es begrüßen, wenn ihre Nachkommen ebenfalls im Fischereisektor eine Beschäftigung aufnähmen. Die Antworten der Fischer ohne bzw. mit Produktionsmitteln unterscheiden sich somit nur geringfügig. Betriebliche Investitionen dürften somit nur in Ausnahmefällen als berufliche Absicherung für die nachfolgende Generation betrachtet werden.

Ursachen für die Ablehnung ihres eigenen Berufs konnten von der Mehrheit der Fischer nicht angegeben werden. In bezug auf *explizite Berufswünsche* für ihre Söhne hatten die befragten Fischer über "etwas Besseres" bzw. "etwas lernen" hinaus ebenfalls keine klaren Vorstellungen. All dies scheint ein Hinweis darauf zu sein, daß der eigene *soziale Status* gegenüber anderen Berufsgruppen von Fischern selbst als relativ niedrig eingeschätzt wird und daß das Einkommen aus der Fischerei ohne zusätzliche Nebeneinkünfte oder landwirtschaftliche Subsistenzproduktion meist nicht ausreicht, um die Bedürfnisse der Fischerfamilien zu befriedigen.

6.3.5 Sozio-ökonomische Handlungsstrategien zur Sicherung des Überlebens

Vielfach wurde bereits daraufhingewiesen, insbesondere in der Diskussion um den sog. "informellen Sektor" (ARBEITSGRUPPE BIELEFELDER ENTWICKLUNGSSOZIOLOGEN 1981, ELWERT/EVERS/WILKENS 1983), daß die Sicherung des Überlebens marginaler Bevölkerungsgruppen der Dritten Welt häufig nicht durch eine einzige Produktionsform gewährleistet werden kann. Ökonomische Tätigkeiten wie Lohnarbeit und Warenproduktion, die langfristig eine die Subsistenz sichernde Perspektive abgeben, sind häufig nicht in ausreichender Zahl vorhanden. Erst die Kombination verschiedener Einkommensquellen wie Lohnarbeit, Warenproduktion, Kleinhandel, Gelegenheitsarbeit und Subsistenzproduktion ermöglichen das Überleben der ärmsten Bevölkerungsschichten. Die Mischung unterschiedlicher Quellen, die zum Haushaltseinkommen beitragen, ist jedoch bei vielen sozio-ökonomischen Gruppen nicht nur in den Ländern der Dritten Welt anzutreffen. "Die Spezifität jener Mischung, die die Schicht der Ungesicherten charakterisiert, liegt nun darin, daß die Suche nach Sicherheit eindeutig Priorität vor der Einkommensmaximierung erhält, welche zwar durchaus als Ziel vorhanden, jedoch gegenüber der Stabilisierungsorientierung sekundär ist" (ELWERT/EVERS/WILKENS 1983, S.286).

Vor diesem Hintergrund sollen im folgenden die von dominikanischen Kleinfischern verfolgten Handlungsstrategien zur Sicherung des Überlebens aufgezeigt und analysiert werden. Fischerei, Nebenerwerb und Subsistenzproduktion sowie deren Kombination bilden den Schwerpunkt der folgenden Ausführungen. Sicherung von Kreditmöglichkeiten und beschäftigungsbedingte Migration werden ebenfalls als überlebensökonomische Handlungsstrategien betrachtet. Darüberhinaus wird der Frage nachgegangen, inwieweit das Handeln dominikanischer Kleinfischer in erster Linie von ökonomischen Gesichtspunkten oder von der Suche nach Sicherheit geleitet wird.

6.3.5.1 Einkommen aus der Fischerei

Zur Beurteilung, ob für dominikanische Kleinfischer die Notwendigkeit besteht, mehrere Produktionsformen miteinander zu kombinieren, soll zunächst ein Versuch zur Bestimmung des Individualeinkommens eines handwerklichen Küstenfischers unternommen werden, der auf einer groben Abschätzung des jährlichen Kosten-Nutzen-Verhältnisses beruht. In Tab.8 sind die Kosten eines handwerklichen Küstenfischers für Boot, Außenbordmotor, Fanggeräte, Instandhaltung und Treibstoff dargestellt. Sie betragen pro Jahr ca. $ 6000 R.D. (1700 DM).

Tab. 8: Durchschnittliche Kosten eines handwerklichen Küstenfischers pro Jahr.

Kosten	Betrag
Kosten Yola ($ 3000 R.D., abgeschrieben über 10 Jahre)	$ 300 R.D.
Kosten Außenbordmotor 9,9 PS ($ 7500 R.D., abgeschrieben über 5 Jahre)	$ 1500 R.D.
Fanggeräte (Leinen, Haken, Draht für Nasas) pauschal	$ 750 R.D.
Instandhaltungskosten (10 % des Neupreises für Yola und Motor)	$ 1050 R.D.
Treibstoffkosten (pro Ausfahrt und Crewmitglied, $ 20 R.D., 120 Ausfahrten pro Jahr)	$ 2400 R.D.
Kosten pro Jahr (insgesamt)	$ 6000 R.D.

Experten gehen davon aus, daß *dominikanische Kleinfischer pro Jahr im Durchschnitt eine Tonne Fisch anlanden*. Auch die in Tab. 1 veröffentlichten Anlandungen der Fischerei-Kooperative Manatí aus Barahona zeigen, daß diese Schätzung den tatsächlichen Fangergebnissen sehr nahe kommt. Legt man einen Verkaufspreis von $ 10 R.D. pro kg zugrunde, so ergeben sich pro Fischer jährliche Einkünfte von durchschnittlich $ 10 000 R.D.. Der *Reingewinn pro Kleinfischer* im Jahr beträgt demnach ca. $ 4 000 R.D. (1100.- DM). Trotzdem bleiben die Einkünfte eines Kleinfischers mit durchschnittlich $ 333 R.D.(90.-DM) pro Monat weit hinter dem staatlich festgesetzten Mindestlohn für Landarbeiter zurück. Viele Fischer ziehen es deshalb vor, auf den Fischereifahrzeugen von Fischhändlern zum Fang auszufahren. Sie bekommen zwar in der Regel einen niedrigeren Preis für ihre Anlandungen als ihre Kollegen mit eigenem Fischereifahrzeug, doch dafür haben sie keinerlei Kosten für die Anschaffung von Boot, Außenbordmotor und Fanggeräten zu tragen.

Ein *Vergleich* zwischen selbständigen handwerklichen Küstenfischern mit eigenen Produktionsmitteln (Einbaum oder Yola) und Fischern, die auf moderneren Fischereifahrzeugen (Kielboote und Mutterschiffe) kapitalkräftiger Investoren arbeiten, zeigt, daß die Einkünfte selbständiger Kleinfischer stark hinter denjenigen ihrer Fischerkollegen zurückbleiben, die auf modemeren Fischereifahrzeugen in küstenfernen Fischgründen operieren. Aus Tab.2 geht hervor, daß die Fischer aus Cabeza de Toro, La Cueva, Miches und Río San Juan, von wo aus vorwiegend *weit von der Küste entfernte Fischgründe* angelaufen werden, pro Kopf mehr als die doppelte Menge Fisch pro Tag anlanden wie ihre Kollegen an Standorten der *handwerklichen Küstenfischerei*. 600 Stichproben an den vier genannten Standorten ergaben Anlandungen von 25,3 kg pro Fischer und Tag. Bei der Abschätzung des Einkommens der Fischer, die von hochseetüchtigen Mutterschiffen und Kielbooten der Fischhändler aus operieren, darf jedoch nicht der übliche Verkaufspreis für Fisch zugrundegelegt werden, der von selbständigen küstennahen Kleinfischern erzielt wird. So betrug 1990 der Preis pro kg Fisch mittlerer Qualität (Qualitätsstufe II, z.B. "Cabrilla"), der von den Bootseignern in Río San Juan den Fischern ausbezahlt wurde, $ 5 R.D. bis $ 7 R.D.. Die Verkaufspreise in Cabeza de Toro und Miches, von wo aus vorwiegend Kielboote eingesetzt werden, schwankte zwischen $ 7 R.D. und $ 10 R.D. pro kg. Legt man nach Abzug der Treibstoffkosten einen Preis pro kg Fisch von nur $ 5 R.D. zugrunde[1], so betragen die durchschnittlichen Einkünfte eines Fischers an den obigen Standorten pro Tag ca. $ 130 R.D., pro Jahr (120 Arbeitstage) $ 15 600 R.D. (4 350.- DM). Dies entspricht dem vierfachen Jahreseinkommen eines handwerklichen Küstenfischers.

Fischer, die auf den von Puerto Plata aus operierenden Mutterschiffen arbeiten, können mit noch höheren Einkünften rechnen, obwohl der Preis von $ 5 R.D., der ihnen von den Bootseignern pro kg angelandeten Fischs der Qualitätsstufe II ausbezahlt wird, extrem niedrig liegt. Auf 25 Fangfahrten der Mutterschiffe "Puerto Viejo", "Nelly Maria", "Puramia", "Pescamar", "Virgen Maria", "Dios Delante", "Fidelina", "Rodi", "Kika" und "Bonifacio" wurden pro Fischer und Tag 39,2 kg Fisch angelandet (FDL 1980, S.46ff). Da die Mehrzahl der eingesetzten Fischer Tauch-Fischerei ausübten, ist davon auszugehen, daß vorwiegend

---

[1] Dies entspricht 50 % des Fischverkaufspreises, der bei der Abschätzung des Einkommens eines handwerklichen Küstenfischers zugrundegelegt wurde.

Fisch der Qualitätsstufen I und II, Lambi und Langusten angelandet wurden. Somit betrug das Einkommen pro Fischer bei einer Zugrundelegung von $ 5 R.D. mindestens $ 200 R.D. (54.- DM) pro Tag, im Jahr (120 Arbeitstage) $ 24 000 R.D. (6 490.- DM). Das tatsächliche Einkommen dürfte jedoch die äußerst konservativ geschätzten Werte bei weitem übersteigen, da für Langusten, Krebse und Fisch der Qualitätsstufe I höhere Preise ausbezahlt werden und im übrigen jeder Fischer eine "Distribución" von 5 - 10 kg Fisch oder einige Langusten erhält, die in der Regel ebenfalls verkauft werden.

Ein auf hochseetüchtigen Mutterschiffen bzw. auf Kielbooten der Fischhändler tätiger Fischer erzielt somit an 20 bzw. 30 Arbeitstagen Einkünfte von ca. $ 4000 R.D.. Dies entspricht dem Jahreseinkommen eines selbständigen handwerklichen Küstenfischers mit eigener Yola, der an 120 Tagen im Jahr zum Fang ausfährt. Jedoch dürfen Beschäftigungsaspekte, gesellschaftliches Prestige und Unabhängigkeit als sozio-kulturelle Werte nicht völlig unbeachtet bleiben. Darüberhinaus sind an den meisten dominikanischen Küstenstandorten weder Kielboote noch Mutterschiffe stationiert, so daß sich der Mehrheit dominikanischer Kleinfischer keine alternative Beschäftigungsmöglichkeit bietet. Das hohe Gesundheitsrisiko bei der vorwiegend von Mutterschiffen und Kielbooten ausgeübten Tauch-Fischerei mit Kompressoren sollte neben Aspekten der Wirtschaftlichkeit ebenfalls in die Betrachtungen einbezogen werden.

6.3.5.2 Nebenerwerb

Die Einkünfte handwerklicher Küstenfischer, die mit eigenen kleinen Booten operieren, sind aufgrund hoher Betriebs- und Anschaffungskosten für Produktionsmittel relativ niedrig. So wäre zu erwarten, daß Kleinfischer, die über ein eigenes Fischereifahrzeug verfügen, verstärkt auf *Zusatzeinkünfte* angewiesen sind. Diese Hypothese konnte im Rahmen der Erhebungen des Autors bestätigt werden. Knapp zwei Drittel der handwerklichen *Küstenfischer*, die ein *eigenes Boot* einsetzen, hatten zusätzliches Einkommen durch landwirtschaftliche Tätigkeiten oder Gelegenheitsarbeit. Dagegen bezogen *Fischer*, die auf den *Booten von Fischhändlern oder Fischerkollegen* arbeiteten, nur zu 40 % einen Nebenverdienst. Im Durchschnitt verfügten 55 % aller befragten Fischer neben Einkommen aus der Fischerei über zusätzliche Einkünfte[1]. Während *Bootseigner mit Zusatzeinkommen* zu 43 % eigenes Land bewirtschafteten, gingen die *übrigen Fischer mit Nebeneinkommen* zu 80 % Gelegenheitsarbeiten nach. Sie arbeiteten auf dem Bau, auf landwirtschaftlichen Großbetrieben, widmeten sich der Kampfhahn- und Bienenzucht, betrieben ambulanten Handel oder führten Ausfahrten für Sportfischer und Touristen durch. Zusatzeinkommen, die durch Drogenschmuggel und Fahrten für illegale Auswanderer nach Puerto Rico erwirtschaftet werden, konnten nicht erhoben werden. Sie dürften besonders an der dominikanischen Ostküste zwischen Miches und Boca de Yuma für zahlreiche Bootseigner die Haupteinkommensquelle darstellen.

Knapp die Hälfte aller befragten Fischer hatten nach eigenen Angaben neben der Fischerei keinerlei zusätzliche finanzielle Einnahmen. Nach Auswertung des Datenmaterials konnte jedoch festgestellt werden, daß 51 % der Haushalte der Fischer ohne Nebenverdienst nicht ausschließlich auf das Fischerei-Einkommen des Haushaltsvorstands angewiesen sind, sondern durch *Einkünfte weiterer Familienmitglieder* unterstützt werden. Etwa drei Viertel jener Haushalte beziehen zusätzliche Einnahmen von ein bis zwei, alle übrigen von drei und mehr Angehörigen der Familie. Doch auch die Fischerhaushalte, die sowohl über Fischereieinkünfte als auch Einnahmen aus der Nebenbeschäftigung des Haushaltsvorstands verfügen, erhalten ebenfalls zu knapp 50 % von weiteren Familienangehörigen finanzielle Unterstützung. Etwa die Hälfte aller in die Erhebung aufgenommenen Fischerhaushalte waren nicht ausschließlich auf die Einkünfte (Fischerei und Nebenerwerb) des Haushaltsvorstands angewiesen[2]. Darüberhinaus dürften unregelmäßig erfolgende Geldüberweisungen, Zuwendungen und Geschenke (Luxus- und Prestigeobjekte) auswärtiger oder im Ausland lebender Familienangehöriger das Budget einzelner Fischerfamilien beträchtlich aufbessern.

---

[1] Anteil der befragten Fischer mit Zusatzeinkommen:
0 % - 25 %: Cabeza de Toro,
26 % - 50 %: Boca de Yuma, Miches, Río San Juan, Sánchez,
51 % - 75 %: Bayahibe, Monte Cristi, Palenque, Palmar de Ocoa, Sabana de la Mar.
(Quelle: eigene Erhebungen)

[2] Anteil der Fischerhaushalte, die neben den Einkünften des Haushaltsvorstands von weiteren Familienanghörigen finanzielle Unterstützung erhalten:
26 % - 50 %: Boca de Yuma, Cabeza de Toro, Miches, Río San Juan,
51 % - 75 %: Bayahibe, Monte Cristi, Palenque, Palmar de Ocoa, Sabana de la Mar, Sánchez.
(Quelle: eigene Erhebungen)

6.3.5.3 Subsistenzwirtschaft

In ländlichen Gebieten, insbesondere in den Ländern der Dritten Welt, trägt die *Produktion für den Eigenbedarf* durch Reduzierung der Lebenshaltungskosten zu einem erheblichen Teil zur *Überlebenssicherung* der Bevölkerung bei. Aufgrund geringer Einkommen aus der Fischerei und unregelmäßig erfolgender Einkünfte durch Gelegenheitsarbeit wäre zu erwarten, daß auch dominikanische Kleinfischer versuchen, zumindest einen Teil ihrer Reproduktion durch Subsistenzwirtschaft zu sichern. Deshalb wurde vom Autor der Themenkomplex Subsistenz in die Befragung aufgenommen. Die Auswertung der erhobenen Daten ergab, daß knapp zwei Drittel der Fischerhaushalte *landwirtschaftlichen Anbau*[1] und knapp die Hälfte *Viehhaltung für den Eigenbedarf*[2] betreiben. Trotzdem kann nicht davon ausgegangen werden, daß durch subsistenzwirtschaftliche Tätigkeiten und Fisch für den Eigenbedarf die Ernährung der Fischerfamilien gewährleistet werden könnte. Etwa die Hälfte der *landwirtschaftliche Subsistenzproduktion* betreibenden Familien verfügen jeweils über ein einziges Anbauprodukt, meist Plátano, Cocos, Yuca, Yautía oder Patata. Nur knapp ein Drittel der Fischerhaushalte baut drei und mehr landwirtschaftliche Produkte für den Eigenbedarf an.

Landwirtschaftliche Subsistenzproduktion wird in der Regel von den *weiblichen Familienmitgliedern*, insbesondere der Frau des Haushaltsvorstands, betrieben. Auch sind es vorwiegend Frauen und Kinder, die das zum Kochen benötigte Holz sammeln. Somit werden Ausgaben für Holzkohle bzw. Gas vermieden. Die *unbezahlte Arbeitskraft der Frau* trägt über land- und

---

[1] Anteil der Fischerhaushalte, die Anbau für den Eigenbedarf betreiben:
0 % - 25 %: Cabeza de Toro,
26 % - 50 %: Miches, Monte Cristi, Río San Juan,
51 % - 75 %: Bayahibe, Boca de Yuma, Palmar de Ocoa, Sánchez,
76 % -100 %: Palenque, Sabana de la Mar.
(Quelle: eigene Erhebungen)

[2] Anteil der Fischerhaushalte, die Viehhaltung für den Eigenbedarf betreiben:
Hühnerhaltung:
26 % - 50 %:   Bayahibe, Boca de Yuma, Cabeza de Toro, Miches, Monte Cristi, Palenque, Palmar de Ocoa, Río San Juan, Sabana de la Mar, Sánchez,
Schweinehaltung:
0 % - 25 %:   Boca de Yuma, Cabeza de Toro, Miches, Palmar de Ocoa, Sánchez,
26 % - 50 %:   Río San Juan, Sabana de la Mar.
(Quelle: eigene Erhebungen)

viehwirtschaftliche Produktion hinaus durch Kochen, Putzen, Waschen und die Erziehung der Kinder einen erheblichen Teil zur Reproduktion der Fischerfamilien bei.

Von den Fischern werden dagegen vorwiegend typisch "männliche" Arbeiten zur Sicherung des Eigenbedarfs übernommen. Hierzu zählt insbesondere das *Schlachten von Vieh* und die *Errichtung der Wohngebäude*. Etwa 40 % der Häuser der interviewten Fischer waren von den männlichen Mitgliedern der Fischerfamilien errichtet worden, die damit Kosten für die Arbeitskraft professioneller Schreiner bzw. Maurer einsparten. Wie bereits in Kapitel 6.3.4.4 erwähnt wurde, handelt es sich bei der Mehrzahl der Häuser um relativ einfache, mit geringem Kostenaufwand errichtete Holzkonstruktionen[1], die sich zu etwa drei Viertel im Eigentum der Fischerfamilien befinden. Mietkosten werden deshalb von weniger als einem Viertel der Fischer entrichtet.

Obwohl Fischerhaushalte meist versuchen, ihre Lebenshaltungskosten möglichst niedrig zu halten, praktizieren relativ wenige Fischer Tauschhandel mit Landwirten. Weniger als ein Viertel der Fischer gab bei der Befragung an, daß sie regelmäßig Fisch gegen Nahrungsmittel eintauschen[2]. Lediglich in Sánchez betreibt eine größere Anzahl von Fischern Tauschhandel mit Campesinos, die häufig mit den Booten der Fischer zwischen Sánchez und ihren Feldern auf der gegenüberliegenden Seite der Bahía de Samaná pendeln.

Trotz der Kombination unterschiedlicher Formen der Subsistenz ist keiner der in die Untersuchung eingegangenen Fischerhaushalte in der Lage, ganzjährig den Nahrungsmittelbedarf durch Eigenproduktion oder Tauschhandel sicherzustellen.

Die *zusätzlich notwendigen Ausgaben* für Grundnahrungsmittel pro Person betrugen zum Zeitpunkt der Erhebungen im Durchschnitt $ 11,5 R.D. (ca. 3,20 DM) pro Tag. Ohne Subsistenzproduktion würden die Kosten für alltägliche Ernährung weitaus höher liegen. Somit leistet land- und viehwirtschaftliche Subsistenzproduktion einen nicht zu unterschätzenden Beitrag zur Reduzierung der Lebenshaltungskosten der Fischerfamilien.

---

[1] Wohngebäude der befragten Fischer:
53 % reine Holzkonstruktionen,
18 % bis Fensterhöhe gemauert.
(Quelle: eigene Erhebungen)

[2] Anteil der befragten Fischer, die Tauschhandel betreiben:
  0 % - 25 %:   Boca de Yuma, Cabeza de Toro, Miches, Río San Juan, Sabana de la Mar,
 26 % - 50 %:   Palmar de Ocoa,
 51 % - 75 %:   Sánchez.   (Quelle: eigene Erhebungen)

6.3.5.4 Sozio-ökonomische Absicherungsstrategien

Im Rahmen der Erhebungen des Autors wurden nur 17 Fischerhaushalte (6 %) angetroffen, die ausschließlich auf das Einkommen aus der Fischerei angewiesen sind. 94 % haben neben den Fischereierlösen *Zusatzeinkünfte* des Haushaltsvorstands oder anderer Familienmitglieder (einschließlich land- bzw. viehwirtschaftliche *Subsistenz* und *Tauschhandel*). Abb.29 zeigt, aus welchen Quellen sich das Einkommen eines idealtypischen Fischerhaushalts zusammensetzt und welche Bedeutung den jeweiligen Produktionsformen zukommt.

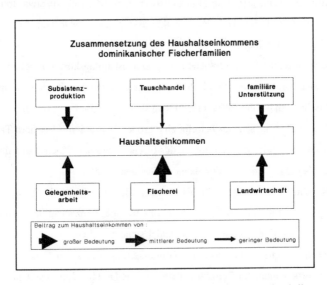

Abb. 29: Zusammensetzung des Haushaltseinkommens dominikanischer Fischerfamilien.

Trotz Kombination der Produktionsformen, kommt es relativ häufig durch unverhältnismäßig hohe Ausgaben für Glücksspiel, Hahnenkampf und Alkohol, aber auch durch Krankheit, Unfall, Raub oder Sturm zu unvorhersehbaren *finanziellen Krisensituationen*, in denen weder den Fischern noch ihren Familienmitgliedern ausreichend Bargeld zur Verfügung steht. Immer wieder sind Fischer auch nach ertragreichen Fängen am nächsten Morgen nicht in der Lage, die Betriebskosten (Treibstoff und Verpflegung) für die Ausfahrt aus eigenen Mitteln aufzubringen. Da Familie und Nachbarschaft sich häufig in finanziell ähnlicher Lage befindet, bleibt den Fischern nur die Möglichkeit, sich mit der Bitte um *Vorschuß* bzw. *Kredit* an einen Fischhändler zu wenden. Fischer ohne eigene Boote, die auf den Fischereifahrzeugen von Händlern operieren, erhalten in der Regel Kredit von ihrem "Patrón". Dafür verpflichten sie sich auch weiterhin, auf dessen Boot bzw. Mutterschiff zum Fang auszufahren. Auf diese Weise werden besonders erfahrene Fischer an den Betrieb bzw. das Fischereifahrzeug des Patrons gebunden (*arbeitskraftsichernder Kredit*).

Aber auch Fischer, die über eigene Boote verfügen, sind häufig auf Kredite bzw. Vorschußzahlungen angewiesen. Auch sie wenden sich in finanziellen Notlagen an Fischhändler. Durch die Gewährung eines Kredits verpflichtet sich der Fischer, seine zukünftigen Fänge an den Kreditgeber zu veräußern. Zahlreiche Fisch- und Zwischenhändler sichern sich auf diese Weise ihre Aufkäufe. Die Kredite werden von den Kleinfischern jedoch nicht nur in absoluten Krisensituationen in Anspruch genommen. Häufig dienen sie der alltäglichen Lebenssicherung. Von den befragten Fischern wurden Händlerkredite nur selten für produktive Anschaffungen verwendet. Kommt der Fischer den Absprachen nicht nach, muß er davon ausgehen, daß ihm zukünftig in einer ähnlichen Situation von keinem der Fischhändler finanzielle Unterstützung gewährt wird, da die in einer Region operierenden Händler untereinander in enger Kommunikation stehen.

PLATTEAU (1987) beschreibt ähnliche durch Absicherungsmechanismen motivierte "Quasi-Credit-Contracts" für die Kleinfischer South Keralas (Indien), die er im erstgenannten Fall als "labour-tying loans", im zweiten als "sales-tying arrangements" bezeichnet. Beide Kreditformen weisen zwei Gemeinsamkeiten auf:

1. Die Laufzeit der Kredite wird normalerweise nicht festgelegt. Der Fischhändler ist meist daran interessiert, daß der Kredit nicht vollständig zurückbezahlt wird, um die Arbeitskraft des Fischers auch zukünftig seinem Betrieb zu erhalten. Häufig werden vor Zurückzahlung der Schulden erneut Kredite gewährt.

2. Die Kredite werden formell ohne Zinsforderungen vergeben. Durch Abschluß eines "sales-tying arrangements" verliert der Fischer in der Regel das Mitspracherecht bei der Festlegung des Verkaufspreises für den von ihm angelandeten Fisch. Auf diese Weise werden vom Kreditnehmer indirekt Zinsen bezahlt, die jedoch nicht von der Höhe des Kredits, sondern von Qualität und Quantität der Anlandungen abhängen. Ein fleißiger und geschickter Fischer entrichtet somit bei gleichem Kreditvolumen höhere indirekte Zinszahlungen an seinen Patrón als ein Fischer, der nur selten zum Fang ausfährt und wenig Fisch anlandet.

Beide Kreditformen beinhalten sowohl Elemente gegenseitiger sozialer bzw. wirtschaftlicher Absicherung als auch der Ausbeutung, insbesondere dann, wenn von seiten des Fischhändlers ungerechtfertigt niedrige Fischankaufspreise gezahlt werden.

Die beiden von PLATTEAU (1987) für handwerkliche Fischer South Keralas beschriebenen Absicherungsstrategien können nahezu uneingeschränkt auf dominikanische Kleinfischer übertragen werden. Dagegen sind von PLATTEAU ebenfalls erwähnte "*reziproke Kreditvergabemechanismen*" bei dominikanischen Fischern nicht anzutreffen. Sie verfügen meist nicht über finanzielle Mittel zur Sicherung der eigenen Existenz. Somit sind sie normalerweise nicht in der Lage Kredite an andere Fischer zu vergeben. Jedoch konnte an einigen Fischereistandorten, an denen keine oder nur wenige Fischhändler operieren, *gegenseitige soziale Absicherungsstrategien* beobachtet werden, die nicht auf der Vergabe von Kredit, sondern von Fisch dritter Klasse beruhen. Diese Mechanismen sind nicht auf die Fischerbevölkerung beschränkt. Fisch der untersten Qualitätsstufe wird beispielsweise in Palenque häufig, insbesondere von "Chinchorreros", nicht veräußert, sondern an Fischer, die ohne Fang von der Ausfahrt zurückkehren, an Paleros, die keine Aufkäufe tätigen konnten oder an Kinder von Landarbeitern und Kleinbauern aus der Nachbarschaft verschenkt. Jeder Kleinfischer aber auch Palero kann somit davon ausgehen, daß er an Tagen ohne Fangergebnis bzw. ohne Einnahmen ausreichend mit Fisch für den Eigenbedarf versorgt wird. Darüberhinaus ist ihm in der Regel die Unterstützung benachbarter Kleinbauern sicher, denen er an guten Fangtagen Fisch zukommen läßt. Die Grundernährung der Fischerfamilien ist somit trotz fehlender Händlerkredite weitgehend gesichert. KRUTE-GEORGE (1978, S.70) bestätigt dies für Barahona, wo "... in Zeiten des Mangels größere Mengen Fisch dritter Klasse dem Markt entzogen und an die ärmsten Vendedores[1] (und auch an Nachbarn und Verwandte) verschenkt werden." Diese Form der sozialen Absicherung wird von den Beteiligten nicht explizit als "Nachbarschaftshilfe", sondern als freiwillige, spontane Geste der Hilfsbereitschaft betrachtet. Häufig wurde im Rahmen der Befragung des Autors die Existenz gegenseitiger Absicherungsmechanismen bestritten, obwohl vom Autor das Gegenteil beobachtet werden konnte. Da die gegenseitige Unterstützung nicht zeitgleich und nicht direkt zwischen den Haushaltsvorständen abgewickelt wird, ist den meisten Fischern die Existenz derartiger sozialer Absicherungsmechanismen kognitiv nicht bewußt. In Zeiten finanzieller

---

[1] Hier: ambulanter Fischhändler bzw. Palero.

Krisen helfen die Kinder der Kleinbauern bzw. der Fischer beim Einholen der Netze bzw. bei der Arbeit auf dem Feld oder übernehmen Hilfstätigkeiten wie Brennholzsammeln, Wäschewaschen oder Wasserholen. Dafür erhalten sie Fisch bzw. landwirtschaftliche Anbauprodukte zur Selbstversorgung. Auf diese Weise verliert keiner der betroffenen Haushaltsvorstände in Zeiten finanzieller Not sein soziales Ansehen. Häufig werden auch während kurzfristiger finanzieller Engpässe von Gemischtwarenhändlern aus der Nachbarschaft Grundnahrungsmittel an die Frauen bzw. Kinder der Fischer ausgegeben bzw. in absoluten Notfällen nach Hinterlegung von Wertgegenständen (Armbanduhr, Radio, TV usw.) Kredite gewährt.

An der überwiegenden Zahl dominikanischer Fischereistandorte sind es jedoch *Fischhändler*, die die *soziale Absicherung* der Fischer und deren Familien durch die Vergabe von Krediten gewährleisten. Wie bereits an anderer Stelle erwähnt, verkaufen ca. 85 % der interviewten Fischer ihre Anlandungen immer an einen bestimmten Fischhändler. Auch jene, die mit eigenem Fischereifahrzeug operieren und sich nicht verschuldet haben, betrachten meist einen Händler als potentiellen Kreditgeber für den Notfall.

Die *Suche nach Sicherheit* hat somit für die Mehrzahl dominikanischer Kleinfischer absolute Priorität vor Gewinnmaximierungsstrategien.

6.3.5.5 Mobilität als Strategie zum Überleben

Arbeitslosigkeit und *Unterbeschäftigung* stellen zwei der gravierendsten Probleme in der Dominikanischen Republik dar. Nach Angaben der letzten Volkszählung von 1981 betrug der Anteil der Erwerbspersonen an der Gesamtbevölkerung nur 34 %[1]. So verwundert es nicht, daß Arbeitswillige auch dazu bereit sind, ihren gegenwärtigen Wohnsitz aufzugeben, um sich an Standorten mit besseren Beschäftigungsmöglichkeiten niederzulassen. Mit steigender nationaler und internationaler Nachfrage nach Fischprodukten hat sich das Interesse der Küstenbevölkerung an der Fischerei erhöht. Zahlreiche Arbeitslose und Unterbeschäftigte entschlossen sich, auf den Booten von ortsansässigen Fischern bzw. Fischhändlern anzuheuern. Häufig mußten jedoch die sog. "Chiriperos del Mar" (Gelegenheitsarbeiter auf

---

[1] Statistisches Bundesamt 1988, S.28.

See) (KRUTE-GEORGE 1978, S. 60) aus Mangel an lokalen Beschäftigungsmöglichkeiten an anderen Küstenorten nach Arbeit suchen. Die im Landesinneren aufgewachsenen Bevölkerungsgruppen zeigten wenig Bereitschaft, als Fischer tätig zu werden. Nur 7% der befragten Fischer waren nicht an der Küste aufgewachsen.

Trotzdem erwies sich der Anteil an Migranten unter den befragten Fischern als relativ hoch. 38% hatten ihren Wohnort ein- oder mehrmals gewechselt. Sozio-ökonomische Gründe wurden von knapp zwei Dritteln der Befragten als *Migrationsursache* angegeben (Abb.30). Für sie waren in erster Linie fischereiwirtschaftliche Gründe, wie Beschäftigungsmöglichkeiten in der Fischerei, ertragreiche Fischgründe und höhere Verkaufspreise für Fisch ausschlaggebend. Daneben wurden günstigere Lebenshaltungskosten und Hoffnung auf Verbesserung ihrer wirtschaftlichen Situation geäußert.

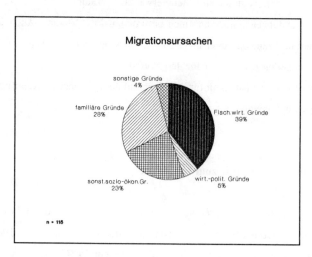

Abb. 30: Migrationsursachen.

28 % der Migranten hatten familiäre Gründe als Hauptmotiv ihrer Übersiedlung genannt. Bei vielen waren jedoch auch sozio-ökonomische Ursachen bei ihrer Entscheidung zur Übersiedlung zumindest mitbeteiligt. Somit war die Mehrzahl der Migranten - trotz unregelmäßiger und häufig geringer Einkünfte in der Fischerei - direkt oder zumindest indirekt aus beschäftigungsbedingten Gründen übergesiedelt. In der Mehrzahl der Fälle standen nicht höhere Löhne oder bessere Beschäftigungsbedingungen im Vordergrund der

Entscheidung, sondern die Suche nach Beschäftigung. Meist hatten die Übergesiedelten vor ihrem Zuzug überhaupt keine Arbeitsmöglichkeiten oder waren extrem unterbeschäftigt. Deshalb ist an Fischereistandorten, an denen Fischhändler durch Investitionen in Fischereifahrzeuge zahlreiche Arbeitsplätze geschaffen hatten, der Anteil an Migranten unter den Fischern überdurchschnittlich hoch (Abb.31).

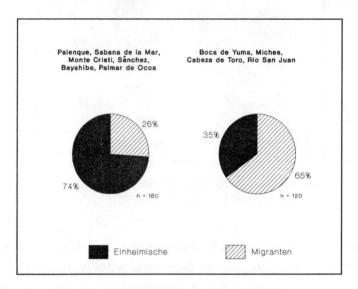

Abb. 31: Einheimische - Migranten: Standortvergleich

Mehr als die Hälfte der Fischer aus Boca de Yuma, Miches bzw. Río San Juan und mehr als zwei Drittel aus Cabeza de Toro bezeichneten sich als Zugewanderte. 87 % stammten nicht aus benachbarten Dörfern, sondern aus mehr als 20 km entfernten Küstenstandorten. An Fischereistandorten, an denen Fischhändler nur in geringem Maße Boote zur Verfügung stellten, lag der Anteil an Migranten deutlich niedriger.

Ein Vergleich zwischen Zuwanderern und Einheimischen in bezug auf ihre frühere Beschäftigung macht deutlich, daß nur 29% der Migranten vor ihrer Übersiedlung Fischerei betrieben. Dagegen waren 70% der einheimischen Fischer bereits als Jugendliche in der Fischerei tätig gewesen (Abb.32).

Knapp die Hälfte der Migranten widmeten sich dagegen ehemals der Landwirtschaft. 14 % hatten versucht, ihr Überleben durch Tätigkeiten als Bauarbeiter, Schreiner, Köhler,

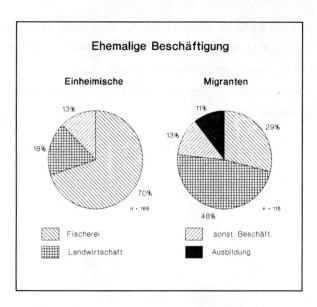

*Abb. 32: Ehemalige Beschäftigung von Fischern.
Vergleich: Einheimische - Migranten.*

Losverkäufer, Schuhputzer oder Flußkrebssammler zu sichern. 11% der zugewanderten Fischer befanden sich zum Zeitpunkt der Übersiedlung in Ausbildung. Für mehr als zwei Drittel der Migranten war mit dem Wechsel des Wohnorts ein Tätigkeitswechsel verbunden. Im Gegensatz zu anderen Wirtschaftsbereichen konnten somit zahlreiche Arbeitssuchende im Fischereisektor eine Beschäftigung finden.

Nur jeder sechste Fischer der Gruppe der Migranten war mit Frau und Kindern an den jeweiligen Fischereistandort übergesiedelt. Die Mehrheit von ihnen hatte sich allein sowie mit Freunden oder Verwandten (meist Onkel, Neffe) auf der Suche nach Arbeit an dem jeweiligen Ort niedergelassen, an dem sie zum Zeitpunkt der Befragung wohnten.

Neben den permanenten Zuwanderern konnten auch an mehreren Fischereistandorten Pendler angetroffen werden, die für einige Tage pro Woche als Fischer arbeiteten und anschließend zu den Wohnorten ihrer Familien zurückkehrten. An Wochentagen wohnten sie meist bei Freunden, in den Lagerräumen der Pescaderías oder in einfachen angemieteten Unterkünften. Auch Tagespendler aus bis zu 50 km Entfernung waren an vielen Fischereistandorten anzutreffen. Meist handelte es sich hierbei um Taucher, die ohne Boote vom Strand der

Anlandungsplätze aus operierten und anschließend mit öffentlichen Verkehrsmitteln an ihre Heimatorte zurückkehrten, wo sie ihre Fänge an Fischgeschäfte und Restaurants verkauften. Permanente Zuwanderer aus benachbarten Dörfern oder weniger als 50 km entfernten Orten waren häufig vor dem Zeitpunkt ihrer dauerhaften Übersiedelung als Pendler tätig.

Das Phänomen der *Pendler* macht ebenso wie *beschäftigungsmotivierte Migration* deutlich, daß das Problem der Unterbeschäftigung bzw. Arbeitslosigkeit in ländlichen und städtischen Bereichen der Dominikanischen Republik häufig Arbeitswillige dazu zwingt, zur Sicherung des Überlebens ihren Heimatort zu verlassen, um an Standorten mit günstigeren Arbeitsmöglichkeiten eine Beschäftigung anzunehmen.

7 Typisierung der Fischereistandorte nach sozio-ökonomischen Merkmalen

Aus den Ergebnissen der vorangegangenen standortbezogenen und thematischen Analysen ist zu ersehen, daß sich an den Anlandungsplätzen der Dominikanischen Republik keineswegs überall gleiche *fischereiwirtschaftliche Strukturen* entwickelt haben. Auch innerhalb der einzelnen Küstenzonen, die von PRODESPE als Vergleichs- und Planungsgrundlage für fischereiliche Entwicklungsprogramme herangezogen wurden (FDL 1980, S.68), haben sich von Anlandungsplatz zu Anlandungsplatz unterschiedliche fischereiwirtschaftliche Strukturen herausgebildet. Der Küstenabschnitt zwischen Puerto del Castillo und Sosúa, der weniger als ein Drittel der "Zona Puerto Plata" einnimmt und vergleichbare physisch-geographische Rahmenbedingungen aufweist, kann hierfür als Beispiel herangezogen werden.

Die Fischereiwirtschaft *Sosúas* basiert auf selbständigen, mit eigenen Produktionsmitteln (Yolas), in Küstengewässern operierenden Kleinfischern, die ihre Anlandungen im Ort selbst vermarkten. Die Fischer aus dem benachbarten *Puerto Plata* hingegen arbeiten in erster Linie auf Mutterschiffen großer Pescaderías und Fischhandelsunternehmen, die mit bis zu 60 Besatzungsmitgliedern mehrtägige Fangfahrten in küstenferne Gebiete durchführen. Die Anlandungen werden "en gros" an Weiterverarbeitungsbetriebe, Großverbraucher und Exporteure vermarktet, die über betriebliche Infrastruktureinrichtungen, Kühlräume und Kühlfahrzeuge verfügen. Weniger als 50 km von Puerto Plata entfernt, geht die Mehrzahl der Fischer aus *Puerto del Castillo* mit Wurfnetzen und Handleinen der Subsistenzfischerei im Mündungsgebiet des Río Bajabonico nach.

Aus physisch-geographischer und meeresbiologischer Sicht mag die von PRODESPE herangezogene *Einteilung der dominikanischen Küste* in acht Zonen durchaus gerechtfertigt sein, als Planungsgrundlage für die wirtschaftliche und soziale Entwicklung dominikanischer Fischereistandorte ist sie hingegen völlig unzureichend. Deshalb soll im folgenden der Versuch unternommen werden, *wirtschaftsgeographische Kriterien* als Grundlage für eine *Typisierung dominikanischer Fischereistandorte* heranzuziehen. In Abb.33 werden allen vom Autor untersuchten Fischereistandorten charakteristische wirtschaftsgeographische Strukturmerkmale zugeordnet, welche die Fischereiwirtschaft an den Küsten der Dominikanischen Republik in erster Linie bestimmen. Als Typisierungsmerkmale dienen dabei:

1. **Fanggebiet:** *Küstennahe* Fanggebiete umfassen jene Fischgründe, die sich zwischen Küste und der 180 m Tiefenlinie befinden. *Küstenferne* Fanggebiete beschränken sich im Falle der Dominikanischen Republik auf die Hochseebänke "Banco de la Plata" und "Banco de la Navidad", sowie Gewässer außerhalb dominikanischen Hoheitsgebiets.

2. **Fischereifahrzeugtyp:** Unter *kleine* Fischereifahrzeugen fallen Boote mit einer maximalen Länge von 7,50 m. Dazu zählen Yolas, Cayucos, Canoas und kleinere Glasfiberboote. *Mittelgroße* Fischereifahrzeuge sind Boote mit einer Länge von mehr als 7,50 m Länge, die mit Außenbordmotor angetrieben werden und über keine Aufbauten verfügen. Kielboote und größere Segelboote gehören zu dieser Kategorie. Unter *großen* Fischereifahrzeugen sind ausschließlich Mutterschiffe mit Aufbauten zu verstehen, die von einem Innenbordmotor angetrieben werden und mit Lagerräumen für die Anlandungen sowie Schlafkajüten für Besatzungsmitglieder ausgestattet sind. Sie operieren in der Regel mit mehreren Yolas bzw. Glasfiberbooten.

3. **Besitzverhältnisse:** Fischereistandorte, an denen Fischer über weniger als ein Drittel der vorhandenen Produktionsmittel bzw. Fischereifahrzeuge verfügen, fallen in die Gruppe *0 - 1/3*. Orte an denen sich ein bis zwei Drittel der stationierten Boote in den Händen der lokalen Fischerbevölkerung befinden, gehören der Kategorie *1/3 - 2/3* an. Standorte, an denen mehr als zwei Drittel der Boote den lokalen Fischern gehören, zählen zur Sparte *2/3 - 3/3*.

4. **Vermarktungspraktiken:** An Küstenorten, an denen in der Regel für den Eigenbedarf der Familie und Nachbarschaft gefischt wird, bzw. an denen die Mehrzahl der Fischer nur gelegentlich der Nebenerwerbsfischerei nachgeht, findet *keine* regelmäßige Vermarktung von Anlandungen statt. An wenigen Küstenstandorten vermarktet die überwiegende Mehrheit der Fischer ihre Fänge *selbst* an Endverbraucher, Fischküchen, Restaurants oder Hotels. Meist sind es Fischhändler (*Fh.*), die die Vermarktung der Anlandungen übernehmen.

Die Auflistung orientiert sich an den von PRODESPE eingeführten Küstenzonierung. Sie beginnt im äußersten Nordwesten, folgt dem Verlauf der Küste und endet im Südwesten der Dominikanischen Republik.

Fischerei-standort	Fanggebiet küstennah	Fanggebiet -fern	Fischereifahrzeug klein	Fischereifahrzeug mittel	Fischereifahrzeug groß	Produktionsmittel 0-1/3	Produktionsmittel 1/3-2/3	Produktionsmittel -3/3	Vermarktung keine	Vermarktung selbst	Vermarktung Fh.
Los Conucos	X		x					x	X		x
Monte Cristi	X		X				X				X
P.del Castillo	X		x					x	X		x
Luperon	x	X	x			X	X				X
Puerto Plata		X				X	X				X
Sosúa	X		X					X		X	
Cabarete	X		X					X		X	
Rio San Juan		X				X	X				X
P.Diamante	X		x					x	X		x
Las Matancitas	X		X			X					X
Las Terrenas	X		X				X				X
Sanchez	X		X				X				X
Las Corales	X		x					x	X		x
Samaná	X	x	X	x	x	X					X
Sab.de la Mar	X	x	X		x		X				X
Miches		X		X	x	X					X
Lag.Redonda	X		X			X					X
Cabeza d.Toro		X		X	x	X					X
Juanillo	X		X			X					X
Boca de Yuma	X		X			X					X
Bayahibe	X		X	X			X				X
La Romana	X		X	X	x		X				X
Juan Dollo	X		X					X		x	X
Guayacanes	X		X					X			X
Boca Chica	X		X					X		x	X
Andres	X		X					X			X
Playa Najayo	X		X					X			X
Playa Palenque	X		X					X			X
Pal.de Ocoa	X		X				X				X
Puerto Viejo	X		X					X			X

Abb. 33: Strukturmerkmale dominikanischer Fischereistandorte (Auflistung nach Küstenzonen)

Bei einigen Standorten treten pro Strukturmerkmal mehrere Nennungen auf, die meist mit einem kleinen "x" gekennzeichnet wurden. So wird beispielsweise in Samaná neben der Küstenfischerei mit Cayucos und Canoas auch küstenferne Fischerei mit Kielbooten und einem Mutterschiff betrieben. Die Küstenfischerei mit Einbäumen überwiegt in diesem Fall.

Aus Abb.33 geht deutlich hervor, daß sich die einzelnen Strukturmerkmale der analysierten Fischereistandorte nicht nur landesweit unterscheiden, sondern auch innerhalb der von PRODESPE eingeführten Zonen. Darüberhinaus ist zu erkennen, daß sich Fischereistandorte, die unterschiedlichen Zonen angehören, in ihrer Struktur gleichen. Monte Cristi und Palmar de Ocoa bzw. Los Conucos und Los Corales weisen gleiche Strukturmerkmale auf, obwohl sie sich in unterschiedlichen Zonen befinden. In Abb.34 wurde deshalb die von PRODESPE eingeführte Zonierung nach physisch-geographischen Aspekten aufgegeben und die untersuchten Fischereistandorte nach *gemeinsamen wirtschaftsgeographischen Strukturmerkmalen* aufgelistet.

Aus Abb.34 lassen sich sechs Gruppen von Fischereistandorten, sog. *"Fischereistrukturtypen"* ableiten, deren Strukturmerkmale sich in zumindest einem Punkt von dem der anderen unterscheiden. Zur ersten Gruppe gehören die Fischereistandorte Los Conucos, Puerto del Castillo, Playa Diamante und Las Corales, an denen in erster Linie *Fischerei für den Eigenbedarf* ohne Fischereifahrzeuge betrieben wird. Die genannten Fischereistandorte werden dem Fischereistrukturtyp *"Subsistenz-Fischerei"* zugeordnet.

In Playa Palenque, Playa Najayo, Andrés, Boca Chica, Guayacanes, Juan Dolio, Sabana de la Mar, Cabarete, Sosúa und Puerto Viejo wird *Küstenfischerei mit kleinen Fischereifahrzeugen* betrieben, die sich zu mehr als zwei Dritteln *im Besitz der Fischer* befinden. Von wenigen Ausnahmen abgesehen, erfolgt die kommerzielle Vermarktung durch Paleros bzw. Fischhändler. Diese Standorte gehören zur Gruppe der *"selbständigen handwerklichen Küstenfischerei"*.

In Monte Cristi, Sánchez, Las Terrenas, Samaná, Bayahibe, La Romana, San Pedro de Macorís und Palmar de Ocoa befinden sich jeweils ein bis zwei Drittel der fischereilichen *Produktionsmittel sowohl in den Händen von Fischern als auch von Fischhändlern*. Diese Fischereistandorte werden als *"semi-selbständige handwerkliche Küstenfischerei"* eingestuft.

In Las Matancitas, Juanillo und Boca de Yuma gehören über 66 % der *Fischereifahrzeuge* Pescaderías und Fischhändlern, den sog. *"Patrones"*. Die Fanggebiete liegen wie bei allen weiter oben genannten Orten in küstennahen Bereichen, die mit *kleinen* Fischereifahrzeugen ausgebeutet werden. Dieser Fischereistrukturtyp wird deshalb als *"patrón-zentrierte handwerkliche Küstenfischerei"* bezeichnet.

Fischereistandort	Fanggebiet küstennah	Fanggebiet küstenfern	Fischereifahrzeuge klein	Fischereifahrzeuge mittel	Fischereifahrzeuge groß	Produktionsmittel 0-1/3	Produktionsmittel 1/3-2/3	Produktionsmittel 2/3-3/3	Vermarktung kein	Vermarktung selb.	Vermarktung Fh.
Los Conucos	X		x					x	X		x
P. del Castillo	X		x					x	X		x
Playa Diamante	X		x					x	X		x
Los Corales	X		x					x	X		x
Playa Palenque	X		X				X				X
Playa Najayo	X		X				X				X
Andrés	X		X				X				X
Boca Chica	X		X				X			x	X
Guayacanes	X		X				X				X
Juan Dolio	X		X				X			x	X
Sabana de la Mar	X	x	X	x			X				X
Cabarete	X		X				X			X	
Sosúa	X		X				X			X	
Puerto Viejo	X		X				X				X
Monte Cristi	X		X			X					X
Sánchez	X		X			X					X
Las Terrenas	X		X			X					X
Samaná	X	x	X	x	x	X					X
Bayahibe	X		X	X		X					X
La Romana	X		X	X	x	X					X
San Pedro de M.	X		X				X				X
Palmar de Ocoa	X		X				X				X
Las Matancitas	X		X			X					X
Juanillo	X		X			X					X
Boca de Yuma	X		X			X					X
Miches		X		X	x	X					X
Cabeza de Toro		X		X	x	X					X
Luperón	x	X	x			X	X				X
Rio San Juan		X			X	X					X
Puerto Plata		X			X	X					X

Abb. 34: Strukturmerkmale dominikanischer Fischereistandorte

Von Miches und Cabeza de Toro aus werden in erster Linie *küstenferne Fischgründe* angefahren. Die zur Verwendung kommenden Kielbooten gehören größtenteils den *"Patrones"*. Es handelt sich hierbei um *"patrón-zentrierte küstenferne Kleinfischerei"*.

Von Luperón, Río San Juan und Puerto Plata aus operieren vorwiegend *Mutterschiffe*, die *küstenferne Fischgründe* innerhalb und außerhalb dominikanischer Hoheitsgewässer befischen. Die Anlandungen sind größtenteils zur Weiterverarbeitung bestimmt. Diese Fischereistandorte werden als "*kleinindustrielle Fischerei*" charakterisiert. Karte 9 zeigt die in die Untersuchung einbezogenen Anlandungsplätze und deren Zuordnung zu den entsprechenden Fischereistrukturtypen.

7.1 Fischereistrukturtypen

7.1.1 Subsistenz- und Nebenerwerbsfischerei

Bei den Küstenstandorten, die dem Strukturtyp "*Subsistenz-Fischerei*" zugeordnet werden, handelt es sich um Orte, deren Bewohner vorwiegend der Land- oder Viehwirtschaft nachgehen. Die Fischerei dient lediglich dem Eigenbedarf der Familie. Fisch wird nur nach außergewöhnlich ertragreichen Fängen zum Verkauf angeboten oder an Nachbarn verschenkt, die sich meist zu einem späteren Zeitpunkt dafür erkenntlich zeigen. Vermarktungsstrukturen existieren nicht. Da die Fischerei vorwiegend dem Eigenbedarf dient und das Haupteinkommen durch selbständige landwirtschaftliche Tätigkeit oder durch Lohnarbeit erzielt wird, sind die finanziellen Mittel zur Anschaffung von Fischereifahrzeugen und Fanggeräten äußerst begrenzt. Die Subsistenz-Fischerei wird deshalb durch den Gebrauch einfacher und einfachster Fischereiausrüstung charakterisiert. Oft steht lediglich ein Nylonfaden mit Haken oder ein Wurfnetz zur Verfügung. Besonders häufig setzen Subsistenz-Fischer selbstgebaute Fischfallen ein. In Mangroven, Lagunen und Flußmündungsgebieten kommen "Corrales", im küstennahen Bereich "Nasas" zum Einsatz. Fischfallen erbringen ganzjährig zumindest mittelmäßige Erträge und erfordern geringen Zeitaufwand. Sie eignen sich besonders für die Subsistenz- oder Bauernfischerei. Moderne Fischereifahrzeuge werden in der Kategorie der Subsistenz-Fischerei aus Kostengründen nicht eingesetzt. Selbstgebaute Einbäume oder Yolas sind bereits ein Luxus. Oft benutzen mehrere Subsistenz-Fischer ein gemeinsames Boot. Die meist kurzen Fangfahrten werden vor oder nach Beendigung der landwirtschaftlichen Tätigkeiten ausgeübt. Die Boote eignen sich meist nicht zum Verlassen der Mangroven,

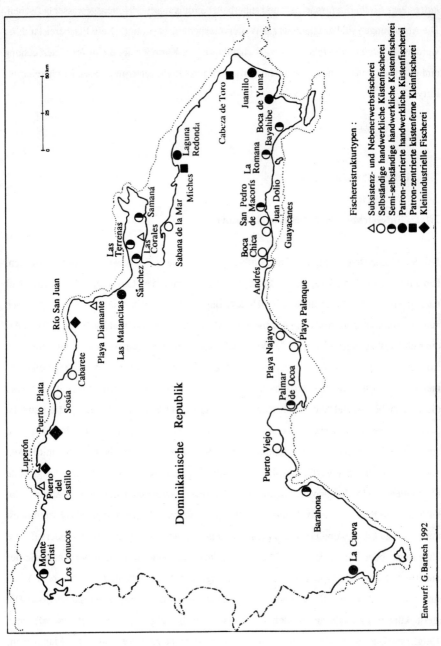

Karte 9: Fischereistandorte und deren Zuordnung zu Fischereistrukturtypen.

Lagunen oder des ufernahen Flachwasserbereichs. Sie werden gerudert oder durch ein einfaches Segel angetrieben. Außenbordmotoren gehören zur Ausrüstung kommerzieller Fischer. Sie werden im Bereich der Subsistenz-Fischerei nicht eingesetzt.

Historisch gesehen ist dieser Fischerei-Strukturtyp der Vorgänger der kommerziellen, hauptberuflichen Fischerei an nahezu allen dominikanischen Fischereistandorten mit Ausnahme der Fischerei-Camps. Inzwischen hat die zunehmende Ausbeutung durch die kommerzielle Fischerei zu ersten Anzeichen der Überfischung küstennaher Fanggründe geführt, so daß auch die Erträge der Subsistenz-Fischer rückläufig sind. In "Los Conucos", einem von der Landwirtschaft geprägten Ort nahe der Mündung des Rio Yace del Norte betreiben ca. 40 Landarbeiter und Campesinos Subsistenz-Fischerei in den nahegelegenen Lagunen und Mangroven. Durch den Rückgang der fischereilichen Zusatzerträge, der auch durch den verstärkten Einsatz von Dünge- und Insektenvertilgungsmitteln in der Landwirtschaft mitverursacht wird, wurde eine Gruppe von fünfzehn Landwirten motiviert, im lagunennahen Trockengebiet einen Fischteich auszuheben, der bei Flut durch einen Kanal mit Frischwasser versorgt werden soll. Man erhofft sich durch das selbst initiierte Fischzucht-Projekt permanente Zusatzeinkünfte. Landesweit ist jedoch die Subsistenz-Fischerei stark im Rückgang begriffen, da ertragreiche Fischgründe inzwischen ohne Außenbordmotor kaum mehr erreicht werden können und die Subsistenz-Fischer in anderen Wirtschaftsbereichen (informeller Sektor, Tourismus usw.) höhere Zusatzeinkünfte erzielen. Nur in abgelegenen Küstenabschnitten und in der ertragreichen Bucht von Samaná weist der Typ der *"Subsistenz-Fischerei"* noch starke Verbreitung auf.

7.1.2 Selbständige handwerkliche Küstenfischerei

Selbständige handwerkliche Küstenfischerei ist in der Dominikanischen Republik im Gegensatz zur Subsistenz-Fischerei im Einzugsbereich der Verbraucherzentren, östlich und westlich von Santo Domingo (zwischen Playa Palenque und Juan Dolio) und in Sosúa anzutreffen.

Die Fanggebiete der selbständigen Fischer befinden sich im Schelfbereich. Bei den Fischereifahrzeugen, die von selbständigen handwerklichen Küstenfischern eingesetzt werden, handelt es sich fast ausschließlich um Yolas aus Holz. Je nach Anlandungsort verfügen die

Boote über Außenbordmotoren. In Playa Palenque und Najayo wird jeweils ca. ein Drittel der Yolas mit Motoren angetrieben. An den übrigen Standorten liegt der Prozentsatz höher. Die *Fischereifahrzeuge* gehören zum überwiegenden Teil (zu mehr als zwei Dritteln) lokalen *Kleinfischer*n (in Najayo und Sosúa 100 %). Die angewandten Fangmethoden reichen von der Leinenfischerei, über Nasa-, Kiemennetz- und Strandwaden- bis zur Tauchfischerei.

Die Fänge werden von den Fischern dort selbst vermarktet, wo sich die Möglichkeit dazu bietet. So verkaufen die Fischer des Tourismuszentrums Sosúa ihre Fänge direkt an Endverbraucher, Restaurants und Hotels. An den sonstigen Anlandungsplätzen erfolgt die Fischvermarktung größtenteils über "Paleros", Kleinsthändler, die den Fisch mit öffentlichen Verkehrsmitteln oder Motorrad in die Verbraucherzentren transportieren und dort weiterverkaufen. Der Fischverkaufspreis wird vom Fischer selbst bestimmt. In Playa Palenque gaben 70 % der befragten Fischer an, daß sie ihre Fänge jeweils an den Höchstbietenden verkaufen und mit den Erlösen "mehr oder weniger" oder sogar "völlig zufrieden" sind. Somit besteht im Gegensatz zur patrón-zentrierten Fischerei kein Abhängigkeitsverhältnis zwischen Fischer und einem bestimmten Händler oder Palero. Allerdings können dafür drei Viertel der Fischer im Notfall mit keinerlei finanzielle Unterstützung "ihres Patróns" rechnen.

An Anlandungsplätzen der selbständigen handwerklichen Küstenfischerei begann die kommerzielle Fischvermarktung bereits frühzeitig aufgrund der Nähe zu den Verbraucherzentren. Die Fischereistandorte entwickelten sich aus der bereits erwähnten Subsistenz-Fischerei. Während in der frühen Kommerzialisierungsphase Fisch meist direkt vom Fischer an den Endverbraucher verkauft wurde, wie dies noch heute in Sosúa geschieht, ging die Vermarktung in den letzten Jahren in die Hände von Paleros über. Dies ist unter Umständen auf die wegen des offensichtlichen Rückgangs des küstennahen Fischreichtums notwendig gewordenen längeren Fangfahrten und damit auf den höheren Zeit- und Kraftaufwand der Fischer zurückzuführen.

7.1.3 Semi-selbständige handwerkliche Küstenfischerei

In den Fischereistandorten, die der Kategorie der *semi-selbständigen küstennahen Kleinfischerei* angehören, verfügt nur ein *Teil der Fischer über eigene Boote* und Ausrüstungsgegenstände. Ein bis zwei Drittel der Boote befinden sich im Besitz von Fischhändlern. In Palmar de Ocoa an der dominikanischen Südküste und in Sánchez an der Bucht von Samaná arbeiten jeweils ca. 50 % der Fischer auf Fischereifahrzeugen der Fischhändler. Sie bekommen für den angelandeten Fisch von ihrem "Patrón" pro Libra einen vorher festgelegten Preis, der unter dem allgemeinen Marktniveau liegt. Dafür wird den Fischern allmorgendlich oder im Falle von nächtlicher Lichtfischerei am frühen Abend ein meist mit Außenbordmotor ausgestattetes Fangfahrzeug zur Verfügung gestellt. Den Fischern werden somit die Anschaffungskosten und die Verantwortung für den Unterhalt von Boot und Motor abgenommen.

In Notsituationen (Krankheit, Unfall von Familienangehörigen, Naturkatastrophen usw.) und in Zeiten, in denen nicht zum Fang ausgefahren werden kann, sind die meisten Händler bereit, den Fischern, die auf ihren Booten gute Erträge erzielen bzw. ihre Fänge an sie verkaufen, kleinere Kredite (bis ca. 100 DM je nach Zuverlässigkeit und Know how des Fischers) zu gewähren. Der Patrón stellt für viele Fischer die einzige soziale Absicherungsmöglichkeit dar. So betrachten 54 % der Fischer von Palmar de Ocoa ihren Fischhändler als einzigen potentiellen Kreditgeber. Zwei Drittel der Fischer des gleichen Ortes haben jeweils mit einem Fischhändler feste Absprachen getroffen, auch diejenigen, die mit eigenen Booten operieren. Fischer, die bei ihrem Händler einen Kredit aufgenommen haben, sind verpflichtet, entweder auf dessen Fischereifahrzeugen zu arbeiten oder ihre Anlandungen ausschließlich an ihren Kreditgeber zu verkaufen. An einigen Standorten ist es üblich, daß Fischhändler ihren Fischern vor der Ausfahrt einen Vorschuß für die Tagesverpflegung geben, der nach der Rückkehr zusammen mit den Treibstoffkosten von den Einkünften des Fischers abgezogen wird.

An Standorten der semi-selbständigen handwerklichen Küstenfischerei dominieren kleine Fischereifahrzeuge wie Einbäume (Sánchez), Yolas (Palmar de Ocoa) oder Glasfiberboote, die in Buchten und küstennahen Bereichen eingesetzt werden. Die Fangmethoden sind vielfältig. Sie richten sich nach den jeweils vorhandenen natürlichen Bedingungen. In der flachen Bucht von Samaná wird mit Wurfnetzen und neuerdings auch mit Kiemennetzen gefischt. In Palmar de Ocoa steht die Leinenfischerei größtenteils als Lichtfischerei betrieben an erster Stelle der Fangtechniken. Daneben kommen Stellnetze und Strandwaden zum Einsatz.

Die weitere Vermarktung der Fänge geschieht zum überwiegenden Teil durch ortsansässige Fischhändler, die ihre Fischereiprodukte entweder selbst zu den Verbraucherzentren transportieren oder an Zwischenhändler bzw. auswärtige Fischhändler weiterverkaufen.

Semi-selbständige handwerkliche Küstenfischerei wird meist an Standorten betrieben, die so weit von den Vermarktungszentren entfernt liegen, daß weder Fischer noch Paleros die Anlandungen selbst vermarkten können. Die Anlandungsplätze verfügen in der Regel über logistische Möglichkeiten zur Durchführung selbständiger handwerklicher Küstenfischerei.

7.1.4 Patrón-zentrierte handwerkliche Küstenfischerei

Patrón-zentrierte handwerkliche Küstenfischerei wird mit der Vormachtstellung begründet, die einer oder mehrere Fischhändler (Patrones) am jeweiligen Ort einnehmen. An Fischereistandorten, die in diese Kategorie fallen, besitzen Fischhändler über zwei Drittel, im Extremfall (Matancitas bei Nagua) alle Fischereifahrzeuge. Somit sichern sie sich das Gros der Fänge. In Boca de Yuma arbeiten über 80 % der Fischer für die am Ort ansässigen "Pescaderías", die zusätzlich von weiteren 13 % der Fischer, aufgrund der Vergabe von Kleinkrediten und Vorschußzahlungen regelmäßig mit Fisch versorgt werden. In Matancitas sind sämtliche Fischer auf die Boote der "Patrones" angewiesen. Die Pescaderías setzen meist Yolas und punktuell kleinere Kielboote ein. Eine Ausnahme bildet Matancitas, wo ausschließlich "Canoas" aus Glasfiber Verwendung finden. Die Boote der Fischhändler sind zum überwiegenden Teil mit Außenbordmotoren ausgestattet.

Gefischt wird im küstennahen Bereich der jeweiligen Anlandungsorte. Durch verstärkte Ausbeutung der Fischbestände gingen die Erträge in den letzten Jahren extrem zurück, so daß inzwischen weiter entfernt gelegene Fanggebiete angefahren werden. Zahlreiche Fischer aus Boca de Yuma nutzen die Fanggründe der über 30 km entfernten Insel Saona. Kleinfischer aus Matancitas operieren in den über 50 km entfernten Küstengewässern der Halbinsel Samaná. Tägliche Rückfahrten zu den Anlandungsorten sind aus zeitlichen und ökonomischen

Gründen nicht immer möglich. So übernachten die Fischer von Boca de Yuma in einer Höhle bzw. in selbst errichteten Hütten auf der Insel Catalinita, diejenigen aus Matancitas an unterschiedlichen Stränden der Halbinsel Samaná.

Die am meisten verbreitete Fangmethode ist die Leinenfischerei. Doch beginnen von Jahr zu Jahr mehr junge Fischer mit Tauchfischerei, die vorwiegend auf Fische der höheren Qualitätsstufen, Langusten, Hummer, Krebse und Lambi abzielt. Kompressoren, die die Fischer durch Kunststoffschläuche mit Atemluft versorgen, werden von den Fischhändlern zur Verfügung gestellt.

Die *Vermarktung der Produktion* geschieht meist direkt in den Pescaderías der Anlandungsorte. Mehrmals wöchentlich holen Zwischenhändler und mit Kleinlastwagen ausgestattete Fischhändler aus den Provinzhauptstädten und der Hauptstadt die in Kühltruhen gelagerte Ware ab. Über 80 % des in Boca de Yuma angelandeten Fischs wird von den lokalen Fischhändlern direkt am Ort weiterverkauft.

Einen Sonderfall stellt die patrón-zentrierte handwerkliche Küstenfischerei dar, die in den reichen Fischgründen zwischen Pedernales und der Insel Beata betrieben wird. Da sich kein Küstenort mit permanenter Besiedlung in diesem Küstenabschnitt befindet und die Umfahrung von Cabo Beata mit hohen Gefahren verbunden ist (ganzjährig extrem hoher Wellengang), wurde in La Cueva / Cabo Rojo ein "Campamento" (Fischercamp) errichtet, von wo aus die ertragreichsten Fanggründe erreicht werden können. Die Fischer, die meist aus den Provinzen Barahona, Azua und Peravia stammen, werden von Pescaderías für mehrere Wochen oder Monate angeworben. Die Patrones organisieren die Versorgung des Campamentos mit Lebensmitteln, Wasser und Fanggeräten und den Abtransport der Anlandungen.

7.1.5 Patrón-zentrierte küstenferne Kleinfischerei

Grundvoraussetzung für die Nutzung fern der Küsten gelegener Fischgründe ist der Einsatz *hochseetüchtiger Fischereifahrzeuge*. Yolas, Cayucos und Canoas eignen sich für diese Art Fischerei nicht. Größere und stabiler gebaute Fangfahrzeuge stellen kapitalintensive Anschaffungen dar, die von dominikanischen Fischern nicht ohne Unterstützung finanziert werden können. Deshalb dominieren kapitalkräftige Fischhändler nahezu die gesamte dominikanische Hochseefischerei. Bei der küstenfernen Kleinfischerei kommen größtenteils Kielboote (6,50 - 8 m Länge) zum Einsatz, die mit Außenbordmotoren von 25 PS angetrieben werden. Sie sind für je drei Mann Besatzung und drei bis viertägige Fangfahrten ausgelegt.

Die angefahrenen Fanggründe befinden sich im Norden der Insel. Die "Banco de la Plata" liegt ca. 140 km nordöstlich von Puerto Plata und ca. 100 km nördlich von Rio San Juan, die "Banco de la Navidad" dagegen ca. 200 km östlich von Puerto Plata und ca. 130 km nordöstlich von Miches. Zu den Fischereistandorten, die zur Kategorie der patrón-zentrierten küstenfernen Fischerei gezählt werden, gehören unter anderem Cabeza de Toro und Miches an der dominikanischen Nordostküste.

In Cabeza de Toro gehören 88 % der Fischereifahrzeuge, in Miches fast alle hochseetüchtigen "Bibotes" den Pescaderías. Leinen- (oft nachts als Lichtfischerei betrieben) und Tauchfischerei mit Kompressoren stellen die vorwiegend angewandten Fangmethoden der patrón-zentrierten küstenfernen Kleinfischerei dar.

Die küstenferne Fischerei begann in der Dominikanischen Republik in den 80er Jahren. Das Ansteigen der Preise für Fisch und Meerestiere ließ die Ausbeutung küstenferner Fanggründe wirtschaftlich rentabel erscheinen. Während in Miches vor Einführung der Hochseefischerei küstennahe Leinen- und Nasa-Fischerei betrieben wurde, war Cabeza de Toro bis 1974 Fischerei-Camp einer Pescadería aus La Romana, die für zwei bis drei Monate im Jahr Cabeza de Toro als Basis für Fangfahrten mit Segelbooten nutzte. Im gleichen Jahr begann eine Pescadería mit vier Yolas ihre wirtschaftlichen Aktivitäten in Cabeza de Toro. Die auf den Fischereifahrzeugen beschäftigten Fischer, die aus anderen Küstenorten stammen, ließen sich ab Ende der 70er Jahre mit ihren Familien nieder. Inzwischen gibt es zwei weitere Pescaderías. Die auf ca. 250 Personen angestiegene Bevölkerung bezieht ihr Einkommen größtenteils aus der Fischerei. Sowohl in Cabeza de Toro als auch in Miches ist neben den Kielbooten je ein Mutterschiff stationiert, das für 12 bzw. 15 Besatzungsmitglieder, drei bzw. vier Yolas und für einwöchige Fangfahrten zur Banco de la Navidad und Banco de la Plata ausgelegt ist. Das Anschaffungskapital für beide Mutterschiffe stammt aus den USA bzw. aus Spanien. Der Schiffseigner aus Miches arbeitete mehrere Jahre in New York, der Besitzer des in Cabeza de Toro stationierten Mutterschiffs ist Spanier.

7.1.6 Kleinindustrielle Fischerei

Die *kleinindustrielle Fischerei* begann in der Dominikanischen Republik sich erst seit den frühen 80er Jahren zu entwickeln. Auf dem ersten 1978 in Santo Domingo abgehaltenen Seminar über Subsistenzfischerei wurde hervorgehoben, daß die vor der Nordküste der Insel gelegenen Sandbänke ein bedeutendes Fischereipotential darstellen, das aber von dominikanischen Fischern aufgrund fehlender hochseetüchtiger Fischereifahrzeuge noch nicht genutzt werden könne (BONNELLY DE CALVENTI 1978, S.29-30). Zum Zeitpunkt der Erhebungen des Autors waren in Puerto Plata, dem Zentrum der kleinindustriellen Fischerei ca. 25, in Rio San Juan 11 Mutterschiffe stationiert, die vorwiegend den Fischreichtum der "Banco de la Plata" und "Banco de la Navidad" ausbeuteten.

Die Fischereifahrzeuge, die von Rio San Juan aus operieren, sind teilweise am Ort gebaute Holzkonstruktionen von 9,5 - 17 m Länge, die je nach Schiffsgröße 10 - 20 Mann Besatzung und 2 - 6 Yolas aufnehmen können. Neben den Fischern, je nach Fangfahrzeug Taucher oder "Cordeleros" (Fischer, die Leinenfischerei betreiben) und dem Kapitän, gehören jeweils ein Mechaniker, ein Schiffskoch, ein "Neverero" (der für die Lagerung und Kühlung der Fänge verantwortlich ist) und mehrere "Limpiadores", die den gefangenen Fisch ausnehmen, zur Mannschaft. Die Fangfahrten dauern je nach Fangertrag 7 - 9 Tage. Die Anfahrtszeit zur "Banco de la Plata" beträgt je nach Stärke des Motors 5 - 8 Stunden. Der durchschnittliche Fangertrag beläuft sich auf 40 - 60 Zentner pro Fangfahrt. Die Fänge werden auf See mit Eis gekühlt, das von der ortsansässigen Eisfabrik hergestellt wird.

Da Rio San Juan keinen Hafen besitzt, ankern die Mutterschiffe in der Bucht. Die Anlandung der Fänge erfolgt durch Umladen in Yolas und Glasfiberboote, die an den Strand gezogen werden können. Ebenso verläuft die Beladung der Fangfahrzeuge mit Nahrungsmitteln, Wasser und Eis.

Bei etwa zehn in Puerto Plata stationierten Mutterschiffen handelt es sich um ähnliche Konstruktionstypen. Die übrigen von Puerto Plata aus eingesetzten Fangfahrzeuge sind im Ausland hergestellte Stahlschiffe mit bis zu 35 m Länge, die meist gebraucht von kapitalkräftigen Fischhändlern oder Fischhandelsgesellschaften erworben wurden. Die Zahl der Besatzungsmitglieder beträgt bis zu 70 Mann. Die größten Mutterschiffe laufen mit 12 - 16 Glasfiberbooten zum Fang aus.

Es wird nicht nur innerhalb dominikanischer Hoheitsgewässer gefischt. Vor den Bahamas werden mehrmals im Jahr von den dortigen Behörden dominikanische Fangfahrzeuge aufgebracht, die erst gegen Bezahlung einer hohen Strafe den Hafen von Nassau wieder verlassen dürfen. Die Besatzung und das jeweilige Mutterschiff bleiben solange in Gewahrsam der dortigen Marine.

Das Fischhandelsunternehmen "Caribe Pesca S.A." befischt zusätzlich die Süd- und Mittelamerika vorgelagerten Fanggründe. Es werden Fangfahrten von bis zu vier Monaten Dauer unternommen. Caribe Pesca hat sowohl in Kolumbien als auch in Honduras Repräsentanten, die den Verkauf der Fänge in den entsprechenden Ländern organisieren. Die "Pescadería Cachita", die wie "Caribe Pesca" von einem Kubaner geführt wird, verfügt in Puerto Plata über eine Weiterverarbeitungsanlage. Sie versorgt nahezu alle Hotelkomplexe und großen Fischrestaurants der dominikanischen Tourismuszentren an der Nordküste mit Fisch und Meeresfrüchten. Beide Unternehmen unterhalten eine Fangflotte von derzeit vier großen Fangschiffen, ebenso "Pescamar S.A", die in Santo Domingo eine der größten Weiterverarbeitungsanlagen der Dominikanischen Republik betreibt. "Caribe Pesca" verkauft die in der Dominikanischen Republik angelandeten Fänge fast ausschließlich an "Pescamar". Die übrigen Betreiber großer Fischereifahrzeuge aus Puerto Plata und Rio San Juan haben Absprachen mit "Trans Oceanica S.A.", einer der größten dominikanischen Fischexport- und Weiterverarbeitungsfirmen aus Santo Domingo, der "Pescadería Hilda", die Fisch und Meeresfrüchte mit einem eigenen Frachtschiff nach Puerto Rico exportiert, oder mit einem der rund 30 weiteren in Santo Domingo ansässigen kleineren Fischverarbeitungsbetriebe bzw. Fischgeschäfte.

7.2 Gegenüberstellung der Fischereistrukturtypen unter sozialgeographischen Kriterien

Die Typisierung dominikanischer Fischereistandorte im vorangegangenen Kapitel basiert auf wirtschaftsgeographischen Strukturmerkmalen. Nach Auswertung der vom Autor auf der Entscheidungsebene Individuum durchgeführten Befragungen konnte festgestellt werden, daß sich *Fischereistrukturtypen* nicht nur durch wirtschaftsgeographische Strukturmerkmale, sondern auch durch eine Reihe *sozialgeographischer Kriterien* unterscheiden. Zunächst jedoch zu den Merkmalen, die keine oder geringfügige Differenzen aufweisen.

So konnten in bezug auf *Durchschnittsalter, Schulbildung* und *Wohnsituation* der befragten Fischer kaum Unterschiede zwischen den einzelnen Fischereistrukturtypen festgestellt werden.

Das Durchschnittsalter der interviewten Fischer lag an allen in die Untersuchung einbezogenen Fischereistandorten zwischen 33 und 37 Jahren[1]. Sie gingen im Durchschnitt zwischen 14 und 20 Jahren der Fischerei nach[2]. Die Bildungsniveau der befragten Fischer war an allen Anlandungsplätzen relativ gering. Mit Ausnahme der Provinzhauptstadt Monte Cristi hatten die Fischer an allen anderen Fischereistandorten im Mittel nur vier bis fünf Jahre die Schule besucht[3]. Der Prozentsatz der Analphabeten unter den befragten Fischern bzw. derjenigen, die ihre Lese- und Schreibfähigkeit als gering einschätzten, schwankte je nach Standort zwischen 40 % und 70 %[4].

An keinem der Fischereistandorte war mehr als ein Drittel der befragten Fischer offiziell verheiratet[5]. Im Durchschnitt hatten die interviewten Fischer je nach Standort zwei bis vier Kinder. Hinsichtlich der Haushaltsgröße sind jedoch Unterschiede zwischen den einzelnen Fischereistrukturtypen festzustellen. So leben an Anlandungsplätzen der selbständigen und semi-selbständigen handwerklichen Küstenfischerei durchschnittlich fünf bis acht Personen pro Haushalt. An Fischereistandorten der patrón-zentrierten und kleinindustriellen Fischerei wohnen dagegen jeweils nur drei bzw. vier Familienangehörige unter einem Dach. Dies dürfte auf den relativ hohen Anteil an *Migranten* zurückzuführen sein, die sich an den Fischereistandorten niederließen, an denen sie eine Beschäftigung auf den Fischereifahr-

---

[1] In Sánchez betrug das durchschnittliche Alter der befragten Fischer nur 25 Jahre. Ursache dafür ist die in Sánchez praktizierte, ökonomisch äußerst lukrative Garnelenfischerei, die aufgrund mangelnder Alternativen von der Mehrzahl der männlichen Jugendlichen des Ortes betrieben wird.
Die interviewten Fischer von Playa Palenque hatten ein Durchschnittsalter von 41 Jahren. Dies ist mit der Tatsache zu erklären, daß in Palenque keine Pescaderías mit Fischereifahrzeugen operieren. Junge Fischer, die in der Regel nicht über ausreichende finanzielle Mittel zur Anschaffung eigener Boote verfügen, haben somit kaum Zugang zu Fischereifahrzeugen. Darüberhinaus sind die Erträge in Playa Palenque außergewöhnlich niedrig, so daß die Fischerei wirtschaftlich wenig attraktiv ist.

[2] In Sánchez gingen die Fischer im Durchschnitt seit 10 Jahren, in Playa Palenque dagegen seit 23 Jahren der Fischerei nach. Ursache hierfür ist das sehr niedrige bzw. hohe Durchschnittsalter der befragten Fischer an den beiden Anlandungsplätzen.

[3] Monte Cristi: 7 Jahre.

[4] Monte Cristi: 30 %.

[5] Eine Ausnahme bildet das stärker städtisch geprägte Monte Cristi, in dem 43 % der befragten Fischer verheiratet waren.

zeugen der Pescaderías annehmen konnten. Deshalb wird an den Anlandungsplätzen der patrón-zentrierten und kleinindustriellen Fischerei die sog. Kernfamilie (Mann, Frau und Kinder) häufiger angetroffen als an Standorten der selbständigen und semi-selbständigen Fischerei, an denen die durch ein oder mehrere Angehörige erweiterte Familie (Familia extensa) überwiegt. Aus Abb.34 ist zu entnehmen, daß an Anlandungsplätzen der selbständigen und semi-selbständigen handwerklichen Küstenfischerei weniger als ein Viertel (in Palmar de Ocoa und Monte Cristi weniger als die Hälfte) der befragten Fischer zugewandert waren. An Standorten dagegen, die der patrón-zentrierten und kleinindustriellen Fischerei zuzurechnen sind, lag der Prozentsatz der zugewanderten Fischer weit über 50 %, in Cabeza de Toro über 75 %.

Darüberhinaus zeigt Abb.35, daß Fischereistandorte mit einem hohen Anteil an Migranten einen außergewöhnlich niedrigen Prozentsatz an Fischern aufweisen, die aus *Fischerhaushalten* (d.h. Haushaltsvorstand war Fischer) stammen. So hatten in Boca de Yuma, Miches, Cabeza de Toro und Río San Juan weniger als ein Viertel der befragten Fischer Väter, die sich der Fischerei widmeten. An Standorten der selbständigen- und semi-selbständigen Fischerei wuchsen zumindest knapp die Hälfte, in Sabana de la Mar, Bayahibe und Palmar de Ocoa sogar über die Hälfte der Fischer in Fischerhaushalten auf. Knapp drei Viertel von ihnen hatten bereits als Jugendliche mit der Fischerei begonnen. In Palenque, Sánchez und Bayahibe lag der Anteil derjenigen, die sich zeitlebens vorwiegend der Fischerei gewidmet hatten, mit 85 % noch höher. An Standorten der patrón-zentrierten und kleinindustriellen Fischerei war dagegen mehr als die Hälfte der Befragten vor der Aufnahme der Fischerei einer anderen Tätigkeit nachgegangen.

Auch in bezug auf die *Zusammensetzung der Bootsbesatzungen* bestehen Unterschiede zwischen den einzelnen Fischereistrukturtypen. An Anlandungsplätzen, die der selbständigen und semi-selbständigen Fischerei zugerechnet werden, liegt der Anteil an Bootsbesatzungen, die sich ausschließlich aus Familienangehörigen zusammensetzen, höher als an den übrigen Standorten. Darüberhinaus bezeichneten über 75 % der befragten Fischer aus Playa Palenque, Sabana de la Mar, Monte Cristi, Sánchez, Bayahibe und Palmar de Ocoa die Zusammensetzung ihrer jeweiligen Bootscrew als stabil. An Fischereistandorten der patrón-zentrierten Fischerei sind dagegen nur knapp die Hälfte der Bootsbesatzungen über längere Zeit konstant. Bei der kleinindustriellen Fischerei wechseln die Besatzungsmitglieder der Mutterschiffe von Ausfahrt zu Ausfahrt.

Fischerei-strukturtyp	Fischereistandort	1	2	3	4	5
selbständige Küstenfisch.	Playa Palenque	*	**	****	**	****
	Sabana de la Mar	*	***	***	**	****
semi-selbständige, handwerkliche Küstenfisch.	Monte Cristi	**	**	***	**	****
	Sanchez	*	**	****	**	****
	Bayahibe	*	***	****	**	****
	Palmar de Ocoa	**	***	***	**	****
patron-zentrierte Fischerei	Boca de Yuma	***	*	**	*	***
	Miches	***	*	**	*	***
	Cabeza de Toro	****	*	**	*	***
kleinindustr. Fischerei	Rio San Juam	***	*	**	*	*

1 = Anteil der Migranten unter den befragten Fischern
2 = Anteil der Fischer, die aus Fischerhaushalten stammen (Vater = Fischer)
3 = Anteil der Fischer, die zeitlebens der Fischerei nachgingen
4 = Anteil der aus Familienangehörigen bestehenden Bootsbesatzungen
5 = Anteil der Bootsbesatzungen mit stabiler Zusammensetzung

* = 0 % - 25 %
** = 26 % - 50 %
*** = 51 % - 75 %
**** = 76 % - 100 %

Abb. 35: *Fischereistrukturtypen: differenziert nach sozialgeographischen Kriterien.*

Auch im Bereich *überlebensökonomischer Handlungsstrategien* von Kleinfischern treten Unterschiede zwischen den einzelnen Fischereistrukturtypen auf. Aus Abb.36 ist zu ersehen, daß an Anlandungsplätzen der selbständigen und semi-selbständigen handwerklichen Kleinfischerei ein höherer Anteil an Fischern anzutreffen ist, die *Nebeneinkommen* beziehen,

Fischerei-strukturtyp	Fischereistandort	1	2	3	4	5
selbständige Küstenfisch.	Playa Palenque	***	***	****	**	**
	Sabana de la Mar	***	***	****	**	**
semi-selbständige, handwerkliche Küstenfisch.	Monte Cristi	***	***	**	**	***
	Sanchez	**	***	***	**	*
	Bayahibe	***	***	***	**	**
	Palmar de Ocoa	***	***	***	**	**
patron-zentrierte Fischerei	Boca de Yuma	**	**	***	**	*
	Miches	**	**	**	**	*
	Cabeza de Toro	*	**	*	**	*
kleinindustr. Fischerei	Rio San Juam	**	**	**	**	*

1 = Anteil der befragten Fischer, die neben der Fischerei Zusatzeinkommen beziehen
2 = Anteil der Fischerhaushalte, die von weiteren Familienangehörigen finanzielle Unterstützung erhalten
3 = Anteil der befragten Fischer, die landwirtschaftlichen Anbau für den Eigenbedarf betreiben
4 = Anteil der befragten Fischer, die Viehhaltung betreiben (meist Hühner)
5 = Anteil der befragten Fischer, die einen potentiellen Gewinn in fischereiwirtschaftliche Produktionsmittel investieren würden

* = 0 % - 25 %
** = 26 % - 50 %
*** = 51 % - 75 %
**** = 76 % - 100 %

Abb. 36: Fischereistrukturtypen: differenziert nach überlebensökonomischen Handlungsstrategien von Kleinfischern.

von weiteren *Familienangehörigen unterstützt* werden oder *landwirtschaftlichen Anbau für den Eigenbedarf* betreiben, als an Standorten der patrón-zentrierten und kleinindustriellen Fischerei.

In Sánchez liegt der Prozentsatz der befragten Fischer, die über zusätzliche Einkommen verfügen, niedriger als an den übrigen Anlandungsplätzen des gleichen Strukturtyps. Dies kann damit begründet werden, daß die Garnelenfischerei im Vergleich zur übrigen handwerklichen Küstenfischerei relativ hohe Gewinne abwirft. An den Standorten der patrón-zentrierten und kleinindustriellen Fischerei werden wie in Sánchez höhere Einkommen erzielt, da die Fischereifahrzeuge der Pescaderías häufig relativ wenig ausgebeutete Fischgründe in größerer Entfernung von der Küste anlaufen. Die Fischer sind somit in geringerem Maße auf Zusatzeinkommen und landwirtschaftliche Subsistenz angewiesen. Darüberhinaus erklären sich in der Regel ihre "Patrones" dazu bereit, ihnen im Falle finanzieller Not Kredite zu gewähren. Auch der wirtschaftliche Zwang zum Kauf eigener Boote ist an Orten der patrón-zentrierten und kleinindustriellen Fischerei geringer, da "Patrones" über Fischereifahrzeuge verfügen. An Fischereistandorten, an denen Pescaderías die Mehrzahl der Produktionsmittel kontrollieren, würden deshalb weniger Fischer einen potentiellen Lotteriegewinn in die Fischerei investieren als an anderen Anlandungsplätzen. Die Mehrzahl der Fischer in Boca de Yuma, Miches, Cabeza de Toro und Río San Juan, die eine Beschäftigung auf den Fischereifahrzeugen der Pescaderías hatten, zeigten somit relativ wenig Interesse an der Anschaffung eigener Produktionsmittel. Der Kauf einer Yola oder eines Einbaums würde die Fischer, die auf den hochseetüchtigen Fischereifahrzeugen der Pescaderías operieren, ohnehin nicht dazu befähigen, küstenferne Fischgründe anzufahren. An Anlandungsplätzen der selbständigen und semi-selbständigen handwerklichen Küstenfischerei besteht größeres Interesse an der Anschaffung eigener Produktionsmittel. Eine Ausnahme bildet Sánchez, wo weniger als 10 % der Kleinfischer einen Gewinn in die Fischerei investieren würden. Dies kann jedoch auf die bürgerkriegsähnlichen Zustände in Sánchez zurückgeführt werden.

An Fischereistandorten der selbständigen und semi-selbständigen handwerklichen Küstenfischerei ist somit im Gegensatz zur patrón-zentrierten und kleinindustriellen Fischerei ein größerer Anteil Fischer zur Sicherung des wirtschaftlichen Überlebens sowohl darauf angewiesen, mit eigenen Fischereifahrzeugen zu operieren als auch mehrere Produktionsformen miteinander zu kombinieren.

7.3 Fischereistrukturtypen als Stadien eines Entwicklungsprozesses

Nicht alle Fischereistandorte in der Dominikanischen Republik können eindeutig einem einzigen Fischereistrukturtyp zugeordnet werden. An einer Reihe von Anlandungsplätzen existieren *unterschiedliche Strukturen* nebeneinander.
So wird beispielsweise in Puerto del Castillo und Playa Diamante von der überwiegenden Mehrzahl der Fischer Subsistenz- und Nebenerwerbsfischerei betrieben. Einige Fischer, die sich im Falle von *Puerto del Castillo* zu einer Vereinigung zusammengeschlossen haben, widmen sich jedoch in größerem Umfang fischereilichen Tätigkeiten als die meisten ihrer Kollegen. Ihr Handeln ist auf die kommerzielle Vermarktung ihrer Anlandungen ausgerichtet. Somit kann diese von den Mitgliedern der Fischervereinigung betriebene Fischerei nicht mehr dem Strukturtyp "Subsistenzfischerei" zugeordnet werden. Auch in *Playa Diamante* operieren neben der Mehrzahl der Subsistenz- und Nebenerwerbsfischer einige nicht organisierte Fischer mit eigenen Produktionsmitteln. Der Großteil ihrer Anlandungen ist für den Verkauf an eine lokale Pescadería bestimmt. Sie haben das Hauptgewicht ihres beruflichen Handelns von landwirtschaftlichen auf fischereiliche Tätigkeiten verlegt. Setzt sich diese Entwicklung in Playa Diamante fort, dürfte bereits in wenigen Jahren die Mehrheit der Fischer hauptberuflich der Fischerei nachgehen und somit Playa Diamante dem Fischereistrukturtyp "selbständige handwerkliche Küstenfischerei" zugerechnet werden.

Die *Unterscheidung* zwischen den beiden Strukturtypen *"selbständige"* und *"semi-selbständige handwerkliche Küstenfischerei"* ist durch den Besitzanteil der Fischer am Produktionsmittel Fischereifahrzeug festgelegt. An Standorten wie Playa Najayo, Andrés, Boca Chica, Guayacanes, Juan Dolio, Cabarete und Sosúa ist die Zuordnung eindeutig, da sich, von wenigen Ausnahmefällen abgesehen, die Fischereifahrzeuge ausschließlich im Besitz von Fischern befinden. In Sabana de la Mar hingegen ist der Anteil an Produktionsmitteln der Pescaderías höher als an den übrigen Orten dieses Strukturtyps. Einige wenige Fischereifahrzeuge selbständiger Fischer waren ausschlaggebend bei der Zuordnung von Sabana de la Mar zum gleichen Strukturtyp. Sollte die Tendenz zunehmen, daß lokale Pescaderías ihre Gewinne verstärkt in fischereiliche Produktionsmittel investieren, dürfte in kürzester Zeit die "Zwei-Drittel-Grenze" überschritten und Sabana de la Mar der "semi-selbständigen handwerklichen Küstenfischerei" zuzuordnen sein. Die Tatsache, daß eine ortsansässige Pescadería bereits mit einem Mutterschiff in küstenfernen Zonen operiert, unterstützt ebenfalls diese Annahme.

Fischereistandorte des Strukturtyps "*semi-selbständige handwerkliche Küstenfischerei*" sind dadurch definiert, daß sich an diesen Anlandungsplätzen weder die Mehrzahl der Produktionsmittel (zwei Drittel) in den Händen der Fischer noch in denen der Pescaderías befindet. Es handelt sich somit um ein Zwischenstadium zwischen der "*selbständigen*" und der "*patrón-zentrierten handwerklichen Küstenfischerei*". Die Tendenz zunehmender Investitionen von Seiten der Pescaderías ist auch bei den Standorten dieses Strukturtyps nicht zu übersehen. Hohe Verschuldung bei den Fischhändlern und steigende Anschaffungskosten für Fischereifahrzeuge und Außenbordmotoren erschweren es selbständig arbeitenden Fischern die Kosten für Neuanschaffungen aufzubringen. Der überwiegende Teil der Fischer an Anlandungsplätzen dieses Typs wird deshalb auf zukünftige Neuanschaffungen verzichten und auf Fischereifahrzeuge der Pescaderías überwechseln. An einigen Standorten wie Sánchez, Samaná, Bayahibe, La Romana und Palmar de Ocoa sind ähnliche Tendenzen besonders deutlich zu erkennen. Deshalb dürften sich in wenigen Jahren die genannten Orte zum Fischereistrukturtyp "*patrón-zentrierte handwerkliche Kleinfischerei*" entwickelt haben. In La Romana, Bayahibe und Samaná werden bereits große Kiel- und Segelboote und vereinzelt Mutterschiffe von Pescaderías betrieben. Der verstärkte Einsatz größerer Fischereifahrzeuge ist ein weiterer Hinweis auf Entwicklungen in Richtung "*patrón-zentrierte Fischerei*".

An Anlandungsplätzen des Strukturtyps "*patrón-zentrierte handwerkliche Küstenfischerei*" werden kleine Fischereifahrzeuge wie Cayucos, Canoas, Yolas und Glasfiberboote eingesetzt, die sich, von wenigen Ausnahmen abgesehen, in den Händen der Pescaderías befinden. Doch auch dort sind neuere Entwicklungen zu beobachten. Einige Pescaderías beginnen damit, größere Fischereifahrzeuge anzuschaffen, um weiter entfernte Fischgründe auszubeuten. In *Miches* und *Cabeza de Toro* kommen bereits vorwiegend Kielboote zum Einsatz, die für Fangfahrten in küstenferne Fischgründe verwendet werden. Diese beiden Orte werden deshalb der "*patrón-zentrierten küstenfernen Kleinfischerei*" zugeordnet. Auch hier begann inzwischen die Einführung von Mutterschiffen, die sich dafür eignen, küstenferne Fischgründe intensiver auszubeuten, als dies mit Kielbooten möglich ist.

An zwei Fischereistandorten, *Río San Juan* und *Puerto Plata* bilden Mutterschiffe bereits die Mehrzahl der Fischereifahrzeuge. Die Vermarktung der Anlandungen erfolgt größtenteils an Weiterverarbeitungsbetriebe, die mit kleinindustrieller Infrastruktur ausgerüstet sind. Deshalb zählen diese beiden Anlandungsorte und mit Einschränkungen auch Luperón zum Fischereistrukturtyp "*kleinindustrielle Fischerei*".

An knapp einem Drittel der in die Untersuchung einbezogenen Fischereistandorte konnten *Strukturmerkmale* angetroffen werden, die dem Fischereistrukturtyp des jeweiligen Ortes nicht entsprechen. Hierbei handelt es sich in der Regel um Innovationen oder Prozesse, die sich erst in den vergangenen Jahren durchgesetzt haben, nachdem die Vermarktung von Fischprodukten an wirtschaftlicher Attraktivität stark hinzugewonnen hatte. Anschaffung größerer Fischereifahrzeuge, Ausbeutung küstenferner, ertragreicher Fischgründe und Verlagerung der Besitzverhältnisse in Richtung auf kapitalkräftige Pescaderías sind die für die Fischereiwirtschaft bedeutsamsten Veränderungen. Sollten sich diese Prozesse weiter fortsetzen, ist davon auszugehen, daß sich die gegenwärtigen Strukturen an einer Reihe von Anlandungsplätzen unter Umständen in kürzester Zeit verändern werden. Die erwähnten Prozesse und Innovationen sind nicht auf bestimmte Strukturtypen beschränkt, sondern sind von der Subsistenzfischerei bis zur kleinindustriellen Fischerei überall zu beobachten. Die gesamte dominikanische Fischereiwirtschaft befindet sich somit in einem *Wandlungsprozeß* der alle Fischereistrukturtypen umfaßt.

Die Auswertung zahlreicher Interviews mit Fischern und Fischhändlern, die seit mehreren Jahrzehnten in der Fischereiwirtschaft tätig gewesen waren, ergab darüberhinaus, daß der zu beobachtende Wandlungsprozeß bereits vor mehreren Jahrzehnten begonnen hatte. An städtisch geprägten Anlandungsplätzen wie Sánchez, Puerto Plata und Santo Domingo zeichneten sich die Anfänge des Entwicklungsprozesses in den ersten Jahrzehnten dieses Jahrhunderts ab, als Fischer, die vorwiegend Subsistenzfischerei getrieben hatten, damit begannen, als ambulante Paleros Fisch in den Straßen der aufstrebenden Städte zu vermarkten. Aus Nebenerwerbsfischern wurden Vollerwerbsfischer. Aus Standorten, die dem Strukturtyp "*Subsistenz- und Nebenerwerbsfischerei*" angehörten, entwickelten sich Anlandungsplätze der "*selbständigen handwerklichen Küstenfischerei*". Während dieser Wandel im Einzugsbereich städtischer Ballungszentren Anfang des Jahrhunderts erfolgte, befinden sich noch heute periphere Standorte wie Los Conucos, Puerto del Castillo und Playa Diamante in der Übergangsphase zwischen Strukturtyp I und II. Der fischereiwirtschaftliche Entwicklungsprozeß setzte an zentralen Standorten mit Absatzmärkten für Fischprodukte früher ein als an Anlandungsplätzen in peripherer Lage. Das geographische Zentrum-Peripherie-Modell kann somit als Differenzierungskriterium für Wandlungsprozesse in der dominikanischen Fischereiwirtschaft herangezogen werden.

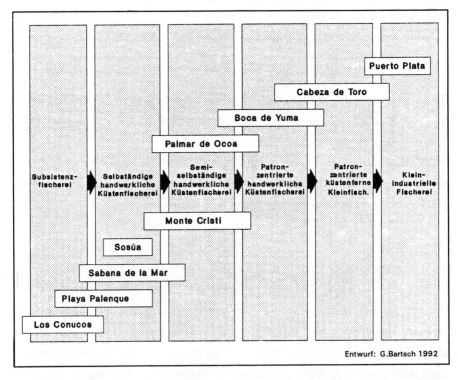

Abb. 37: Positionen einiger ausgewählter Fischereistandorte im fischereiwirtschaftlichen Entwicklungsprozeß.

In den frühen 60er Jahren erfolgte an zentral gelegenen Fischereistandorten ein weiterer Entwicklungsschub. Aus vorwiegend ambulantem Fischhandel gingen Pescaderías hervor, die damit begannen, Gewinne in fischereiliche Produktionsmittel zu investieren. So entstanden aus Standorten der "*selbständigen handwerklichen Küstenfischerei*" Anlandungsplätze, die der "*semi-selbständigen Küstenfischerei*" zuzurechnen sind.

Weitere Investitionen und Innovationen durch Pescaderías, die schließlich die Ausbeutung *küstenferner Fischgründe* ermöglichte, führten dazu, daß innerhalb von zwei Jahrzehnten Fischereistandorte wie Puerto Plata und Río San Juan einen Wandlungssprozeß durchmachten, der über die Stadien der "*patrón-zentrierten handwerklichen Küstenfischerei*" und "*küstenfernen Kleinfischerei*" zur "*kleinindustriellen Fischerei*" führte.

An peripheren Standorten begannen die Entwicklungsprozesse in der Regel zu einem späteren Zeitpunkt, so daß sich gegenwärtig die Mehrzahl der dominikanischen Fischereistandorte in den Stadien der *"semi-selbständigen"* und *"patrón-zentrierten handwerklichen Küstenfischerei"* befindet.

Die zuvor beschriebenen *Fischereistrukturtypen* können somit als *Stadien eines Entwicklungsprozesses* betrachtet werden, der von der *"Subsistenzfischerei"* zur *"kleinindustriellen Fischerei"* führt.

In Abb.37 wurden einige der untersuchten Anlandungsplätze in ein Schema der zeitlichen Abfolge der Fischereistrukturtypen eingetragen. Die Position eines jeden Fischereistandorts markiert das im Entwicklungsprozeß gegenwärtig erreichte Stadium.

8 Entwicklungspolitische Folgerungen aus den Ergebnissen der Untersuchung

Die Analysen haben gezeigt, daß sich die dominikanische Fischereiwirtschaft in einem *Entwicklungsprozess* befindet, der je nach Fischereistandort mit unterschiedlicher Geschwindigkeit verläuft. Einige in ihrer Entwicklung besonders fortgeschrittene Anlandungsplätze dürften bereits in Kürze die *maximale Ertragsfähigkeit* ihrer Fanggebiete erreicht haben. An einigen Küstenabschnitten sind bereits *Anzeichen der Überfischung* zu erkennen. Genauere Abschätzungen der Fischbestände, wie sie bereits von Meeresbiologen des deutsch-dominikanischen Fischerei-Projekts "Propescar-Sur" an der dominikanischen Südwestküste durchgeführt werden, sind deshalb für eine an den Ressourcen orientierte Planungsgrundlage unbedingt erforderlich.

Doch sollte in diesem Zusammenhang nicht vergessen werden, daß sowohl im litoralen als auch im marinen Bereich unterschiedliche *Nutzungsansprüche* aufeinandertreffen, die neben der Fischerei auch andere Wirtschaftssektoren betreffen. Neben der langsam verlaufenden Überprägung land- und fischereiwirtschaftlich ausgerichteter Küstenstandorte durch den Wochenendtourismus ist es - wie am Beispiel Sosúas gezeigt wurde - an Orten des internationalen Tourismus zu *Flächennutzungskonflikten* im Küstenbereich gekommen. Das Ausbrechen weiterer Konflikte an der dominikanischen Küste ist bereits abzusehen. So prallen in der Bucht von Samaná nicht nur rivalisierende Fischergruppen aufeinander, sondern *Nutzungsansprüche* zwischen *Fischerei* und *Naturschutz*. Konflikte dieser Art, die insbesondere zwischen den Interessen der Nationalparks und der Fischerei bestehen, sind deshalb noch nicht in großem Maße ausgebrochen, weil bisher gegen Verletzungen des Naturschutzes von staatlicher Seite kaum eingeschritten wurde. Ein weiteres Konfliktpotential besteht im Küstenbereich zwischen Santo Domingo, Haina und Nizao, wo *industrielle Interessen* mit denjenigen der Fischer kollidieren.

In allen genannten Fällen dürften die Fischer das Nachsehen haben, da sowohl in der Industrie als auch im Tourismus einflußreiche Kräfte die Auseinandersetzungen zu ihren Gunsten entscheiden dürften. Deshalb ist es an der Zeit für die dominikanischen Küsten *Nutzungspläne* zu erstellen, wie sie bereits für die Malediven, Sri Lanka, Thailand und Ecuador ausgearbeitet wurden (CAMP-NETWORK 1988, S.3). Dies schien bisher nicht notwendig, da litorale und marine Bereiche in der Dominikanischen Republik bis vor wenigen Jahrzehnten nicht oder nur wenig genutzt wurden. Die Ausweitung der Industrie, des Tourismus und des Naturschutzes betreffen aber in zunehmendem Maße die Küstenzone. Ein Eingreifen von staatlicher Seite ist unumgänglich, um eine Eskalation von Flächennutzungskonflikten an der Küste zu vermeiden.

In diesem Zusammenhang avancierte der Begriff "*Coastal Zone Management*" (CZM) im vergangenen Jahrzehnt zu einem neuen Schlagwort. CZM setzt sich zum Ziel, in einer umfassenden Planung alle Einflußbereiche, Elemente und Faktoren im litoralen und marinen Bereich zu berücksichtigen (AMEND 1990, S.32). Die Hauptaufgabe des CZM besteht darin, die gegensätzlichen Interessen im Küstenbereich bestmöglich aufeinander abzustimmen. Nur so hat die für die Gesamtwirtschaft des Landes wenig beitragende Fischerei eine Chance zum Überleben. Je nach Standort sollten im Küstenbereich Flächen ausgewiesen werden, die der fischereiwirtschaftlichen Nutzung vorbehalten sind. Darüberhinaus wäre es wünschenswert, Wohnbereiche für die Fischerbevölkerung abzugrenzen, um ein Verdrängen der Fischerhaushalte aus der Küstenzone zu vermeiden.

Bei der Erstellung eines *Küstennutzungsplans* könnte das vom Autor entwickelte Modell der Fischereistrukturtypen als Planungsgrundlage zur Förderung der Kleinfischerei dienen. Nicht alle Strukturtypen erscheinen dem Autor jedoch förderungswürdig. Deshalb wird eine generelle Förderung der Fischerei auf nationaler Ebene strikt abgelehnt. Die Ergebnisse der vorliegenden Untersuchung haben gezeigt, daß die dominikanischen Fischereistandorte höchst *unterschiedliche Strukturen* aufweisen. Ein homogenes, landesweit für alle Fischereistandorte gültiges Förderungskonzept dürfte deshalb keine Aussicht auf Erfolg haben und darüberhinaus

Nutzungskonflikte im litoralen und marinen Bereich verstärken. *Fischereiförderungskonzepte* sollten sich deshalb an der jeweiligen *Struktur der Anlandungsplätze* orientieren. In den folgenden Abschnitten werden deshalb *entwicklungspolitische Folgerungen* aus den Ergebnissen der Untersuchung vorgestellt, die insbesondere auf dem vom Autor erarbeiteten Modell der Fischereistrukturtypen basieren.

8.1 Subsistenz-Fischerei

An zahlreichen Fischereistandorten geriet die Subsistenz-Fischerei im vergangenen Jahrzehnt in immer stärkere *Konkurrenz* zur kommerziellen Kleinfischerei. Die küstennahen Uferbereiche, Mangroven, Flußmündungsareale und Lagunen wurden von Jahr zu Jahr von mehr Fischern genutzt und an zahlreichen Küstenabschnitten überfischt. Die in der kommerziellen Fischerei tätigen Fischer waren aufgrund moderner Ausrüstungsgegenstände (Außenbordmotor, Lichtfischerei-Ausrüstung, Kompressoren), die ihnen teilweise von den Pescaderías zur Verfügung gestellt wurden, in der Lage, auf weiter entfernte Fischgründe auszuweichen. Die Erträge der für den Eigenbedarf ausgerichteten Subsistenz-Fischerei, die mit dieser Entwicklung nicht mithalten konnte, sind stark zurückgegangen, so daß Fisch, wenn er nicht völlig vom Speisezettel der entsprechenden Familien verschwand, inzwischen vielfach gegen Bezahlung erworben werden muß. Eine Förderung der Subsistenz-Fischerei wäre demzufolge naheliegend.

Aus *wirtschaftlichen* und *ökologischen Gesichtspunkten* ist jedoch eine Unterstützung dieses Strukturtyps nicht zu verantworten. Die ufernahen Fanggebiete (Mangroven, Lagunen usw.) der Subsistenzfischer stellen meist Aufzuchtgebiete für Jungfische dar. Da vielerorts bereits Anzeichen von Überfischung aufgetreten sind, würde eine Förderung der Fischerei in diesen Arealen die natürlichen Ressourcen noch stärker belasten.

Die Mehrzahl der *Subsistenz-Fischer* beziehen ihre Haupteinkünfte nicht aus der Fischerei, sondern aus der Landwirtschaft. Sie bearbeiten ihr "Conuco" oder verdingen sich als Landarbeiter. Fischereiliche Investitionen für stabilere Boote, Außenbordmotoren und Fanggeräte sind vom ökonomischen Standpunkt abzulehnen, da die Anschaffungskosten für moderne Fangausrüstungen so hoch liegen, daß die für den Eigenbedarf betriebene Fischerei nicht in der Lage wäre, nur einen Teil der Investitionskosten zu amortisieren. Statt die

Subsistenz-Fischerei zu unterstützen, wäre die Förderung landwirtschaftlicher Projekte und die Wiederaufnahme der seit Jahren von den Kleinbauern geforderten Agrarreform in den Vordergrund zu stellen. "Campesinos", die über eine ausreichende Anbaufläche verfügen, sind in der Lage, Fisch und andere Nahrungsmittel, die sie selbst nicht produzieren, gegen Bezahlung zu erwerben. Die Produktion von landwirtschaftlichen u n d fischereilichen Erzeugnissen durch eine Person ist aufgrund des wirtschaftlichen Zwangs zur Spezialisierung auch in der Dominikanischen Republik ökonomisch nicht mehr sinnvoll.

8.2 Selbständige handwerkliche Küstenfischerei

Die *selbständige handwerkliche Küstenfischerei* basiert auf der eigenverantwortlichen Tätigkeit von Fischern, die mit eigenen Fanggeräten operieren. Bis vor wenigen Jahren waren jene Fischer in der Lage, bei Verlust oder Überalterung ihres Fischereifahrzeugs dieses durch ein neues zu ersetzen, indem sie aus Holzplanken oder einem Baumstamm selbst eine Yola oder ein Cayuco bauten oder einen ortsansässigen Bootsbauer damit beauftragten. Da inzwischen die Fangerträge in den ohne Motor zu erreichenden Fischgründen stark zurückgegangen sind, ist die Anschaffung eines Außenbordmotors nahezu unumgänglich. Die Investitionskosten treiben viele Fischer in die Abhängigkeit von finanzkräftigen Fischhändlern, die ihnen Kredite für die Neuanschaffungen gewähren. Fischer, die keine finanziellen Belastungen eingehen wollen, können ihre überalterten Fischereifahrzeuge nicht ersetzen. Wenn sie weiterhin als Fischer arbeiten möchten, bleibt ihnen nur die Möglichkeit, auf dem Boot eines befreundeten Fischers oder eines Fischhändlers tätig zu werden.

Ursache für diese unbefriedigende Situation ist der Kreditvergabemodus der "Banco Agricola", die selbständigen Fischern generell keine Kredite gewährt. Die Möglichkeit der individuellen Kreditaufnahme haben lediglich die Fischer, die über Landbesitz verfügen und als "Campesinos" Kredite für landwirtschaftliche Zwecke aufnehmen, um diese illegal der Fischerei zuzuführen. Offiziell können nur die Kooperativen oder "fischereilichen Vereinigungen" Kredite über den FIDE-Fond der "Banco Central" beantragen. Demzufolge entstanden in den 70-80er Jahren zahlreiche Fischerei-Vereinigungen, um den Kreditvergabemodus der Bank zu erfüllen. Nach Auszahlung der Kredite lösten sich die pro forma gegründeten Kooperativen wieder auf, da das angestrebte Ziel, die Gewährung eines Kredits, aus der Sicht der Fischer erreicht worden war. Die Rückzahlung der Kredite erwies sich als äußerst problematisch, da die Kooperative oft in Realität nicht mehr existierte.

Das "*Scheitern*" (aus Sicht der Entwicklungsplaner) jener Fischer-Vereinigungen ist in der entwicklungspolitischen Fehlplanung des Kreditvergabemodus begründet. Um die selbständige handwerkliche Küstenfischerei zu erhalten, ist es notwendig, die *Kreditvergabebedingungen* zu ändern. Selbständig arbeitende Fischer müssen die Möglichkeit haben, legal Kredite aufnehmen zu können, wenn sie sich dafür verpflichten, solange Schulden bestehen, ihre Fänge an den Kreditgeber zu festgelegten Preisen, abzüglich einer Rate von 10 - 20 % der Erträge, zu verkaufen. Dies sind die gleichen Bedingungen, wie sie der Fischhändler stellt. Vorbedingung für das Funktionieren dieses Kreditvergabeverfahrens wäre der *Aufbau eines staatlichen* oder *staatlich lizenzierten Fischvermarktungssystems*.

8.3 Semi-selbständige handwerkliche Küstenfischerei

Fischereistandorte, die zum Fischereistrukturtyp *semi-selbständige handwerkliche Küstenfischerei* gezählt werden, tendieren durch die Anwesenheit finanzkräftiger Fischhändler dazu, sich in patrón-zentrierte Orte zu verwandeln. Um dies zu verhindern, ist es notwendig, selbständigen Fischern die Möglichkeit zu geben, Kredite zur Anschaffung neuer Fischereifahrzeuge und Fanggeräte aufzunehmen, wie dies für die Standorte der selbständigen handwerklichen Küstenfischerei gefordert wurde. Aufgrund der relativ starken Präsenz von Fischhändlern, die an den Standorten dieses Strukturtyps bis zu zwei Drittel der Fischereifahrzeuge kontrollieren, wäre jedoch dem Zusammenschluß der Fischer zu *Fischergemeinschaften* der Vorzug zu geben.

In Sabana de la Mar wurden mit sog. *Absatz- und Kreditgenossenschaften* gute Erfahrungen gemacht, bei denen Privateigentum an Produktionsmitteln erhalten bleibt. Selbständig arbeitende Kleinfischer, die nicht an einen Fischhändler gebunden sind, können auf freiwilliger Basis bei der Kooperative Mitglied werden. Zur Anschaffung neuer Fischereigeräte, aber auch in Notfällen gewährt ihnen die Kooperativ-Verwaltung einen Kredit in jeweils angemessener Höhe. Der Fischer verpflichtet sich, seine Fänge über die Kooperative vermarkten zu lassen. Beim Verkauf des angelandeten Fischs wird ab einem bestimmten Fangertrag ein festgelegter Prozentsatz des Erlöses für die Rückzahlung des Kredits und ein

Anteil als Sparguthaben (Minimum 5 %) einbehalten. Einmal im Jahr wird ein Teil der durch die Vermarktung erzielten Gewinne an die beteiligten Fischer je nach Höhe des jährlichen Fangertrags ausgeschüttet. Der Rest des erwirtschafteten Vermögens wird in Form neuer Kredite an die bisherigen Mitglieder der Vermarktungs-Kooperative oder an neue Mitglieder vergeben.

Von allen Kooperativ-Typen entsprechen *Kredit- und Absatzgenossenschaften* am ehesten dem sozio-ökonomischen Streben dominikanischer Kleinfischer. Mehrmals wurde während der Befragungen geäußert: "El dominicano no quiere asociarse" ("der Dominikaner geht nicht gerne Verbindungen ein"). Knapp 80 % der befragten Fischer erklärten, daß sie keinesfalls Voll-Kooperativen beitreten würden. Gemeinschaftseigentum war die Hauptursache für die Ablehnung des kooperativen Ansatzes. In Vermarktungskooperativen behalten dagegen Fischer die Möglichkeit selbständig zu arbeiten. Die Produktionsmittel verbleiben im Privateigentum. Somit ist jeder Fischer für sein Boot und seine Ausrüstungsgegenstände verantwortlich.

8.4 Patrón-zentrierte Kleinfischerei

An Standorten, die größtenteils von "*Patrones*" dominiert werden, sind entwicklungspolitische Förderungsmaßnahmen außerordentlich schwer in die Realität umzusetzen. Die Produktionsmittel befinden sich vorwiegend in den Händen der Fischhändler. Viele Fischer, auch diejenigen, die mit eigenen Booten und Ausrüstungsgegenständen operieren, sind verschuldet und deshalb zum Verkauf der Fänge an ihre Kreditgeber verpflichtet. Der Aufbau von Vermarktungskooperativen ist somit kaum möglich. Die Mehrzahl der Fischer dürfte auch nicht dazu bereit sein, sich vom Zugang zu Händlerkrediten abzuschneiden, um sich einer, zumindest in der Anlaufphase wenig Sicherheit versprechenden "Asociación" anzuschließen. Die Gefahr des Zusammenbruchs einer Kooperative und damit des Verlusts jeglicher sozialer Sicherheit dürfte für die meisten über keine finanziellen Reserven verfügenden Fischer zu hoch sein. Ein Eingreifen von entwicklungspolitischer Seite hätte nur dann Aussicht auf Erfolg, wenn es einer Gruppe von Fischern an einem patrón-zentrierten Standort bereits aus eigenem Antrieb gelungen wäre, trotz aller Risiken und Schwierigkeiten eine Kooperative aufzubauen, ohne Unterstützung von außen erhalten zu haben.

Ob Fischereiförderungsmöglichkeiten vorhanden sind, muß für jeden Ort individuell entschieden werden. Ein Beispiel für eine Kooperative, die die oben genannten Bedingungen erfüllt, ist die bereits 1987 in Boca de Yuma gegründete "Asociación Evolucionaria de Boca de Yuma". Sie besteht vorwiegend aus ehemaligen Köhlern, die im Gebiet des Nationalparks "Parque Nacional del Este" Holzkohle herstellten, was nun unter Verbot gestellt wurde. Einige Mitglieder der Vereinigung arbeiteten zum Zeitpunkt der Erhebungen temporär auf Fischereifahrzeugen der Fischhändler oder betrieben Subsistenz-Fischerei. Die übrigen Mitglieder der Kooperative versuchten, durch Gelegenheitsarbeiten oder illegale Holzkohleproduktion das Überleben ihrer Familien zu sichern. Bisher war jedoch keiner der permanent auf den Fischereifahrzeugen der Pescaderías arbeitenden Fischer der "Asociación" beigetreten.

Das Beispiel der Kooperative aus Boca de Yuma unterstreicht nochmals die Tatsache, daß im Gegensatz zu nicht in der Fischerei verwurzelten sozialen Gruppen (Köhler, Campesinos usw.) Fischer meist nicht bereit sind, Kooperativen beizutreten, um ihre soziale Absicherung in Form von Händlerkrediten nicht zu gefährden.

Das Bestreben der Fischer, das *sozialer Sicherheit* Priorität vor *Gewinnmaximierung* einräumt, sollte von den für fischereiwirtschaftliche Entwicklung zuständigen Stellen bei zukünftigen Planungsvorhaben berücksichtigt werden. Außerdem sollte eine *Zusammenarbeit mit Fischhändlern* nicht ohne vorherige Überprüfung vollkommen ausgeschlossen werden. Vertragliche Abmachungen zwischen Händlern und Fischern enthalten neben Elementen der *Ausbeutung* auch sozio-ökonomische *Mechanismen zur Überlebenssicherung* der Fischer, die aus entwicklungspolitischer Sicht positiv zu bewerten sind. Zahlreiche im Rahmen der Erhebungen interviewte Fischhändler zeigten durchaus Interesse an Bestrebungen zur Verbesserung der Lebensbedingungen der Fischer und deren Familien. Einige Pescaderías gewährten beispielsweise auch den Frauen der Fischer Kredit, wenn die Überlebenssicherung der Fischerfamilien nicht sichergestellt werden konnte. Andere Pescaderías boten ihren Fischern an, Sparkonten zu führen, damit nach ertragreichen Fangfahrten ein Teil der Erlöse gespart werden kann. Darüberhinaus wurden vom Autor an mehreren Standorten Fischer angetroffen, die ihren jeweiligen Patrón als hilfsbereiten, zugänglichen und für ihre Probleme offenen Arbeitgeber bezeichneten.

Maßnahmen zur Förderung der Fischereiwirtschaft sollten sich deshalb nicht ausschließlich auf *Kleinfischer* beschränken, sondern auch auf *kleingewerbliche Fischvermarktungsbetriebe* ausgedehnt werden. So könnte an patrón-zentrierten Fischereistandorten die Dominanz großer, mit Mechanismen der Ausbeutung arbeitender Pescaderías gebrochen werden, indem kleineren Betrieben, die sich zur Erfüllung bestimmter Auflagen bereit erklären, Fördermittel bzw. Kredite zur Anschaffung von Produktionsmitteln gewährt werden. Die Auflagen sollten sich auf die Festsetzung der Fischankaufspreise und Maßnahmen zur sozialen Absicherung der Fischer beziehen.

8.5 Kleinindustrielle Fischerei

Die *kleinindustrielle Fischerei* mit ihren Standorten in *Puerto Plata* und *Rio San Juan* beutet zur Zeit hauptsächlich die Fischgründe der "Banco de la Navidad" und "Banco de la Plata" aus. Obwohl die Fischer meist Leinen- und Tauchfischerei betreiben, kehrt kein Mutterschiff zu seinem Standort zurück, ohne mindestens 50 Zentner Fisch und Meeresfrüchte an Bord zu haben. 30 Mutterschiffe mit bis zu 50 Fischern an Bord operieren fast ausschließlich in den oben genannten Gebieten. Ein *Überfischen der Fanggründe* scheint eine Frage der Zeit. Von einer Förderung der kleinindustriellen Fischerei sollte deshalb abgesehen werden. Gesetzliche Vorkehrungen zur Vermeidung des Überfischens und zur Einhaltung von Schonzeiten wären wünschenswert. Da jedoch die Einhaltung von Gesetzen und Vorschriften nicht überwacht bzw. durch Korruption der verantwortlichen Behörden umgangen werden, wird die Ausbeutung der beiden Hochseebänke voraussichtlich solange fortgesetzt, bis die Fischerei-Erträge soweit zurückgegangen sind, daß eine Nutzung aus ökonomischen Gründen nicht mehr rentabel erscheint.

Zusammenfassung

Im Mittelpunkt der vorliegenden Untersuchung zur Fischerei in der Karibik steht die Analyse *wirtschafts- und sozialgeographischer Strukturen und Entwicklungsprozesse in der Fischereiwirtschaft der Dominikanischen Republik*. Die Arbeit basiert auf 300 standardisierten Interviews mit Fischern, die der Autor an 10 ausgewählten Fischereistandorten durchführte. Darüberhinaus wurden an insgesamt 30 Anlandungsplätzen kompetente Schlüsselpersonen der Fischereiwirtschaft mit einem standortbezogenen Fragenkatalog interviewt.

Schwerpunkte der Arbeit bilden folgende *Problembereiche* der dominikanischen Fischereiwirtschaft:

- die fischereiwirtschaftliche Besitzstruktur (insbesondere Abhängigkeit zwischen Fischer und Fischhändler),
- die Organisationsstruktur der fischereiwirtschaftlichen Produktion (insbesondere Produktionsformen, Crewzusammensetzung, Fangaufteilungs- und Arbeitsteilungsmechanismen),
- Vermarktungsmechanismen und -kanäle auf lokaler, regionaler, nationaler und internationaler Ebene (insbesondere Versorgung der dominikanischen Bevölkerung mit Fischprodukten, Transport und Haltbarmachung von Frischfisch),
- Befriedigung der Grundbedürfnisse der Fischerbevölkerung (insbesondere Ernährung, Kleidung, Unterkunft, Bildung und Gesundheit),
- Handlungsstrategien zur Sicherung des Überlebens der Fischerbevölkerung (insbesondere Nebenerwerb, Subsistenz, Kreditsicherung und beschäftigungsbedingte Migration),
- Interessenkonflikte zwischen Fischerei und anderen Wirtschaftszweigen (insbesondere Industrie, Tourismus und Naturschutz).

Die vorliegende Studie beschränkt sich jedoch nicht ausschließlich auf fischereiwirtschaftliche Aspekte. Da die Fischerei in der Dominikanischen Republik auf *keinerlei Tradition* zurückgeht, ist sie sehr eng in nationale, gesellschaftliche und wirtschaftliche Zusammenhänge eingebunden. Küstenstandorte mit überwiegender Fischerbevölkerung stellen Ausnahmefälle dar, die erst in den vergangenen Jahrzehnten entstanden. Deshalb werden neben fischereiwirtschaftlichen auch allgemein wirtschaftliche, demographische, historische, politische, sozio-ökonomische und sozio-kulturelle Faktoren als Erklärungsgrundlagen herangezogen.

Im Rahmen der wirtschafts- und sozialgeographischen Analysen gelang es dem Autor aufzuzeigen, daß sich die einzelnen, in die Untersuchung aufgenommenen Fischereistandorte bezüglich ihrer *fischereiwirtschaftlichen Struktur* stark unterscheiden. Mit Hilfe charakteristischer *wirtschaftsgeographischer Strukturmerkmale* wurde eine *Typisierung* der Anlandungsplätze durchgeführt. Hierbei konnten sechs sog. "*Fischereistrukturtypen*" voneinander abgegrenzt werden:

- Subsistenz- und Nebenerwerbsfischerei,
- selbständige handwerkliche Küstenfischerei,
- semi-selbständige handwerkliche Küstenfischerei,
- patrón-zentrierte handwerkliche Küstenfischerei,
- patrón-zentrierte küstenferne Kleinfischerei und
- kleinindustrielle Fischerei.

Die *räumliche Verteilung der Fischereistrukturtypen* war unter Berücksichtigung historischer Einflüsse durch das geographische Kriterium der *Lage zu den Verbraucherzentren* zu erklären. Darüberhinaus konnten die einzelnen Fischereistrukturtypen als *Stadien eines Entwicklungsprozesses* identifiziert werden, der entsprechend der Lage des jeweiligen Fischereistandorts zu Absatzmarkt und Fanggebiet zur *Kommerzialisierung* der Fischerei führt. Die kommerzielle Fischerei begann an den einzelnen Anlandungsplätzen zu unterschiedlichen Zeitpunkten. Deshalb sind an den dominikanischen Küsten alle Fischereistrukturtypen von der Subsistenz-Fischerei bis zur kleinindustriellen Fischerei nebeneinander anzutreffen. Die Mehrzahl der Standorte befindet sich im Entwicklungsstadium der *semiselbständigen* und *patrón-zentrierten Küstenfischerei*. An zahlreichen kleineren Küstenorten wird jedoch in erster Linie Küstenfischerei für den Eigenbedarf betrieben. Dagegen ist an einigen in der Entwicklung weit fortgeschrittenen Standorten ein rasant verlaufender *Wandlungsprozess* zu beobachten, der bereits in wenigen Jahren die Grenzen der Ertragsfähigkeit mariner Ressourcen überschreiten dürfte. Um die dominikanische Fischereiwirtschaft in ihrer Existenz nicht zu gefährden, ist es deshalb notwendig geworden, Maßnahmen zu einer *geregelten Ausbeutung der dominikanischen Fischgründe* zu ergreifen. Eine *generelle Entwicklungsplanung* für alle dominikanischen Fischereistandorte ist aber strikt abzulehnen, da - wie im Rahmen der vorliegenden Untersuchung gezeigt werden konnte - die dominikanischen Fischereistandorte höchst *unterschiedliche fischereiwirtschaftliche Strukturen* aufweisen. Ein homogenes, landesweite Gültigkeit beanspruchendes Fischereiförderungskonzept hat keine Aussicht auf Erfolg. Für die einzelnen *Fischereistrukturtypen* muß vielmehr ein *Entwicklungsprogramm* angestrebt werden, das sich an den jeweiligen *Strukturmerkmalen der Standorte* und *den Bedürfnissen der Fischerbevölkerung* orientiert. Eine Förderung der kleinindustriellen Fischerei ist generell abzulehnen, da die äußerst begrenzten marinen Ressourcen der dominikanischen Hoheitsgewässer diese Art Nutzung aus ökologischen Gesichtspunkten nicht zulassen. Dagegen sollte der *selbständigen handwerklichen Küstenfischerei* höchste Priorität eingeräumt werden, da - langfristig gesehen - nur sie eine ökologisch vertretbare Nutzung gewährleistet.

Verdichtungsprozesse in den Küstenräumen haben bereits zu *Nutzungskonflikten* zwischen Fischerei und anderen Wirtschaftsbereichen geführt. Zum Schutz der Interessen der Fischerbevölkerung und zur Vermeidung lokaler Konfliktherde sollte die Erstellung von *Küstennutzungsplänen* ins Auge gefaßt werden, die im Rahmen des *"Coastal Zone Managements"* (CZM) sowohl die Ansprüche der lokalen Bevölkerung als auch die der Industrie, des Tourismus und des Umweltschutzes berücksichtigen.

LITERATURVERZEICHNIS

ALCALA MOYA, M. Graciela: Los pescadores de Tecolutla: El tiempo cotidiano y el espacio doméstico en una villa de pescadores. México D.F. 1985.

ALCALA MOYA, M. Graciela: Los pescadores de la Costa de Michoacán y de las Lagunas Costeras de Colima y Tabasco. México D.F. 1986.

ABREU L., Luz María: Con las campesinas. Reflexiones sobre mujer rural y desarrollo. Santo Domingo 1988.

ARBEITSGRUPPE BIELEFELDER ENTWICKLUNGSSOZIOLOGEN (Hrsg.): Subsistenzproduktion und Akkumulation. Bielefelder Studien zur Entwicklungssoziologie 5. Saarbrücken 1981.

ALBERT BATISTA, Celsa: Mujer y esclavitud en Santo Domingo. CEDEE - Centro Dominicano de Estudios de la Educación. Santo Domingo 1990.

ALBERT BATISTA, Celsa: Los africanos y nuestra isla. CEDEE - Centro Dominicano de Estudios de la Educación. Santo Domingo 1989.

ALEXANDER, Paul: Sri Lankan Fishermen: Rural Capitalism and Peasant Society. Monograph on Southeast Asia 7. Camberra 1982.

ALSALLAMI, Taleb H.: Die Bedeutung und Organisation der Fischwirtschaft am Beispiel der VDR Jemen als Beitrag zur Lösung der Ernährungsprobleme in den Entwicklungsländern unter vergleichbaren Bedingungen. Leipzig 1988.

ALTURIAS, Alfredo: El caracol en peligro. - Técnica Pesquera No.176. 1982.

AMEND, Thora: Marine und litorale Nationalparks in Venezuela - Anspruch, Wirklichkeit und Zukunftsperspektiven. - Mainzer Geographische Studien 32. Mainz 1990.

ARVELO G., R. Alberto (Comodoro Ret. Marina de Guerra): Recursos pesqueros marinos, (unveröffentlichtes Manuskript). O. J..

ARVELO G., R. Alberto: Datos sobre los recursos pesqueros marinos de la República Dominicana. - 1er Seminario Nacional sobre Pesca de Subsistencia. Santo Domingo 1978, p.15 - 27.

AUBRAY, R.: Report of a Mission to the Dominican Republic. FAO. Rom 1981.

BABANI, A.: Der Fischereikrieg. - Epd-Entwicklungspolitik-Materialien II/86. 1986, S.51 - 54.

BAEZ, Clara: La subordinación social de la mujer dominicana en cifras. DGPM/INSTRAW. Santo Domingo 1985.

BAILEY, Richard: Third World Fisheries - Prospects and Problems. - World Development 16 (6). 1988, p.751 - 757.

BARTZ, Fritz: Die großen Fischereiräume der Welt. Versuch einer regionalen Darstellung der Fischereiwirtschaft der Erde. Band III: Neue Welt und südliche Halbkugel. Wiesbaden 1974.

BAUM, Gerhard A. und John A. MAYNARD: Coron / Tagumpay - A Socio-Economic Study and Development Proposal. South China Sea Fisheries Development and Coordinating Programme. Manila 1976.

BECK, Uwe: PROPESCAR-SUR - Some Factors important in Developing Small-scale Fisheries. Presented at the 1er Congreso de Acuacultura y Pesca en la República Dominicana. Universidad Central del Este. San Pedro de Macorís. 5 - 6 August 1987.

BERKES, F.: The Common Property Resource Problem and the Creation of Limited Property Rights. - Human Ecology 13 (2). 1985, p.187 - 208.

BERLEANT-SCHILLER, R.: Development Proposal and Small-Scale Fishing in the Caribbean. - Human Organization 40 (3). 1983, p.221 - 230.

BLUME, Helmut: Die Westindischen Inseln. Braunschweig 1973.

BONETTI, Mario: Zur Bedeutung und Wirkung des Machismo in verschiedenen Lebensbereichen Lateinamerikas - Anhand des dominikanischen Beispiels. - Lateinamerika-Studien 11. Karibik - Wirtschaft, Gesellschaft und Geschichte. Referate des 4. interdisziplinären Kolloquiums der Sektion Lateinamerika der Universität Erlangen-Nürnberg. München 1982, S.387-426.

BONNELLY DE CALVENTI, Idelisa: Informe sobre la pesca en la República Dominicana. Colección Ciencia y Tecnológica No.2. Universidad Autónoma de Santo Domingo. Santo Domingo 1975.

BONNELLY DE CALVENTI, Idelisa: La investigación pesquera y sus proyecciones. Universidad Autónoma de Santo Domingo. Colección Conferencia No.27. Santo Domingo 1974.

BONNELLY DE CALVENTI, Idelisa: Protección y desarrollo de los recursos pesqueros en la República Dominicana. - 1er Seminario Nacional sobre Pesca de Subsistencia. Santo Domingo 1978, p.29 - 44.

BOSCH, Juan: Composición Social Dominicana. Santo Domingo 1986.

BOTTEMANNE, C.J.: Economía de la Pesca. Mexico 1972.

BOZZOLI VARGAS, María Eugenia u. a.: Análisis de la actividad pesquera en Golfito. Primer Seminario sobre Pesca - Puntarenas. Universidad de Costa Rica. San José 1985.

BRETON, Yvan D.: The Influence of Modernization on the Modes of Production in Coastal Fishing: An Example from Venezuela. In: SMITH, E. (Hrsg.): Those Who Live from the Sea. 1977, p.125 - 137.

BRETON, Yvan D.: The Introduction of Capitalism in Yucatecan Coastal Fishing. In: LEONS, B. and F. ROTHSTEIN: New Directions in Political Economy: An Approach from Anthropology. Connecticut 1979, p.141 - 158.

BRETON, Yvan D.: The Role of Petty Commodity Production among the Venezuelan Fishermen. In: MARGOLIES, L.: The Venezuelan Peasant in Country and City. Caracas 1979, p.115 - 126.

BRETON, Yvan D. y Eduardo LOPEZ ESTRADA: Ciencias sociales y desarrollo de las pesquerías. Modelos y métodos aplicados al caso de México. México D.F. 1989.

BRETON, Yvan D.; E. LOPEZ ESTRADA; G. COTE; D. BUCKLES: Pescadores y desarrollo nacional. Hacia una valorización de la dimensión social de la pesca en México. México D.F. y Laval, Quebec 1985.

BROWNELL, Bill und Jocelyne LOPEZ: Kleinfischerei - Frauen sind das Rückgrat. In: epd-Entwicklungspolitik-Materialien II/86. 1986, S.65 - 67.

CAMP-NETWORK: Bulletin of Coastal Area Management and Planning. Charleston, South Carolina 1988.

CAMPOS MENDOZA, Ligia; Rosana GONZALEZ DE LA ROSA; Sonia IGLESIAS CABRERA: Los pescadores de Champotón. México D.F. 1982.

CARPENTER, J.S. und W.R. NELSON: Fishery Potential for Snapper and Grouper in the Caribbean Sea and Adjacent South American Coast. FAO Fish. Rep. (71.2). 1971.

CARVAJAL, R.T.: La organización de la mujer rural - Mujer rural hoy y mañana. MUDE - Mujeres en Desarrollo Dominicana. Santo Domingo 1984.

CASSA, Roberto: Historia social y económica de la República Dominicana. Santo Domingo 1980.

CERDA SALINAS, Alberto: Sistema de regularización IDECOOP-cooperativas pesqueras. IDECOOP. Santo Domingo 1976.

CHENAUT, Victoria: Los pescadores de Baja California (Costa del Pacífico y Mat de Cortés). México D.F. 1985.

CHENAUT, Victoria: Los pescadores de la península de Yucatán. México D.F. 1985.

CIBIMA - Centro de Investigaciones de Biología Marina: Informe preliminar sobre los peces comestibles de la zona de Matancita, Bahía Escocesa. Santo Domingo 1982.

CIPAF - Centro de Investigación para la Acción Feminina: Participación económica de la mujer rural. Santo Domingo 1985.

CHAPMAN, Margaret: Basic Elements in the Sustainable Development of Fisheries. Implications for Aid Programs in Developing Countries. - Resource Management and Optimization 9 (1). 1991, p.71 - 83.

CRAIG, Alan K.: Geography of Fishing in British Honduras and Adjacent Coastal Waters. Balton Rouge 1966.

CRUZ CASTELLANOS, Frederico: Riqueza pesquera y pobreza de los pescadores. UNAM. México D.F. 1981.

CUSHING, D.: The Outlook of Fisheries in the Next Ten Years. In: ROTHSCHILD, B. (Hrsg.): Global Fisheries. Perspectives for the 1980's. New York 1983, p.263 - 279.

CYCON, Dean E.: Managing Fisheries in Developing Nations. A Plea for Appropriate Development. In: Natural Resources Journal 26 (1). 1986, p. 1 - 14.

DAVIK, O.: La industrialización del pescado, sus beneficios y perspectivas. In: 1er Seminario Nacional sobre Pesca de Subsistencia. Santo Domingo 1978, S.53 - 70.

DEIVE, Carlos Esteban: El indio, el negro y la vida tradicional dominicana. Museo del Hombre Dominicano. Santo Domingo 1978.

DEIVE, Carlos Esteban: Vodu y magia en Santo Domingo. Santo Domingo 1988.

DIAZ COYAC, Marcial y Galdino ITURBIDE FLORES: Los pescadores de Nayarit y Sinaloa. México D.F. 1985.

DIAZ COYAC, Marcial; Galdino ITURBIDE FLORES; Imelda GARCIA PEREZ: Los pescadores de la Costa Norte de Chiapas; DE LOS ANGELES ORTIZ, M.: Los pescadores de la isla La Palma en Acapetahua, Chiapas. México D.F. 1984.

ELWERT, Georg; Hans-Dieter EVERS; Werner WILKENS: Die Suche nach Sicherheit: Kombinierte Produktionsformen im sogenannten Informellen Sektor. Zeitschrift für Soziologie 12 (4). 1983, S.281 - 296.

ELWERT, Georg and Diana WONG: Subsistence Production and Commodity Production in the Third World. - Review, Vol. III, No.3, 1980, p.501 - 522.

EMMERSON, Donald K.: Rethinking Artisanal Fisheries Development: Western Concepts, Asian Experiences. - World Bank Staff Paper No.423. Washington 1980.

FAO (Food and Agriculture Organization of the United Nations): Atlas of the Living Resources of the Seas. Rom 1972.

FAO (Food and Agriculture Organization of the United Nations): Fishery Country Profile. Dominican Republic. FID/CP/DOM Rev.1. Rom 1980.

FAO (Food and Agriculture Organization of the United Nations): Report of the FAO Conference on Fisheries Management and Development. Rom 1984.

FARINA, L.F.: FAO informe al gobierno de la República Dominicana sobre el desarrollo pesquero. FAO/PNUD (AT) 2937. Rom 1971.

FDL (Fisheries Development Limited): Desarrollo pesquero en la República Dominicana. Santo Domingo 1980.

FIDA (Fondo Internacional para el Desarrollo Agrícola): Proyecto de desarrollo para pequeños productores de alimentos. Santo Domingo o. J..

FIDE (Fondo de Inversiones para el Desarrollo Económico): Política crediticia. Santo Domingo o. J..

FIRTH, Raymond: Malay Fishermen - Their Peasant Economy. Boston 1968.

FORMAN, S.: The Raft Fishermen: Tradition and Change in the Brazilian Peasant Economy. Bloomington 1970.

FRANCO, Franklin: Los negros, los mulatos y la nación dominicana. Santo Domingo 1978.

FRASER, T. M.: Rusembilan: A Malay Fishing Village in Southern Thailand. Ithaca 1960.

FRASER, T.M.: Fishermen of South Thailand. New York 1966.

GALTUNG, Johan: Development from Above and the Blue Revolution: The Indio-Norwegian Project in Kerala. - Essays in Peace Research, Vol.V. 1974, p.343 - 360.

GALTUNG, Johan: The Indio-Norwegian Project in Kerala. A "Development" Project Revisited. - Internationales Asienforum 15 (3/4). 1984, p.253 - 274.

GATTI, Luis M.: Los pescadores de México: La vida en un lance. México D.F. 1986.

GAUGE, Gérard: Programa de pesca experimental en aguas profundas de la plataforma y talud de la zona de Baní. INDOTEC. Santo Domingo 1982.

GLASSON, M.: Les rapports de production dans la peche á Conceiçao da Barra. - Anthropologie et Sociétés 5 (1). 1981, p.117 - 135.

GORDAN, S.: The Economic Theory of a Common Property Resource: The Fishery. - Journal of Political Economy 62. 1954, p.122 - 142.

GORMSEN, Erdmann: Tourismus in der Dritten Welt. Historische Entwicklung, Diskussionsstand, sozialgeographische Differenzierung. - Geographische Rundschau 12. 1983, S.608 - 617.

GROOT, E.: Las Cooperativas Pesqueras en México. Instituto Nacional de Estudios del Trabajo. México D.F. 1982.

GTZ (Deutsche Gesellschaft für Technische Zusammenarbeit (GTZ) GmbH): Förderung der Handwerklichen Küstenfischerei in La Cueva / Cabo Rojo, Pedernales. P.N. 84.2037.4. Gutachten von KEES, Marlis; Arnold LANDES und Uwe LOHMEYER. Eschborn 1984.

GUIDICELLI, M.: Aspectos técnicos de la pesca artesanal en la República Dominicana y Recomendaciones para su mejoramiento y desarollo. FAO Informe - WECAF No.5.

GUIDICELLI, M; D. LINTERN und A. WIRTH: Five Year Fisheries Development Programme for Dominica. FAO - WECAF 1978.

GULATI, Leela: Fisherwomen on the Kerala Coast. Demographic and Socio-Economic Impact of a Fisheries Development Project. ILO. Geneve 1987.

HAQ, M. Ul: The Property Curtain. Choices for Third World. New York 1976.

HAQ, M. Ul: Grundbedürfnisse aus internationaler Sicht. - Finanzierung und Entwicklung 17 (3). 1980, S.11 - 14.

HAN SANG-BOK: Korean Fishermen: Ecological Adaptation in three Communities. Seoul 1977.

HEMPEL, G.: Fischereiregionen des Weltmeers. Produktion und Nutzung. - Geographische Rundschau 31 (12). 1979, S.492 - 497.

HERNANDEZ, Angela: Por que luchan las mujeres? Santo Domingo 1985.

HILDENBRAND, Andreas und Roland STURM: Dominikanische Republik. In: NOHLEN, D. und F. NUSCHELER: Handbuch der Dritten Welt 3, Mittelamerika und Karibik: Unterentwicklung und Entwicklung. Hamburg 1982, S.287 - 300.

HOERING, Uwe: Die Haie vom Land. Kleinfischer sind weltweit in ihrer Existenz bedroht. - Der Überblick 3. 1984, S.49 - 50.

HOERING, Uwe: Zwei Konferenzen - zwei Konzepte. - Epd-Entwicklungspolitik-Materialien II/86. 1986, S.1 - 4.

HOROWITZ, M. (Hrsg.): Peoples and Cultures of the Caribbean. Garden City / New York 1971.

ICFWS Documentation Secretariat (Hrsg.): Small-Scale Fisheries. Changing Character and Future Relevance. - International Conference of Fishworkers and their Supporters. Rom 1984, p.27 - 31.

IDECOOP (Instituto de Desarrollo y Crédito Cooperativo): Diagnóstico del programa pesquero cooperativo. Santo Domingo 1978.

IDECOOP (Instituto de Desarrollo y Crédito Cooperativo): Plan operativo. Santo Domingo 1984.

IDECOOP (Instituto de Desarrollo y Crédito Cooperativo): Proyecto de desarrollo pesquero cooperativo de la República Dominicana. Santo Domingo o.J..

ILLO, Jeanne F. and Jaime B. POLO: Fishers, Traders, Farmers Wives. The Life Stories of Ten Women in a Fishing Village. Manila 1990.

ILO (International Labour Organization): Generación de empleo productivo y crecimiento económico. El caso de la República Dominicana. Genf 1975.

ILO (International Labour Organization): Beschäftigung, Wachstum und Grundbedürfnisse. Ein weltweites Problem. Genf 1976.

INDESUR (Instituto para el Desarrollo del Suroeste): Aspectos del desarrollo regional en la República Dominicana. Azua 1982.

INDOTEC (Instituto Dominicano de Tecnología Industrial): Resumes de proyectos pesqueros. Santo Domingo 1983.

JENTOFT, Svein: Fisheries Co-Operatives. Lessons Drawn from International Experiences. - Revue canadienne d'études du développement 7 (2). 1986, p. 197 - 209.

JONAS, R. und M. TIETZEL (Hrsg.): Die Neuordnung der Weltwirtschaft. Bonn / Bad Godesberg 1976.

JOSUPEIT, H.: The Economic and Social Effects of the Fishing Industry. A Comparative Study. FAO. Rom 1981.

KAWAGUCHI, K.: Handline and Longline Fishing Explorations for Snapper and Related Species in the Caribbean Sea and Adjacent Waters. - Marine Fisheries Review 36 (9). 1974, p.8 - 31.

KITSCHELT, Friedrich: Die Kunst zu überleben. Reproduktionsstrategien von Fischern in Jamaika. Bielefelder Studien zur Entwicklungssoziologie 34. Saarbrücken / Fort Lauderdale 1987.

KODA, B.: The Role of Women in Tanzanian Fishing Societies. Daressalam 1986.

KÖSSLER, Reinhart: Konflikte um Namibias Fischereipotential. Chancen einer Entwicklungsoption. - Nord-Süd aktuell 5 (2). 1991, S.215 - 219.

KORTUM, G.: Meeresgeographie in Forschung und Unterricht. - Geographische Rundschau 31 (12). 1979, S.482 - 491.

KRONE, W. y E. RUCKES: Planificación y Administración de Mercados Mayoristas Centrales Continentales para Pescado. Conferencia Técnica de la FAO sobre Planeación y Administración de Mercados Centrales al por Mayor en América Latina. Brasilia 1971.

KRUTE-GEORGE, Eugenia: Algunos aspectos socio-económicos de los modelos productivos y distributivos en tres comunidades de pescadores en el suroeste de la República Dominicana. - 1er Seminario Nacional sobre Pesca de Subsistencia. Santo Domingo 1978, p.73 - 84.

KRUTE-GEORGE, Eugenia: Pescadores y cooperativas pesqueras en el suroeste dominicano. - EME EME, Estudios Dominicanos Vol. VII, No. 39. Santiago 1978, p.45 - 119.

Latin American and Caribbean Regional Preparatory Meeting for the First Consultation on the Fisheries Industry: Factors in the Analysis of Constraints on the Development of the Fisheries Industry in Latin America and the Caribbean. Lima 1986.

LAWSON, R.: Economics of Fisheries Development. London 1984.

LERICHE, L.: Investigación histórica y socio-económica de la Isla del Carmen. México D.F. 1982.

LIEHR, Wilfried: Fischer in Brasilien. Schritte zur Selbstbefreiung durch Basisorganisationen. Das Beispiel brasilianischer Fischereigenossenschaften. Mettingen 1983.

MALINOWSKI, Bronislaw: Kula - Circulating Exchange of Valuables in the Archipelagoes of Eastern New Guinea. - Man 1920.

MARCHANT, Andrés: Comercialización de pescado en la República Dominicana. IDECOOP. Santo Domingo 1978.

MARCHANT, Andrés: Instructivos sobre manipuleo de pescado. IDECOOP. Santo Domingo 1978.

MARKS, A. F.: Intergroup Relationships in the Caribbean. A Field of Long-Range Sociological Research. - Bulletin de Estudios Latinoamericanos y del Caribe 26. Amsterdam 1979, p.39 - 66.

MARTINI, Jürgen (Hrsg.): Gesellschaft und Kultur der Karibik. Bremen 1982.

MATTHES, Hubert: La situación de la pesca y acuicultura en Guatemala y los lineamientos para su desarrollo futuro. Programa de las Naciones Unidas para el desarrollo (PNUD). Organización de las Naciones Unidas para la Agricultura y la Alimentación (FAO). Guatemala 1987.

MEJIA-RICART G., Tirso: Breve historia dominicana. Una síntesis crítica. Santo Domingo 1982.

MENDEZ-AROCHA, Alberto: La pesca en la Isla de Margarita, Venezuela. Caracas 1963.

METRAUX, Alfred: Vodu. Santo Domingo 1979.

MEYNELL, P.J.: Small-Scale Fisheries Cooperatives. Some Lessons for the Future. FAO. COPAC Occasional Paper. Rom 1984.

MÜLLER, Bernhard: Fremdenverkehr und Entwicklungspolitik zwischen Wachstum und Ausgleich. Folgen für die Stadt- und Regionalentwicklung in peripheren Räumen. Beispiele von der mexikanischen Pazifikküste. - Mainzer Geographische Studien 25. Mainz 1983.

MUNRO, J.L.: Caribbean Coral Reef Fishery Resources. ICLARM (International Center for Living Aquatic Resources Management). Manila 1983.

NERRETER, Wolfgang: Entwicklungstendenzen in der indischen Fischereiwirtschaft. - Geographische Rundschau 41 (2). 1989, S.99 - 106.

NEWMAN, R.S.: Green Revolution - Blue Revolution: The Predicament of India's Traditional Fishermen. - South Asia - Journal of South Asia Studies Vol.IV, No.1. 1981, p.37 - 46.

NIELSEN, D. and D. JOHNSON: Fisheries Techniques. American Fisheries Society. Blackburg, Virginia 1983.

NOHLEN, D. und F. Nuscheler (Hrsg.): Handbuch der Dritten Welt 1, Unterentwicklung und Entwicklung: Theorien - Strategien - Indikatoren. Hamburg 1982.

NUSCHELER, F.: Befriedigung der Grundbedürfnisse als neue entwicklungspolitische Lösungsformel. In: NOHLEN, D. und F. NUSCHELER: Handbuch der Dritten Welt 1, Unterentwicklung und Entwicklung: Theorien - Strategien - Indikatoren. Hamburg 1982, S.332 - 358.

ONE (Oficina Nacional de Estadística): Censo nacional de población y vivienda 1981, Santo Domingo.

ONE (Oficina Nacional de Estadística): Directorio de establecimientos industriales de la República Dominicana 1985 - 1987. Santo Domingo.

ONE (Oficina Nacional de Estadística): República Dominicana en cifras 1988. Vol.XV. Santo Domingo.

PANAYOTOU, Donna: Labour Mobility in an Open Access Resource Sector. The Case of Fisheries in Thailand. Bangkok 1985.

PANAYOTOU, Theodore: Management Concepts for Small-Scale Fisheries. Economic and Social Aspects. FAO Fisheries Techn. Paper No.228. FIPP/T228 (EN). 1982.

PANAYOTOU, Theodore: Small-Scale Fisheries in Asia. Socioeconomic Analysis and Policy. Ottawa 1985.

PAULINO, Cristóbal: Investigaciones Socioeconomicos de las Futuras Cooperativas Pesqueras. IDECOOP. Santo Domingo 1970.

PELAEZ, Joaquín: Informe de la provincia de Azua para conocer si existen condiciones para la integración de los pescadores en una forma de cooperativa pesquera. IDECOOP. Santo Domingo 1973.

PELAEZ, Joaquín: Los pescadores. Sus relaciones, su organización y perspectiva de integración. - 1er Seminario Nacional sobre Pesca de Subsistencia. Santo Domingo 1978, p.85 - 92.

PEREZ, O.M.: Informe de las actividades del barco japonés "Toko-Maru" en viaje de pesca experimental en aguas de la República. 1957.

PEREZ, R.: Aspectos sociales del habitat en la región suroeste. Santo Domingo 1976.

PETTERSON, S.J.: Fishing Cooperatives and Political Power. A Mexican Example. - Anthropology Quarterly 53 (1). Washington D.C. 1980, p.39 - 40.

PLATTEAU, Jean-Philippe: The Drive Towards Mechanization of Small-Scale Fisheries in Kerala. A Study of the Transformation Process of Traditional Village Societies. - Development and Change 15 (1). 1984, p.65 - 103.

PLATTEAU, Jean-Philippe: The Penetration of Capitalism into Small-Scale Third World Fisheries. An Investigation of Historical Processes and Organizational Forms. - Cahiers de la Faculté des Sciences Economiques et Sociales de Namur, Série recherche No.82. Namur 1988.

PLATTEAU, Jean-Philippe: Third World Fisheries. The Dynamics of Incorporation and Transformation. - Development and Change 20 (4). 1989, p.565 - 770.

PLATTEAU, Jean-Philippe and Anita ABRAHAM: An Inquiry into Quasi-Credit Contracts. The Role of Reciprocal Credit and Interlinked Deals in Small-scale Fishing Communities. - The Journal of Development Studies 23. 1987, p.461 - 490.

PLATTEAU, Jean-Philippe; J. MURICKAN; E. DELBAR: Technology, Credit and Indebtedness in Marine Fishing. A Case Study of Three Fishing Villages in South Kerala. Delhi 1985.

PLATTEAU, Jean-Philippe and Jeffrey B. NUGENT: Contractual Relationships and Their Rationale in Marine Fishing. - Cahiers de la Faculté des Sciences Economiques et Sociales de Namur, Série recherche No.90. Namur 1989.

POLLNAC, R.: Sociocultural Aspects of Small-Scale Fisheries Development in West Africa. - Anthropology Working Paper 43. University of Rhode Island 1984.

PORTO, Oscar: Report on Fishery Activities in the Developping Countries of Africa, Asia, Latin America and the Carribbean. Wien 1987.

PRICE, Richard: Caribbean Fishing and Fishermen. A Historical Sketch. - American Anthropologist 68. 1966, p.1363 - 1383.

PROPESCAR-SUR - Small Scale Fisheries Development Project in the Provinces of Barahona and Pedernales, Dominican Republic: Project Profile. O.J..

PROPESCAR-SUR - Proyecto de Desarrollo de la Pesca Artesanal en las Provincias de Barahona y Pedernales, República Dominicana: Taller der planificación de la fase de orientación. Informe y documentación. O.J..

PROPESCAR-SUR - Proyecto de Desarrollo de la Pesca Artesanal en las Provincias de Barahona y Pedernales, República Dominicana: Resúmen preliminar de datos basicos. Comunidades y playas. O.J..

PROPESCAR-SUR - Proyecto de Desarrollo de la Pesca Artesanal en las Provincias de Barahona y Pedernales, República Dominicana: Tabla de resultados mensuales de grupos pesqueros fomentados por el proyecto 1988 - 1990. O.J..

PROPESCAR-SUR - Proyecto de Desarrollo de la Pesca Artesanal en las Provincias de Barahona y Pedernales, República Dominicana: Perspectivas económicas grupo "El Manatí", Barahona. O.J..

PROPESCAR-SUR - Proyecto de Desarrollo de la Pesca Artesanal en las Provincias de Barahona y Pedernales, República Dominicana: Bericht zu den sozio-ökonomischen Aspekten der Basis-Erhebung. Sektion Sozio-Ökonomie 7/88.

RAMIREZ, Francisco u. a.: Manual general de operaciones. Federación Pesquera. IDECOOP. Santo Domingo 1977.

RATTER, Beate: Die Rolle der Raumperzeption in der nationalen Seerechtspolitik. Das Beispiel der großen Antillen. - Geographische Zeitschrift 4. 1988, S.225 - 238.

RINGHOLZ, Peter: Propescar-Sur - Fomento del sector de pequeños pescadores: características y aspectos socio-económicos. Presentado en el 1er Congreso de Acuacultura y Pesca en la República Dominicana. Universidad Central del Este. San Pedro de Macorís, 5 - 6 Agosto 1987.

RODRIGUEZ, Pedro (Papacito): Experiencia de un pescador dominicano. - 1er Seminario Nacional sobre Pesca de Subsistencia. Santo Domingo 1978, S.71 - 72.

RODRIGUEZ, Roberto: Los pescadores de la Laguna de Términos; MELVILLE, Roberto: Condiciones laborales de los pescadores camaroneros en Ciudad del Carmen, Campeche. México D.F. 1984.

RODRIGUEZ, Roberto y Imelda GARCIA: Los pescadores de Oaxaca y Guerrero. México D.F. 1985.

ROMERO, Noe: Productos pesqueros mexicanos en el Despertar del Caribe. - Técnica Pesquera No. 176. 1982.

ROSENBERG, June: Influencias africanas en prácticas religiosas en República Dominicana. Santo Domingo 1973.

ROTHSCHILD, B.: Global Fisheries. Perspectives for the 1980's. New York 1983.

RUCKES, Erhard: Demanda actual y potencial de pescado en areas seleccionadas de la República Argentina. Proyecto de Desarrollo Pesquero. Doc. Téc. Prel. No.9. Mar del Plata 1970.

RUCKES, Erhard: Fish Marketing Systems and their Development. A Cross-Country Comparison. - Zeitschrift für ausländische Landwirtschaft 11. 1972, S.335 - 352.

RUDDLE, Kenneth: Social Principles Underlying Traditional Inshore Fishery Management Systems in the Pacific Basin. - Marine Resource Economics 5 (4). 1988, p.351 - 363.

SAGAWE, Thorsten: The Present State of Fishing in Middle America and the Caribbean. - Geography, Journal of the Geographical Association, Vol.72 part 1, No. 314. 1987, p.71 - 73.

SAGAWE, Thorsten: Die Fischereiwirtschaft der karibischen Inselstaaten. Das Beispiel der Dominikanischen Republik.- Mitteilungen der Geographischen Gesellschaft in München 73. München 1988, S.85 - 97.

SANDERS, Reinhard (Hrsg.): Die Karibik zwischen Selbst- und Fremdbestimmung. Zur karibischen Literatur, Kultur und Gesellschaft. Bern 1984.

SANDNER, Gerhard: Seerechtsprobleme, Grenzkonflikte und geopolitische Verflechtungen im Karibischen Raum. - Nachrichten der Deutsch-Venezolanischen Gesellschaft 3. 1986, S.129 - 135.

SANDNER, Gerhard: Geopolitical Implications of the Law of the Sea in the Caribbean. - International Geogr. Union. Study Group on Marine Geography (Hrsg.): The Integration of Human Activities in the Management of the Sea. Cardiff 1987, p. 1 - 18.

SATHIENDRAKUMAR, Rajasundram and Clement A. TISDELL: Artisanal Fisheries in LDCs, Especially in the Indian Subcontinent and the Inappropriateness of the MEY Criterion. - Marga 8 (4) 1987, p.18 - 33.

SEA (Secretaría del Estado de Agricultura), Depto. RECURSOS PESQUEROS: Ley de pesca No.5914. Santo Domingo 1962.

SEA (Secretaría del Estado de Agricultura), Depto. RECURSOS PESQUEROS: Memoria anual de 1983, 1984, 1985, 1986, 1987, 1988. Santo Domingo.

SEA (Secretaría del Estado de Agricultura), Depto. RECURSOS PESQUEROS: Plan de implementación del proyecto de fomento pesquero del departamento de Recursos Pesqueros. Santo Domingo 1981.

SMITH, M.G.: West Indian Family Structure. Seattle 1962.

SMITH, Raymond T.: The Nuclear Family in Afro-American Kinship. - Journal of Comparative Family Studies 4. 1970, p.55 - 70.

STATISTISCHES BUNDESAMT: Länderbericht Dominikanische Republik 1988, Wiesbaden 1988.

STATISTISCHES BUNDESAMT: Länderbericht Dominikanische Republik 1990, Wiesbaden 1990.

STAWINSKI, Michael: Bedingungen und Chancen für Entwicklungsprozesse bei Handwerklichen Küstenfischern in der Dominikanischen Republik. Diplomarbeit im Fachbereich Wirtschaftswissenschaften. Kassel 1989.

STEGER, Hanns-Albert: Deutschland und Lateinamerika. Gedanken zur Anthropologie gegenseitigen Verstehens oder Mißverstehens. - Jahrbuch für Geschichte von Staat, Wirtschaft und Gesellschaft Lateinamerikas 25. 1988, S.831 - 847.

SUERO, Víctor: Conceptos generales sobre la desnutrición en el país. - 1er Seminario Nacional sobre Pesca de Subsistencia. Santo Domingo 1978, p.93 - 106.

TEJADA, Guillermo: Enfrentamiento pescadores Sánchez. Por dominio áreas pesca. - Listín Diario. Santo Domingo 16.4.1989, p.8-B.

TEJADA, Guillermo: Entidad pide regular pesca Sánchez. - Listín Diario. Santo Domingo 18.4.1989, p.12.

TEJADA, Víctor Manuel: Cifras económicas dominicanas: de esperanzadoras a decepcionantes. - El Siglo 27.2.1990, p.1-D.

THOMPSON, P.: Women in the Fisheries. The Roots of Power between the Sexes. - Comparative Study in Society and History 27 (1) 1985, p.3 - 32.

UTHOFF, Dieter: Die Seefischversorgung in der Dritten Welt. Entwicklungen, Tendenzen, Probleme. - Essener Geographische Arbeiten 17. 1989, S.331 - 359.

VITZTHUM, Wolfgang (Hrsg.): Die Plünderung der Meere. Ein gemeinsames Erbe wird zerstückelt. Frankfurt 1981.

VORLAUFER, Karl: Fremdenverkehr und regionalwirtschaftliche Entwicklung in der "Dritten Welt". Eine Studie über die Küstenzone Kenyas. - Frankfurter Beiträge zur Didaktik der Geographie 1. Frankfurt 1977, S.32 - 49.

VORLAUFER, Karl: Ferntourismus und Dritte Welt. Frankfurt 1984.

WALI, M. M.: Women in development through fishing coops in Asia. Report of the ICA-CCA-SDID Planning Mission on Bangladesh, India and Philippines. New Delhi 1990.

WORLD BANK - IFAD (International Fund for Agricultural Development): Dominican Republic. Small-Scale Food Producers Development Project. Report No. 3736b-DO, 1982.

ZEINC M., José Ramon: Proyecto pesquero de IDECOOP. Implicaciones económicas y sociales. - 1er Seminario de Pesca de Subsistencia. Santo Domingo 1978, p.107 - 111.

ZUREK, Max: Förderung der gewerblichen Fischerei und der Kleinfischerei auf genossenschaftlicher Basis in Java/Indonesien. In: DAMS, Theodor (Hrsg.): Integrierte ländliche Entwicklung. München 1980, S.279 - 292.

In der Reihe

DEUTSCHE HOCHSCHULSCHRIFTEN (DHS)

werden wissenschaftliche Arbeiten
(Dissertationen, Habilitationsschriften, Diplom-, Magister-,
Staatsexamensarbeiten, Bibliographien, Forschungsberichte, Monographien)

OHNE AUTORENVORSCHUSS
als zitierfähige Mikroedition®

oder mit einem Autorenzuschuß als hochwertige Paperback-Buchausgabe

VERÖFFENTLICHT

Eine „Deutsche Hochschulschrift"

■ ist mindestens 5 Jahre im Buchhandel lieferbar,
■ wird auch über den internationalen Buchhandel vertrieben,
■ erscheint im CIP-Neuerscheinungsdienst,
■ in der deutschen Nationalbibliographie,
■ im „Verzeichnis lieferbarer Bücher (VlB)",
■ erhält eine Internationale Bestellnummer (ISBN),
■ genießt als Reihen-Publikation oftmals Abgabevorteile
   im Promotionsverfahren
■ und wird auf Dauer im DHS-Gesamtverzeichnis geführt.

Der Verlag informiert gern über die Publikationsmöglichkeiten
innerhalb der Reihe „Deutsche Hochschulschriften (DHS)"

HÄNSEL-HOHENHAUSEN
VERLAG DER DEUTSCHEN HOCHSCHULSCHRIFTEN (DHS)
Egelsbach · Frankfurt · New York
Postfach 12 12 · Boschring 8 · D-63324 Egelsbach · Tel. 0 61 03-44 9 40 · Fax 0 61 03-44 9 77